Johannes Holey

Jetzt reicht's!

Wie lange lassen wir uns das noch gefallen?

Lügen in Wirtschaft, Medizin, Ernährung und Religion

amadeus-verlag.com

Vom Autor ist außerdem erschienen:

»Jesus 2000 – Das Friedensreich naht«,
1997, Ama Deus Verlag
»Bis zum Jahr 2012 – Aufstieg der Menschheit«,
2000, Ama Deus Verlag
»Alles ist Gott – Anleitung für das Spiel des Lebens«,
2002, Ama Deus Verlag
»Der Jesus-Code«,
2007, Ama Deus Verlag

AMA DEUS – Verlag
Postfach 63
74576 Fichtenau
Fax: 07962-710263
www.amadeus-verlag.com

Druck:
Ebner & Spiegel, Ulm
Satz und Layout:
Jan Udo Holey
Umschlaggestaltung:
Ideenbüro Bernd Dietz, 89275 Elchingen
www.ideen-buero.de

ISBN 978-3-938656-44-0

Dieses Buch schenke ich der Welt

In meinen vorherigen Publikationen befasste ich mich mit vielen Lügen der *Vergangenheit* und falschen Erwartungen in der *Zukunft*. Doch man hat mich geradezu bombardiert mit Fragen zum *Heute* – und die Ergebnisse waren erschütternd. Ein sehr intensives Jahr meines Lebens ist das geworden.

Daher danke ich diesen *Leserinnen und Lesern*, die mich damit herausforderten und mithalfen, dass dieses Buch entstanden ist,

ich danke meinem *Sohn Jan*, der mich nicht nur als Verleger mit seiner Erfahrung kräftig unterstützt hat,

auch danke ich unserer Lektorin *Anya Stössel*, die schon viel von meiner Denkweise kennt, und

ich danke ganz herzlich *Brigitte Jost*, die mich während des Schreibens mit ihrer Meinung als Buchautorin konstruktiv begleitet hat.

Auch bei den bedeutenden *kollegialen Vorkämpferinnen und Vorkämpfern* möchte ich mich sehr bedanken. Ohne die Zitate aus ihren überzeugenden Arbeiten, die alle im Text oder in der Bibliographie aufgeführt sind, wäre dieses Buch nicht glaubwürdig.

Im Voraus danke ich auch *Ihnen*, verehrte Leserin und lieber Leser, dafür, dass Sie mithelfen, Ihr neues Wissen und Ihre gewonnenen Erkenntnisse weiterzugeben. Auch wenn wir ‚Wissenden' noch unorganisiert sind, ist unsere geistige Vernetzung doch die wirksame Basis für zukünftige Veränderungen.

Und viele von Ihnen werden in Ihrem Umfeld plötzlich genauso feststellen müssen wie ich: *„...die Leute wissen es nur nicht!"*

Dafür danke ich Euch allen!

Euer Johannes

INHALTSVERZEICHNIS

TEIL 3: Technische Lügen

Wenn der Wind der Veränderung weht,
bauen manche Mauern, andere bauen Windmühlen.
Altes chinesisches Sprichwort

Was wir heute tun, entscheidet, wie die Welt morgen aussieht.
Boris Pasternak

Der ziellose Mensch erleidet sein Schicksal,
der zielbewusste gestaltet es.
Immanuel Kant

Das Ende der Ideologien
bedeutet vielleicht eine Neugeburt der Ideen.
Sergio Segre

Das Schwierige am Diskutieren ist nicht,
einen eigenen Standpunkt zu verteidigen,
sondern einen zu kennen.
André Maurois

Nichts auf der Welt ist so mächtig
wie eine Idee, deren Zeit gekommen ist.
Victor Hugo

Es wird Zeit, dass wir uns alle um unsere nächsten Mitmenschen
kümmern, um ihnen die Augen zu öffnen über die herrschenden
Zustände, bevor sie ihre Augen viel zu früh für immer schließen
müssen wegen der herrschenden Zustände!
Dr. Johann Georg Schnitzer

Wer die Wahrheit sucht,
darf nicht erschrecken, wenn er sie findet.
Sprichwort aus Asien

Vorwort von Jan van Helsing

„Eine Handvoll Menschen kontrolliert die Medien der Welt. Derzeit sind es noch 6 solcher Menschen, bald werden es nur noch 4 sein, und es wird dann alles erfassen: alle Zeitungen, alle Magazine, alle Filme, alles Fernsehen. Es gab mal eine Zeit, da gab es verschiedene Meinungen und Haltungen. Heute gibt es nur eine Meinung, die zu formen vier bis fünf Tage dauert, dann ist sie jedermanns Meinung“.

Das, meine lieben Leserinnen und Leser, erklärte nicht irgend ein Verschwörungstheoretiker, sondern der Oscar-Preisträger und US-Star-Regisseur Mike Nichols. Und weil dem so ist, weil es nur wenige Menschen sind, die die offizielle Meinung *machen*, ist es keine große Schwierigkeit, Wahrheiten zu unterdrücken, Unwahrheiten zu verbreiten oder ganz einfach frech zu lügen. Sie meinen, das wäre in der heutigen Zeit nicht möglich? Falsch!

Der heute 92-jährige David Rockefeller hatte bei der Eröffnung der Bilderberger-Konferenz, einem jährlichen geheimen Treffen der wichtigsten und einflussreichsten Personen der westlichen Welt, im Jahre 1991 in Baden-Baden deren Ziele und die Rolle der Medien folgendermaßen beschrieben:

> *„Wir sind der Washington Post, der New York Times, dem Time Magazine und anderen grossen Medien dankbar, deren Direktoren unseren Treffen beiwohnten und sich an ihr Versprechen, Diskretion zu wahren, beinahe vierzig Jahre lang gehalten haben. Es wäre uns unmöglich gewesen, unseren Plan für die Welt zu entwickeln, hätten wir all diese Jahre im hellen Scheinwerferlicht der Öffentlichkeit gestanden. Aber die Welt ist jetzt entwickelter und vorbereitet, sich in Richtung auf eine Weltregierung zu bewegen, die niemals wieder Krieg kennen wird, sondern nichts als Frieden und Wohlstand für die ganze Menschheit. Die supranationale Souveränität einer intellektuellen Elite und der Bankiers der Welt ist der in den vergangenen Jahrhunderten praktizierten nationalen Selbstbestimmung sicherlich vorzuziehen.“*

Die grossen Medien der Welt werden zensiert und schweigen über die wahren Weltherrscher. Sie präsentieren oder verschweigen Ereignisse jeweils so, wie es ihnen und ihrem Ziel am besten dienlich ist. Und der gleiche David Rockefeller erklärte vor wenigen Jahren: „*Wir befinden uns am Anfang einer globalen Umwälzung. Alles, was uns noch fehlt, ist eine weltweite Krise, bevor die Nationen die Neue Weltordnung akzeptieren.*" Und diese Krise haben wir jetzt – die weltweite Finanzkrise!

Allerdings ist diese nicht plötzlich und völlig unerwartet über uns hereingebrochen. Denn nicht nur seriöse Börsenbeobachter haben seit Jahren gewarnt. Der Ex-Chef der US-Notenbank Paul Volcker erklärte beispielsweise im April 2005: „*Ich weiß nicht, ob eine Veränderung mit einem Knall oder einem Wimmern kommen wird, ob früher oder später. Aber so, wie die Dinge stehen, ist es eher wahrscheinlich, dass es eine Finanzkrise sein wird, welche die Veränderung herbeiführen wird.*" Auch der Star-Ökonom und ehemalige Berater der Clinton-Regierung Nouriel Roubini, warnte seit Jahren permanent vor dem, was jetzt eintrat. Oder Investment-Guru Warren Buffett im Jahre 2003. Ja, sogar Alan Greenspan selbst hob den Zeigefinger... Aber haben Sie darüber in Ihrer Regionalzeitung erfahren? Oder aus den bekannten Magazinen oder Tageszeitungen?

Das, was wir gerade auf dem Finanzsektor erleben, ist Teil eines großen Planes, die Menschheit in die totale Kontrolle zu führen, in die sogenannte *Neue Weltordnung* – eine neue Ordnung mit einem neuen Währungssystem auf bargeldloser Basis. Die Wirtschaftskrise/Rezession ist nicht vom Himmel gefallen, sondern alles war von langer Hand geplant.

Henry Ford sagte bereits im Jahre 1920 über das westliche Währungssystem: „*Eigentlich ist es gut, dass die Menschen unser Banken- und Währungssystem nicht verstehen. Würden sie es nämlich, so hätten wir eine Revolution noch morgen früh*".

Diese Ansicht teilte auch Sir Josiah Stamp, der Direktor der Bank of England von 1928-1941:

„Das moderne Bankensystem stellt Geld aus nichts her. Dieser Prozess ist vielleicht der erstaunlichste Handtrick, der je erfunden wurde. Das Bankenwesen wurde in Frevel gezeugt und in Sünde geboren. Die Welt gehört inzwischen den Bankiers. Nimm es weg von ihnen, aber lass ihnen die Macht, Geld zu kreieren und im Handumdrehen werden sie genügend Geld drucken, um sie wieder zurück zu kaufen... Nimm diese große Macht weg von ihnen und all ihre großen Reichtümer – wie meiner – werden verschwinden und sie sollten verschwinden, denn dann wäre es eine bessere und glücklichere Welt, in der wir leben. Aber wenn ihr weiter machen wollt, Sklaven der Banken zu bleiben und die Kosten eurer eigenen Sklaverei tragen wollt, dann lasst die Bankiers weiter das Geld drucken und den Kredit kontrollieren."

„Eine Sauerei" werden nun manche sagen. *„Die bösen Banker..."* Aber sind unsere Politiker denn besser? Der ehemalige EU-Kommissar (und Bilderberger) Jean Claude Juncker beschrieb ungewohnt offen: *„Wir beschließen etwas, stellen es in den Raum und warten dann einige Zeit ab, ob was passiert. Wenn es dann kein großes Geschrei gibt und keine Aufstände, weil die meisten gar nicht begreifen, was da beschlossen wurde, dann machen wir weiter – Schritt für Schritt, bis es kein Zurück mehr gibt."* (180)

Über dieses und anderes mieses Treiben berichtet mein Vater gleich in den ersten Kapiteln dieses Buches. Freuen Sie sich darauf.

Schauen wir uns noch ein paar andere markante Beispiele an, bei dem die Weltbürger bewusst in die Irre geführt werden. Nehmen wir ein Beispiel aus dem Irak-Krieg. Erinnern Sie sich noch an die Bilder der Festnahme von Diktator Saddam Hussein, als amerikanische Soldaten ihn völlig verlaust und heruntergekommen aus einem Erdloch zogen? Das war die schlimmste Demütigung für ihn und die arabische Welt!

Die Szene war aber nicht live gefilmt, sondern gestellt worden. Heraus kam das durch den ehemaligen Unteroffizier der US-Marines Nadim Rabeh, der bei der Gefangennahme Saddam Husseins dabei gewesen war. Dieser erklärt, dass Saddam Hussein bereits einen Tag zuvor, am 12.12.2003 unter ganz anderen Umständen gefangen genommen worden war. Rabeh berichtet: *„Ich war Mitglied der 20-köpfigen Einheit, darunter acht Arabern, die Saddam drei Tage lang in der Gegend um Dour nahe Tikrit suchte, und wir fanden ihn in einem bescheidenen Haus in einem kleinen Dorf und nicht in einem Loch wie veröffentlicht"*.

„Wir nahmen ihn nach schwerem Widerstand, bei dem ein Marine-Infanterist sudanesischer Abstammung getötet wurde, gefangen", fügte Rabeh hinzu. Seinen Angaben zufolge feuerte Saddam selbst aus einem Fenster im zweiten Stock des Hauses auf die US-Soldaten. Dann riefen sie ihm auf arabisch zu, er solle sich ergeben, da es sinnlos sei, weiter Widerstand zu leisten. *„Später erstellte ein Produktionsteam des Militärs den Film über Saddams Gefangennahme in einem Loch, das in Wahrheit ein ausgetrockneter Brunnen war"*, so Rabeh.

Oder erinnern sich an den 11. September 2001, als die beiden Türme des World Trade Centers bereits eingestürzt waren und dann kurz nach fünf Uhr die BBC live zu ihrer Korrespondentin Jane Standley vor Ort schaltete? Sie stand live vor der Kamera und berichtete vom Kollaps des Gebäudes WTC 7, welches aber im Hintergrund noch zu sehen war und erst 20 Minuten später einstürzte?

Und wie steht es mit der Berichterstattung in den deutschen Medien? Nehmen wir zum Beispiel den Krieg zwischen Israel und Palästina in Gaza Ende 2008-2009. Die TV-Hauptnachrichten als auch die Zeitungen in Deutschland berichteten am Wochenende des 11.1.2009 von Solidaritäts-Kundgebungen für Israel in Berlin, Frankfurt und München mit etwa 10.000 Teilnehmern. Es wurde aber kaum erwähnt, dass am gleichen Tag die zehnfache Menge – also 100.000 Menschen – GEGEN Israel demonstriert hatten – auch in Deutschland!

Und wie kam es eigentlich zu dieser Eskalation? Offiziell las man, dass die Hamas die Waffenruhe gebrochen hatte. Tatsächlich war es aber so, wie nun auch Ex-Präsident Jimmy Carter der Öffentlichkeit mitteilte, dass es Israel war, welches die Waffenruhe am 4. November 2008 durch die Erschießung von 6 Hamas-Mitgliedern auf derem Territorium brach. Als Reaktion auf dieses Morden reagierte die Hamas mit einer Welle von Raketenbeschuss auf Südisrael, bei der jedoch niemand verletzt wurde. Die Reaktion hatten wir dann live im Fernsehen miterlebt...

Betrachten wir uns noch kurz ein Thema, bei dem uns Deutschen die Wahrheit verschwiegen wurde – eine ganz wesentliche sogar! Und zwar geht aus dem Nachlass des bekannten Fremdsprachen-Übersetzers für Russisch Ernst Albrecht Nagorny hervor, dass der ehemalige Bundeskanzler Helmut Kohl und sein Außenminister Genscher eine Wiedervereinigung Deutschlands mit seinen besetzten Ostgebieten gar nicht wünschten. Ernst Nagorny hatte im Jahre 1990 in Dresden ein Gespräch mit dem damaligen russischen Präsidenten Michail Gorbatschow. Auf die Frage, ob im Zusammenhang mit der Vereinigung Mitteldeutschlands mit der Bundesrepublik auch eine Angliederung der fremdverwalteten deutschen Ostgebiete in Aussicht genommen war, hatte Gorbatschow geantwortet:

„Ja, das wollte ich. Wir hatten die Universität in Moskau beauftragt, Pläne für die Wiedervereinigung von Deutschland mit seinen polnisch besetzten Teilen auszuarbeiten. Aber bei den 2+4-Verhandlungen mußte ich zu meinem Erstaunen feststellen, daß Bundeskanzler Kohl und sein Außenminister Genscher die deutschen Ostgebiete – Ostpreußen, Pommern und Schlesien – gar nicht wollten. Die Polen wären bereit gewesen, die deutschen Provinzen Deutschland zurückzugeben. Aber der deutsche Außenminister Genscher hat die polnische Regierung in Warschau bekniet, an der Oder-Neiße-Linie festzuhalten. Die Deutschen würden die Grenze akzeptieren, waren seine Worte. Nur die DDR sollte angegliedert werden."

Interessant, nicht wahr? Da kommt doch im Nachhinein richtig Freude über unsere Volksvertreter auf. *Unser Volk* haben sie jedenfalls nicht vertreten...

Nehmen wir noch ein anderes, gar typisches Beispiel für deutschen Journalismus. Erinnern Sie sich noch an den Medien- und Gutmenschenaufstand, als die 17-jährige Rebecca K. aus Mittweida bei der Polizei behauptete, sie hätte am 3. November 2007 einem fünfjährigen Aussiedlermädchen helfen wollen, das von Neonazis angegriffen worden sei, woraufhin die Neonazis ihr ein Hakenkreuz in die Hüfte geritzt hätten? Da hat man es mit der Berichterstattung nämlich auch nicht so genau genommen. Am Anfang ja, aber dann...?

Dieser Fall war nicht nur lange Zeit auf deutschen Zeitungs-Titelseiten behandelt, sondern auch weltweit mit Entsetzen über die deutschen Rechtsextremisten zur Kenntnis genommen worden. Rebecca wurde zur Heldin von Mittweida, erhielt vom steuerfinanzierten „Bündnis für Demokratie und Toleranz" einen Ehrenpreis für Zivilcourage und Politiker verschiedenster Parteien wetteiferten im „Kampf gegen rechts". Ein Jahr nach dem vermeintlichen Neonazi-Überfall von Mittweida ist Rebecca K. wegen Vortäuschens einer Straftat schuldig gesprochen worden. Als Strafe wurde die Ableistung von 40 Arbeitsstunden verhängt. Die Geschichte war frei erfunden![18]

Denken Sie, *diese* Meldung wäre auch auf den Titelseiten erschienen? Meinen Sie, der Ruf der Stadt Mittweida wäre wieder hergestellt worden? Sie kennen die Antwort.

Nun können wir uns fragen, was schlimmer ist – belogen zu werden, nur eine Halbwahrheit zu erfahren, bei der wesentliche Teile fehlen, oder dass etwas vor uns verschwiegen wird. Ist denn das Verschweigen von Tatsachen, um den Ruf einer Person oder sein Ansehen in der Öffentlichkeit nicht zu gefährden, auch eine Lüge? Oder wie nennt man das?

Wie zum Beispiel beim jetzigen US-Präsidenten Barack Obama. Als er noch Senator von Illinois war, stimmte er am 27.3.2001 gegen den Gesetzentwurf zum Schutz lebendgeborener Kinder, die eine Abtreibung überlebten. Er argumentierte, *„dieser Gesetzesentwurf würde das Recht auf Abtreibung einschränken"*. In seiner Rede vor einem Aktionsbündnis „pro Abtreibung" kündigte Obama am 17.7.2007 an, seine erste Amtshandlung als Präsident der USA werde sein, im Bundesgesetz „freedom of choice, Act. 5" das von seinem Vorgänger George W. Bush eingeführte Verbot der Spätabtreibung wieder aufzuheben. Es handelt sich hierbei um die sogenannte „partial-birth-abortion"-Methode, die ab dem 5. Schwangerschaftsmonat durchgeführt wird, und die „hormonelle“ oder „Salzeinspritzung“ im letzten Drittel der Schwangerschaft. Bei der „partial-birth-abortion“ wird das Kind vaginal aus dem Mutterleib gezogen, bis sich der Kopf außerhalb des Mutterleibes befindet. Dann wird eine Schere tief in den Schädel gestoßen und das Gehirn des Kindes abgesaugt.

Dieses Abtreibungsverfahren wurde bis zu seinem Verbot am 5.11.2003 bis zu 5.000 Mal durchgeführt. Noch grausamer ist aber das Töten des Ungeborenen durch die sogenannte Salzeinspritzung. Der Todeskampf des Kindes dauert mehr als eine Stunde. Sollte eines der Kinder die Vergiftung überleben, wird es auf einen kalten Metalltisch in einem dunklen Raum gelegt, bis es gestorben ist.

Und Barack Obama befürwortet dieses grausame Morden von Ungeborenen. Davon hat man aber in unseren Medien nichts erfahren, als sich Obama im Präsidentschaftswahlkampf befand. Hätten so viele Amerikaner diesen Mann gewählt, wenn sie das gewußt hätten? Und hätten so viele Deutsche Obama in Berlin zugejubelt, als er dort seine Rede hielt?

Ja, meine lieben Leserinnen und Leser, so sieht es aus. Das ist die Realität, unser aller Realität.

Mein Vater hat sich mit diesem Buch die Mühe gemacht, über solche großen und kleinen Lügen zu berichten, wobei diese Unwahrheiten und Verdrehungen und das, was verschwiegen wird, nicht nur die Politik betrifft, sondern auch unsere Gesundheit, unsere Ernährung und die Religionen. Inzwischen hat er so viel Material zusammengetragen, dass es auf mehrere Bücher verteilt werden muss.

Doch bereits am Ende *dieses* Buches werden wir alle uns die Frage stellen müssen: „*Wie lange wollen wir uns das noch gefallen lassen?*“

Einen wachen Verstand und den nötigen Mut zur richtigen Entscheidung wünscht Ihnen

Ihr Jan van Helsing

Vorwort von Johannes

Verehrte Leserinnen, liebe Leser!

Wie lange lassen wir uns das noch gefallen? Wir werden von früh bis spät mit unwahren und halbwahren Informationen überfüttert – wenn wir fernsehen, wenn wir die Tageszeitungen, die bekannten Wochenmagazine, die Fachblätter lesen oder im Internet surfen. Fast nichts können wir dabei selbst überprüfen. Wir lassen uns zu oft durch zu viele und zu schnelle Informationen zudeckeln, akzeptieren es einfach als die übliche Massenmedienwahrheit oder regen uns ein bisschen ‚furchtbar' auf, allerdings nur oberflächlich, denn da gibt es ja schon wieder etwas anderes ‚Interessantes', über das man nicht *nachdenken* muss. Sowie wir allerdings diese Überflutung kritisch *überdenken* – und das setze ich jetzt bei Ihnen voraus, denn sonst hätten Sie dieses Buch nicht erworben – merken wir, dass das Meiste davon nichts als Ablenkungen sind. Einerseits tut es uns gut, wenn wir uns von unseren Alltagssorgen etwas ablenken können, andererseits tappen wir dabei genau in die Falle, die clever und bewusst unsere Aufmerksamkeit ‚irgendwohin' und von uns weg lenkt. Wovon will man uns ablenken? Das ist die Frage!

Denn unsere *Aufmerksamkeit* ist ein starkes energetisches Geschehen und ist unsere ganz persönliche und individuelle Lebensenergie, die wir in solchen Momenten von anderen ‚lenken' *lassen*, anstatt sie bewusst selbst zu steuern. In meinem Auto kann ich das noch höchstpersönlich selber tun, in einem Flugzeug muss ich mich steuern lassen. So ist es auch in unserem Leben, unserem Berufsleben, im Familienleben ganz entscheidend, dass wir möglichst viel Verantwortung in unseren eigenen Händen behalten.

Alle Informationen, die wir bekommen, sind nämlich zugleich auch energetische Vernetzungen, mit denen wir in irgendeiner *Form* in Resonanz treten – erheiternde, erfreuliche, romantische, berührende und beglückende Impulse in angenehmer Harmonie genauso wie erschütternde, brutale, schreckliche, laute und angsterzeugende Informationen voll hektischer Impulse. Fremde und eigene Schwingungen können wir dabei für Momente, kurz oder länger, nicht unterscheiden und lassen oft viel zu wenig los von diesem bequemen Einfluss. **Dass so viele Menschen wie möglich aus solcher Unbewusstheit in unserem Alltag wieder herausfinden, ist der eigentliche Sinn dieses Buches.**

Bewusstsein und mehr noch *Bewusstheit* hat mit *Wissen* zu tun, und das wissen auch diejenigen, die über unsere Zeit, unser Geld und unsere Gesundheit verfügen wollen. Meinen Sie auch, dass es so etwas in Wirklichkeit nicht gibt? Lassen Sie sich überraschen! Ich registriere das alles schon seit Jahrzehnten, und Sie werden nicht nur überrascht, sondern erschrocken und entsetzt reagieren auf das, was ich Kapitel für Kapitel zutage fördere.

Sie werden sich vielleicht daran erinnern, dass ich bisher als Sachbuchautor religiöse und philosophische Themen bevorzugt habe, und da gibt es auch weiterhin noch einen hohen Aufklärungs- und Erkenntnisbedarf. Doch meine Recherchen zum Thema 2012 und die an allen Ecken und Enden sich zuspitzenden praktischen Lebenssituationen machten mir generell immer klarer: **Die meisten Menschen wissen es einfach noch nicht richtig!**

„Das Nichtwissen der Vielen ist die Macht der wenigen Wissenden", hat mir schon vor vielen Jahren ein befreundeter Rosenkreuzer erklärt. Mit diesem Buch und dem Wissen von über hundert alternativen Wissenschaftlern, Fachleuten und Spezialisten werden auch Sie zu *einer* beziehungsweise *einem* befreiten und lachenden Wissenden. Wissen muss nicht immer gleich die ‚absolute Wahrheit' sein, das schaffe auch ich nicht bei den vielen verschiedenen Themen. Doch den möglichst aktuellen Stand der jeweiligen Thematik zu kennen und endlich zu durchschauen, lässt uns wichtige Entscheidungen treffen, die uns dann auch ein besseres Leben ermöglichen.

„Besser leben" – was heißt das? Geht es uns heute nicht so gut wie nie zuvor auf unserem Planeten? Leben wir nicht alle heute so gut wie noch vor rund zwanzig Generationen nur die Fürsten und Bischöfe? Das stimmt natürlich, wenn wir unsere Technik, unsere Mobilität, unsere Kenntnisse (vor allem Lesen und Schreiben), unsere Unabhängig-

keit (Freiheit ist etwas anderes) und unsere regionale Kriegslosigkeit betrachten. Und wenn wir uns das alles ein wenig näher betrachten? Das sollten wir lieber nicht, denn sonst kommt Unruhe auf.

Trotzdem sind doch sicherlich über die Hälfte der Mitmenschen auf der nördlichen Halbkugel mit ihrem Leben schlichtweg *zufrieden*. Warum? Sie fragen nicht wirklich gründlich nach, denn sie wissen, dass es Milliarden anderen Menschen auf der Welt viel schlechter geht und sind damit *zufrieden*, dass sie zu denen gehören, denen es besser geht. Wir haben Arbeit, eine Familie, ein Auto, einige Sparbücher und sind damit *zufrieden*. Wir haben sogar geerbt und sind dann ganz *zufrieden*. Und die Kollegin ist jetzt krank geworden und ist noch mit Wenigerem *zufrieden*. Wirklich? Könnte es uns allen nicht noch viel, viel besser gehen? Auch bei einer inzwischen überschuldeten Staatsform?

Ja, auch bei einem überschuldeten Staat, denn der kann uns immer weniger helfen. Musste das erst so kommen? Wir wachen wieder erst auf durch äußere Zwänge – keine großen politischen diesmal, sondern ganz alltägliche Zwänge und Notstände –, denn auch körperlich und gesundheitlich haben viele von uns so ihre liebe Not. Mein Sohn Jan und sein Freund Dr. Dinero zeigen in ihrem »Das Eine Million Euro Buch« Wege, wie es uns finanziell besser gehen könnte. Und ich zeige Ihnen in diesem Buch viele verschiedene andere Wege, wie es uns *generell* besser gehen könnte – wenn wir uns bei den alltäglichen Dingen kritischer entscheiden. Das können wir jedoch erst, wenn wir darüber besser Bescheid wissen – eben durch mehr konzentriertes und aktuelles Sachwissen.

Bleiben wir noch kurz bei den Informationen. Vieles, was auf uns zukommt, ist fast ausschließlich Teilinformation, sicherlich gezielt, um uns noch mehr zu verunsichern: „*Was stimmt jetzt und was stimmt nicht?*" Da heißt es einfach ‚dranbleiben' und immer weiter suchen und dann kommt so etwas heraus, was Sie jetzt in diesem Buch finden werden. Und wenn wir gemeinsam manche Fehlinformation, Schwindel, Lüge, Verdrehung, Unverschämtheit mit ‚Bewusstheit' angehen, dann bewirken wir aus mancher solchen *Information* eine *Transformation* – und zwar ‚gewandelt' zum Guten und Positiven.

Das wäre dann absolut zeitgemäß, wäre anstelle von Passivität wieder die verloren gegangene *Aktivität* und wäre statt achselzuckender ‚Normalität' eine selbstbewusste *Verantwortlichkeit.*

„*Diese Zeit ist reif für mehr Wahrheit!*", ist auch meine feste Überzeugung. Wir haben inzwischen Möglichkeiten wie noch nie, die meisten manipulativen Unwahrheiten zu durchschauen und viele überzeugend zu widerlegen. Unsere kritische Zeit – man kann auch *Krise* dazu sagen – lenkt uns ganz automatisch ab von dem vielen Banalen und lässt uns dabei immer öfter zur Sache kommen. Sowie wir uns ernsthafter mit so Vielem befassen und dann ‚freiwillige' Entscheidungen treffen, bekommen wir mehr denn je die Möglichkeiten, unseren *freien Willen* wieder zu erleben.

So kommen wir in eine sehr positive Resonanz, erkennen auch jede ‚Wahrheit' als eine zwangsläufige Teilwahrheit, die uns dann trotzdem weiterführt zu einer ungeahnten Erkenntnisfähigkeit. Vielleicht genießen Sie es dann auch als *Kunst*, in jedem Moment neu zu entscheiden, was zu tun ist und verantwortungsvolle Schritte zu wählen, um aus den alten, vermutlich wohl anerzogenen Prägungen endlich herauszukommen.

Wenn Sie sich unser Zeitgeschehen so betrachten, sind wir uns sicherlich schnell einig, dass jetzt solches auf der ganzen Welt stattfindet. **Wir leben in einer Zeit der Veränderungen.** Sehr viele Fundamente wackeln schon, und das Wissen, das Sie in diesem Buche finden, hilft ordentlich, zusätzlich daran zu rütteln. Und zwischendurch werden Sie oft beim Lesen die gleiche Frage immer wieder stellen: „*Warum lassen wir uns das noch gefallen?*" Um dabei nicht nur mit dem Finger auf andere zu zeigen, könnten wir auch den Stinkefinger nehmen und denken: „*Euch zeigen wir's!*" Hiermit habe ich der heutigen Jugend etwas abgeschaut.

Mächtige Veränderungen laufen bereits vor unser aller Augen ab – vielleicht nur für den, der Augen hat zu sehen? Durch dieses Buch werden Ihnen die größten Schuppen von den Augen fallen – versprochen!

Und nicht nur in der Aussenwelt vollziehen sich gigantische Veränderung, sondern auch in unserem Inneren. Diese inneren, geistigen Prozesse waren Thema vorheriger Bücher aus meiner Feder. Diese geistigen Aspekte habe ich aus diesem Buch jedoch überwiegend herausgelassen – vor allem, weil die recherchierten Themen für sich selbst sprechen. Dennoch erlaube ich mir aber an der einen oder anderen Stelle einen Kommentar aus einer übergeordneten Sichtweise, einer Sicht, die über den allgemein akzeptieren Tellerrand hinausgeht.

Mit diesem Buch werde ich einen großen Kreis neuer Leserinnen und Leser ansprechen, dem vielleicht manche meiner Aussagen im ersten Moment als phantastisch, utopisch oder unrealistisch erscheinen mögen. Ich empfehle Ihnen trotzdem, diese Gedanken erst einmal mitzutragen und meiner Führung durch die vielfältigen und ungewöhnlichen Erkenntnisse der alternativen Denk- und Lebensweise zu vertrauen. Ganz beachtliche Veränderungen kann es für diejenigen Leserinnen und Leser geben, die von Illuminaten, Hochfinanz, Geheimgesellschaften und der Neue Weltordnung (NWO[(189)] noch nichts gehört haben oder diese Themenkreise als vermutete Verschwörungstheorien immer wieder abtun. Darüber zu schreiben hat meinen Sohn Jan (van Helsing) schon immer gereizt und einen umfassenden Zugang zu anderen kompetenten Forschern und Autoren bietet das Vertriebsprogramm des Kopp-Verlags an. Viele derartige und ‚unglaubliche' Erlebnisschilderungen sind genauso bei mir gelandet, doch ihre Veröffentlichungen würden die positiven Anregungen, die ich in diesem Buch liefere, weit überschreiten.

Heftige Veränderungen auf unserem Planeten laufen bereits an und sind mit überraschenden *Demaskierungen* verbunden. Wir erleben es fast täglich – allerdings nicht in den Massenmedien und ihren bewussten Halbwahrheiten. Eine ganze Seite voll Adressen alternativer Zeitschriften biete ich daher im Buchanhang alphabetisch aufgelistet an.

Seien Sie dafür offen, liebe Leserinnen und Leser, was Sie jetzt als Neues und Unwahres und Unglaubliches lesen werden. Seien Sie versichert, dass es jeweils nur die Spitze des Eisbergs ist, die sich uns heute zeigt, auch wenn vieles davon unmittelbar in unseren Alltag eingreift.

Ich habe lange und gründlich recherchiert. Zu allen Texten und Zitaten biete ich Verweise, wo Sie noch mehr Details dazu erfahren werden. Dabei versuche ich zu überzeugen und Vertrauen zu wecken zu den jeweiligen Fachautoren und den verantwortlichen Wissenschaftlern.

Jede Krise hat ihren ‚kritischen Punkt', der sicherlich *zuerst in uns* erkannt oder erfühlt werden kann. Wenn wir uns dabei nicht zu sehr vom Äußeren ablenken lassen, erkennen und erfühlen wir dabei unsere individuelle Stärke – und das war's dann schon. Dann sitzen wir nämlich im gleichen Boot oder wir umarmen uns mit: „*Willkommen im Club der Querdenker!*" Gut zwei Jahrzehnte Bewusstseinsarbeit gipfelt in dieser meiner Zusammenstellung aller möglichen Unwahrheiten, die ich nun mit Freude und topp aktualisiert an Sie weitergebe. Rütteln wir gemeinsam an Tabuthemen, an geduldeten Begrenzungen, an verlogener Moral und an bequemen Routinen.

Und können Sie sich dabei vorstellen, dass Sie dieses Ganze wie im Spiegel betrachten und Sie dabei erkennen und erfühlen, dass Sie bei allem nur der Betrachter sind und nicht der, der im Spiegel herumhastet? Vielleicht sollten Sie den Spiegel noch ein bisschen putzen, und in solchen Momenten sind Sie dann ‚erleuchtet'.

Ich schrieb dieses Buch nicht, um anzuklagen, auch wenn es manchmal so klingt, sondern um klarzustellen, welche wissenschaftlichen Erkenntnisse es außer den etablierten Routinen noch gibt. Ich schrieb dieses Buch nicht als Besserwisser, sondern als ein Händereichen denen, die den Mut haben, längst fällige Veränderungen mitzutragen.

Nun möchte ich Sie alle mit dem Herzen grüßen und meine besten Wünsche für die vor uns liegende Zeit der Veränderungen aussprechen. Bestimmen Sie mit all den Informationen dieses Buches ihre persönliche Zukunft, Ihre Gesundheit, Ihr Wohlergehen und auf jeden Fall ein besseres Leben für Sie selbst und Ihre Familie!

Ihr Johannes Holey

TEIL 1

Lügen in Politik und Wirtschaft

„Wenn du Menschen beeinflussen willst,
mache niemals den Versuch, einen Beweis zu erbringen.
Lüge sie frech und dreist an, und sie werden dir folgen.
Nie haben Menschen nach der Wahrheit gedürstet,
sie ziehen es vor, den Irrtum zu vergöttern.
Wer die Menschen täuscht, wird ihr Herr,
wer sie aufklärt, stets ihr Opfer.

Die Leichtigkeit,
mit welcher Behauptungen als richtig übernommen werden,
hängt mit der Unwilligkeit der meisten Menschen zusammen,
notwendige Kenntnisse zu sammeln,
um sich eine eigene Meinung zu bilden."

Gustave Le Bon (1841-1931)
Französischer Soziologe und
Begründer der ‚Massenpsychologie'

So funktioniert es bis heute,
doch es ist die Energie der ‚Alten Welt',
sie ist bald *out* – aus und vorbei!

Die ,Waffen-schaffen-Frieden'-Lüge

Können Sie sich vorstellen, dass den heutigen **Kern** der geheimen Machtelite im Hintergrund (und Untergrund?) weltweit etwa 7.000 Leute bilden – Establishment, Militärs und Hochfinanz? Wie ich darauf komme? Es soll angeblich so an die 350 unvorstellbar reiche und mächtige Familien auf unserem Planeten geben, denen fast alles gehört. Wenn jede davon so einen harten Kern von 20 Personen hat, dann ergibt das diese Zahl 7.000.

Dann steht dieser Elite eine Menschheit mit rund sieben Milliarden höchst lebendigen Menschen gegenüber. Allein von der Zahl her steht doch *uns* die ,Vorherrschaft' – das hat was mit *herrschen* zu tun – auf unserem Planeten zu. Auf ein Mitglied der geheimen Machtelite kommen somit rund eine Millionen Frieden liebende Erdenbürger – das heißt genau **1.000.000 : 1**. Sagenhaft!

Das sähe noch viel optimistischer aus, wenn wir dabei unsere *geistige Stärke* erkennen und geschlossen zueinander stehen würden. Natürlich können wir das noch nicht, denn wir sind noch nicht organisiert. Oder andersherum betrachtet: Man lässt uns nicht zu dieser Stärke kommen – zum Beispiel durch Lügen, Betrügen, Verdrehen, Verschweigen, Unterwandern, Teilen, Krankmachen, Killen, Vernichten und andere ,Programme', von denen ich in diesem Buch berichte.

Durch diese Ausdrucksweise formuliere ich wieder das bewährte Täter/Opfer-Spiel und *unterstütze* ein in unseren Köpfen festgelegtes, polarisiertes Denkverhalten. Das funktioniert leider so! Doch in allen meinen Büchern versuche ich immer wieder, dieses ,Spiel', die immer noch organisierte Matrix der Machtelite an ihrer Basis zu entkräften – **indem wir erkennen, dass wir alle mit uns spielen lassen!** (Blättern Sie ruhig wieder kurz zurück zu meiner Zitatenauswahl auf Seite 11.)

Obwohl die oben aufgezeigte logische ,Verhältnismäßigkeit' eigentlich eine mathematische Unmöglichkeit und völlig gegen die Natur ist, funktioniert sie seit Jahrtausenden – und im Moment bekommt man den Eindruck, sie funktioniert immer besser. Warum? Wir sind sieben Milliarden (1.000.000:1) Unorganisierte, das ist alles. Jetzt hört man öfters ein kluges Geschichtchen: Im alten Rom habe ein Senator vorgeschlagen, man sollte alle Sklaven mit einem weißen Armband versehen, um sie besser erkennen zu können. *„Nein“*, erwiderte ein Kollege, *„wenn sie sehen, wie viele sie sind, dann gibt es einen Aufstand gegen uns.“*

Nun gab es zu jener Zeit auch einen waffenlosen Revolutionär, der damals schon von einem *Friedensreich* sprach. Es war noch die Zeit, als man Mann gegen Mann kämpfte – natürlich alles ‚Helden' und sicher noch viel bestialischer als es uns heute Hollywood versucht nachzumalen. Bilder von damals gibt es nicht. Dieser friedvolle Revolutionär wusste, wovon er sprach, wenn er den tausenden seiner Zuhörer versicherte: *„Meinen Frieden gebe ich euch –* ***nicht einen Frieden wie die Welt ihn gibt...*** *“*

Doch auch auf diesem Weg zum *inneren Frieden* haben wir uns daran gewöhnt, von *‚kämpfen'* zu sprechen. Selbst wir Gut-Menschen (sind wir doch, oder?), die durch unsere Reife oder Erkenntnis bestimmten Emotionen in unserem Leben wie auch in unserem Alltag *„den Krieg ansagen“*, bedienen uns solchen und ähnlichen Wortschatzes. Prompt kommt ein Werbeschreiben einer neuen Heiztechnologie mit der Überschrift auf meinen Tisch: *„Wickeln Sie sich verfroren in Decken, bis Ihre alte Heizung endlich eine Kälteschlacht gewinnt?“* Das ist eben unser sprachlicher Alltag!

Wir hochzivilisierten Völker – wir bilden uns wenigstens ein, es zu sein – sind imstande, Raketen und Menschen in den Weltraum zu schicken, aber wir sind unfähig, Frieden in unsere Herzen und unseren Alltag zu bekommen. Das betrifft (kommt von *treffen – peng!*) jeden Einzelnen von uns in irgendeiner Form – es erwischt doch auch uns immer wieder und zeigt, dass das bewährte Ich-Programm unserer Köpfe selten ein größeres und friedliches WIR aufkommen lässt.

Dass man Frieden extra erforschen muss (Friedensforschung), anstatt ihn zu leben, ist wieder das komplizierte Denken in unserer polar gestalteten Erdenwelt. Dass aber beides zugleich – äußerer durch inneren Frieden – erst recht erfolgreich sein kann, hat der ermordete, große politische Freiheitskämpfer ‚der sanften Art', Mahatma Gandhi (1869-

1948), erkannt, wenn er uns hinterließ: ***„Es gibt keinen Weg zum Frieden, der Friede ist der Weg.“***

Außerdem finden wir in der Geschichte immer wieder große Persönlichkeiten, die den *äußeren Frieden* in bestimmten Bereichen vorbildlich realisieren konnten. Wir belohnen sie in der Neuzeit zum Beispiel mit dem *Friedensnobelpreis*. An Universitäten einiger Länder dieser Erde wird sogar ‚wissenschaftliche' Friedensforschung betrieben.

Das sind alles sehr positive Ansätze, ist jedoch nur ein kleiner Ausgleich gegenüber der Vielzahl von bekannten und verdeckten Militärschulen, bekannten und verdeckten Waffenindustrien und geheimen Armeen auf unserem Globus.

Über solche Geheimarmeen innerhalb der von den USA angeführten NATO-Militärallianz – geschult vom CIA und vom britischen MI6 – hat »secret.TV« im November 2008 ausführlich berichtet. In allen Ländern Westeuropas gilt nämlich: *„Gezielt wurden Attentate gegen die eigene Bevölkerung ausgeführt, um Unsicherheit zu erzeugen und den Ruf nach einem starken Staat zu unterstützen.“* Dies erklärt Dr. Daniele Ganser, Historiker und Friedensforscher an der Universität Basel, im Interview und ausführlicher in seinem Buch »NATO Geheimarmeen in Europa – inszenierter Terror und verdeckte Kriegsführung«.(4)

Wussten Sie, dass »made in Germany« der drittgrößte Rüstungsexporteur der Welt ist – hinter den USA und Russland und noch vor Frankreich und England? Die »Süddeutsche« vom 9.12.2008 berichtet darüber in ihrem Artikel ‚Der Tod aus Deutschland':

„Wieder einmal hat Deutschland mehr Waffenexporte genehmigt als im Jahr zuvor; 2007 für 8,7 Milliarden Euro, das entspricht einer Steigerung von 13 Prozent. [...] Offiziell wirbt die Bundesregierung für die Einhaltung des EU-Verhaltenskodexes, wonach Kriegsgerät nicht in Konfliktregionen und an Diktaturen geliefert werden soll. Die Praxis sieht aber oft anders aus: 49 Staaten, in denen die Menschenrechte als bedroht gelten, erhielten ebenso Waffen wie jene 28 Länder, in denen es innere oder grenzüberschreitende Konflikte gibt, die mit Gewalt ausgetragen werden: Afghanistan und Indien, Nigeria, Israel, der Nahe und Mittlere Osten.“

Ist trotz der berühmten deutschen Nato-Gewehre der erneute Versuch, im August 2008 den Dritten Weltkrieg anzuzetteln, abermals gescheitert? Die georgische Spezialeinheit in Süd-Ossetien war mit dem Nato-Sturmgewehr G 36 des deutschen Rüstungskonzerns Heckler & Koch ausgerüstet. Naja, wir wissen ja nicht, wie ernst es die geheime Regierung wirklich mit dem angedrohten Dritten Weltkrieg gemeint hat.

Sind Friedensnobelpreise, Friedensforschung, ja sogar Friedensdemos nur *clevere Alibi-Aktionen*, die von der geheimen Hochfinanz auch noch gefördert werden? Wer füttert die Schulbücher, wo Schlachten und Generäle auswendig zu lernen sind? Wer textet die berühmten Lexika (auch Wikipedia) und die Pressemedien, ihre ‚globale Stimme' – ‚*his masters voice*'? Der dabei erwähnte ‚Frieden' wäre besser durch die Begriffe *Eroberung*, *Besetzung* oder *Sieg* zu ersetzen und führt so auch nicht weiter zu einem Frieden im friedlichen Sinne. Alle solche offiziellen Geschichtsbücher und elektronischen Dateien werden nämlich immer von den Siegern, den Chronisten des Establishments, geschrieben und gefüttert und sind überwiegend Lügen mit wohlklingenden Rechtfertigungen.

Ein unbequemer Kenner der Weltsituation, der Schweizer Nationalrat und Professor Jean Ziegler, mehrfacher internationaler Bestsellerautor und UN-Sonderberichterstatter, bemerkt in seinem Buch »Das Imperium der Schande«:

„Auf einer riesigen weißen Wand über der Besuchergalerie am Eingang zum Saal des Sicherheitsrates im ersten Stock des Wolkenkratzers der UNO in New York ist eine Tafel angebracht. Eine auf dem Kopf stehende Pyramide zeigt in ihrem obersten Segment die militärischen Ausgaben auf der Welt für ein Jahr und im unteren Teil die jährlichen Kosten der wichtigsten sozialen Umwelt- und Entwicklungsprogramme der UNO.
Die Tafel wurde am 1. Januar 2000 angebracht. Inzwischen haben sich die Summen geändert, aber die weltweite Budgetstruktur ist die gleiche geblieben."

Abb. 1:
Die Stimme seines Herrn

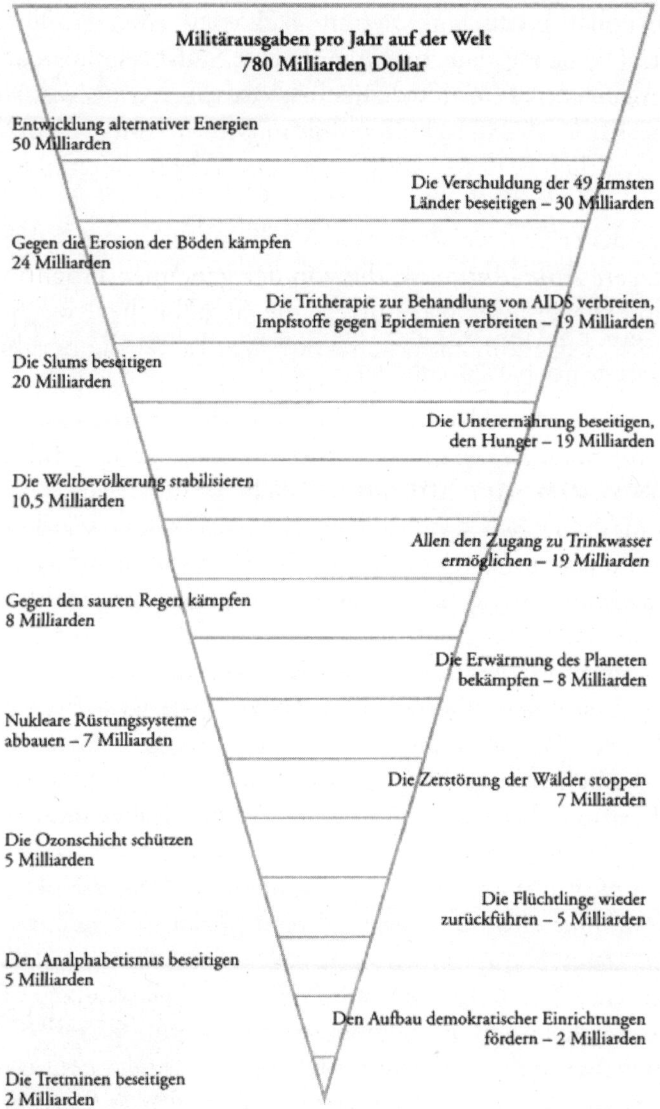

Abb. 2:
Wandgemälde im UNO-Gebäude

Die Militärausgaben *der ganzen Welt* wurden im Jahr 2000 auf 780 Milliarden Dollar angegeben, davon 47 Prozent von den USA. Heute, im Juni 2009 – also 10 Jahre später – setzt Obama sein neues Budget mit 739,5 Milliarden Dollar für Rüstungsausgaben und Nahostkriegsfinanzierung an. (Prof. Michel Chossudovsky in »Nexus« 23/2009)

Also fasse ich zusammen: *„Alle Menschen sehnen sich nach Frieden, und die Kriege nehmen kein Ende."* Warum sind all diese technischen Fortschritte möglich und ‚Frieden auf Erden' unmöglich? Man findet keine überzeugende Antwort, ohne die NWO, die ‚Neue Weltordnung', mit einzubeziehen. Doch denken wir immer daran: Es steht auf der Welt immer noch **1.000.000 : 1**!

Die heißen und die kalten Kriege

Wie war das mit dem ‚Kalten Krieg'? Ein Kriegs-Theater als weltweites Ablenkungs-Manöver? Das profitabelste Geschäft aller Zeiten für die Rüstungsindustrien? Zugleich eine psychologische Schlacht *gegen uns* in einer ‚weltweiten Gemeinschaft der Ängste'? Das Lebenselixier dieser Machtelite ist das Geld, und ihre *unsichtbare Waffe* ist die Angst.

War über die *Waffen*-Globalisierung eine *Angst*-Globalisierung entstanden, welche schließlich die heutige *Wirtschafts*-Globalisierung ermöglichte – **und jedes Mal wurde und wird profitabel abkassiert?**

Die Teilung Europas wurde zur Teilung der Welt, und 45 Jahre lang konnte damit lachend abkassiert werden. Kriegs-Gefahr und Kriegs-Drohung erzeugten immer schon ausreichend Ängste, die den Erzeugern Macht und Vermögen bescherten. Jede Zweiteilung erzeugt Gegenpole und solche Spannungen, nicht nur in der Physik. Und diese gedanklichen und emotionalen Spannungen können genutzt werden, um nach zwei sogenannten Weltkriegen eine weltweite und tiefe Angst vor einem »Dritten Weltkrieg« jahrzehntelang aufrechtzuerhalten.

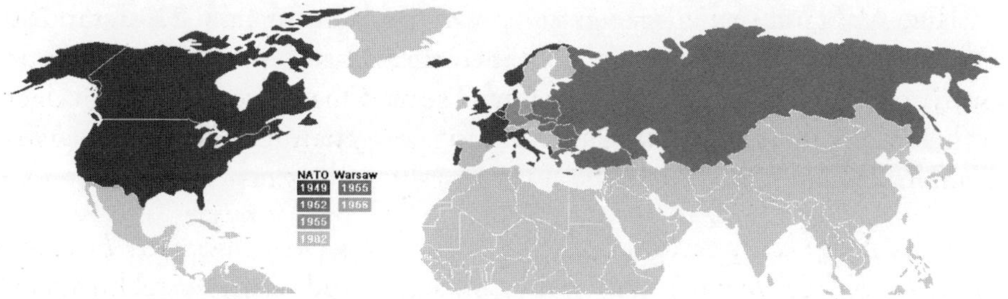

Abb. 3: NATO und Warschauer Pakt

Die Weltbevölkerung wurde und wird mit all diesem Unsinn in die Irre geleitet und spielt wieder und wieder Cowboy und Indianer – im aufrichtigen Glauben an diese ‚gute Jungs/böse Jungs'-Politik –, und Hollywood lässt dabei lachend grüßen! Wann wird die Weltbevölkerung endlich erkennen, dass dieses ganze Kriegstheater ein reines Ablenkungsmanöver ist? In Wahrheit ziehen sie nämlich gegen *uns* in die immerwährende Schlacht: Die *wertlose, aber zahlende Masse* ist das Ziel der geheimen Regierung, und *wir alle* sind die ‚Indianer'.

Es funktioniert genauso wie in der größten organisierten Religion des Planeten die Oberhirten ihre Schafe ‚führen' und es auch noch unverschämt und klar aussprechen – übrigens seit Jahrhunderten. Oder sind es Jahrtausende? Denn das Lamm war bereits schon im blutigen Opferzeitalter des Alten Testaments ein ideales Opferlamm. Und daher entwarfen die Priester im nachfolgenden ‚Neuen Testament' das Bild ihres angeblichen Erlösers ebenfalls als ein *Lamm Gottes*.

Leben auch wir heute noch so? Sind die Herrscher von damals noch die Herrscher von heute?

Im vergangenen Jahrtausend waren es erst die Kreuzzüge mit viel Blut, dann die Missionierungen mit viel Blut, dann die Kolonialisierungen mit viel Blut, dann der Kalte Krieg mit viel Blut, dann der Kampf gegen den ‚internationalen Terrorismus' und nun ist es das globale Erobern der Ressourcen mit viel Blut. Der ‚freie Westen' schaut zu – beim nicht mehr verheimlichten blutigen Weg nach den Ölquellen und dem noch nicht ganz so offensichtlichen *Run* auf das Trinkwasser, das

‚Blaue Gold' dieses Planeten. Der Diplom-Kaufmann, selbstständige Trader und Portfolio(Investitions)manager Heiko Aschoff schreibt in seinem Presseartikel ‚Bis zum letzten Tropfen':

„Investoren sprechen bereits von der Investmentchance des Jahrhunderts. Entlang der gesamten Wertschöpfungskette des Wassers hat sich seit einigen Jahren eine rege Geschäftstätigkeit entwickelt. Von der Erweiterung der Süßwasserressourcen über die Reinigung, Entsalzung und Bevorratung bis hin zur Einsparung und Versorgung. Die steigende Nachfrage, der höhere Qualitätsanspruch der Verbraucher sowie der enorme Investitionsbedarf in die Wasserinfrastruktur tragen dazu bei, den in der Wertschöpfungskette Wasser tätigen Firmen gute Wachstumspotentiale zu bieten.“[(5)]

Und das lenkt die Öffentlichkeit auch wieder nur ab vom ‚Allerheiligsten', denn alle dem Westen offenstehenden Gold- und Silberminen und alle Diamantenfelder sind längst in elitärer Hand. Allmählich verliert der ‚Kalte' Rüstungskrieg mit Atombomben aller Art und Machtgetue aller Art seine Masken und wird rücksichtslos zum immer heißer werdenden geopolitischen **Wirtschaftskrieg**. *„Der Ursprung aller Kriege ist Diebesgelüst“*, philosophierte schon der Hochschullehrer Dr. Arthur Schopenhauer.

Drückt sich »Welt-online« klar genug aus, wenn sie *„Verzweifelte Suche nach Uran“* titelt? Hurra, der Wettlauf um Uran hat schon begonnen! Indien und seine Nachbarstaaten sind jetzt wohl strategisch fällig, an denen das Establishment sehr interessiert ist. Indien weiß das wohl und sichert sich mit einem Bündnis mit China und Russland ab.

Doch sind das möglicherweise auch nur Nebenerscheinungen? Hat die totalitäre Weltregierung am 11. September 2001 die Weltbühne im neuen Maßstab betreten – **im Maßstab der Maßlosigkeit?** Sie wird immer weiter und weiter versuchen, unsere letzten, tiefsten Ängste anzufachen – solange wir es geschehen lassen, solange wir zuschauen, solange wir stillschweigen, **solange wir ihnen mehr glauben als uns selbst.**

Über den 11.9.2001 gibt es inzwischen reichlich ‚Aufklärung', aber ich versuche, es einmal mit der *Sicht aus einer höheren Warte* kritisch zu betrachten. Das letzte Jahrtausend endete nicht mit dem Jahr 1999, sondern am 31.12.2000. Mit dem brillant vermarkteten Y2K[(182)] des Millennium-Wechsels hat man richtig ‚Kohle' gemacht, also genau gesagt: mit den angefachten Ängsten vor diesem elektronischen Datumswechsel. Die Pressemedien füllten ihre Seiten und Sendestunden und die Machtelite lachend ihre Kassen. Innerhalb der Presse gab es wichtiges Gezänk darüber, wann das Dritte Jahrtausend wirklich anfängt.

Es begann am 1.1.2001 – logisch! Und neun Monate später zeigte die Machtelite der ganzen Welt, wem dieses neue Jahrtausend gehört und hat ihm mit einer unvorstellbaren Dreistigkeit und Rücksichtslosigkeit sein Brandzeichen aufgedrückt. Doch auch für diese ‚Herren' gibt es trotzdem ein Gespenst, vor dem sie Angst haben: **den weltweiten Friedenswunsch und -willen im Verhältnis 1.000.000 : 1.**

Zum Thema Maßlosigkeit schreibt der berühmte Maya-Forscher Dr. José Argüelles (sprich *Argeljes*): *„Deshalb ist es ein Glücksfall, dass 2012 nur noch so kurz entfernt ist, da wir eine Exponentialkurve erreicht haben. Der 9.11. war die Zäsur in der Technosphäre, die besagte: ‚Jetzt habt ihr eure Grenze erreicht, ihr solltet besser darüber nachdenken, wie ihr die Dinge angehen wollt.'"* Argüelles deutet dieses Brandzeichen der Machtelite ganz anders als diese selbst es geplant hat, indem er erkennt:

„Es war ein unvermeidliches Ereignis, weil die menschliche Spezies an einem Punkt angelangt war, wo sie ihre Grenzen im Verschlingen der Biosphäre, ihrem natürlichen Lebensraum erreicht hatte. Ein Signal wurde ausgesandt durch die Zivilisation, um anzuzeigen, dass dieser Moment gekommen war."

In meinem ersten Buch, das 1997 erschienen ist, habe ich es so beschrieben:

„Und daher können alle Friedens-Träume eben erst im Neuen Zeitalter für eine ganze Menschheit Realität werden – dann, wenn Friede endlich gelebt wird. Auch der Wahrheitslehrer Jesus erklärt tröstend: Es ist der Friede, den ***die Welt*** *uns nicht geben kann!*

Aber wir können den Frieden schon l e b e n – in uns, in der Familie, am Arbeitsplatz und und und – und wir können Visionen davon haben.“

Doch das Thema der Maßlosigkeit findet immer neue Gallionsfiguren. „*Obama fordert Aufrüstung von den Europäern*“, heißt es in der Presse. Bei seinem Besuch zum 60-Jahre-Nato-Jubiläum forderte er am 3.4.2009 in Straßburg so etwas Unsinniges – mitten in der weltweiten Finanzkrise. Bekommt er dabei Druck von seiner US-Waffenindustrie, die ihren Umsatz hoch halten will? Fordert er es nur lauthals, oder will er es auch ernsthaft durchsetzen?

Ist dann trotzdem der Kalte Krieg schon beendet? Es hatte ja so den Anschein, als der Westen den Ostblock in die Knie gezwungen hatte und die politische Einheit des Kommunismus zerbrach. Der Westen jubelte und musste seitdem neuen Weiterrüstungsbedarf suchen und schaffen. Der Irak-Experte des »Deutschen Orient-Instituts« in Hamburg, Aziz Alkazaz, weist auf die ‚Notwendigkeit' für die USA hin, einen neuen Feind zu etablieren: Mit dem Abdanken des Sowjetimperiums und des Kommunismus war die Geburtsstunde des Islamismus als neues Feindbild verbunden – militärische ‚Optionen' inklusive.

Doch da ist ja die Maßlosigkeit – hat sie sich schon selbst überholt? Plötzlich spielt der Osten mit dem Westen Kalten Krieg, China mit den Yankies und ihren Greenbacks (Dollars). Peking kündigte einen Investitions-Kooperationsfond mit den südostasiatischen Nachbarländern an, wie »Kopp-exklusiv« (21/09) berichtet, und forciert die eigene Währung, den Yuan.

Außerdem meldet F. William Engdahl[(6)] auch überraschende Bewegungen in Südamerika:

„*Brasiliens Präsident Lula da Silva war am 17. Dezember 2008 in der Ferienanlage Costa do Sauipe Gastgeber einer Gipfelkonferenz von 33 Staaten Lateinamerikas und der Karibik. Das Wichtigste bei dieser Konferenz war vielleicht die Tatsache, dass Washington nicht eingeladen war, Kuba dagegen willkommen geheißen wurde.*

Ein weiterer Affront gegen Washington: Zeitgleich mit diesem Gipfel hielten 80 Unternehmen der »Bolivarischen Alternative Amerikas« – eine von Venezuela, Kuba, Ekuador, Nicaragua, Bolivien und der Dominikanischen Republik gebildete Alternative zu der von den USA favorisierten »Freihandelszone« mit Lateinamerika – in Teheran eine Handelsmesse ab." Und: „*Die russische Flotte ist zum ersten Mal seit 1991 in venezolanischen und kubanischen Häfen vor Anker gegangen.*"

Falls man das Manifest von Marx und Engels, die Grundlage für die Fronten Kapitalismus/Kommunismus – genauer: Kapitalismus/kommunistischer Sozialismus –, als *Prolog* für den Kalten Krieg ansehen könnte, dann erleben wir zur Zeit den ‚*Epilog zum Kalten Krieg*' (Jan Gaspard): „*... sowohl Vorwort wie auch Nachwort klingen alles andere als englisch.*"

Wie wird die Hochfinanz reagieren? Oder ist das bereits die Reaktion der Hochfinanz?

Drogen und Kriege sind Wirtschaftszweige

Beides sind seit jeher lohnende Wirtschaftszweige – natürlich nur für jene, die abkassieren, die geheime Macht- und Finanzelite. Für die anderen – **1.000.000 : 1** – sind es pure Dramen. Man kann annehmen, dass Drogen und Kriege die beiden einträglichsten Wirtschaftsbereiche auf unserem Planeten überhaupt sind – legal wie illegal.

Ein kurzer Überblick zeigt bei der Kriegsmittelindustrie drei Absatzwege: den *legalen* der internationalen Aufrüstungen, den *illegalen* mit schier unvorstellbaren Umsätzen und den *geheimen*, dessen Größenordnung nur geahnt werden kann. Die italienische Enthüllungsautorin Patricia Cori schreibt in ihrem Buch »Keine Lügen, keine Geheimnisse mehr«(7):

„*Krieg ist schlicht und einfach ein lohnender Wirtschaftszweig – und wird daher von den waffenproduzierenden Industrienationen arrangiert. In den Heiligen Hallen der Regierungskommissionen und Führungsspitzen wird hart und unbarmherzig geschachert ... ein regelrech-*

tes Haifischbecken. Ebenso wie sie Drogen schaffen, die euch krank machen, inszenieren sie Kriege, um ihre Waffen zu testen und zu verkaufen. All ihre Rechtfertigungen und die mutmaßliche Bedrohung durch irgendwelche ‚Feinde' sind pures Blendwerk – oder vielmehr undurchdringliche Schatten, hinter denen die unheilige Wahrheit sich euren Blicken entzieht."

Der Schweizer Finanzberater und Professor Dr. Hans J. Bocker – er hat mit seinen Publikationen mittlerweile die 2000er-Marke überschritten (150 akademische und 1850 andere) – schreibt im Magazin »Edelmetall & Rohstoff« ‚Der Dollar-Gott wankt':

„*Die Gesamtausgaben der USA für Rüstung und Kriege seit 1945 belaufen sich auf etwa 6,5 Billionen Dollar. Die Gesamtsumme der parallel laufenden Handelsbilanzdefizite, also der Betrag, den die Ausländer den Amerikanern in dieser Zeit über das nützliche Element dieses Defizits überwiesen (sprich geschenkt) haben, addiert sich ebenfalls zu rund 6,5 Billionen Dollar. Die dummen Ausländer haben also alle Kriege und Rüstungsausgaben der USA voll finanziert. Gab es je etwas Schöneres? Man erhält alle Waren, Güter und Rohstoffe, für die die Ausländer hart geschuftet haben (20 volle Container werden in US-Häfen entladen, 18 leere verlassen das Land regelmäßig Richtung Übersee), und gibt als Gegenleistung nahezu kostenlos massenproduzierte grünliche Dollarscheinchen. Niemand schwitzt und schuftet für deren Herstellung. Den Seinen gibt's der Herr im Schlaf. Doch selbst dem lukrativsten Schlaf des Herrn folgt das Erwachen. Diese Phase scheint gerade anzulaufen.*"[8]

Darüber gibt es inzwischen vielfältiges und spezialisiertes Aufklärungsmaterial, und ich möchte hier nicht auch noch auf dieses ausgeklügelte Lügensystem eingehen. Dagegen ist der Wirtschaftszweig der **Drogen** und Suchtstoffe erheblich komplexer. Auch hierbei gilt zuerst die einfache Unterscheidung zwischen *legal* und *illegal.*

Das dabei funktionierende *Abhängigkeitspotential*, das die Wirtschaftlichkeit dieses international vernetzten Machtapparates ausmacht, hat nämlich zwei weitere Seiten – sowohl im legalen als auch illegalen

Bereich. Diese beiden Seiten heißen *Geber* und *Nehmer*, die eine Seite existiert nicht ohne die andere. Bevor wir uns das näher ansehen, könnte man ja schnell meinen, die legale Seite ist klarer als die illegale. Doch das scheint nur so – das ist so geplant und soll damit geschickt von der weltweiten Wirtschaftlichkeit ablenken.

Wie leicht lassen wir uns bei den ‚Nehmern' Meinungsbilder von den ‚asozialen' wie auch prominenten Rauschgiftabhängigen vorgaukeln, die schnell mit einer gewissen Verachtung assoziiert sind. Eigene und soziale Ausgrenzungen sind dabei kaum zu trennen. Erst Hilfsorganisationen und Behörden kommen einigermaßen an das erschütternde Ausmaß der persönlichen und familiären Dramen heran – gleichgültig, ob es sich nun um natürliche, halbsynthetische oder vollsynthetische Rauschmittel handelt.

Auf der Geber-Seite finden wir unser Establishment wieder, das im *illegalen* Bereich diese ‚Geldmaschine' nutzt, um damit ebenfalls illegale und geheime Aktivitäten zu finanzieren. Das sind bewährte und menschenverachtende Machtstrategien, die auch im Griff der verschiedenen Geheimdienste bestens florieren.

„Mehr Kranke und Tote durch legale Drogen als durch illegale Drogen", schreibt »www.suchtmittel.de«. Die sogenannten legalen Drogen wie Alkohol, Tabak, Zucker oder Medikamente verursachen weit mehr Krankheits- und Todesfälle in Deutschland als die illegalen Drogen.

> *„Wie das Statistische Bundesamt zum »Internationalen Tag gegen Drogenmissbrauch« am 26. Juni 2008 mitteilt, sind im Jahr 2006 insgesamt 534.622 Patientinnen und Patienten vollstationär infolge des Konsums von legalen Drogen wie Alkohol und Tabak sowie infolge des Missbrauchs* ***pharmazeutischer und chemischer Produkte*** *behandelt worden. Illegale Drogen wie unter anderem Heroin, Kokain, Opium und Cannabis waren hingegen in 38.164 Fällen verantwortlich für einen Krankenhausaufenthalt."*

Suchtmittel- und Genussmittel- wie auch Drogenhandel beschränken sich somit nicht allein auf die Welt der Fixer und der finsteren Seitenstraßen, der ‚Heruntergekommenen' und Ausgegrenzten. Neben dem Schwarzhandel, der alle unsere Gesellschaftsschichten durchdringt, floriert eben noch der Konsum der legalen und der pharmazeutischen Sortimente, die über die Ladentheke der Apotheker oder durch die Regale der Handelskonzerne gehen – ein multinationaler und lukrativer Kundenkreis. Achten Sie einmal darauf, wie viele Apotheken es gibt.

‚Ernüchtern' kann es einen, wenn man sich näher damit befasst, wie mit Suchtmitteln auf der ganz *legalen Seite* geschickt operiert wird. Auch unser Staat beteiligt sich dabei am Wirtschaftszweig der *Genussmittel* – eine elegantere Ausdrucksweise. Im Jahr 2007 hat der Konsum von zu versteuernden Genussmitteln (Nikotin, Alkohol, Cola, Kaffee/Tee und Schokolade) Bund und Ländern Steuereinnahmen von insgesamt 18,5 Milliarden Euro eingebracht. Wie das Statistische Bundesamt mitteilte, war dabei die Tabaksteuer mit 14,3 Milliarden Euro mit Abstand am ‚ertragreichsten'. Man spricht dabei ganz ungeniert von *Erträgen*. (Gestiegen ist das Steueraufkommen in den vergangenen zehn Jahren bei der Tabaksteuer (+28,8%) und der Kaffeesteuer (+1,0%), wogegen der Alkoholbereich rückläufig ist.)

Im Zitat des Statistischen Bundesamtes (vorangegangene Seite) habe ich die *pharmazeutischen und chemischen Produkte* in Fettdruck hervorgehoben. Die wild wuchernde Pharmaindustrie ist nämlich der mächtigste und vielfach mafiose Gigant als *Geber* und *Verursacher*. Hierbei steht neben dem Umsetzen von Milliardenbeträgen die Absicht zwingend im Vordergrund, **eine erfolgreiche und möglichst dauerhafte ‚Betäubung' der ganzen Menschheit weltweit voranzutreiben.** Schwer zu glauben?

Ich schließe mich hierbei der Meinung vieler Fachleute an, dass das legale Geschäft mit pharmazeutischen Drogen weit gefährlicher ist als der illegale Drogenhandel. Die offizielle Kommerzialisierung und politische Durchsetzung durch Regierungen *verharmlosen* diese ‚Medikamente' und deklarieren sie als ‚notwendig' für unsere Gesundheit. Doch dabei werden Nebenwirkungen in viele Medikamente gezielt integriert, damit der Konsum zur Einnahme weiterer Chemikalien verleitet, die wiederum diese ‚unerwünschten' Nebenwirkungen bekämpfen sollen.

„Nebenwirkungen von Medikamenten sind laut EU-Kommission die fünfthäufigste Ursache für Todesfälle in Krankenhäusern, allerdings haben EU-Behörden und Staatsregierungen die Berichte der Pharmaindustrie bisher geheim gehalten.“ (»euobserver« vom 22.10.2008[9])

Gerade lese ich, **dass in Deutschland 55.000 zugelassene Medikamente auf ‚Kranke' warten.** Dies teilt Dr. Ulrich Fricke (in »Länger und gesünder leben«) mit und erklärt: *„Es ist 4-mal wahrscheinlicher, dass Sie an den Nebenwirkungen Ihrer Medikamente sterben, als bei einem Verkehrsunfall ums Leben zu kommen.“*

Das Räderwerk im Hintergrund lässt unterdessen nichts unversucht, uns immer wieder eine **weitere gewaltige Einschränkung** via Europaparlament aufzubürden. Eines dieser durchschlagenden Machtinstrumente wäre die Beschränkung bei pflanzlichen Produkten, Vitaminen und Mineralien. Bei der britischen »Alliance for Natural Health« fand ich folgende aktuelle Aussage:

„Dabei wären infolge des Verbots über 5000 Produkte aus den Regalen der Reformhäuser in Großbritannien verschwunden, wodurch der Zugang zu über 300 Vitamin- und Mineral-Inhaltsstoffen (von insgesamt etwa 420) abgeschafft worden wäre. Darunter sind u.a. die natürlichen Hauptformen von Vitamin E, mehrere Formen von Vitamin C, die wichtigste natürliche Form von Folsäure, MSM und eine Reihe von Mineralien, wie z.B. Vanadium, Silizium und Bor – alles Produkte, die Millionen von Verbrauchern als Teil ihrer gewohnten Gesundheitsdiät nehmen – und das seit vielen Jahren, ohne jegliche schädliche Wirkungen.“

Die treibende Kraft sind natürlich wieder unsere Elitisten im Hintergrund, die wie bei der Gentechnologie über **Patentrechte** nicht nur die Nahrungsmittelindustrie endgültig unter ihre Kontrolle bekommen wollen, sondern genauso den gesamten Gesundheitsmarkt, der über die ärztliche Verschreibungspflicht noch nicht beherrscht und durch überteuerte Präparate abkassiert wird.

Darüber schreibe ich im nächsten Teil des Buches mehr.

Kehren wir abschließend zurück zum Thema ‚Krieg und Frieden'. Weltweit wird der angsteinflößende Krake eines Dritten Weltkrieges fleißig gefüttert.

Ich bin der Überzeugung, dass trotz allem die 1.000.000 : 1-Energie inzwischen so stark in unserem Bewusstsein erwacht ist, dass sie auch ‚unorganisiert' gegen den Dritten Weltkrieg wirksam wird – wenn **wir** es wollen... So wie das Internet als globales ‚Netz' virtuell organisiert ist, so sind auch die subtilen Kräfte unserer *Gerechtigkeitsgefühle*, unserer *Friedensliebe* und unseres *Mitgefühls* auf der ganzen Welt vernetzt.

Wie *passt* das zu den erschreckenden Dingen, die ich bisher berichtet habe? Ich zähle weder zu den Lagern der Apokalyptiker noch der Bibelfesten, sondern zu dem erwartungsvollen Lager der Optimisten und Visionäre. Und ich erkläre, dass es natürlich passt, *„weil in unserer dualen Welt jede Kraft auf eine Gegenkraft trifft, die zum Ausgleichen existiert."* Ein ungewöhnliches Beispiel dafür ist dieses: Im Internet sind unsere ‚Köpfe' längst blitzschnell miteinander verbunden, global und kollektiv. Doch nun bedarf es Ihrer Phantasie: Können sich auch unsere Herz-Energien verbinden? Sind sie messbar wie im Internet? Noch schneller als 32 MBit/s, denn dieses Netz braucht ja keine Kabel? Ich nenne diese Verbindung das imaginäre und fühlende »Feelnet«, das subtile »Netzwerk der Herzen«.

Das klingt auf den ersten Blick wie „esoterisches Blabla", hat aber einen handfesten Hintergrund. Kennen Sie das ‚Global Consciousness Project'? Dieses Projekt ist ein langfristig angelegtes wissenschaftliches Experiment, an dem sich weltweit rund 100 Forscher und Ingenieure beteiligen. Mit Hilfe einer in Princeton entwickelten Technologie und Zufallsgeneratoren werden seit 1998 von einem weltweiten Netzwerk Daten gesammelt, welche die Existenz eines ‚globalen Bewusstseins' belegen sollen. Die Daten werden über das Internet zu einem Server in Princeton übertragen, wo sie archiviert und analysiert werden. Als Messgeräte dienen derzeit rund 50 weltweit verteilte Dioden, welche ein *weißes Rauschen* erzeugen. Dieses Rauschen wird ausgewertet und soll je nach Gemütslage der Menschen, die in der Umgebung leben, unterschiedliche Eigenschaften haben.

Man hat festgestellt, dass die Messgeräte bei den Anschlägen des 11. September 2001 oder beim Tod von Prinzessin Diana überdurchschnittlich ausschlugen, was bedeutet, dass es tatsächlich eine Art ‚Weltgitternetz' gibt, durch das alle Menschen unsichtbar miteinander verbunden sind – und Informationen oder Gefühle an andere übermitteln können...

Das ist doch etwas – jeder kann kostenlos in dieses imaginäre ‚Feelnet' einsteigen und eine *friedvolle Neue Weltordnung* (FNWO) mit dem Passwort ‚Jetzt reicht's' anklicken oder wir kommen einfach durch unsere Gefühle ins Netz, zum Beispiel durch Freuden- oder schmerzliche Tränen – das geht stets an der Kontrolle der ungläubigen Köpfe bei allen Menschen vorbei. Die Zeiten ändern sich, und zwar auf unserem ganzen Planeten. Die Menschheitsevolution bedarf auch der unverfälschten Herzensangelegenheiten zwischen uns Irdischen – die Friedfertigkeiten, die Mitgefühle, die Lebensfreuden und die gegenseitigen Wertschätzungen. Nur diese können sich jetzt hypermodern in jedem Forum im subtilen Feelnet gefühlvoll vernetzen.

Ich sehe darin eine sehr fundierte und zukunftsprogrammierende Vision, mit der das Dritte Jahrtausend *von uns* immer friedvoller mitgeprägt wird!

Seit über 30 Jahren gibt die ethisch-ökologische GLS-Bank ihren Anlegern die Sicherheit, dass ihre Gelder ausschließlich in ökologischen, sozialen und kulturellen Unternehmen und Projekten angelegt sind. Diese Bochumer Bank hatte im Krisenjahr 2008 ein Bilanzwachstum von 27,4 Prozent zu verzeichnen. In das Jahr 2009 startet die GLS Bank als Milliardenbank. Mit ihrem sozial-ökologischen Konzept trifft sie den Nerv der Zeit. Auch ich habe daraufhin ein Konto bei dieser alternativen Genossenschaftsbank eröffnet (www.gls.de).

Von ihrem Gründer Wilhelm Ernst Barkoff stammt die Vision:

„Die Angst vor einer Zukunft, die wir fürchten,
können wir nur überwinden
durch die Bilder einer Zukunft, die wir wollen!"

Der Banken-Betrug

Bei den Banken im Sinne von Kreditinstituten spricht man gesamtheitlich vom *Bankwesen*. Umgangssprachlich ist ein Wesen allerdings etwas Lebendiges, zum Beispiel ein Lebewesen. Kann auch ein großes Bankgebäude mit seinen Mitarbeitern und vernetzten technischen Robotern ‚leben'? Ja, durch die wirtschaftliche Funktion, das Funktionieren, wird es lebendig und kann zu einem *Wesen* werden.

Inzwischen wissen wir, dass das globale Bank-Wesen sehr lebendig geworden ist und sich teilweise auch als Unwesen entpuppt hat. Wir erkennen, dass es dabei bereichern kann oder vernichten, dass es heute bei allen Gelegenheiten bestimmen will, ja dass einzelne Banken sogar sterben können. Die große Mystikerin Hildegard von Bingen erklärte schon vor 900 Jahren: *„Jedes Geschöpf ist mit einem anderen verbunden, und jedes Wesen wird durch ein anderes gehalten."* Sie hat ‚das Wesen' zwar anders gemeint, sich aber klar ausgedrückt – sogar *das* erleben wir heute ganz deutlich im lebendig gewordenen Geldwesen. Allerdings erkannte der große griechische Philosoph Heraklith (540-475 v.Chr.) bei seinem Grübeln über die ‚vernunftgemäße Weltordnung und ihre Erkenntnisse' auch: *„Das Wesen der Dinge versteckt sich gern."*

Wie Recht er hatte – auch heute noch! Also schauen wir uns dieses ‚Wesen' bei seinem aktuellen Auftritt auf der modernen Weltbühne einmal genauer an – soweit es uns schon solche Einblicke gewährt.

Die Staatsverschuldung

Wie ein Schutzengel wirkte Dr. Angela (lat.; *Engel*) Merkel am 5.10.2008, als sie dem deutschen Volk versprach: *„Wir sagen den Sparerinnen und Sparern, dass ihre Einlagen sicher sind."* Gemeint sind etwa 1,6 Billionen Euro, auf die sich die Spareinlagen, die Girokonten und Termingelder belaufen. Ein Paukenschlag, eine Staatsintervention ohne Vorbild in der deutschen Geschichte. (»Stern« 42/2008) Die Staats- und Regierungschefs der fünfzehn Euro-Länder haben eine Woche später einen ‚Schutzschirm' für ihr gesamtes Bankensystem beschlossen – ganze 400 Milliarden Euro. Doch am 2.4.2009 versammelte dann der G20-Gipfel in London die Finanzminister und Zentralbankchefs aus 20 Ländern, einschließlich der sieben großen Industrienationen. Beschlossen wurde ein insgesamt 1,1 Billionen Dollar schweres Hilfsprogramm zur Wiederherstellung des Kredits, Wachstums und der Beschäftigung in der Weltwirtschaft – eine Planung in Richtung einer Weltregierung in einem noch nie da gewesenen Ausmaß.

Doch solche G20-Notaktionen sind sowieso nur gekonntes *Showbusiness*, denn fast alle betroffenen Länder sind bereits restlos überschuldet, und vor allem wird mit diesem konzertierten Getue von der wirklichen Ursache abgelenkt – die gefeierten Staatsoberhäupter tanzen weiter nach der Pfeife der internationalen Hochfinanz, intern auch ‚Weltbankenkartell' genannt. Alle eingeleiteten ‚Rettungsmaßnahmen' laufen unter Aufsicht dieser Hintermänner, das heißt im Sinne der Strategen des Machtsyndikats, und haben ihren Zielen zu dienen.

Halten Sie mich jetzt auch für einen Verschwörungstheoretiker? Da halte ich dagegen mit einem Zitat des britischen Premiers Sir Benjamin Disraeli (1804-1881), der schon im Jahre 1844 erklärte: *„Die Welt wird von ganz anderen Personen regiert wie man sich das vorstellt, und nur die, welche hinter die Kulissen schauen, können erkennen, wer das ist."*

Wer weiß mehr über die G30? (www.group30.org)

Also, was ist real? Die offizielle Schuldenlast unserer Republik bei Bund, Ländern und Gemeinden beträgt bereits (Sept. 2008) 1,5 Billionen Euro. Die Werte sind ungenau, denn jede Stunde erhöht sich die Last um weitere 1,9 Millionen Euro. Eine Planrechnung der Bundesregierung verdeutlicht es: Bei einem sofortigen Stopp der Neuverschuldung und bei gleichzeitigem Start der Tilgung mit einer realistischen Tilgungsrate könnte die Republik ihre Schulden innerhalb von 630 Jahren abtragen. Da es aber wohl nie mehr ohne Neuverschuldung weitergehen wird – siehe Merkels spontane ‚Bürgschaft' –, könnten es auch 1.000 Jahre werden. Diese ‚Luftziffern' der Schuldenlasten werden sicher nie mehr bezahlt werden, sie bleiben bis auf weiteres eine Illusion

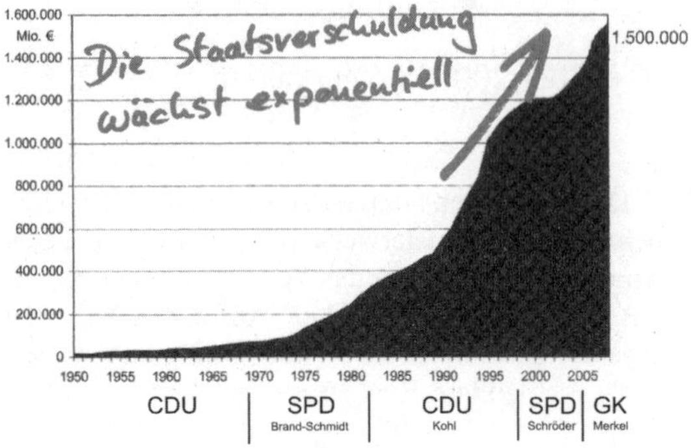

Abb. 4: Die Entwicklung unserer Staatsschulden

und werden bei passender Gelegenheit ‚ausgebucht' – am einfachsten mittels einer Hyperinflation und anschließender Währungsreform.

Oder noch ein anderer, leicht verständlicher Vergleich dieser Größenordnung: Schon jeder vierte Euro, den die Republik heute ausgibt, geht an die Banken. Das ist ein Geschäft! Aber wo ist das viele Geld? Verspielt und verprasst? Dafür dürfen *wir* jetzt die Banken retten – wir, die Regierung und die Steuerzahler? Sind denn alle Politiker blind? Blöd sind sie doch nicht. Liegen schon alle *‚politisch Korrekten'* auf den Knien? Nicht nur systematische Gehirnwäsche, sondern ‚politisch korrekte' Umdeutungen stellen uns alle, auch unsere Spezialisten, *ruhig*. Sind wir irgendwie narkotisiert? Ist uns alles gleichgültig geworden – gleich gültig?

Die öffentlichen Demaskierungen des bereits entstandenen Schadens haben eingesetzt, obwohl er schon lange genug bekannt war – den Insidern, nicht dem deutschen Durchschnittsbürger. Der Internet-Fernsehsender »secret.TV« steht mit seinen unzensierten Nachrichten und Interviews natürlich auch dabei an vorderster Front. Doch die professionellen Warner wurden verlacht und weiter wohlklingende und beruhigende Presselügen verbreitet.

Auch die öffentlichen Demaskierungen der vielfältigen Kanäle, in die unsere bundesrepublikanischen Steuergelder weltweit verteilt werden, werden zunehmen – auch Berichte über unsere ‚erpressten' Zwangszahlungen, die weitgehend verschwiegen ablaufen.

Die von der Hochfinanz heute schon gestatteten öffentlichen Demaskierungen – der große Plan darf schon stückchenweise zum Vorschein kommen – werden Teile der (un)heimlichen Macht im Hintergrund entblößen, die seit Jahrzehnten die ganze Menschheit benutzt, um die wachsenden Schulden der Dollar-Inflation zu finanzieren. Sie haben die anderen Staaten gezwungen, immer genügend Dollarreserven zu halten, um Öl einkaufen zu können. Dabei werden riesige Goldvorräte im Verließ der FED gehortet – Gold von anderen Ländern und auch das bundesdeutsche Gold, das als ‚Währungsreserve' seit 1967 nach New York überstellt werden musste.[177] Jetzt, da wir unsere 3.400 Tonnen Gold dringend benötigen, erkennen wir, dass es schon seit 1967 als Gegenleistung für die Stationierung der US-Truppen aufgerechnet wird – unsere großartigen Goldreserven besitzen nur noch einen virtuellen Wert. (Udo Ulfkotte in »Kopp-exklusiv« 23/09)

Ein Versprechen der Kanzlerin im Wert von 1.600.000.000.000 Euro – es ist nur der kleinere Teil deutscher Sparsamkeit! Denn die Werte der Geldmarktpapiere und Rentenwerte (343 Mrd.), Aktien und Zertifikate (1.070 Mrd.), Versicherungen (1.180 Mrd.), Pensionsrückstellungen (264 Mrd.) und Sonstiges (39 Mrd.) summieren sich (laut »Stern« 42/2008) auf weitere rund 2,9 Billionen – 2.900.000.000.000 Euro.

Hier wird nicht nur für den Normalbürger ein Lügen-Karussell immer schneller gedreht. Der weltweite Hintergrund sieht anders aus, und in den »MaxNews« vom 19.10.2008 wird auf dieses Spiel ‚Hochfinanz versus Regierung' hingewiesen:

„Diese Banken versuchen nun, ihre Fehler, ihr Missmanagement und ihre unersättliche Geldgier durch ihre politischen Verbindungen dem Steuerzahler aufs Auge zu drücken. Die Politiker überhören dabei großzügig die Warnung Alan Greenspans, der bei seinem Beratungsbesuch bei der Deutschen Bank im Herbst 07 klar sagte, dass es falsch ist, wenn ein Staat in eine Bankenkrise eingreift, weil es den Staat nur noch schneller ruiniert. Denn auf diese Weise ‚bezahlt' der Bürger mit 100% Kaufkraftgeld das aus gemieteten Schuldscheinen bestehende ‚Highpowered Money' der Geschäftsbank, welches ja null Kaufkraftwert hat!

Die nun entstandene Finanzkrise war gewollt und hat die globale Verarmung zum Ziel. Die Hochfinanz hat sich zum Durchbruch entschlossen.“

Der Derivate-Fluch und Hedgefond-Schwindel

Was sind Derivate? In der Wirtschaft bezeichnet man Produkte, deren Preise von den Preisen anderer Produkte abhängen oder davon abgeleitet werden als *Derivate* (lat.; *Abkömmlinge*). Böse Zungen sagen dazu auch ‚Geld-Abfallprodukte'.

Hedge-Fonds sind eine spezielle Art von Investmentfonds, die durch eine spekulative Anlagestrategie gekennzeichnet sind. Hedge-Fonds bieten dadurch die Chance auf sehr hohe Renditen, sind aber dementsprechend auch mit hohen Risiken behaftet. (Wikipedia)

Die virtuelle globale Finanzwirtschaft mit diesen beiden Schwerpunkten ist der offensichtliche Hauptverursacher der globalen Finanzkrise. Die *hintergründige Hochfinanz* steuert damit die Spielsucht und Spekulationsfreude fast aller Banken, Wirtschaftsvereinigungen, Politiker und Möchtegern-Millionäre. Es ist ein internationales Finanz-Kasino, in dem einer den anderen abzockt. Darüber sind längst interessante Bücher erschienen. Was davon stimmt, wissen wir nicht, und ich kann hier auch nicht tiefer einsteigen als der Berner Schriftsteller Lukas Hartmann, der am 25.2.2009 im »Tages-Anzeiger« mit dem Titel „Über die Geheimloge der Banker" nur Folgendes veröffentlichte:

„Ich fände es erhellend, die obersten Schichten der Bankenwelt mit Geheimlogen zu vergleichen, die untereinander in komplizierten Codes kommunizieren und gegen außen das, worum es ihnen wirklich geht, systematisch vertuschen und abstreiten. Um die Logenbrüder (auf den Führungsetagen fehlen die Frauen völlig) mit der Realität zu konfrontieren, gibt es nur ein Mittel: Transparenz."

Gier und Geldrausch sind ein uraltes Laster und in den biblischen Texten eine der sogenannten Todsünden. Doch es muss sie schon länger geben, denn der griechische Philosoph Epikur lebte drei Jahrhunderte vor dem Christentum, und auch er klagte: *„Nichts genügt demjenigen, dem das, was genügt, zu wenig ist."* Selbst im Rahmen des Christentums ist dann diese Untugend in kaum überschaubarem Maße üblich geworden, wobei wieder unsere moderne, vielgerühmte Globali-

Abb. 5:
Gier im 16. Jahrhundert
»Die Händler« von Q. Massys

sierung die Gier vollends zur ‚Technik' macht und alles ‚Gefühlsmäßige' übertrifft.

In Interviews und Vorträgen, wie sie »secret.TV« brachte, klärten dazu die Sachbuchautoren Günter Hannich und Wolfgang Köhler wie auch die Professoren Max Otte, Dr. Hans-Joachim Selenz und Dr. Wilhelm Hankel auf.

Zugleich brachten die »secret.TV-Nachrichten« vom 20.9.2008 einen ausführlichen Bericht, der mit folgenden Worten schloss:

„Die RBS, eine der größten Banken in Großbritannien, befürchtete schon im Sommer einen Zusammenbruch des Aktienmarktes und der Kreditmärkte. In einem Artikel im »Daily Telegraph« riet sie schon im Juni, sich auf einen totalen Crash des Kapitalmarkts vorzubereiten. Gegen Herbst werde es an den globalen Kreditmärkten und an den Aktienmärkten zu einem Zusammenbruch kommen. Der Kredit-Stratege der RBS, Bob Janjuah, warnte deutlich: ‚Es steht eine furchtbare Zeit bevor – man sollte darauf vorbereitet sein.'
Nun beginnt sich abzuzeichnen, dass diese Einschätzung im Gegensatz zu den Beschwichtigungen der anderen großen Finanzriesen und Bankern die realistischere war. Die jüngsten Warnungen Alan Greenspans vor einer Neuauflage eines ‚schwarzen Freitags' in der »Financial Times« und die Krisensitzungen führender Banker in der letzten Woche lassen auch die bisher noch zuversichtlichen Analysten und Kommentatoren in allen Medien Schlimmes befürchten. Die neueste Studie der BIZ (Bank für internationalen Zahlungsverkehr) zeichnet ein besorgniserregendes Szenario. Ein Zusammenbruch der Banken und des gesamten Kreditmarktes, Massenarbeitslosigkeit und eine starke Inflation, gefolgt von einer Phase der Deflation, stehe bevor, so die Studie."

Nach Angaben der BIZ vom 16.6.2008 existierten zu diesem Zeitpunkt Derivat-Verträge im Wert von über 1.000 Billionen Dollar, **das 16-fache des Bruttoinlandprodukts der gesamten Erde** (zur Erinnerung: 1.000 Billionen sind 1 Billiarde, die Zahl 10^{15}, also eine Eins mit 15

Nullen: 1.000.000.000.000.000 – im Englischen wird die Billion *Trillion* genannt). In diesem Umfang wurde Geld aus der Wirtschaft realer Güterproduktion abgezogen und auf den ‚Finanz-Märkten' in reines Spielgeld umgewandelt. (Dr. Helmut Böttiger)

Jetzt versuche ich an drei einfachen Beispielen, diese Hochfinanz-Technik und den Umfang einigermaßen zu erklären. Das erste Beispiel ist eine kleine Geschichte, die mir mein Freund Klaus auf Teneriffa zusandte:

Ein Junge, Bernie mit Namen, zog aufs Land und kaufte bei einem alten Bauern einen Esel für 100 Dollar. Der Bauer versprach, den Esel am nächsten Tag vorbeizubringen.
Am nächsten Tag fuhr der Bauer auf den Hof und sagte: *„Tut mir leid Junge, ich habe schlechte Nachrichten für Dich. Der Esel ist tot."*
Bernie antwortete: *„Also gut, gib mir mein Geld zurück."*
Der Bauer zuckte mit den Schultern: *„Geht nicht. Ich habe das Geld bereits ausgegeben."*
Darauf Bernie: *„Okay, lade den Esel halt aus."*
Der alte Bauer fragte: *„Was machst du denn mit dem?"*
Bernie: *„Ich werde ihn in einer Lotterie verlosen."*
Bauer: *„Quatsch, man kann doch einen toten Esel nicht verlosen."*
Bernie: *„Klar kann ich das. Pass gut auf – ich sage einfach keinem, dass der Esel tot ist."*
Einen Monat später trifft der Alte den Bernie wieder und fragt ihn: *„Wie ist das mit dem toten Esel denn so gelaufen?"*
Bernie: *„Ich habe ihn verlost. Ich habe 500 Lose zu 2 Dollar das Stück verkauft und einen Gewinn von 998 Dollar gemacht, der nicht in den Büchern steht. Der Verlust von 100 Dollar für einen toten Esel steht aber drin."*
Bauer: *„Hat sich denn keiner beschwert?"*
Bernie: *„Klar, der Typ, der den Esel gewonnen hat. Also habe ich ihm seine 2 Dollar zurückgegeben."*
...und Bernie wurde erwachsen und wurde CEO von Worldcom, wurde zur IKB versetzt und bekommt jetzt eine Abfindung bei Bear Stearns.

Wenn die Börsenkurse fallen...

Wenn die Börsenkurse fallen,
regt sich Kummer fast bei allen,
aber manche blühen auf:
Ihr Rezept heißt Leerverkauf.
Keck verhökern diese Knaben
Dinge, die sie gar nicht haben,
treten selbst den Absturz los,
den sie brauchen – echt famos!
Leichter noch bei solchen Taten
tun sie sich mit Derivaten:
Wenn Papier den Wert frisiert,
wird die Wirkung potenziert.
Wenn in Folge Banken krachen,
haben Sparer nichts zu lachen,
und die Hypothek aufs Haus
heißt, Bewohner müssen raus.
Trifft's hingegen große Banken,
kommt die ganze Welt ins Wanken
– auch die Spekulantenbrut
zittert jetzt um Hab und Gut!

Soll man das System gefährden?
Da muss eingeschritten werden:
Der Gewinn, der bleibt privat,
die Verluste kauft der Staat.
Dazu braucht der Staat Kredite,
und das bringt erneut Profite,
hat man doch in jenem Land
die Regierung in der Hand.
Für die Zechen dieser Frechen
hat der kleine Mann zu blechen
und – das ist das Feine ja –
nicht nur in Amerika!
Und wenn Kurse wieder steigen,
fängt von vorne an der Reigen –
ist halt Umverteilung pur,
stets in eine Richtung nur.
Aber sollten sich die Massen
das mal nimmer bieten lassen,
ist der Ausweg längst bedacht:
Dann wird bisschen Krieg gemacht.

Dieses großartige Gedicht von Kurt Tucholsky wurde 1930 in seiner Wochenzeitschrift »Die Weltbühne« veröffentlicht. Kurt Tucholsky (1890-1935) zählt zu den bedeutendsten Publizisten und gilt als ‚wortsicherster' Journalist der Weimarer Republik.
Ich empfinde Bewunderung und Schrecken zugleich – *Bewunderung* für diesen Meister der Sprache und *Schrecken*, weil sich jetzt nach 70 Jahren und nach zwei Generationen das Gleiche ‚wortwörtlich' mit der Unwissenheit der Menschen wiederholen lässt!

Als zweites, mehr ernsthaftes Beispiel zitiere ich den »Focus« 41/2008 über solche ‚Leerverkäufe' (Short Sellings):
„Ein Großanleger kauft Aktien, die er gar nicht besitzt. Er hofft, die Papiere später günstiger verkaufen zu können – mit großem Gewinn. Da diese Aktienverkäufe selbst oft die Kurse drücken, haben viele Auf-

sichtsbehörden diese ‚Leerverkäufe' bei einigen Finanzwerten vorerst untersagt – etwa in den USA und in Deutschland. So wollen sie Spekulationsattacken auf die geschwächten Banken verhindern.“

Und als drittes Beispiel nennt der Chefredakteur Martin Weiss in seinem »Warn-Report« aktuelle Zahlen (2008) der USA:

„Derivate sind die Massenvernichtungs-Waffen der Finanzmärkte... 516 Billionen Dollar sind das 45-fache der US-Staatsverschuldung in Höhe von gegenwärtig 11,3 Billionen Dollar. [...] Derartig groß ist der Berg an hochriskanten Wetten und Schulden, auf denen Wall Street und die Welt-Finanzmärkte hocken.

Drei Aspekte sind in diesem Zusammenhang besonders gezeigt: erstens die absolute Masse, die 516 Billionen US-Dollar; zweitens die Hebelwirkung der einzelnen Derivate und drittens die fehlende Kontrolle.

Denn anders als jedes Spar- und Girokonto werden über 91 Prozent aller Derivate weltweit nicht kontrolliert. Nicht einmal ansatzweise.“

Was heißt hier Welt-Sozialprodukt? Das ‚Sozialprodukt' ist eine umfassende statistische Größe, welche die wirtschaftliche Leistung einer Volkswirtschaft in einem bestimmten Zeitabschnitt (normalerweise ein Jahr) charakterisieren soll und vor allem als Einkommensindikator dient. Seit 1999 ersetzt in der amtlichen Statistik der Begriff des »Nationaleinkommens« den des ‚Sozialprodukts'. (Wikipedia) Der Wiener Börsenastrologe Manfred Zimmel[(11)] nennt es »Welt-BIP« (**B**rutto**i**nlands**p**rodukt) und präsentiert ähnliche Zahlen wie die BIZ:

„Die Summe von 85 Milliarden Dollar für die bankrotte AIG scheint viel Geld, doch in Wahrheit sind das Peanuts. Worum es in letzter Konsequenz geht, ist die Mutter aller Blasen: die Derivativblase. Alleine die OTC (over the counter) Derivative sind derzeit mit ungefähr 800 Billionen US-Dollar bewertet, die letzten verfügbaren Zahlen (per 31.12.07) sind bei 596 Billionen Dollar. Erschreckend sind vor allem zwei Dinge: erstens die Steigerungsraten von zuletzt 40-50% p.a. und zweitens das Missverhältnis zur Realwirtschaft: Der Nominalwert übersteigt die Realwirtschaft (Welt-BIP) schon um etwa das 20-fache (wenn man die statistischen BIP-Manipulationen rausrechnet).“

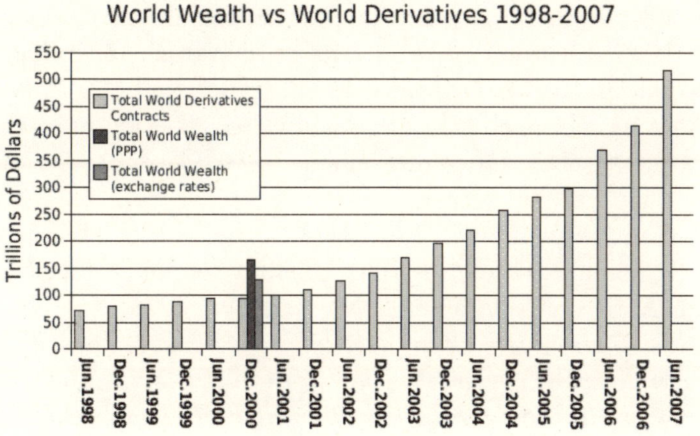

Abb. 6: Der Wert der weltweiten Verträge über Derivate in Milliarden US-Dollar.

Zimmel meint, dass das Argument, dass sich diese Geschäfte zu 95 Prozent und mehr gegenseitig aufheben würden (*Netting*), im Ernstfall ins Leere ginge – wegen der hohen Vernetzung, wegen des Faktors Zeit (der Riesen-Hebel) und wegen extrem geringer Eigenkapitalquoten.

Als Metapher für die Vernetzung und Interdependenz empfiehlt Zimmel, sich eine Autokolonne von 1.000 Fahrzeugen vorzustellen, die sich auf einer einspurigen Straße fortbewegt. Es nützt absolut nichts, wenn sich 99,9 Prozent dieser Fahrzeuge weiterbewegen und nur ein einziges stehen bleibt, das reicht aus, um die ganze Kolonne zu stoppen. Derivative sind kein ewiges Perpetuum mobile, wie manche Träumer meinen.

„Außerdem sind Derivative neben der Geldschöpfung durch Zentral- und Geschäftsbanken der 3. Weg zur Geldschöpfung, was leider kaum jemand versteht (weswegen sie auch nicht in den traditionellen Geldmengenaggregaten enthalten sind). Damit das Papiergeld-Pyramidenspiel weiter geht, muss permanent mehr Geld gedruckt werden (durch hyperinflationäre Kreditausweitung), solange bis man die Nullen auf Geldscheinen gar nicht mehr zählen kann und es zu einer ‚Sekundendeflation' kommt in Form einer ***Währungsreform, wo 3-20 Nullen der alten Währung gestrichen werden.****"* (Zimmel)

Wird es Ihnen dabei auch schwindelig? Unser Gefühl für Zahlen kommt uns allen dabei abhanden – letztes Jahr wurden noch 10 Milliarden ins System gepumpt, dann 100 Milliarden, jetzt schon 1.000 Milliarden, und aller Voraussicht nach geht das noch weiter. Wer kennt noch die Geschichten von Dagobert Duck mit seinen Fantastillarden?

Zeigt sich dabei auch irgendetwas Positives? Bezüglich der oben erwähnten Kontrolle solcher geheimnisvoller ‚Geldmaschinen' tun sich erste Schritte. »EurActiv.com« berichtete schon am 19.9.2008:

„Durch die Unterstützung strengerer Regelungen für Hedgefonds und Private Equity in der vergangenen Woche, hat der Wirtschaftsausschuss des Europäischen Parlaments möglicherweise ***das Ende einer Ära für den Finanzsektor eingeläutet****.*

Poul Nyrup Rasmussen, der Vorsitzende der Sozialdemokratischen Partei Europas (SPE) erklärt EurActiv, warum er glaubt, dass der Verlauf der Ereignisse eine neue Wendung genommen hat.

Der ehemalige dänische Ministerpräsident Rasmussen hätte keinen besseren Moment wählen können, um sich über Hedgefonds zu äußern. Mit der Konkursanmeldung der Investmentbank Lehman Brothers und der dadurch hervorgerufenen Krise an den Finanzmärkten wird den Regulierungsbehörden immer mehr Aufmerksamkeit zuteil und ebenso der Frage, wie sie ähnliche Krisen in Zukunft verhindern können."[12]

Karl Homann, Münchner Professor für Wirtschaftsethik, hat die Ursachen für die ‚Gier-Hausse' analysiert. Er kam zu dem Schluss, dass die Anonymisierung der modernen Marktwirtschaft den Boden dazu bereitet. Er nennt es: *„...den Tisch für die Raffgierigen decken. Die Gefahr, dass der Unehrliche entdeckt wird, ist gering.*" (PM, Januar 2009)

Und der US-Professor und Nobelpreisträger für Wirtschaftswissenschaften Joseph Stiglitz, ehemaliger Vorsitzender der Weltbank und aus Protest zurückgetreten, erklärte in einem Statement im »Spiegel« vom 10.11.2008: *„Die Banken haben bewiesen, dass sie nicht in der Lage sind, ihre eigenen Risiken zu managen; aber selbst wenn sie es könnten, bleibt das grundlegende Problem der Systemrisiken.*"

Der österreichische Univ.-Lektor Prof. Mag. Dr. Walter Weiss, Träger mehrerer Literaturpreise und Autor von 65 Büchern, beschreibt in seinem Beitrag ‚Crash As Crash Can' in »ZeitGeist« (1/2009) ausführlich die weiter anstehende Kriegsplanung, und ich zitiere einen Abschnitt über die unsichtbaren Zusammenhänge:

„*Unvermutet hat sich plötzlich die **Geopolitik** in die Finanzblasenwirtschaft gedrängt, und tatsächlich hat die Finanzblase viel, wenn nicht alles mit Geopolitik, also Macht zu tun! Eindeutig ziehen diejenigen, die den Erdölpreis manipulieren – und die Preise von Nahrungsmitteln wie Weizen, Soja, Raps und überhaupt alles, was zur Produktion von Biosprit dient, obwohl die Sache mit der ‚Biospritfläche' zur Rechtfertigung der hohen Nahrungsmittelpreise hochgespielt wurde –, an jenem Strang, um über die geplanten und gezielt zum Platzen gebrachte Finanzblase endgültig an ihre angepeilte Macht zu gelangen. Wie kräftig der Food-Sektor mit hereinspielt, war u. a. auch daran zu erkennen, dass die US-Administration sofort nach ihrem ‚Sieg' im Irak allen dortigen Bauern verbot, von den jeweiligen Ernten Saatgut aufzubewahren. Vielmehr wurden ihnen über von der Besatzungsmacht erlassene Gesetze Hybride aufgezwungen, um die irakische Landwirtschaft von den US-amerikanischen Saatgutfirmen abhängig zu machen. Finanzkrise – Erdölpreis – Nahrungsmittelspekulation – Hybridisierung des Saatguts – Energiedominanz (vorläufig über die Achse Nahost-Kaspisches Meer): eine echte unheilige Allianz und die eigentliche ‚Achse des Bösen'!*“[(173)]

In dieser Sichtweise finde ich eine kompetente Bestätigung, wie ich mein Buch themenmäßig angelegt hatte beziehungsweise wie es sich im Laufe des Schreibens intuitiv entwickelt hat.

Drei Gespenster gehen um

Das „*Ende einer Ära für den Finanzsektor*“ fordert mutig Rasmussen vom »Wirtschaftsausschuss des Europäischen Parlaments«. Was weiß er, was wir noch nicht wissen? Die Illustrierte »Stern« 42/2008 fand:

„Bereits 1848 verglich ein deutscher Wirtschaftstheoretiker den Kapitalismus mit dem ‚Hexenmeister, der die unterirdischen Gewalten nicht mehr zu beherrschen vermag, die er heraufbeschwor'. Er sagte ökonomische Krisen voraus, die ‚die Existenz der ganzen bürgerlichen Gesellschaft in Frage stellen'. Er forderte, man müsse das Treiben des Kapitals zügeln. Der Autor war Karl Marx. Die Zitate stammen aus seinem »Manifest der Kommunistischen Partei«".

Ein **Gespenst** geht um in Europa – für die einen, und für die anderen ist es die krampfhafte Suche nach Sicherheit und Vertrauen, wenn es um unser liebes Geld geht. Das Gespenst heißt »Staat«. Der Schweizer Deutsche-Bank-Chef Josef Ackermann rief nach *staatlicher Rettung*, und andere tun es ihm lauthals nach. Finanzminister Steinbrück bereitet gleich einen ‚Plan B' vor (Okt. 2008), eine allgemeine Risikoabschirmung aller Banken. Alles vom Staat? *„Bloß nicht"*, sagt Ph. D. Josef Joffe im Leitartikel von »Die Zeit« vom 29.1.2009.

„Der Kauf maroder Kreditinstitute wäre die Absolution für Finanzakrobaten und eine Todsünde gegen die Marktwirtschaft."

Nachdem solche Prognosen bis vor kurzem noch weithin belächelt wurden, wird diese Idee locker vom Mainstream übernommen. *„USA verabschieden sich vom reinen Kapitalismus"*, schrieb etwa die »Welt« angesichts der Verstaatlichung der Hypothekenbanken »Fannie Mae« und »Freddie Mac«, welche die größte Nationalisierung in der Menschheitsgeschichte darstellt. Die »Süddeutsche« titelte nicht weniger dramatisch *„Das Ende der Wall Street"*:

„Doch dies ist erst die Spitze des Eisbergs: Wenn wir uns die Ereignisse seit 2007 vor Augen halten und sie mit 100 multiplizieren, dann bekommt man vielleicht eine Idee, was sich abspielen wird.

Der Beginn des gegenwärtigen kapitalistischen Systems wird gemeinhin auf das Jahr 1776 datiert: Dies ist das Jahr der Veröffentlichung von »Wealth of Nations« durch Professor Adam Smith, das Jahr der Gründung der USA (4.7.1776) und des Dollars und außerdem das Jahr der Wiedererrichtung des Geheimordens der Illuminati (durch Professor

Adam Weishaupt in Ingolstadt), der die Weltpolitik dominiert.“ (Zimmel)

Wer ist Adam Smith? Als schottischer Moralphilosoph wird der Professor als Begründer der klassischen Volkswirtschaftslehre angesehen. Das Erscheinen seines berühmten ökonomischen Hauptwerks »Wohlstand der Nationen – Eine Untersuchung seiner Natur und seiner Ursachen« (*Wealth of Nations*) im Jahr 1776 wird die Geburtsstunde der Nationalökonomie genannt. Er gab sich dabei großzügig:

„Trotz der natürlichen Selbstsucht und Raubgier der Reichen und obwohl sie nur ihre eigene Bequemlichkeit im Auge haben, obwohl der einzige Zweck, welchen sie durch die Arbeit all der Tausende, die sie beschäftigen, erreichen wollen, die Befriedigung ihrer eitlen und unersättlichen Begierden ist, trotzdem teilen sie doch mit den Armen den Ertrag aller Verbesserungen... Als die Vorsehung die Erde unter eine geringe Zahl von Herren und Besitzern verteilte, da hat sie diejenigen, die sie scheinbar bei ihrer Teilung übergangen hat, doch nicht vergessen und nicht ganz verlassen.“

Doch könnte vielleicht alles noch ganz anders sein? Viel elitärer, viel geplanter und noch viel geheimnisvoller? Das meine ich und halte den Kommentar von ‚Max' vom 28.1.2009 für möglich. Max ist der Herausgeber des Internet-Informationsdienstes »Max-News«:

„Seit 17 Monaten bewegt sich doch nur etwas im Bankensektor, von dem die Hamster ***noch nicht betroffen sind****. Für die Regierungen gibt es momentan Null-Zinskredite, mit denen sie nur diejenigen Banken zinsfrei zum Nulltarif retten können, welche zum Syndikat gehören. Die anderen gehen pleite, damit wieder Geld vernichtet wird, und die Assets übernimmt die ‚Hochfinanz' billigst.*

Damit ihre Syndikatsbanken gerettet werden können, lassen sie einige pleitegehen, um den Hamstern vorzuführen, was passiert, wenn der Staat nicht einspringt. Doch selbst wenn alle Banken pleitegingen, hätten wir immer noch dasselbe alte Schuldgeldsystem und gleichviel Schnitzel auf dem Teller…

Dann gibt es entweder eine Revolution oder Machtübernahme durch ‚kontrollierte Kräfte' wie 1933, die dann einen neuen Staat unter einem neuen Währungs-, aber demselben alten Schuldgeldsystem im Namen der ‚Hochfinanz' hochziehen.
Es glaubt doch wohl kein Lemming im Ernst, dass die ‚Hochfinanz' vom Schuldgeldsystem ablässt, nur weil sich das einige wünschen. ***Sie werden in einer Krise das Internet abschalten und auch die Telefonleitungen, damit sich das Volk nicht organisieren kann, um die Mächtigen zu entmächtigen.*** *Deshalb ist es wichtig, alternative Pläne zur Organisierung rechtzeitig aufzubauen.*" (Hervorhebung d.d.A.)

Damit komme ich zum **zweiten Gespenst**, das schon seit Jahrzehnten umher geht und immer öfter in Erscheinung tritt. Es ist das Gespenst ‚Hochfinanz', das die Regierungen und Wirtschaftssysteme der ganzen Welt zittern lässt, denn die nächste Geisterstunde scheint angesagt. Der Pseudo-Dollar hat ausgedient, er ist für die Elite ‚ausgelutscht'. *„Amerika könnte ohne sofortige Schritte des Kongresses in eine Finanzpanik rutschen, und führenden Sektoren des Finanzsystems Amerikas droht das Ende"*, so Präsident Bush am 24.9.2008. Inzwischen hat die Hochfinanz einen neuen ‚Verwalter' auf den Thron gesetzt, der versuchen wird, die nächste Dimension des Globalismus und der NWO zu realisieren.

In den »secret.TV-Nachrichten« vom 29.10.2008 lässt das Gespenst eines seiner Bettlaken fallen: die **Währungsreform**. Die Nummer **1,** die daran glauben muss, ist der Dollar, die nachfolgenden Nummern sind noch nicht abzusehen – erste Insider dehnen es auch auf Deutschland aus.

Angeblich haben die USA 800 Milliarden »Ameros« in einer Schiffsladung von Münzen an die »China Development Bank« verschifft. Seit 2006 gibt es ein diesbezügliches Geheimabkommen zwischen Kanada, den USA und Mexiko. In den »secret.TV-Nachrichten« war zu hören:

„Der AMERO ist bisher eine Finanz-Verrechnungseinheit, so wie in Europa vor dem Euro der ECU – eine rein rechnerische Größe, keine Währung. Wenn die USA tatsächlich Amero-Münzen nach China verschiffen, heißt das im Klartext:

Abb. 7:
Die 20-Amero-Münze

Der AMERO wird eine echte Währung, was logischerweise heißt, dass der Dollar abgeschafft werden wird: eine Währungsreform. Das erscheint auf dem Hintergrund der gegenwärtigen finanziellen und wirtschaftlichen Situation der USA auch vollkommen logisch und der einfachste und in der Geschichte immer wieder wirksame Weg.
Im Übrigen kann man so auch einen hochnervös gewordenen Gläubiger wie China beruhigen. Wie secret.TV schon ausführlich berichtete, besitzt China die größte Menge an Dollars außerhalb der USA, schätzungsweise 2 Billionen Dollar. Würde China diese Dollarbestände auf den Markt werfen, würde der Dollar innerhalb von Tagen komplett kollabieren.
China könnte angekündigt haben, nicht tatenlos zusehen zu wollen, wie seine Dollarbestände in einer galoppierenden Inflation entwertet werden. Also könnte es sein, dass die USA etwas anbieten mussten: die neue Währung zum Vorzugspreis."

Doch das Gespenst namens Währungsreform hat noch ein Laken gelüftet. Unter Experten kursieren schon seit langem Gerüchte, dass die Konsequenz der internationalen Finanzkrise eine Währungsreform sei *und* schließlich **eine neue Weltwährung**. Mit dem Vorgehen des Internationalen Währungsfonds IWF ist dieser Schritt jetzt in greifbarer Nähe.

Der »Daily Telegraph« meldet nämlich (März 2009), dass der IWF Milliarden von Dollar im Rahmen von ‚Global quantitative Easing' drucken will. Was sich unter diesem Deckmäntelchen verbirgt, ist eine Sensation – die **Sonderziehungsrechte**. Der Querdenker, Börsenexperte, Buchautor und Moderator Michael Mross gilt als Kultfigur der deutschen Börsenszene (n-tv, n24, CNBC). Er schreibt:

„Der IWF will gleich (umgerechnet) Hunderte von Milliarden Dollar in Form von sogenannten ‚Sonderziehungsrechten' (Special Drawing Rights SDR, zu deutsch: Sonderziehungsrechte SZR) drucken, um so die Welt vor einer globalen Rezession zu bewahren. Dieser Vorgang kommt der Schaffung einer neuen, globalen Währung gleich... Das SZR ist eigentlich eine künstliche Währungseinheit, die nicht auf den Devisenmärkten gehandelt wird. Der Hintergrund für diesen Begriff ‚Sonderziehungsrecht' liegt auf der Hand: Bei einer solchen Bezeichnung denkt niemand an ‚Währungsreform'. Doch genau das ist es, was der IWF bezweckt."

Der eigentliche Skandal an dieser Berechnung ist allerdings, dass der Dollar in diesem neuen ‚Währungskorb' eine sehr hohe Gewichtung hat – obwohl er praktisch wertlos ist. Und wenn (wie offiziell bekundet) die Berechnungsgrundlage der Anteil eines Währungsraumes am Weltexport ist, dann müsste der chinesische Yuan (China ist Exportweltmeister) ebenfalls im Korb vertreten sein. Dieser fehlt aber! Stattdessen ist der Dollar vollkommen überbewertet.

So stellt diese neue Kunstwährung de facto eine Enteignung der ‚Starkwährungsländer' dar, insbesondere der Europäer – in Verbindung mit Deutschland als starke Exportnation. Deutschland hat einen höheren Anteil am Weltexport als die USA! Mit einem Exportwert von fast 1 Billion (!) Euro und einem Handelsüberschuss in Höhe von 199 Milliarden Euro war Deutschland 2007 das Land mit dem größten Weltmarktanteil – preisbereinigt gemessen an den Exporten. (Michael Mross[(13)])

In seinen »MM-news« drückt sich Mross dazu so aus:

„Weil Amerika pleite ist, soll jetzt der Dollar als Leitwährung abgelöst und durch den ‚Globo' ersetzt werden, damit die USA ihre Träume von der Weltherrschaft fortsetzen können. Wegen der in den zurückliegenden Jahren stattgefundenen Überflutung der Welt mit US-Dollars glauben die USA, es selbst in der Hand zu haben, wie stark sie die Dollarvermögen ihrer Gläubiger durch weiteres Gelddrucken entwerten.

Um diesem Betrug eine neue Dimension zu geben, muss man die Welt mit immer mehr Dollars in hyperinflationärer Weise fluten, bis dieser als Weltwährung nicht mehr tragbar ist. Gleichzeitig muss man auch die anderen Wirtschaftsräume so schwächen, dass als Alternative plötzlich nur noch die Einführung einer neuen Weltwährung bleibt."[14]

Der bisherige Verdacht solchen Planens hat sich bestätigt: Premierminister Gordon Brown stellte auf der Londoner G20-Tagung am 2.4.2009 der Weltöffentlichkeit vor, was Max in seinen MaxNews vom 7.4.2009 ‚Die Geburt der Neuen Weltordnung' nennt und befürchtet:

„*Aber vielleicht das Schlimmste von allem: das erwähnte FSF, das jetzt zur FSB werden soll – mit Sitz in der BIZ-Bank Rothschilds. Rothschilds Zentralbank der Zentralbanken soll die Weltfinanzen regeln. D.h. Rothschild, dessen Agenten JP Morgan, Lehman Brothers, Goldman Sachs und die Federal Reserve hinter der laufenden Finanzkrise stehen, soll nun künftig die Regelung der Finanzen der Welt betreuen! Bemerken Sie, dass die Federal Reserve ihre Bilanz mehr als verdoppelt hat, und zwar von 870 Mia. Dollar vor der Krise auf jetzt 2 Billionen Dollar!!! Wer zieht den Vorteil aus dem Verbrechen? Man lässt den Fuchs uns dumme, dumme Gänse ‚schützen'!*"[162]

Die FSF ist das »Financial Stability Forum«. Ähnlich fasst es auch der Visionär Dipl. Ing. Günter Haese[15] in seinem Artikel »Realsatire Finanzkrise« (in »Lebens|t|räume« 12/08[16]) zusammen und versichert, dass die Menschen durch den permanent kommunizierten Niedergangsverlauf unserer Geldwirtschaft in Bezug auf ihre Währung seelisch ‚mürbe' geritten werden,

„*...sodass nicht nur die Bereitschaft, diese Währung aufzugeben, wächst, sondern dass aus dieser erschöpften Grundhaltung heraus die Forderung nach einem neuen Währungssystem geradezu von selbst entsteht. Die wirtschaftliche und ökonomische Regionalisierung wird bei einem Neubeginn eine erfrischende Renaissance erfahren, die Welt wird sich angemessen ‚entglobalisieren' müssen.*"

Doch sind ‚erschöpfte Grundhaltungen' grundsätzlich schädlich? Sind sie nicht die ideale Voraussetzung für die Geburt von Neuem? Geburtsstunden des kleinen wie auch großen Erwachens? Der Künstler Sergio Segre erklärte damals im Rahmen des ‚Prager Frühlings': *„Das Ende der Ideologien bedeutet vielleicht eine Neugeburt der Ideen."*

Allerdings: Werden solche bewährte Grundsätze nicht schon langfristig auch von den Wissenden den Unwissenden präsentiert? – denn die Hochfinanz weiß alles! Oder hat auch hier unser Ulmer Genius Professor Albert Einstein Recht mit seiner kritischen Aussage bezüglich der Finanzkrise von 1929: *„Die Probleme, die es in der Welt gibt, sind nicht mit der gleichen Denkweise zu lösen, die sie erzeugt hat."* Noch ist also alles offen.

Man probiert es trotzdem immer wieder! So komme ich nun zum **dritten Gespenst**. Gibt es hinter allem noch eine *kosmische* Ordnung, die stärker ist als die *irdische* NWO – und für diese geradezu ein ‚Gespenst'? Nachdem ich in meinem Buch »Bis zum Jahr 2012 – der Aufstieg der Menschheit« noch nicht so tief in die wirtschaftlichen und dafür mehr in die Entwicklungen des Bewusstseins der nächsten Jahre eingestiegen bin, möchte ich das hier aktuell ergänzen.

Man kann inzwischen sogar ‚prophezeien', dass das kapitalistische System, wie wir es kennen, fast unweigerlich dem Untergang geweiht ist, denn die Menschheit nähert sich dem Wendepunkt im kosmisch-solaren Präzessionszyklus um 2012/2013. Über diesen Schwellenübergang habe ich in meinem schon erwähnten Buch ausführlich geschrieben und mehrfach vorgetragen. Der genaueste Kalender auf unserem Planeten ist nämlich jener der Mayas, und im Jahr 2013 beginnt nach ihrer Aussage das »6. Sonnenjahr«. *„Es ist die Zeit der Morgendämmerung. Lasst die Morgendämmerung kommen, damit die Aufgabe beendet werden kann."*, heißt es da. Damit verbunden sind vielfältige kosmisch-**astronomische** Einflüsse, über die ich und auch immer mehr Autorenkollegen berichten.

„Den ultimativen Griff ins Klo", nennt es der Geistesfreund, Autor und Unternehmensberater Peter Kummer(17) in seinem Rundschreiben vom Februar 2009:

„Der Quantenphysiker Dr. Dieter Broers z.B. belegt in Übereinstimmung mit einer zwischenzeitlich völlig ‚verstörten' NASA, dass aus den ‚Tiefsten Bezirken des Weltalls' eine Art Energiestrahl, vergleichbar mit einem überdimensionalen Scheinwerferkegel, seit über 15 Jahren direkt auf die Erde gerichtet aufscheint, dessen Strahlen sich in den letzten Jahren um mehrere Hundert Prozent erhöht haben. Dazu Dr. Broers: ‚Da vollzieht sich gerade ein Wandel, von dem primär unser Bewusstsein betroffen ist. Dr. Broers weiter: ...uns Menschen wird die Möglichkeit gegeben, aus alten starren Mustern auszubrechen, uns weiter zu entwickeln und uns zu verabschieden von Handlungsmustern, die unsere Erde und unsere Gesellschaften zerstört haben, nämlich von egogetriebener Gier. ...Entscheidend wird zu diesem Zeitpunkt nämlich nicht mehr sein, wie raffiniert jemand seine Verstandeskräfte und sein Vermögen einsetzen kann, sondern welche Liebes- und Herzensqualitäten er bis dahin entwickeln konnte, wie sehr er seiner göttlichen Führung vertraut und wie sehr er bereits das Motto des gerade im Anbrechen befindlichen Christus-Bewusstseins ‚Zum Wohle aller und zu niemandes Schaden' lebt und in sich integriert hat."

Dieter Broers, den ich durch frühere Besuche zusammen mit Jan schon lange kenne, hat mit seiner ganzheitlich-wissenschaftlichen Sichtweise einen großen Griff getan und stellt sie nun aktuell zuerst als Film und dann als Buch vor. Weltpremiere des Films war am 14.5. in Cannes. Da der Film erst nach Erscheinen meines Buches in die Kinos kommt, bat ich ihn um ein kurzes *Statement* zum Inhalt:

„Der Film »(R)Evolution 2012« stellt, gegenüber den Hollywood-Produktionen (ausschließlich Weltuntergangsszenarien), eine ‚etwas erweiterte Sichtweise' der Situation ‚2012' dar. Durch neuste Forschungsergebnisse wird unmissverständlich klar, dass die Menschheit unmittelbar vor einem Evolutionssprung steht! Bedauerlicherweise erscheint diese Feststellung so ‚unglaublich', dass ich mich entschlossen habe, einen Film und ein dazu passendes Buch zu erstellen.

Erstmalig können wir naturwissenschaftlich belegen, dass wir wahrhaftig unsterblich sind! Allein aus dieser Erkenntnis (Ahnungen hierzu reichen nicht aus) befreit sich unser vereinsamtes Herz von ‚seinem' ratiodominierenden Geist, entbindet uns von der Ur-Angst, lässt uns erkennen…, wer und was wir wahrhaftig sind…, und immer waren: Unsterbliche Gotteswesen…"

Neben den erwähnten kosmisch-astronomischen herrschen eben auch noch kosmisch-**astrologische** Einflüsse, die der erfolgreiche Wiener Börsenastrologe Manfred Zimmel gut verständlich dargestellt:

„*Bereits 2005 prognostizierte ich aufgrund des Jupiter-Pluto Depressionszyklus, dass mit der Konjunktion von Jupiter und Pluto im Dezember 2007 eine Depression beginnen würde.*"(19) Und weiter: „*Es gibt einen wichtigen Zyklus von 230-240 Jahren (ungefähr identisch mit der Umlaufzeit des Pluto von 246 Jahren), welcher den Aufstieg und Untergang von Kulturen und Zivilisationen anzeigt. Pluto ist der Planet der Zerstörung, seine maximale Wirkung wird er wohl erst 2013-19 erreichen, wenn er auf seinem Knoten steht und von Saturn und Uranus aspektiert wird.*

Pluto verkörpert das Prinzip ‚Stirb und werde', Tod, Wiedergeburt, Karma, Macht, Transformation, Intensität, Trauma, Fanatismus, Besetzungen, das Okkulte, die Masse, das Kollektiv."

Das Jahr 2008 markiert den Übergang des Planeten Pluto vom Zeichen Schütze (1995 bis 2007/8) in das Zeichen Steinbock (2008 bis 2024). In Abbildung 8 sehen wir in einer Gegenüberstellung dieser bei-

	Pluto im Schützen bis 2008	Pluto im Steinbock ab 2008
wirtschaftlich	freier Handel, Globalisierung, Marktwirtschaft, Niederreißen von Handelsbarrieren	Einschränkung der wirtschaftlichen Freiheiten, Verstaatlichungen, staatlich festgesetzte Preise, Planwirtschaft, Wiedererrichtung von Handelsbarrieren
Rolle des Staates	relativ unbedeutend Marktwirtschaft, Kapitalismus Privatisierung	zentral entscheiden, Planwirtschaft, Verstaatlichung, Gemeinschaftssinn

Abb. 8:
Tabellenausschnitt aus dem Anamita-Newsletter

den Zeitabschnitte in den Bereichen ‚Wirtschaft' und ‚Staatseinfluss' zukünftige Unterschiede.

Unter den verschiedenen Informationsquellen, die uns etwas über unsere zukünftige Entwicklung sagen möchten, gibt es die schon erwähnten astronomischen wie auch die ‚Deutung' von astrologischen Veränderungen, worauf ich soeben einen kurzen Hinweis gegeben habe.

Es gibt aber noch andere: Die einen nennen sie Propheten, andere Hellseher. Es gibt seit Jahrhunderten Menschen, die angeblich die Zukunft sahen, wie zum Beispiel solche, die treffsicher den Ersten oder Zweiten Weltkrieg vorhersagten – und das Jahrzehnte zuvor.

Auch die jetzige Situation der Finanzkrise sah beispielsweise der bayerische Seher Alois Irlmaier voraus, der bereits im Jahre 1945 die weitere Entwicklung der Menschheit folgendermaßen beschrieb:

1. *Durch Deutschland wird ein eiserner Zaun gehen, mitten durch, wer ankommt, stirbt.*
2. *Zuerst kommt ein Wohlstand wie noch nie!*
3. *Dann folgt ein Glaubensabfall wie noch nie zuvor.*
4. *Darauf eine Sittenverderbnis wie noch nie.*
5. *Amerika wird ihre eigenen Präsidenten ermorden.*
6. *Das Öl wird aus der Erde gesaugt, so wird sie innen trocken und rissig.*
7. *Alsdann kommt eine große Zahl fremder Leute ins Land.*
8. *Amerika wird im Osten dauernd Kriege führen und nie mehr siegen.*
9. *Ich sehe die Wolkenhäuser in sich zusammenstürzen.*
10. *Die Schwarzen werden die Macht bekommen, die solange im Staub waren. (Barack Obama?)*
11. *Es herrscht eine große Inflation. Das Geld verliert mehr und mehr an Wert.*
12. *Bald darauf folgt die Revolution.*

Heutzutage gibt es hunderte Menschen weltweit, die behaupten, Informationen aus der ‚geistigen Welt' zu erhalten, darunter auch solche zur Finanzlage. Zum Beispiel wie diese von Sabine Richter-Winterhalter, die sie am 14.10.2008 ‚empfing':

„Es wird das Finanzsystem eine völlig neue Struktur erleben, es wird euer gesamtes Ökosystem eine völlig neue Struktur erleben, es wird euere gesamte Technik eine neue Struktur brauchen. Und ihr werdet in der Wissenschaft parallel dazu ungeheuerliche Erkenntnisse machen. Ihr werdet erfahren, was ihr braucht, um es in euere neuen Bedürfnisse zu integrieren."[2]

Wie ernst kann man solche ‚empfangenen' Botschaften einschätzen? Betrachtet man sich den heutigen esoterischen Jahrmarkt mit seinen vielen ‚Abgehoben', so tendiert man dazu, dem wenig Beachtung zu schenken. Allerdings ist eine Veränderung der Welt hin zu einer neuen Kreativität und Weiblichkeit nicht zu übersehen. Die Welt wird zunehmend femininer und kreativer, in manchen Lebensbereichen sogar extrem und erst einmal über das Ziel hinausschießend.

Nach einer langen Unterdrückung des weiblichen Prinzips in der Menschheitsgeschichte erlaube ich mir die Frage: *„Wird eine neue Weiblichkeit unsere Zukunft retten?"* Damit meine ich keinen Feminismus zurückliegender Jahrzehnte, sondern unsere **Gefühlswelt**, von der wir Männer genauso betroffen sind.

Darüber schreibt beispielsweise die Autorin Brigitte Jost in ihrem Buch »Aquaria – die Göttin kehrt zurück«. Sie berichtet unter anderem über unsere aktuelle Zukunftsentwicklung, dass unsere innere Gefühlswelt wichtiger werde und sich stärker entwickle, wir unseren Herzen mehr vertrauen würden, wir die Heilkräfte der Natur und der Musik entdecken würden und unser Seelenleben dabei erblühe. *„Immer mehr Frauen übernehmen mehr Führung, auch sichtbar im öffentlichen Leben und stehen mehr für ihre Weiblichkeit ein."*

Dies drückt eine neue Bewusstseins-Priorität aus, die schon weltweit sichtbar wird – wobei die benötigte Harmonieformel **‚Hand in Hand'** lautet. Angela Merkel spricht aus Erfahrung:

„Gleichberechtigung kann nur funktionieren, wenn die Frau dabei nicht der Supermensch werden muss und alle anderen so weiterleben dürfen, wie sie immer gelebt haben."[183]

Weiß das auch schon unsere Hochfinanz? Denn bei der Münzgestaltung des Amero wird auch das Weibliche mit dem Begriff ‚Liberty' (Freiheit) dargestellt. Ist es die alte Freiheitsstatue modern in kurzem Rock und mit 13 Sternen umrundet – die Wiederkehr des Weiblichen? Hat vielleicht auch die Hochfinanz ihre astrologischen Berater und Hellseher und weiß, was die Stunde geschlagen hat? Die geheimen Weltherrscher gingen schon immer mit der Zeit und haben Zyklen und Einflüsse für sich verwendet, denn sie wissen, was ‚ankommt'. Ein doppelsinniges Wort: Es *kommt* bei den Menschen *an*, aber es *kommt* immerhin von irgendwoher! Woher?

Abb. 9: Amero Münzen-Rückseite

Lassen wir uns also überraschen – der ‚Frühling von heute' *bringt* neue Kraft in den Evolutionswinter unserer Zivilisation. Frühling ist ein Zyklus, der garantiert immer wieder *kommt*. Das »Hermetische Prinzip« heißt: *Wie innen, so außen, wie außen, so innen*. Eiszeit im Außen und eisige Kälte in uns selbst? Es kann also nur besser werden! Sie werden nachher noch lesen, dass uns im Außen zwei Grade mehr Wärme dem Paradies näherbringen. Viele Grade von noch mehr **Herzenswärme** werden dazukommen und werden die Menschen wieder näher zusammenrücken lassen.

Denn ‚außen wie innen' betrifft auch eigendynamische Energieströmungen wie *„...dass aus den ‚tiefsten Bezirken des Weltalls' eine Art Energiestrahl, vergleichbar mit einem überdimensionalen Scheinwerferkegel, seit über 15 Jahren direkt auf die Erde gerichtet aufscheint, dessen Strahlen sich in den letzten Jahren um mehrere Hundert Prozent erhöht haben"*. Die innere Parallele sind dann diese zunehmenden Gefühls- und Herzensenergien wie ein ‚Feelnet' in uns allen – **1.000.000 : 1 in ganz individuellem innerem Erwachen.**

Die wichtigste Erkenntnis ist nach all den Schuldzuweisungen jedoch für uns alle:

Wir können aus mobilisierten Angstgefühlen umschalten in mobilisierende Visionen!

Abb. 10: eine Weltsensation?

Und was bedeuten die globalen Wirtschaftskrisen für jeden Einzelnen von uns, und was können Sie und jeder Einzelne selbst bei dem Wandel, der sich dabei zu vollziehen beginnt, beitragen? Der Diplomvolkswirt Horst Köhler, mit einer nationalen und internationalen Karriere in Politik und Wirtschaft, gewann beim ersten Mal die Wahl zum Bundespräsidenten mit einer Stimme Mehrheit und nur 15 Stimmen mehr vor der gleichaltrigen Berliner Politwissenschaftlerin Professorin Gesine Schwan (die wählende Bundesversammlung setzte sich aus 1.202 gültigen Stimmen zusammen). So wäre fast eine Weltsensation entstanden, indem sowohl das deutsche Präsidialamt als auch das Kanzleramt durch weibliche Akademikerinnen besetzt gewesen wären. Dies sind Signale, die uns helfen wollen, allmählich mehr zu erkennen.

In der klugen Weihnachtsansprache eines sehr Wissenden, eben des Bundespräsidenten Horst Köhler (vom 25.12.2008), forderte er uns eindringlich auf:

„Ich sehe in der Krise auch eine Chance: eine Chance für eine bessere Zusammenarbeit zwischen den Völkern und eine Chance für eine bessere Ordnung von Wirtschaft und Finanzen, in der das Kapital allen zu Diensten ist und sich niemand davon beherrscht fühlen muss. ***Wenn wir dafür arbeiten, dann macht uns diese Krise stärker.*** *Jetzt muss sich entsprechend verhalten, wer Verantwortung trägt und Rechenschaft schuldet. Wir brauchen Achtsamkeit für das Gemeinwohl.*

Wir brauchen Anstand, Bescheidenheit und Maß. Glaubwürdigkeit bringt das Vertrauen zurück. Es ist das Band, das unsere Gesellschaft zusammenhält.“

Cross-Border-Leasing in Deutschland

Cross-Border-Leasing (CBL) bedeutet wörtlich übersetzt *grenzüberschreitender Mietkauf beziehungsweise Leasing*. Leasinggeber und Leasingnehmer haben dabei ihren Sitz in unterschiedlichen Ländern, wodurch die Unterschiedlichkeit der Steuergesetzgebungen ausgenutzt werden kann. Hinter dem, was so unverdächtig klingt, steht aber keineswegs die Absicht, durch Anmieten, Leasen oder Kauf ein Objekt tatsächlich zu erwerben. Vielmehr geht es darum, durch einen Leasingvertrag über 99 Jahre eine Investition mit wirtschaftlicher Substanz vorzutäuschen, um so steuerliche Vorteile in Millionenhöhe erzielen zu können – man nennt es im kleineren Umfang auch ‚Buchgeschäfte'.

Geeignet für solche weltweite Mietkäufe sind Wasserwerke, ganze Abwassersysteme und Klärwerke, aber auch Wasserwerke samt Wasserversorgungsnetzen, Schienennetze, Müllverbrennungsanlagen, Messehallen und vieles Kommunales mehr. Bevorzugt ist wieder die deutsche Republik, weil unsere Kommunen nicht konkursfähig sind. Im Falle einer denkbaren Schadensersatzforderung des US-Trusts, zum Beispiel bei Vertragsverletzungen, würden bei einer Zahlungsunfähigkeit der Kommune zuerst das Bundesland haften oder dann der Bund selbst und damit wieder einmal wir Steuerzahler. Vertragsverletzungen sind vorprogrammiert, denn auch alle mit Deutschland abgeschlossenen kompliziert-juristischen Verträge liegen vertragsbedingt nur in englischer Sprache vor und wurden ausschließlich nach US-Recht (*case law*) abgeschlossen. Unvorstellbar, oder?

Man vermutet, dass es bei uns seit 1996 mindestens 200 solcher millionenschwerer CBL-Verträge gibt. Bracheninsider sprechen von Summen zwischen 40 und 80 Milliarden Euro. In solche Scheingeschäfte stiegen allerdings nicht nur Stadtverwaltungen ein, sondern auf der Bundesebene hatten sie geradezu monströse Vorbilder. Die rot-grüne Bundesregierung hat damals die Deutsche Flugsicherung, die Telekom, die Deutsche Post und die Deutsche Bundesbahn ‚verhökert'. Da alle CBL-Verträge (durch US-Auflage) aufs strengste geheim gehalten werden müssen, ist ihr Inhalt öffentlich nicht zugänglich.

Doch man kann inzwischen auch vermuten, dass allmählich alle Kommunen gerne wieder aus diesen undurchsichtigen Knebelverträgen aussteigen würden, wenn sie bei diesen Schildbürgerstreichen eine juristische Möglichkeit dazu hätten.

Hochinteressante Einblicke in diese steuersparende kommunale Unterwelt liefert der Stuttgarter Autorenkollege Jens Loewe in seinem Buch »Das Wasser-Syndikat«. Er ist inzwischen hauptberuflich mit dieser internationalen Thematik unterwegs – weltweit, doch vorwiegend bei deutschen Kommunen. (www.unser-aller-wasser.de)

Loewe hilft den Kommunen, indem er versucht, sowohl den Verantwortlichen als auch der davon betroffenen Bürgerschaft die erschreckende Tragweite zu verdeutlichen. Es ist immerhin Steuerhinterziehung (auch als *Steueroptimierung* oder *Steuergestaltung* beschönigt), und es handelt sich um Scheingeschäfte mit bislang gesetzlich verbürgten Grundrechten. Die Stadtkämmerer verpachten blauäugig an internationale Spekulanten für 30 oder gar 99 Jahre und leasen dann zurück – ohne jegliche Garantien. Doch niemand wird sie deshalb anklagen, genausowenig wie die gewissenlosen ‚Bankster' (Bankenmanager). Oft erschüttert bezeichnet Loewe die meisten betroffenen Politiker als ‚beratungsresistent'.

Doch seit 2005, dem Urteil der amerikanischen Finanzverwaltung »Internal Revenue Service« (IRS), zeigte sich erstmalig Hoffnung, die aber trügerisch zu sein scheint. Der IRS hat nämlich entschieden, dass solche internationalen Scheingeschäfte ohne wirtschaftliche Wertsubstanz als nichtig und ungültig angesehen werden. Zeigen sich hiermit für Deutschland Wege auf, aus den kommunalen Verpflichtungen wieder aussteigen zu können? Durch das inzwischen weltweite Auflösen der Steueroasen (außer den Britischen Kanalinseln – allein Jersey beherbergt 33.395 Briefkastenfirmen – und einiger US-Staaten wie Delaware, Wyoming und Nevada) kommen auch die Briefkastenfirmen immer mehr in Schwierigkeiten. Diese US-Trusts werden jetzt steuerpflichtig und bitten die deutschen Kommunen zur Kasse. Im Falle der Stadt Wuppertal hat ein US-Gericht bereits zugeschlagen.

Am 11.11.2008 war ich zu einem Vortrag von Jens Loewe in Überlingen eingeladen. Der Zweckverband »Bodensee-Wasserversorgung« (BWV) hat im Jahr 2002 seine Betriebsanlagen für 30 Jahre an einen US-Trust vermietet und von diesem gleichzeitig zurückgemietet. Der von den Amerikanern gezahlte Mietpreis von 841 Millionen US-Dollar wird nun in 30 Jahresraten wieder zurückgezahlt. Dieses Wasserversorgungsnetz liefert das tägliche Trinkwasser an rund 4,5 Millionen Bürgerinnen und Bürger von Baden-Württemberg.

Die zunehmende Finanzkrise zeigt auch erste Schwächen bei solchen Scheingeschäften: Eines der Finanzinstitute, bei denen der von amerikanischer Seite für die BWV-Betriebsanlage gezahlte Mietpreis angelegt wurde, müsse ‚ausgetauscht' werden. Der »Südkurier« vom 5.11.2008 nennt folgende Fragen der im Verband zusammengeschlossenen Gemeinden bezüglich der Unsicherheiten mit den unzugänglichen US-Verträgen:

„Wie sieht eine mögliche Haftung für solche Ausfälle aus? Bürgen wir für Risiken? Wie hoch ist eine Haftungssumme? Welche weiteren Banken sind involviert? Wie wirkt sich ein Verlust auf die Preisentwicklung aus? Wie betroffen ist der Mitgliederbeitrag?"

Inzwischen fand ich die Antwort auf diese Fragen, allerdings nicht in der Regionalpresse: 12 Millionen Euro mussten nachgeschoben und der Wasserpreis um sechs Prozent angehoben werden.

Ich habe mich auf dieses Globalismus-Thema voll Lügen und Tricks (US-Trojanische Pferde!) nur kurz und regional eingelassen. Wer sich noch mehr für diese *„riskanten, intransparenten, unmoralischen und sittenwidrigen Verträge"* (Wilhelm Neurohr) interessiert, kann in den Internetsuchmaschinen »google« oder noch besser bei »www.forestle.de« den Begriff »Cross-Border-Leasing« eingeben und erhält innerhalb einer Sekunde über zwei Millionen Einträge – durchweg kritische, ernüchternde und erschreckende.

Unter einer anderen Internetadresse fand ich eine Aussage, die uns nachdenklich macht bezüglich unseres eigenen gefeierten und profitorientierten Zentralismus:

„Elmar Reitters Wasserkraft-Kollege Richard Kail schätzt das Strom-Steigerungs-Potenzial aus Wasserkraft in Schwaben viel höher ein: 500 Millionen Kilowattstunden mindestens pro Jahr. Er weist auf 80.000 Wassertriebwerke, über die Deutschland um 1900 verfügte. Im Jahr 2000 liefen davon noch 8.000 – also nur noch ein Zehntel.“[(21)]

Bei all diesen Erkenntnissen und Aufdeckungen gibt es eine Schlüsselfrage: Was können wir als Einzelner und wir als Zivilgesellschaft in dieser Welt voller ‚kriegerischer' Auseinandersetzungen – Geheimverträge, Geheimarmeen, Wirtschaftskriege, Wetterkriege – bewirken? Müssen wir das alles hinnehmen? Wir – das sind die **1.000.000 : 1**?

Kriegerische Auseinandersetzungen kennen wir aber auch bei uns selbst – im Kleinen – auf zwei verschiedenen Lebensebenen. *Äußere* Gewalt in den Familien, Mobbing am Arbeitsplatz, Streitigkeiten in der Nachbarschaft oder ähnliche äußere Spannungen sind die eine persönliche Verhaltensebene. Und die zweite sind unsere *inneren* Spannungen und Gemütslagen – zum Beispiel Unversöhnlichkeiten, Hass, Neid und Ängste –, mit denen wir selbst auch immer wieder zu ‚kämpfen' haben.

In meinem Buch »Bis zum Jahr 2012« habe ich die Gesetze der *Resonanz* und der *Anziehung* ausführlich dargestellt, und ich komme außerdem noch darauf zurück im Teil 5 dieses Buches unter »Die Kraft des Geistes«. Doch kurz vorab: Alle Verhaltensbereiche, ausgeführte wie auch gedankliche, haben ihre feinstofflichen Schwingungsebenen, die man **Felder** nennt – unsichtbar und trotzdem vorhanden. Der Biologe Professor Dr. Rupert Sheldrake nennt sie ‚morphogenetische Felder'. Sie bestehen global genauso energetisch wie in kleinen Gruppen und in uns persönlich – also auf drei Erfahrungsebenen. Und alle diese Energiefelder kommen ganz leicht in Resonanz (Gleichschwingung) miteinander. Lächeln Sie, und denken Sie noch mal an das ‚Feelnet' – es ist eine schöne und wichtige energetische Vision.

Dieses Energiespiel beherrschen auf der einen Seite die bösen Buben genauso gut wie wir es auf unserer Seite spielen können – wenn wir können. Was hindert uns daran? Nehmen wir nur ein Beispiel aus unserem Alltag. Der moderne Mensch lässt sich in seinen kostbaren Ruhephasen bequem vom Fernsehen mit *verschiedensten Resonanzebenen vernetzen*. Wie sonst wäre die besondere Attraktivität gewisser Fernsehsendungen zu erklären? Was sonst zöge so viele Menschen zu den Grausamkeiten hin, die wir uns täglich mit den Nachrichten und Reportagen über das Weltgeschehen zu ‚Gemüte' führen?

Dadurch werden die morphischen Felder Unversöhnlichkeit, Hass, Neid und Ängste, die ich oben erwähnte, stets aufs Neue mit Energie versorgt und genährt. **Weltweit tragen Millionen gedankenloser Menschen dazu bei, sie aufrechtzuerhalten.** Oder achten wir dabei auch auf die Tageszeitungen und politische Wochenmagazine, die täglich in Millionenauflage erscheinen. Muss das sein? Das Fernsehen lechzt nach Einschaltquoten und registriert jeden Ihrer Knopfdrücke (ich habe seit dem Jahr 2000 kein Fernsehen mehr), und die inzwischen fast unzähligen bunten Pressemedien benötigen rentable Auflagen – also sind wir doch mit unserem *Beitrag*, auch dem finanziellen, mitbeteiligt und vernetzt. Gestatten wir uns allen die Frage ***„Reicht's uns"*** **noch nicht oder lassen wir uns einfach zu leicht vernetzen?**

Zweifellos erhalten die morphischen Felder von Gewalt, Tod und Zerstörung auf diese Weise immer neue Resonanz und Nahrung. Liegt da nicht die nächste Frage nahe, nämlich ob wir durch unser **ständiges Interesse** (lat.: *interesse;* dabeisein, teilnehmen) den geheimen Hintergrundkräften möglicherweise noch weitere Zugänge zu unseren persönlichen, ‚göttlichen' Energien liefern?

Wir sehen uns das später genauer an und wenden uns jetzt den vielen anderen Balken zu, die sich vor lauter ‚bewährten' Lügen schon biegen.

Die Katastrophe der Klimakatastrophe

In diesem Kapitel verweise ich auf die übelsten Lügen im Zusammenhang mit der sogenannten *Klimakatastophe*. Die

- **Treibhaus-Lüge:** Wir leben heute noch in der ausklingenden Eiszeit! Alle Wissenschaftler wissen es und in jedem Lexikon steht es, die
- **CO_2-Lüge:** Man weiß, dass CO_2 weniger als 1 Prozent der Erdhülle ausmacht, und alle Wissenschaftler lügen dazu und
- **verschweigen**, dass einfach die Sonne die Verursacherin unserer Klimaveränderungen ist und
- **verheimlichen**, dass die auftragssüchtigen Atomenergieproduzenten die ‚Klimakatastrophe' erfunden haben, dass die Ölförderung freiwillig gedrosselt werden muss und dass der Ablass-Handel (Verkauf) weltweiter Emissionsrechte das größte Geschäft aller Zeiten bringen soll.

Klima ist ein altgriechisches Wort und stammt ab von *klínein* ‚sich neigen'. ‚Geneigt sein' kann unser Wetter und unsere Stimmung. Wir sprechen ja auch von Betriebsklima und Urlaubsklima und Ähnlichem. Und womit hat man diesen unterbewusst stimmungsvollen Begriff neuerdings gekoppelt? Mit dem Wort *Katastrophe*, also mit Angst-Energien. Bewusst und unterbewusst will man *verängstigen*, den Einzelnen, die Verantwortlichen, die Regierenden, die Völker. ‚Klimakatastrophe' wird zum ‚Unwort des Jahrzehnts', wie dies der ehemalige ZDF-Meteorologe Dr. Wolfgang Thüne unserer Bundeskanzlerin schriftlich mitgeteilt hat.

Schuldzuweisung und Bußgelder haben schon immer zusammengepasst, und *Ängste* sind stets die Basis dafür. Auch dabei werden heute nur allergrößte Maßstäbe angesetzt und Schreckensbilder noch durch saftige Schlagzeilen und ‚perfektes' Bildmaterial verstärkt. Lockere Halbwahrheiten, aus dem Kontext gerissene Massenmedienprophetie und gar jüdisch-christlich-fundamentalistisch angetriebene Apokalypse sollen *Leichtgläubigen* Ängste einjagen. Ich bereite zur Zeit einen Vortrag mit nachfolgender DVD vor mit dem Titel „Das Geschäft mit der Angst vor 2012“, denn da bahnt sich schon wieder ein lukratives Lügenszenarium an. Aus dem Land der unbegrenzten Möglichkeiten ist bisher jedes Geschäft beim deutschen Durchschnittsbürger erfolgreich weitervermarktet worden. So wissen alle Macher längst: Noch nie war die Angst so vielfältig und verbreitet wie heute, da sie medienwirksam unterschwellig geschürt wird.

Daher gilt auch mehr denn je die Regel, die Johann Gottlieb Fichte (1762-1814) ausgedrückt hat. Er war ein großer Literat, Professor der Philosophie, Mitbegründer des »Deutschen Idealismus« und Autor des Werkes »Grundlagen der gesamten Wissenschaftslehre«. Er war ein ganz gegenteiliger Ideologe zu dem schottischen Professorenkollegen Adam Smith. So versicherte er uns: *„Jedes Schreckbild verschwindet, wenn man es fest ins Auge fasst.“* Das will ich auch mit dem bedrohlich aufgeblähten Treibhauseffekt erreichen, indem ich jetzt verschiedene wissenschaftliche Meinungen in Ihr Blickfeld bringe.

Fragen wir zuerst einmal: *Cui bono* – wem nützt es und wer profitiert von den Klimalügen? Es gibt zum einen den internationalen Handel mit Emissionsrechten. Darauf komme ich gleich zurück, doch zuvor stieg in mir ein erstaunlicher Verdacht auf: Während ich diese Zeilen schreibe, denke ich auch über Schuldzuweisung und den mittelalterlichen ‚Ablass-Handel' nach, der nicht nur mir bei dem Thema ‚Klimakatastrophe' verdächtig vorkommt. Da lese ich doch völlig überrascht:

»Papst gewährt vollkommenen Ablass für Weltjugendtagsbesucher«
„Rom, 8.8.2005 (Kipa) Papst Benedikt XVI. hat für den Weltjugendtag einen Sonder-Ablass ermöglicht. Nach einem am Montag in Rom veröffentlichten Dekret können jene Gläubigen einen vollkommenen Ablass erhalten, die mit entsprechender Gesinnung an einer Veranstaltung und am Abschlussgottesdienst des Treffens in Köln teilnehmen.“

Na, liege ich da so verkehrt? *„Wenn das Geld im Kasten klingt, die Seele aus dem Fegfeuer springt.“* So spottete vor 500 Jahren der Volksmund über den päpstlichen Sündendispens, besser bekannt als Ablass. Dieser Missbrauch mit dem Ablass hatte damals zur Reformation geführt. Die Christen haben danach zwar die neue Zeit der ‚Aufklärung' erlebt, diese wird aber inzwischen auch von vielen Kritikern gleichfalls als ‚Volksverdummung' an den Pranger gestellt – oder ist bloß die Zeit stehengeblieben?

Nein, nein, früher war das noch regional und überschaubar, heute dagegen erleben wir alles global – man veranstaltet Klimakonferenzen. Die vergangene »13. Vertragsstaatenkonferenz« war am 15.12.2007 auf der indonesischen Insel Bali mit rund 10.000 (!) Umweltpolitikern und -experten aus 192 Ländern. »Spiegel-online« berichtet unter anderem:

> *„Entgegen dem Wunsch der EU und vieler Entwicklungsländer enthält das Mandat selbst keinerlei Zahlenangaben zur Verringerung von CO_2-Emissionen. Die Teilnehmerstaaten erkennen lediglich an, ‚dass starke Verringerungen der weltweiten Emissionen von Treibhausgasen erforderlich sind', um das gesetzte Ziel einer Bekämpfung des Klimawandels zu erreichen. Der Text verweist aber auf die Empfehlungen im Bericht des Weltklimarats (IPCC), der solche Reduktionsziele vorsieht."*

Die USA haben das bisherige Abkommen zum Klimaschutz, das Kyoto-Protokoll, als einziger Industriestaat noch nicht ratifiziert. Geschah es damals aufgrund einer spektakulären Petition (2001) von 18.000 Geowissenschaftlern, die protestierend unter Führung des früheren Präsidenten der US-»Akademie der Wissenschaft«, Dr. Frederick Seitz, der Regierung vorlag? (Die Petition erklärte diese ‚Klimakatastrophe' schlechthin als Schwachsinn.) Denn der ‚Ablasshandel' unserer Zeit nennt sich **»Emissionsrechtehandel«** *(Emissions Trading)*, und über den werde ich später noch mehr berichten.

„Ich freue mich auf die Klimakatastrophe!"

Dieser Ruf stammt von dem Geologen Dr. Achim Schneider (»Süddeutsche-Magazin«), und in »Zeit-online« fand ich dazu die klare Aussage: *„Seit Bestehen der Erde war es nur selten so kalt wie heute: 95 Prozent der Erdgeschichte waren Zeiten wärmeren Klimas."* Befassen wir uns daher einmal unwissenschaftlich und verständlich mit dem Thema Eiszeit.

„Eiszeit heute?" Das klingt zwar unwahrscheinlich, aber Teile der Wissenschaftsmeinung gehen genau davon aus. Seit etwa einer Million Jahren ist das Klima der Erde starken, kurzfristigen Schwankungen zwischen Glazialen und Interglazialen unterworfen. Im Internet-Lexikon »Wikipedia« heißt es unter anderem dazu:

> *„Die aktuelle ‚Nacheiszeit', in der geologischen Zeitskala als Holozän bezeichnet, ist eine Warmzeit innerhalb eines globalen Eiszeitalters, die seit etwa 11.000 Jahren andauert. Auch in den Wärmephasen eines globalen Eiszeitalters bleibt das Klima im erdgeschichtlichen Vergleich relativ kalt, die Eisbedeckung in der Nähe der Pole und höheren Gebirgen bleibt meistens erhalten. Gletschervorstöße bis in die Mittelbreiten werden aber zurückgebildet, und es kommt dort zu wesentlich gemäßigterem Klima, insbesondere mit milderen Wintern. […] Mit der Vereisung der Polkappen begann im Gelasium, der letzten Stufe des Pliozäns, das Eiszeitalter Quartär, das bis heute andauert."*

Es heißt also klar, dass wir heute in einer ‚Warmzeit' innerhalb eines globalen Eiszeitalters leben, das schon seit rund 11.000 Jahren vorherrscht. Versuchen wir dabei einen kurzen Rückblick auf die letzten 2.500 Jahre bezüglich der durchschnittlichen Temperaturwerte, die man dabei kennt und vergleichen kann. Man liest:

600 bis 200 v.Chr. Kaltperiode
200 v.Chr. bis 600 n.Chr. römische Warmperiode
600 bis 900 Kaltperiode des frühen Mittelalters
900 bis 1300 Warmperiode des späten Mittelalters
1300 bis 1850 Kaltperiode, ‚kleine Eiszeit' und
1850 bis heute Warmperiode.

Diese Aufzählung lässt Zyklen von durchschnittlich rund 400 Jahren erkennen, und demnach bleiben wir noch mindestens 200 weitere Jahre in unserem **Klimaoptimum** – was der ganzen Welt von den internationalen Milliardengeschäftemachern als ‚Klimkatastrophe' verkauft wird. Schneider schildert das so:

„In der Geschichte waren Zeiten des Reichtums der Völker stets ein bis zwei Grad wärmer als das Klima unseres Jahrhunderts. Wissenschaftler nennen so eine Zeit Klima-Optimum, das heißt, besser geht es nicht... so zum Beispiel von 200 vor bis 400 nach Christus die Blüte der Römerzeit und von 950 bis 1300 das mittelalterliche Optimum. Und wenn uns die Beobachtungen der Meteorologen nicht täuschen, entwikkelt sich seit 1845 eine neue Wärmeperiode.
Hoffnungsfrohe Klimaforscher nennen sie das ‚moderne Optimum'. ***Dabei hat die Welt bis heute noch nicht einmal die Durchschnittstemperaturen der letzten tausend Jahre erreicht.*** *Die Katastrophenprediger vergessen nämlich gerne, dass das vorige Jahrhundert besonders kalt war. Es war das Ende der »Kleinen Eiszeit«. Die Endmoränen von 1850 finden sich weit unten im Tal. Im Ötztal oder im Morteratsch sind diese Zeugen des letzten großen Gletschervorstoßes der »Kleinen Eiszeit« mit einer Hinweistafel markiert."*[(152)]

Zu diesem Zeitabschnitt heißt es bei Wikipedia:
„Ab Mitte des 14. Jahrhunderts setzte eine ‚Klimawende' ein, die insbesondere zwischen 1550 und 1850 ihren Höhepunkt fand. Dieses neuzeitliche Klima-Pessimum wird als ‚Kleine Eiszeit' bezeichnet. In nasskalten Sommern reifte das Getreide nicht mehr aus, häufig traten nach Missernten Hungersnöte auf. Verheerende Seuchen (wie die Pest) und Kriege (wie der Dreißigjährige Krieg) belasteten die Bevölkerung zusätzlich. Die einsetzende Landflucht sowie die spätere Abwanderung großer Bevölkerungsteile in die ‚Neue Welt' wurde so zum Teil auch durch die Klimaverschlechterung verursacht. Dennoch ist anzumerken, dass sie spätestens seit der Neuzeit keinen so drastischen Einfluss mehr auf die Lebensweise hat wie in Antike und Vorzeit. [...] Etwa ab 1850, spätestens 1900 begann ein erneutes Klima-Optimum."

Wie kann man sich die fast unzähligen ‚wissenschaftlichen' Berichte erklären, die bei solchen altbekannten Tatbeständen plötzlich gegenteilige Katastrophen-Visionen konstruieren? Schneider nennt diese ‚wissenschaftlichen' Hypothesen ‚Prophezeiungen aus dem Computerkaffeesatz'. Kann es sein, dass Wissenschaftler auch nur Menschen sind?

Ich hatte das in einer kleinen Runde mit einigen Wissenschaftlern diskutiert, und dabei kamen wir zu dem Ergebnis, dass man wohl von drei grundsätzlichen wissenschaftlichen Verhaltensgruppen ausgehen kann: Die kleinste Gruppe sind die *‚freien'* Forscher; größer ist die Gruppe derer, die *‚geldwert'*, da auftragsbezogen arbeiten und entsprechende Ergebnisse vorlegen müssen, und die größte Gruppe ist jene, die *‚trendig'* eigenen Wohlstand und leichten Ruhm massenmedienfreundlich mit wissenschaftlichem Arbeiten verbindet. Ich glaube, dass diese Darstellung noch eine recht ehrenvolle Differenzierung dieses aktuellen Geschehens ist.

Unter »www.freigeistforum.com« fand ich dazu die Glosse eines Wissenschaftlers, der anonym mit Malcolm-X unterzeichnet. In diesem kleinen Ausschnitt seiner Abhandlung dürfen Sie sich mitfreuen:

„Über physikalische Formeln hat man der Erde eine ‚Mitteltemperatur' verpasst, die ***15*** *Grad Celsius haben soll. Dies stellte die Enquete-Kommission des Deutschen Bundestages »Vorsorge zum Schutz der Erdatmosphäre« in ihrem ersten Bericht 1988 fest. Die nachfolgende Enquete-Kommission »Schutz der Erdatmosphäre« erhöhte 1992 die ‚Globaltemperatur' auf* ***15,5*** *Grad.*

Ja, was gilt denn nun? Wer jetzt verzweifelt mit dem Kopf gegen die Wand rennt oder sich einer anderen masochistischen Betätigung verpflichtet fühlt, sollte sich nicht unterkriegen lassen. Denn trotz allem gilt: DU allein in deiner Gutgläubigkeit hast die Volksvertreter gewählt, die DICH mit solchen Märchen abzocken!

Keine Panik oder unüberlegte Handlungen, mein lieber Michel, die Hilfe naht in Form einer Veröffentlichung der Universität East Anglia (UK) aus dem Jahr 1995, die zeigte, dass es ‚das bisher wärmste Jahr seit 1850' gewesen sei – mit einer Globaltemperatur von ***14,84*** *Grad!"*

Fassen wir es zusammen:

„Eiszeitalter traten im Laufe der Erdgeschichte mehrfach auf. ***Die Erde ist, betrachtet man ihre gesamte Geschichte, ein normalerweise weitgehend eis- und frostfreier Planet****, auf dem es jedoch periodisch Kältephasen von etwa 15 bis 20 Millionen Jahren Dauer gibt. Während die-*

ser Phasen kam es zur Eisbedeckung an Polen und in Gebirgen sowie zu Gletschervorstößen bis in mittlere Breiten." (Wikipedia)
„Wahrscheinlich ist der klimatische Normalzustand der Erde die Nichteiszeit, die völlige Eisfreiheit der Polargebiete. Das zeigt jedenfalls ein Blick auf die Erdgeschichte, aus der nur drei Vereisungen bekannt sind.
Seit Bestehen der Erde war es nur selten so kalt wie heute: 95 Prozent der Erdgeschichte waren Zeiten wärmeren Klimas."[(22)]

Nun gibt es ja noch eine andere wissenschaftliche Aussage: „*Umstritten ist, wann auf das derzeitige Interglazial die nächste Eiszeit folgen wird – und ob sie überhaupt kommt.*" Dabei erinnere ich mich noch gut an die Schlagzeilen in den Siebzigerjahren des letzten Jahrhunderts: ‚Droht eine neue Eiszeit?'

Als damals die britisch-französische Concorde und die russische Tupolew TU-144 ohne US-Konkurrenz überschallschnell mit Passagieren und mit ihrem technischen Vorsprung durch die Stratosphäre düsten, kam am 27.4.1973 das Überflugverbot aus den USA (Bundesluftfahrtbehörde FAA). Zivil ging plötzlich nicht mehr, was militärisch gang und gäbe war. Eine verschmutzte Stratosphäre könne dem Planeten eine neue Eiszeit bescheren, hieß es.

Heute soll die ‚verschmutzte' Atmosphäre einen Treibhauseffekt erzeugen – **das pure Gegenteil!** Trotzdem las ich, dass die NASA, die japanische JAXA und die russischen Sukhoi- und Tupolew-Werke an neuen Überschall-Business-Jets basteln. (»Die Luftfahrt« vom 8.5.06)

Droht nun schon eine neue Eiszeit? Ich las vor kurzem, dass der Mont Blanc, der höchste Berg unserer Alpen, jetzt noch um vier Meter höher ist – durch neue Eis- und Schneebildung. Erklärung: In der Höhe hat die Temperatur schneller zugenommen als am Boden, die Luft zirkuliert stärker, und Wasserdampf steigt höher hinauf, um dann zu erfrieren. In Buenos Aires (Argentinien) fällt zum ersten Mal seit 89 Jahren Schnee. Die Nachfrage nach Heizöl schnellt dabei (wie auch in Chile) hoch, weil man für dortige Verhältnisse wahnsinnig tiefe Temperaturen misst. Ähnlich ist es in Südafrika und Neuseeland.

In den »secret.TV-Nachrichten« Nr. 35 vom September 2008 wird berichtet, dass die Eisfläche in der Arktis in diesem Sommer (2008) wesentlich größer war als 2007 und dass ein Rückgang der Eisfläche in diesem Jahr nicht mehr wahrscheinlich sei:

„Wir bezogen uns dabei auf verschiedene Quellen, unter anderem auch auf das NSIDC, das amerikanische »National Snow and Ice Data Center«. Weiterhin lagen uns Satellitenaufnahmen von der Internetseite »igloo.atmos.uiuc.edu« vor, die wir dabei noch einmal veröffentlichen und auf denen die vergrößerte Eisfläche deutlich zu sehen ist. Zuschauer von »secret.TV« haben daraufhin die Seite des NSIDC aufgesucht und befremdet festgestellt, dass dort ganz anderslautende Informationen veröffentlicht waren. »secret.TV« hat daraufhin nachrecherchiert. Nun erfuhren wir von dem gleichen Institut: Man habe sich geirrt. Die Eisfläche sei sehr dünn, was auf den Satellitenaufnahmen nicht erkennbar gewesen sei. Kommentar überflüssig!“

Doch was das ‚Schreckbild' (von Fichte) und Katastrophenszenarien betrifft, scheinen die ‚Vordenker' der USA unerschöpflich zu taktieren – ungeniert, wenn dabei auch mal offensichtliche Widersprüche ‚wissenschaftlich' kundgetan werden. So findet man im Wirtschaftsmagazin »Fortune« (immerhin das älteste der USA) unter dem Titel »Wetteralbtraum des Pentagons« das neueste Katastrophenbild. Nachdem der US-Senat die Sache der CO_2-Emissionsschichten im Zusammenhang mit dem Kyoto-Protokoll als *unwissenschaftlich* abgelehnt hatte, zieht das Pentagon die Klimakatastrophe erneut, aber aus der anderen Tasche. Es kümmert sich weniger um das CO_2, sondern vor allem um die Katastrophenszenarien, mit denen man uns in den letzten Jahren Schrekken eingejagt hat. Dazu schreibt Dr. Helmut Böttiger:

Abb. 11:
Eiszunahme am Pol (2008)

„Weil eine ‚Klimaerwärmung' im Grunde wenig schreckt und die Amerikaner im letzten Winter ganz andere Erfahrungen gemacht haben, greift man eine Idee auf, die sich der Potsdamer Professor Stephan Rahmdorf aus Hypothesen Anderer zurechtgerechnet und die ihm immerhin eine 1 Million US-Dollar schwere Anerkennung eingebracht hatte. Danach führt die angebliche Klimaerwärmung durch CO_2 nicht zu einem angenehm wärmeren Klima, sondern über die Abschwächung des Golfstroms zu einer neuen Eiszeit, die vor allem Europa heimsuchen wird. Die neue Klimakatastrophe bedeutet daher: ‚Abkühlung, Trockenheit und mehr Stürme', das wiederum senkt die ‚Carrying Capacity der Erde', d.h. die Erde kann deutlich weniger Menschen ‚mit Nahrung Trinkwasser und Energie versorgen', und das führt zu ‚Grenzproblemen, globalen Konflikten und Wirtschaftsmalaise' und – damit zu mehr Terroristen."

Böttiger fragt weiter:
„Jetzt, da der Wahnsinn von Kyoto über uns kommen soll, ist zu überlegen, welchen Grund die Mär vom Klima wirklich hat. Wenn man sieht, wie die Leute auf künftige Verknappungen vorbereitet werden, ist zu überlegen, was wirklich hinter der inszenierten Rationierung stecken könnte."

Dem kann ich nur zustimmen, denn wir haben ja gelesen, dass die Klimaoptima immer so an die 400 Jahre anhalten, und wir stecken heute gerade in der Mitte eines solchen Zeitabschnittes. Was also steckt dahinter? Lesen wir dazu folgendes:

Ohne CO_2 gibt es kein Leben

Kohlenstoffdioxid (im normalen Sprachgebrauch auch *Kohlendioxid* oder fälschlich *Kohlensäure* genannt) ist eine chemische Verbindung aus Kohlenstoff (C) und Sauerstoff (O). Es ist ein farb- und geruchloses Gas und mit einer Konzentration von lächerlichen 0,04 Prozent ein natürlicher Bestandteil unserer Luft.

Zu behaupten, das vom Menschen erzeugte CO_2, das nur 0,001 Prozent der Atmosphäre ausmacht, wäre der ‚super Klimakiller', ist völliger Nonsens und eine unverschämte Lüge. CO_2 ist kein Gift, wie es uns die Schlagzeilenpresse einreden will, es ist ein völlig natürliches Gas, welches die Pflanzen und die Algen benötigen, um zu leben.

So fand ich dazu Folgendes:

„CO_2 ist von 280ppm auf gigantische 340ppm gestiegen! So könnten Sie es zum Beispiel irgendwo lesen. In Wahrheit heißt dies, dass diese Werte auf den Gesamtgasgehalt der Erdatmosphäre gesehen überhaupt keine Änderung ausmachen. Der Anstieg von CO_2 ist und bleibt verschwindend gering. Vor 50 Jahren betrug der Gehalt an CO_2 in der Erdatmosphäre 0,038 % und heute auch.

Jeder sollte sich mal bildlich vorstellen, wieviel 0,038 % von einem Ganzen sind. Ich nenne ein Beispiel. Man nehme einen Liter Wasser und mische darin 0,00038 Liter Cola (steht für CO_2). Schmecken sie was? Wenn ja, dann sollten Sie Ihr Wasser untersuchen lassen.

Was die Verantwortlichen leider nicht begreifen ist, dass die von uns propagierte CO_2-Theorie immer noch eine Theorie ist, welche sich nur auf Indizien stützt und niemals und zu keiner Zeit bewiesen wurde.“

Da die Verantwortlichen gleichviel Hirn besitzen wie wir, können wir davon ausgehen, dass sie wohl gezwungen werden oder sich (für Geld) zwingen lassen. Zu dem Ganzen kann man sich auch sehr pragmatisch ausdrücken – so wie ich es im Internet fand:

„Die Behauptung der Klimahysteriker, das CO_2 vom Menschen erwärme das Klima, ist genau so absurd wie die Behauptung: Wenn wir ins Meer pinkeln, dann erwärmt sich der Ozean.“ (Blogger Freeman)

Alles Leben auf diesem Planeten hängt von der Sonne, vom CO_2 und von der Fotosynthese der Pflanzen ab, was dann kombiniert den Sauerstoff erzeugt. Ohne CO_2 hätten wir nichts zu essen und keinen Sauerstoff zum Atmen – wir wären alle schon längst tot. Ohne CO_2 gibt es überhaupt kein Wachstum, und Fachleute wissen, dass bei erhöhter Konzentration die Pflanzen eindeutig besser wachsen.

Vor einigen Millionen Jahren gab es nachweislich eine CO_2-Konzentration, die fünfmal höher war als heute. Mehr Kohlendioxid-Gase in der Erdatmosphäre schützen auch vor Sonneneinwirkungen, wie der Ausbruch des Vulkans Pinatubo 1991 bewiesen hat. Bei seinem Ausbruch – dem bisher größten ‚natürlichen Experiment' zur Messung der Aerosol-Aktivitäten – registrierten die Wissenschaftler 4,5 Watt/Quadratmeter Energieverlust *und eine deutliche Abkühlungsperiode*. Nach der bisher durch die Mainstream-Wissenschaftler vertretenen Theorie hätte aber eine *Erwärmung* eintreten müssen.

Gibt es für diese Widersprüche eine glaubhafte Erklärung? Im »FOCUS 27/2008« fand ich einen Leserbrief aus Sylt auf den vorausgegangenen Artikel über Professor Mojib Latif, einen der bekanntesten Meteorologen und Klimaforscher unserer Republik (Universität Kiel):

„...und ich dachte, alle Prognosen und Szenarien basieren auf Messungen. Aber nein, Computermodelle ziehen uns das Geld aus der Tasche. Was die Messungen betrifft, sagt Latif: ‚Insofern stehen wir noch ganz am Anfang.' Das ist keine Wissenschaft, das ist Spökenkiekerei. Und wir zahlen für derlei Klimaschwachsinn, den unsere Regierung auch noch glaubt."

„Sehr geehrte Frau Dr. Merkel! Sie wissen als promovierte Physikerin, dass es keine Klimaerwärmung gibt!" Mit diesen Worten klärt der Meteorologe Dr. Wolfgang Thüne, bekannt als ehemaliger Wetterfrosch im ZDF, in einem ausführlichen »secret.TV«-Interview vom 27.10.2008 für jedermann gut verständlich auf. In einer Zeit, in der die Vokabel ‚Klimakatastrophe' diffuse Weltuntergangsängste verbreitet, findet der Fachmann klare und unbestechlich sachliche Worte. Auch Thüne hält die ganze CO_2-Theorie für eine Kampagne zugunsten der Atomenergie.

Klimaexperten der Universitäten Rochester, Alabama und Virginia berichten, dass die Temperaturveränderungen der letzten dreißig Jahre nichts mit der Treibhaushypothese zu tun haben, sondern mit natürlichen Faktoren wie der veränderten **Sonneneinstrahlung**. Deshalb ist die Klimaveränderung unabwendbar und kann nicht durch eine Kontrolle des CO_2 beeinflusst werden.

Der Bericht erschien in der Dezemberausgabe (2007) der Fachzeitschrift »International Journal of Climatology of the Royal Meteorological Society« von den Autoren Prof. David H. Douglass (Univ. Rochester), Prof. John R. Christy (Univ. Alabama) und Prof. Dr. S. Fred Singer (Univ. Virginia).

Professor David Douglass erklärt: *„Die beobachteten Erwärmungsmuster, durch den Vergleich der Temperatur am Boden und in der Atmosphäre, zeigen nicht die typischen Merkmale eines Treibhauseffekts. Man kann nicht die Tatsache leugnen: Der Einfluss des Menschen ist nicht entscheidend und die Zunahme des* CO_2 *ist ein vernachlässigbarer Faktor bei der Klimaerwärmung.“*

Professor John Christy erklärt: *„Satellitendaten und Daten aus Wetterballonen stimmen überein, dass die Erwärmung in der Atmosphäre nicht größer ist als am Boden. Die Treibhausmodelle verlangen aber, dass der Trend in der Atmosphäre 2 bis 3 Mal größer ist. Es gibt gute Gründe, deshalb anzunehmen, dass die Klimamodelle die Auswirkung der Treibhausgase völlig übertreiben. Die Satellitenbeobachtungen zeigen, dass die Treibhausmodelle die Rückkoppelungseffekte ignorieren, welche durch Wolken und Wasserdampf entstehen und die Erwärmung durch* CO_2 *dadurch reduzieren.“*

Professor Dr. S. Fred Singer erklärt: *„Der Trend zur Erwärmung ist einfach ein Teil des natürlichen Zyklus der Klimaerwärmung und Wiederabkühlung, welche man in den Eisbohrkernen, in den Tiefseesedimenten und Stalagmiten sieht und in Hunderten wissenschaftlichen Arbeiten veröffentlicht wurden. Über den Mechanismus, welcher die Klimaveränderung verursacht, wird noch diskutiert, es hat aber höchstwahrscheinlich mit der Veränderung des Sonnenwindes zu tun, im Zusammenspiel mit dem Erdmagnetfeld, welches den Einfall der kosmischen Strahlen auf die Erde beeinflusst. Diese Strahlen wiederum steuern die Wolkenbildung und beeinflussen die Menge an Sonnenlicht, welches auf die Erde fällt und somit auch das Klima verändert.*
Unsere Forschungen zeigen, dass die Erhöhung des CO_2***-Anteils in der Atmosphäre nur einen minimalen Einfluss auf die Klimaverän-***

derung hat. Wir müssen deshalb daraus schließen, dass alle Versuche, die CO_2-Emissionen zu kontrollieren, uneffektiv und sinnlos sind... aber sehr teuer werden."[(23)]

Dazu fand ich auch diese Meldung vom 10.9.2008: »Britischer Umweltminister bezeichnet die ,Global Warming'-Kampagne als ,hysterische Pseudoreligion'«.

„Selbst der britische Umweltminister Sammy Wilson scheint jetzt gemerkt zu haben, dass Al Gores ,vom Menschen verursachte globale Erwärmung' ein Schwindel ist. Gegenüber BBC sagte er kürzlich über die Apostel der angeblichen globalen Erwärmung: ,Man hat mich besonders angegriffen, weil ich mich geweigert habe, blind die neue Pseudo-Religion zu akzeptieren, derzufolge wir unsere Wirtschaft dramatisch verändern müssen, um den Klimawandel zu stoppen. Die Taktik der ,Grünen Bande' ist, jeden Kritiker ihrer Sicht des Klimawandels als irgendeinen ,unwissenschaftlichen Spinner' hinzustellen, der den Fakten nicht zugänglich ist.' Wie wäre es, wenn Mr. Wilson auch auf die Finanzspekulationen hinweisen würde, die Leute wie Al Gore und David Blood auf der Grundlage dieses Schwindels mit ihren grünen Hedgefonds erzielen?"[(24)]

Auch ein australischer Klimaforscher wird ehrlich: *„Keine Beweise für menschengemachte globale Erwärmung durch CO_2."* (18.7.2008 CEC) David Evans, der von 1999 bis 2005 als Berater beim australischen Amt für Klimaerwärmung arbeitete, lehnt jetzt die Theorie der angeblichen globalen Erwärmung, die er einmal unterstützt hatte, völlig ab. In einem Beitrag für Rupert Murdochs nationale Zeitung »The Australian« schrieb Evans, er sei der ,rocket scientist' gewesen, der das CO_2-Berechnungsmodell »FullCAM« (carbon accounting model) entwickelt habe, das Australiens Befolgung des Kyoto-Protokolls in der Flächennutzung und im Forstsektor misst.

„Wir Wissenschaftler hatten politische Unterstützung, die Regierung hörte auf uns und verfügte über große Budgets. Wir kamen uns ziemlich wichtig und nützlich vor, zumindestens ich. Es war toll: Wir arbeiteten, um den Planeten zu retten."

Evans berichtet in dem Artikel, er habe anfänglich das Beweismaterial „für ziemlich gut" gehalten, aber habe schon damals eingeräumt, dass es nicht eindeutig war. Jetzt sagt er ganz direkt:

„Es gibt keine Beweise für die Idee, dass der CO_2-Ausstoß in signifikanter Weise zu globaler Erwärmung führen kann, absolut keine. Die Labour-Regierung (in Australien) zerstört absichtlich unsere Wirtschaft, um den Kohlendioxidausstoß zu reduzieren. Man wird sie als kriminell fahrlässig oder ideologisch dumm betrachten, weil sie nicht verstanden haben, wie es wirklich ist."[(25)]

Sonne und kosmische Stürme

Für alle, die nun immer noch an die von unserer Industrialisierung erzeugte Weltklimaerwärmung glauben, bringe ich hier einige wissenschaftliche Belege, die auf solche Lügen hinweisen, denn die Sonne ist der Hauptmotor irdischer Wetterverhältnisse, die wir in ihrer Gesamtheit ‚Klima' nennen – sie liefert nämlich die Energien dafür.

1. erwärmt die Sonne die Meere und verdampft das Meerwasser, mit dem sich die Wolken bilden. Die Sonne erwärmt die Luft, mit der sich die Winde bilden. Das ‚Klima' wird fast ausschließlich durch die Sonne beeinflusst und gesteuert. Wenn sie weniger Energie abstrahlt, wird es kühler, wenn mehr davon zu unserem Planeten kommt, wird es wärmer.
2. durchläuft auch die Erde Zyklen und hat nicht immer den gleichen Abstand zu unserem Zentralgestirn. Mal ist sie näher, mal weiter weg von der Sonne, was ja auch die Energiemenge beeinflusst, die auf die Erde zurast. Diese kosmischen Zyklen der Sonne und der Erde sind wechselseitig, sind seit Jahrtausenden bekannt und heute längst wissenschaftlich bestätigt.
3. zeigt sich die Sonnenaktivität in einem breiten Spektrum elektromagnetischer Strahlung. Teile davon mögen seit 1900 zugenommen und nun wieder abgenommen haben. Entscheidend sind aber nur die elektrischen Teilchen des Sonnenwindes, die den Magne-

tismus in der Heliosphäre, vor allem aber den Magnetismus der Erde verändern, und

4. sind die Zyklen der Sonnenflecken noch weitaus komplexer, da sie nicht immer gleich stark ausfallen. Darüber hinaus existieren auch größere Zyklen, die sich über Jahrhunderte und Jahrtausende erstrecken. Der Biophysiker Dr. Dieter Broers erklärt dazu: *„Untersuchungen haben ergeben, dass die Sonne ihr Magnetfeld ca. alle 3.750 Jahre umkehrt, wobei eine Umkehrung ca. 374 Jahre dauert. Für diese Zyklen sind anscheinend vor allem die ungleichen Rotationsgeschwindigkeiten des Sonnenmagnetfeldes verantwortlich. Eine verblüffende Feststellung machte der Forscher Maurice Cotterell, als er den Mayakalender mit dem Rhythmus der Sonnenaktivität verglich. Die komplex ineinander verschachtelten Kalender der Mayas stimmen verblüffend mit den ebenfalls verschachtelten Sonnenfleckenzyklen überein – und das seit Jahrtausenden!"*

Der deutschsprachige Online-Dienst für Astronomie, Astrophysik und Raumfahrt »astronews« berichtete schon am 1. November 2004:

„So aktiv wie zur Zeit war die Sonne in den letzten 8.000 Jahren nicht. Dies ist das Ergebnis der Untersuchung einer internationalen Forschergruppe, die die Aktivität unseres Zentralgestirns bis zum Ende der letzten Eiszeit rekonstruierte.

Die Aktivität der Sonne im Verlauf der letzten 11400 Jahre, also zurück bis zum Ende der letzten Eiszeit, hat jetzt erstmals eine internationale Forschergruppe um Sami K. Solanki vom Max-Planck-Institut für Sonnensystemforschung durch Isotopenanalyse von Jahrtausende alten Bäumen und Polareis rekonstruiert. Wie die Wissenschaftler aus Deutschland, Finnland und der Schweiz in der aktuellen Ausgabe der Zeitschrift »Nature« berichten, muss man über 8.000 Jahre in der Erdgeschichte zurückgehen, bis man einen Zeitraum findet, in dem die Sonne im Mittel ebenso aktiv war wie in den vergangenen 60 Jahren. Aus dem Studium früherer Perioden mit hoher Sonnenaktivität sagen die Forscher voraus, dass die gegenwärtig hohe Aktivität der Sonne wahrscheinlich nur noch wenige Jahrzehnte andauern wird."[26]

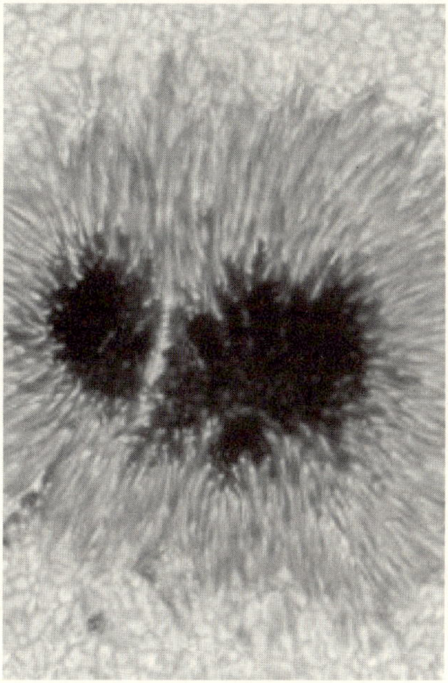

Abb. 12: Großer Sonnenfleck, der Anfang September 2004 auf der Sonne zu sehen war. Das Bildfeld umfasst ca. 45.000 mal 30.000 Kilometer auf der Sonne – die gesamte Erde würde also mehrfach in das Bild passen. Sonnenflecken erscheinen dunkel, weil das in ihnen durch die Sonnenoberfläche tretende starke Magnetfeld den Energietransport durch Gasströmungen unterdrückt. Im inneren, dunkleren Bereich des Sonnenflecks (der Umbra) steht das Magnetfeld senkrecht, während es in der etwas helleren Peripherie (der Penumbra) weitgehend horizontal ist. Die Aufnahme wurde von Vasily Zakharov mit dem 1-Meter-Sonnen-teleskop auf der Insel La Palma gewonnen, das vom Institut für Sonnenphysik der Königlichen Schwedischen Akademie der Wissenschaften betrieben wird.

Von einem magnetischen Sonnensturm, einem ‚solaren Tsunami', berichtete die Internetausgabe der russischen Zeitschrift »Komersant« am 8.12.2006:

„Wissenschaftler am astronomischen Schernberg-Institut der staatlichen Universität in Moskau haben von rekordverdächtigen Ausstrahlungen elektromagnetischer Energien von der Sonne berichtet, den größten seit den Siebzigerjahren des zwanzigsten Jahrhunderts. Während der letzten paar Tage überstieg das Ausmaß der Sonnenstrahlung, auch X9 genannt, den normalen Wert um das Tausendfache." (www.komersant.com)

Das bestätigt auch Hubert Wöhl vom »Kiepenheuer-Institut« in Freiburg: *„Wir messen derzeit die höchsten Aktivitätswerte der Sonne, seit es Aufzeichnungen darüber gibt."*(27)

Wie kann man die unterschiedlichen Sonnenaktivitäten der Vergangenheit heute noch feststellen? Ab dem Jahr 1610 sind sie erfasst worden, für die Zeit davor muss die Sonnenaktivität aus anderen Daten abgeleitet werden.

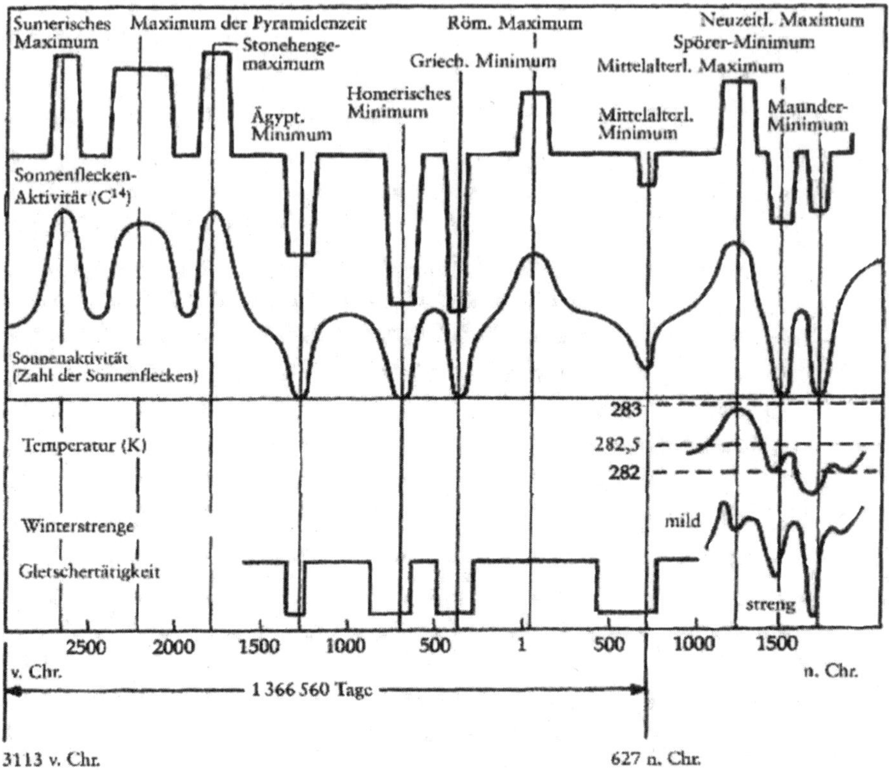

Abb. 13: Dieses Diagramm zeigt den Auf- und Untergang von Hochkulturen in Abhängigkeit der Sonnenflecken-Aktivitäten seit dem Jahr 3000 v.Chr. Es geht hier klar hervor, dass das Schmelzen der Gletscher ein Prozess ist, der mit den Sonnenaktivitäten zusammenhängt und nicht mit dem CO_2-Ausstoß unserer Autos.

Dr. Dieter Broers, Referent beim »2. Internationalen Bleep-Kongress« in Frankfurt, erklärte:

„Zusammenfassend bleibt zu sagen, dass es sich bei der sogenannten Klimakatastrophe um ein kosmisches Ereignis handelt. In Analogie zu den irdischen vier Jahreszeiten vollzieht sich ein weiterer Zyklus, welcher sich in größeren zeitlichen Abständen ereignet. So gesehen geht unser gesamtes Sonnensystem quasi einem kosmischen Winter entgegen. Unsere Sonne fungiert bei diesem kosmischen Schauspiel als Haupteinflussgröße."

Der interplanetarische Klimawandel

Es gibt Überraschungen, die vermuten lassen, dass nicht die Wissenschaft an sich, sondern nur deren politische Nutznießung die Lügen produziert. Denn wenn die Sonne als Zentralgestirn die kosmische Verursacherin ist – mehr durch die elektromagnetischen Energien als durch Licht und Wärme –, dürfte das ja nicht nur unseren Planeten als einzigen betreffen. Und genau dafür gibt es klare Bestätigungen.

»The London Times« brachte schon in ihrer ‚timesonline-Ausgabe' vom 29.4.2007 folgende Nachricht mit der Überschrift: »Climate change hits **Mars**«:

„Der Mars erfährt einen plötzlichen Klimawandel, und es geschieht so schnell, dass der rote Planet seine südlichen Eiskappen verlieren könnte, schreibt Jonathan Leake. ... Wissenschaftler der NASA sagen, dass der Mars sich seit 1970 um 0,5 Grad erwärmt hat. Dies ist die ähnliche Erwärmung, wie sie im gleichen Zeitraum auf der Erde stattfand. Da es kein bekanntes Leben auf dem Mars gibt, kann der schnelle Wechsel nur ein natürliches Phänomen sein.“(28)

Der Direktor des St. Petersburger »Pulkovo Astronomisches Observatorium« in Russland, Habibullo Abdussamatov, äußerte sich hierzu:

„Die Daten vom Mars sind der Beweis, dass die gegenwärtige Erderwärmung durch Veränderungen in der Sonne ausgelöst wird ... Der langfristige Anstieg der Sonnenstrahlung erwärmt sowohl die Erde als auch den Mars ... Die vom Menschen erzeugte Treibhauserwärmung hat in den letzten Jahren nur gering zur Erwärmung auf der Erde beigetragen und kann sich nicht mit der Steigerung durch Sonnenstrahlung messen.“

Ähnliches weiß man seit Jahren von anderen Planeten. Am 4. Mai 2006 meldete »USA Today«: *„Neue Stürme auf **Jupiter** deuten auf einen Temperaturanstieg hin.“* Diese Schlagzeile basiert auf einer im April 2004 in »Nature« veröffentlichten Studie, die den beginnenden Klimawandel beschreibt. Nach Berechnungen von Philipp Marcus (Berkeley USA) betrug die Erwärmung in den letzten vier Jahren 10°C.[29]

Über den Planeten **Pluto** meldete ABC News am 26. Juli 2006: „Pluto scheint sich zu erwärmen". Die Wissenschaftler der Universität Tasmania fanden heraus, *„dass der kleinste Planet im Sonnensystem sich nicht abkühlt"*, obwohl man das Gegenteil erwartet hatte (weil sich Pluto auf seiner stark elliptischen Bahn seit 2002 wieder von der Sonne entfernt hat).

Das Magazin »Nexus«[30] bringt in seiner Ausgabe 18 weitere Berichte über Veränderungen aller unserer Planeten (außer Merkur), doch besonders auch der ‚fernen' wie Uranus und Neptun. Viele NASA-Lügen werden dabei aufgedeckt.

Doch nicht nur die Planeten erleben schon seit längerem einen Klimawandel, sondern es betrifft auch Monde der Planeten. Auf »www.scienceagogo.com« gibt es einen Bericht über eine globale Klimaerwärmung auf Triton, dem größten der Neptunmonde. In diesem Artikel vom 28. Juni 1998 ist Folgendes zu lesen: »Globale Erwärmung auf Triton festgestellt.«

> *„Die Erde ist im Leiden der Erderwärmung nicht allein. Gemäß Beobachtungen, die durch das Weltraumteleskop Hubble der NASA und mehrere, auf dem Grund basierender Instrumente gemacht wurden, hat die Temperatur auf dem größten Mond des Neptuns seit dem Vorbeiflug der Voyager-Raumsonde 1989 drastisch zugenommen. Tatsächlich so stark, dass sich die aus gefrorenem Stickstoff bestehende Oberfläche von Triton in Gas verwandelt und die dünne Dichte der Atmosphäre tagsüber zunimmt. ‚Seit mindestens 1989 erlebt Triton eine Periode der Erderwärmung', bestätigt Astronom James Elliot, Professor der »Erde, Atmosphärischen und Planetarischen Wissenschaften« am Institut für Technologie in Massachusetts."*

Bei mir landete eine Wissenschafts-Information, die über eine Veröffentlichung der Russischen Akademie der Wissenschaften in Novosibirsk aus dem Jahre 1997 berichtet. Dr. Alexey Dmitriev, Professor der Geologie und Mineralogie, trat mit seinem sensationellen »Planetophysical State Of The Earth And Life« an die Öffentlichkeit, was gekürzt (und in Englisch) im Internet zu finden ist.[31] Er belegt, dass sich die **Magnetfelder** und die Helligkeit *aller* Planeten unseres Sonnensystems verändern und auch dass sich die Atmosphäre des Mars verdichtet und dass sich das Magnetfeld des Jupiters mehr als verdoppelt hat. Das Magnetfeld des Uranus verändert sich, das des Neptuns erhöht sich. Diese werden auch heller, und ihre atmosphärischen Qualitäten ändern sich. Insgesamt werden dabei Veränderungen in drei Kategorien festgestellt: die Energiefelder, die Helligkeit und die Atmosphären.

Außerdem nahm seit 1901 das Magnetfeld der Sonne um 230 Prozent zu und in noch weit höherem Maße die Plasma-Tätigkeit. Und die Wissenschaftler aus Novosibirsk stellen fest, *„dass das ganze Sonnensystem sich in eine Energiezone bewegt, die anders ist – die höher ist"*.

Dmitriev erklärt außerdem: *„Diese Energiezunahme wird die Grundstruktur und den Aufbau der gesamten Materie in unserem Sonnensystem verändern. Die Planeten werden etwas weiter von der Sonne weggedrückt, und die Atome und Moleküle, aus denen diese bestehen, dehnen sich tatsächlich in ihrer physikalischen Größe aus."*

Für Leserinnen und Leser, welche meine Bücher schon kennen, möchte ich hier an das Stichwort ‚Photonenring' erinnern, ohne jetzt näher darauf einzugehen.

Man kann hier deutlich erkennen, **wie ein Prozess, welcher in der Sonne stattfindet und sich auf das gesamte Planetensystem auswirkt,** verschwiegen, verdreht und mit Hilfe der Massenmedien dazu genutzt wird, uns zu verängstigen und uns einzureden, dass die Erde einzig und allein wegen der Umweltverschmutzung zu einem lebensfeindlichen und -gefährlichen Ort mutiert? Da müssten doch wie im Alten Testament Gebote her mit Strafen und Buße – sprich Geldbußen! Und so ist es auch längst auf den Weg gebracht worden. Oder wie es »WELT-online« am 23.10.2007 erkannte:

„Hier wird offenbar, dass ‚Umweltsünder' ein präziser theologischer Begriff ist. Wer sich an der Umwelt versündigt, lädt Schuld auf sein

Gewissen. Man kann diese Schuld durch Beichten wieder loswerden; man kann aber auch einen Ablassbrief käuflich erwerben und so sein Scherflein dazu beitragen...“

Nun versuche ich einmal, das Ganze noch etwas anders zu betrachten. Ist das ‚Gespür' so vieler Zuständiger berechtigt, dass möglicherweise doch eine Klimakatastrophe unserem Planeten wieder einmal grundlegende Veränderungen beschert? Allerdings nicht von uns Menschen *selbst hervorgerufen* – was ein paar besonders clevere Hardliner gerne zu ihrem Vorteil ausnützen –, sondern aus dem Kosmos auf uns *zukommend*, was dann aber auch die Hardliner-Kontrollsysteme aufbrechen dürfte.

Tatsächlich ist festzustellen, dass ein Maximum an Explosionen unsere Sonne erschüttert. Immer öfter lösen diese Eruptionen gewaltige Teilchen-Tornados aus. Immer größer wird die Gewalt, mit der die Partikel das Magnetfeld der Erde durchdringen, ist es doch normalerweise ein sicherer Schutzschild gegen kosmische Strahlung. Immer dramatischer wirkt sich das auch auf Menschen, Tiere, Pflanzen und sensible Techniken aus. Natürlich betrifft das auch das Klima und das planetare Wettergeschehen mit Naturkatastrophen. (siehe Abb. 13)

Der Leiter des US-Atmosphären-Forschungsprogramms, Richard Behnke, meinte hierzu: *„In nächster Zeit dürften schlimme Dinge passieren.“* Und John Kappenmann von der Universität Minnesota erklärte: *„In Zukunft werden Sonnensturmschäden Ausmaße annehmen, die für uns heute noch unvorstellbar sind.“*

Mit der Überschrift „Ein gigantischer Bruch im Erdmagnetfeld“ meldete die NASA am 16.12.2008: Die fünf NASA-Raumstationen THEMIS haben im Erdmagnetfeld einen Bruch entdeckt, der 10-fach größer ist, als alles, was vorher angedacht war zu existieren. Sonnenwinde können durch die Öffnung fließen, um die Magnetosphäre ‚aufzuladen' für kraftvolle geomagnetische Stürme. Jedoch ist der Bruch selbst nicht die größte Überraschung. Die Forscher sind erst recht erstaunt über den merkwürdigen und unerwarteten Weg, wie er sich formte **und lang andauernde Vorstellungen in der Raumphysik umstieß.**

„Die kommenden Jahre könnten besonders lebhaft werden... ‚Dies könnte stärkere geomagnetische Stürme auslösen, als wir in vielen Jahren gesehen haben', sagte der THEMIS Projektwissenschaftler des Goddard Raumflugzentrums David Sibeck. ‚Diese Entdeckung ändert unser Verständnis über die Interaktion der solaren Wind-Magnetosphären."[(32)]

Es sind also elektromagnetische Partikel, welche die Sonne ‚ausstrahlt'. Was ist aber mit dem Licht und der Wärme? Schon gibt es neue Theorien, die erwägen, dass es im finsteren Weltraum mit seinen rund 270 Grad Minus gar keine Wärme geben kann. Genies wie Nicola Tesla und Viktor Schauberger erwogen das, heute kommen Kalte-Fusions-Theoretiker dazu. Denn wenn alle Sonnen so kalt sind wie ihr kosmisches Umfeld und Licht und Wärme erst bei der Berührung mit dem Sauerstoff der planetaren Atmosphären entsteht, dann wäre das absolut logisch und würde ein phantastisches und gründliches Umdenken bedeuten. **Die Sonne sendet eine Energiestrahlung aus, die erst in Verbindung mit dem Luftsauerstoff der Erde Wärme und Licht und einen blauen Himmel erzeugt.**

Im Wissenschaftsmagazin »raum&zeit« weist der Forscher und Autorenkollege Matthias Härtel auf den Astronomen Heinrich Wilhelm Olbers hin, der 1826 erforschte, warum der Himmel nachts nicht auch hell beleuchtet ist. Das »Olberssche Paradoxon« folgert:

„Wenn sich in einer einzigen Galaxie bereits Milliarden Sonnen befinden und es abermals Milliarden Galaxien gibt und alle diese Sonnen Licht ausstrahlen, so müsste unser Universum tatsächlich strahlend hell erleuchtet sein."

Dem, was hier offensichtlich paradox ist, geht Härtel seit Jahren auf den Grund und überrascht mit praktischen Erkenntnissen und einer brillanten Logik – **unsere Sonne ist eiskalt!** Wer es ausführlich wissen will, gebe »www.matthiashaertel.de« ein.

Internationale Wetterkriege

Trotz all der solaren Energiewellen stellt sich auch die Frage: Können Katastrophen wie die Hurrikans oder Erdbeben oder Tsunamis inzwischen auch technisch verursacht werden, wie das zum Beispiel bei dem US-Ionosphären-Heizer HAARP[(185)] vermutet wird? Insider können immer öfter lesen: Kriege finden heute nicht mehr auf großen Schlachtfeldern statt, weder in Europa noch weltweit – ‚Psychokriege' in den Massenmedien machen schon allerhand Spaß. Auch wenn dabei das Wetter manipuliert wird? Sie finden sowohl in der Atmosphäre unseres Planeten statt als auch im erdnahen Raum – und das schon seit Jahren, wie zum Beispiel der US-General Gordon Sullivan, ehemaliger Generalstabschef der Armee, konstatierte:

> *„Mit unserem technologischen Sprung in das 21. Jahrhundert werden wir den Feind Tag und Nacht sehen können, egal bei welchem Wetter – und werden ihn erbarmungslos verfolgen. Die Möglichkeit einer globalen, präzisen, sofortigen, stabilen und systematischen Manipulation des Wetters wäre für die Oberkommandierenden im Kriegsfall ein machtvoller Multiplikator der Streitmacht für die Erlangung ihrer militärischen Ziele.*
>
> *Da es in jeder denkbaren Zukunft ein Wetter geben wird, wäre die Fähigkeit zur Wettermanipulation universell anwendbar und könnte bei jedem denkbaren Konflikt genutzt werden. Die Fähigkeit, das Wetter selbst in kleinerem Ausmaß zu beeinflussen, könnte es von einer Behinderung zu einer Stärkung der Streitmacht machen.*"[(33)]

Weniger bekannt sind auch HAARP-ähnliche Anlagen der Russen. Die Schweizer »Zeiten*Schrift*« berichtet:

> *„Immer wieder tauchen in diesem Zusammenhang über 200 km lange Bauwerke auf der russischen Bennett-Insel auf. Weitere – allerdings leistungsschwächere – Anlangen gibt es u. a. seit langem in Arecibo auf Puerto Rico, in Nischni Nowgorod in Russland und in Duschanbe in Tadschikistan. Der Ausbau der HAARP-Anlage in Alaska geht auf Hochtouren weiter.*"[(34)]

W. Jackobowsky schreibt im »Magazin2000plus« (Nr. 258) über die überwiegend unterirdischen Laboratorien in Zusammenarbeit mit skrupellosen Wissenschaftlern – mit dem Ziel, gebündelte Energie, tödliche Strahlen (Laser, Atom, Skalar) nicht nur atmosphärisch, sondern auch unterirdisch an bestimmte Ziele zu schicken:

„Diese Anlagen sind vielfach als Militärstützpunkte oder biologisch-wissenschaftliche Institute getarnt, an denen Forschungsarbeiten ‚zum Wohle und Segen der Menschheit' durchgeführt werden. Sie sind vor der Öffentlichkeit fast unsichtbar getarnt: über 1.000 Meter tief unter der Erde (vergleichbar mit der Tiefe von alten Kohlegruben, Gold- und Diamantenminen). An der Oberfläche verraten vielleicht lediglich Antennen, dass da irgendetwas ist. Bekannt sind die HAARP-Anlagen in Alaska, Australien und am Südpol. In Europa ist es das CERN-Labor, auch ‚Labor Gottes' genannt, in der Nähe von Genf, in dem an die 8.000 Wissenschaftler an fragwürdigen Experimenten arbeiten."

Über den **Umweltkrieg** der beiden Supermächte Ost und West findet man schon sehr interessante Informationen, doch keinerlei Angaben über die mächtigen Industriekonzerne, die dahinterstehen. Vordergründig geht es inzwischen auch um »Quantenpotentialwaffen«, um die gefürchtete elektromagnetische Impulswaffe (EMP) und die skalar-elektromagnetischen Waffen, die nahezu in allen Phasen eines Krieges anwendbar sind, sowohl taktisch als auch strategisch und zugleich offensiv. Sie sind im Besitz mehrerer internationaler Militärs und Geheimbünde.

Einen sehr guten Überblick vermittelt die »Zeiten*Schrift*« Heft 57/2008[186]. Zugleich lese ich im »Magazin2000plus« (19/2008), dass russische Militäranalytiker unlängst dem Kreml berichteten, dass der Leiter der Zentralen Militärkommission Chinas, General Guo Boxiong, den US-Verteidigungsminister Robert Gates unmissverständlich gewarnt hat: *„Hört sofort damit auf, China zum Ziel eurer Experimente zu machen, oder wir werden euch beerdigen."*

Passt dazu auch folgender Gedanke? Jackobowsky weist darauf hin, dass tief im Erdinneren versteckte Forschungen laufen, die nach außen harmlos getarnt werden. Mir fällt Folgendes auf: Im Frühjahr 2008 war das verheerende Erdbeben in China, und die Nachrichtenagentur »Xinhua« berichtete am 18.5.2008, dass die Nuklearanlagen, die in der Nähe der vom Beben am schlimmsten betroffenen Stadt Beichuan liegen, alle sicher sind...

Und jetzt, während meines letzten Überarbeitens des Manuskriptes in Meersburg, erlebe ich die Reportagen des schrecklichen italienischen Erdbebens in der Region von L'Aquila. Dazu berichtet die Familie Springer in ihrer »Die Welt« (vom 8.4.2009 in einer schmalen Textspalte):

„Nur 10 Kilometer vom italienischen Erdbebenort L'Aquila entfernt befindet sich eines der weltweit größten unterirdischen Versuchslabors für Elementarteilchenphysik – die »Laboratori Nazionali del Gran Sasso«. 1.400 Meter tief im Fels des Gran-Sasso-Massivs stehen den Forschern drei in Fels gehauene Experimentierhallen zur Verfügung, die jeweils 100 Meter lang und 20 Meter hoch sind..."

Hier wird offiziell nach Neutrinos geforscht, doch mir kommen dabei gleich Bilder aus den James-Bond-Filmen hoch: mächtige Geheimlabors. Wie viele Hallen gibt es außerdem? Was kann noch Wichtigeres dahinterstecken? Oder wer wird damit wieder einmal erpresst? Oder wer hat Interesse daran, Schlagzeilen zu produzieren, während der US-Präsident Obama auf dem Rückflug von Europa in Bagdad eine Zwischenlandung machte? Fiele das alles in den Bereich der Klimakriege, dann könnten wir Unwissenden noch mehr staunen.

Ich habe noch eine elegante Variante des ‚Wetterkriegs' entdeckt, denn **die Macht des Kapitals** dringt nur selten an die Öffentlichkeit. Kann es daher sein, dass der millionenschwere Profit auch mit der Wettermanipulation systematisch weltweit aufgebaut wird? Der Stuttgarter Bürgerrechtler und Autorenkollege Jens Loewe verweist in seinem bereits erwähnten Buch »Das Wasser-Syndikat« auf einen Wasserprivatisierungsvertrag in Indonesien.

„Seit November 2004 ist das sogenannte Gesetz Nr. 7 in Kraft gesetzt, das unter dem Druck der Weltbank entworfen wurde und eine landesweite Wasserprivatisierung ermöglichen soll. ***In diesem Gesetz finden***

*sich auch Ausführungen über die **Einflussnahme auf das Wetter.** So steht im Artikel 38, dass **ausländische Investoren** eine Veränderung des Wetters beantragen und gegebenenfalls durchführen können. Was zunächst wie ein Witz klingt, kann beispielsweise für die Landwirtschaft von großem Interesse sein, weil die Wolken da zum Abregnen gebracht werden können, wo sie (die Investoren) es wollen.“*

Sind diese Varianten von internationalen ‚Wetterkriegen' zukünftige, noch verdeckte **Wirtschaftskriege** mit lukrativen Renditen für die Hochfinanz – tatkräftig unterstützt durch die CO_2-Regelung? Dem geht der Physiker und Fachjournalist Detlef Scholz in »raum&zeit« (154/2008) nach und schreibt zum ‚Billionenmarkt':

„Mit CO_2-Begrenzungsvorgaben kann man auch aufstrebende Volkswirtschaften wie die Chinas, Indiens oder Brasiliens auf kleiner Flamme halten; dass darüber hinaus – durch die Knebelung der Energiewirtschaft – die Armenhäuser der Welt in Afrika und Lateinamerika noch weiter ins Hintertreffen geraten, mag von den Verantwortlichen als unvermeidbarer Kollateral-Schaden achselzuckend hingenommen werden. Aber die CO_2-Regulierung birgt darüber hinaus noch ganz andere ökonomische Potentiale. Sie ist ein gigantisches Umverteilungsprogramm des national erwirtschafteten Wohlstands.“

Gibt es neben den durch die Sonne und kosmisch verursachten Auslösern weitere Verdächtige, die an der klimatischen Erwärmung beteiligt sein können? **Erwähnt** werden nämlich auch die angeblichen Treibhausgase Methan und die Stickoxide. Methan ist nach Kohlenstoffdioxid das bedeutendste von Menschen freigesetzte ‚Treibhausgas', wobei es 20 bis 30 mal ‚wirkungsvoller' ist, allerdings in kleineren Mengen in der Atmosphäre vorkommt.

Nicht erwähnt werden die viel zu starken Abholzungen der Regenwälder. Man provoziert somit künstlich die Verwüstung von ganzen Landstrichen und behauptet dann einfach, dass eine Temperaturerhöhung des Klimas schuld an der zunehmenden Ausbreitung von Trokkenzonen sei.

Und ebenfalls **nicht erwähnt** wird die extreme Zunahme von Mikrowellenemissionen (global) durch stetig ansteigende Sendeleistungen beziehungsweise die zunehmenden Sendeanlagen der Kommunikationssysteme.

„Hier sind die wissenschaftlichen Fakten: Mikrowellen regen Moleküle wie Wasser oder CO_2 an, und innerhalb weniger Jahrzehnte könnte dies auch Auswirkungen auf die Erwärmung der Atmosphäre haben. Wir konnten berechnen, dass seit den 1950ern die Sendeleistungen (Anlagen) zunahm und sie sich seit den 1980ern extrem erhöhte. In Laborversuchen und theoretischen Berechnungen konnten wir aufgrund der atmosphärischen Zusammensetzung und der schon moderat eingeschätzten Sendeleistungen eine theoretische Temperaturerhöhung von fast 0,64 °C (0,6367 °C) berechnen.
Ich hoffe, da klingelt es bei einigen. Aber eben nicht bei den Verantwortlichen. Die Ergebnisse dürfen wir natürlich nicht veröffentlichen, weil es ja keine genauen Angaben zu den globalen Sendeleistungen gibt. Wie erwähnt rechneten wir mit moderat geschätzten Angaben, also Leistungen, die sehr wahrscheinlich noch unter den tatsächlichen liegen. Die Wahrheit ist, dass es nicht wegen fehlender Angaben, sondern wegen fehlendem Interesse nicht veröffentlicht werden darf … so meine Meinung dazu.“[(37)]

Über die Mikrowellen berichte ich im nächsten Kapitel ausführlich.

Nun komme ich zu dem für mich wichtigsten Aspekt all der verwirrenden Informationen. Hat die geschilderte **kosmische Mitwirkung** an unseren klimatischen Veränderungen einen möglichen Sinn? Doch bei dem weltweiten und vordergründigen Medienrummel haben ‚höhere' Einsichten wenig Chancen, in die Öffentlichkeit zu gelangen. Erst Dr. Dieter Broers, der sich aus der Sicht seines Berufs als Biophysiker seit über einem Jahrzehnt mit der irdischen Bewusstseinsentwicklung befasst, antwortete auf die Frage zum Zusammenhang von Chaos und Evolutionsverlauf:

„Tatsächlich können wir bei dieser Fragestellung einige handfeste Argumente aus der Naturwissenschaft heranziehen, die uns einiges deut-

lich machen: Biologische Systeme schlagen am Punkt des größten Chaos in einen höheren, hochgeordneten Zustand um!
Vieles spricht dafür, dass die Natur ihren eigenen Teil zu einer ‚drastischen Korrektur' beiträgt. Wie eine kommende Flut der Gezeiten die auf Sand gebauten Burgen wegspült, um Potential für Neues zu erschaffen, so fungieren größere Einflüsse als Ausgleich der Natur. Natürlich ist auch der Mensch ein (aktiver) Teil der Natur, was bedeutet, dass in und an ihm Veränderungen vorgenommen werden. Von wesentlicher Bedeutung hierbei ist also, dass sich die zunehmende Sonnenaktivität auch auf die Psyche, das Bewusstsein der Menschen auswirkt und, wie uns die Naturwissenschaft bestätigt, unser materieller, körperlicher Anteil ebenso mit beeinflusst wird."

Wer kennt nicht den modernen Mystiker und Bestsellerautor Eckhardt Tolle, einen der mutigen Weisheitslehrer der Neuzeit? Sein erstes Buch »Jetzt!« war als Nummer Eins auf der Bestsellerliste der »New York Times« zu finden und wurde in über 30 Sprachen übersetzt. In seinem neuen Buch »Eine neue Erde« drückt er sich ganz unmissverständlich aus:

„*Der höchste Zweck dieser Transformation ist unvorstellbar für den Geist des Menschen und übersteigt sein Denkvermögen bei weitem. Und doch ist diese Transformation auf dieser Erde und zu diesem Zeitpunkt die uns zugewiesene Aufgabe. Es geht um die Versöhnung des inneren mit dem äußeren Ziel, um die Versöhnung der Welt mit Gott.*"

Von der Möglichkeit eines solchen ‚höheren, hochgeordneten Zustands' bin ich fest überzeugt und schrieb schon im Jahr 2000 in meinem Buch »Bis zum Jahr 2012« darüber. Solare und galaktische Zyklen zeigen eine Schnittstelle, die in religiösen Bereichen als angekündigte ‚paradiesische' Zustände erwartet werden.

Der 21.12.2012 wird in der Literatur auch als ‚Tag der Synchronisation' bezeichnet, wenn unser Sonnensystem den Kreuzungspunkt der Erd-Ekliptik und des galaktischen Äquators verbindet. Kurz: Unser Sonnensystem überquert in diesem Moment den Äquator unserer Milchstraße und damit den Zentralpunkt des galaktischen Magnetfeldes. Autorenkollege Tibor Zelikovics schreibt dazu in seinem Buch »Zeitenwende 2012 – der Kalender und die Prophezeiungen der Mayas«[38]:

„Wie selten diese Konjunktion ist, wird durch die Tatsache veranschaulicht, dass die Sonne für ihren Umlauf um das Zentrum der Galaxis 220 bis 240 Millionen Jahre benötigt.“

Die galaktische Zentralsonne, unsere eigene Sonne und die Erde werden zur Wintersonnenwende 2012 in einer direkten Linie hintereinander stehen.

Diese astronomische Konstellation hat historische, astrologische, geophysikalische und humanneurologische Auswirkungen. Danach kommen irdisch-biologische und geistig-kosmische Systeme zusammen und endlich wieder in Harmonie und ins Gleichgewicht – wobei der maskulinen Matrix unseres Zeitalters ihre niedere und chaotische Energie immer mehr entweicht.

Cui bono – wem nützt es?

Wer verdient auf welche Weise an einer angeblichen ‚Klimakatastrophe'? – das ist die große Frage! Um den CO_2-Ablasshandel wirksam zu organisieren, mussten Instrumente geschaffen werden, wie der »Chicago Climate Exchange«. Immer mehr namhafte Unternehmen sind darin vertreten, von Rolls Royce über Bayer, Ford bis hin zu namhaften Universitäten. Viele der als Umweltverschmutzer bekannten Unternehmen haben sich bereits auf den Kohlenstoffdioxid-Handel eingelassen, auch in den Vereinigten Staaten, wo die Kredite (Differenz zwischen zugestandener und erreichter niedrigerer Quote) an das »Chicago Climate Exchange« verkauft werden. Darüber berichtet unter anderem das Wochenblatt PHI[39] am 26.6.2007:

„Einige Experten haben berechnet, dass zu einem Preis von $ 14 pro Tonne Kohlenstoff die im Rahmen des Kyoto-Protokoll ermöglichten ‚Emissionsrechte' einem Wert von 2.345 Milliarden Dollar entsprechen, was als ‚größte Geldbeschaffungsmaschine durch internationale Verträ-

ge in der Geschichte der Menschheit' bezeichnet werden kann. Und das ist erst der Anfang, man kann jederzeit mehr Kredite schaffen. All das muss vom Steuerzahler und Konsumenten aufgebracht werden, von niemandem sonst. Man muss sich an dieser Stelle klarmachen: Es geht keinem der führenden Beteiligten (das manipulierte Fußvolk an der Basis natürlich ausgenommen) um wirkliche Reduzierung von CO_2. Deutlich sichtbar ist es z.B. in Deutschland, wo man gerade plant, 26 neue Riesen-Kohlekraftwerke, CO_2-Schleudern par excellence, neu zu errichten. Es geht, nicht nur, aber hauptsächlich, um den Handel mit CO_2-Emissionsrechten – für alle Beteiligten eine Lizenz zum Gelddrucken auf Jahrzehnte, die alles Bisherige in den Schatten stellt."

Die geplante komplette Versteigerung der Emissionszertifikate für die Energiebranche wird die deutschen Stromkunden nach Ansicht des Bundesverbandes der Energie- und Wasserwirtschaft (BDEW) jährlich insgesamt mehr als **zwölf Milliarden Euro** kosten. (www.live-pr.com) Und: Wenn ein europäisches Land wie Spanien die Verpflichtungen nicht einhalten kann, die im Vertrag von Kyoto festgelegt sind, dann kauft es für eine Dreiviertelmilliarde Euro Emissionsrechte in China.

Der **zweite Gewinner** der dahergeredeten Klimakatastrophe sind die Ölkonzerne. ExxonMobil, im Besitz des Rockefeller-Familiennetzwerkes, ist derzeit das wertvollste Unternehmen der Welt (467 Mrd. US-Dollar, Stand Juli 2008). Der Konzern erzielte 2007 mit 40,6 Mrd. US-Dollar auch den höchsten offiziell deklarierten Gewinn weltweit. Ich behaupte aus meiner Industriellenerfahrung *netto*, also ohne irgendwelche Steuerzahlungen. Denn Alfred F. Knight schreibt dazu im »Magazin 2000plus« 267/2009, dass diese Profite steuerbefreit über eine Vielzahl von Stiftungen und Organisationen geschleust werden. Knight belegt ausführlich, dass Rockefeller & Co. dafür sorgen, dass die reichlich vorhandenen Ölvorräte zurückgehalten werden und die Förderungen gedrosselt bleiben, um den Weltpreis weiter hoch zu halten. Die Ausrede lautet: „***Wir können die Ölförderung nicht steigern, weil das Verbrennen des fossilen Brennstoffs für die globale Erwärmung verantwortlich ist.***" Und: „*Wer die Lüge von der globalen Erwärmung nicht* *akzeptiert, wird bekämpft und ausgeschaltet.*“ Venezuela als Ölförderer kann sein Benzin für 17 Cent die Gallone (3,8 Liter) an den Tankstellen verkaufen.

Bestätigt sich der Verdacht, dass die unerklärliche Reaktion von Greenpeace damit zu tun hat? Greenpeace kennt diese Klimalügen ganz genau und engagiert sich trotzdem auffallend gegen alle weiteren Kohlekraftwerkspläne. In ihrer Zeitschrift 1/09 bringen sie das sogar in die Informationen des Bundestagswahlkampfes 2009 mit ein.

Insider wissen: Das Rockefeller-Imperium beherrscht die Welt. Doch wie weit geht der Herrschaftsbereich tatsächlich? Dampf unterm Hintern bekommen die westlichen Agitatoren womöglich durch das russische Potential, dem heute schon größten Öl- und Gasförderer des Planeten. Russische Wissenschaftler und Bohrtechniker belegen längst die phantastische ‚Theorie', dass das ‚Schwarze Gold' offensichtlich ein ‚nachwachsender' Rohstoff ist – die sogenannte **Abiotik**. Jüngste Forschungen zeigen, auch, dass sich die natürlichen Erdöllagerstätten periodisch regenerieren und neu mit Öl füllen (Dr. Hans-Joachim Zillmer) Darüber berichtete bereits »secret.TV« und ich werde in meinem nächsten Buch ausführlich darauf eingehen.

Auf die überhöhten Erdölpreise und -gewinne geht auch die unökologische Biodieselkampagne ein, die ansonsten unrentabel wäre. Und: Trotz weiterer Benzin-Höchstpreise (Mai 09) meldet Russland gleichzeitig Staatsdefizite aufgrund der abgestürzten Gas- und Rohölpreise.

Der **dritte weltweite Gewinner** der clever geschürten Klima-Ängste ist die Atomkraftwerkindustrie. Der US-Politiker und Friedensnobelpreisträger (zusammen mit dem UN-Klimarat IPCC) Al Gore scheint mindestens ein doppeltes Spiel zu spielen. »Welt-online« zitiert:

„Aber schließlich steuern wir, so Gore, einem ‚ökologischen Holocaust' entgegen, und ‚der Beweis für eine ökologische Kristallnacht ist so klar wie das Geräusch von zerbrechendem Glas in Berlin'. Da wird ja wohl jedes Mittel recht sein.“[(40)]

Na so was! Mit diesen deutschen Vorkenntnissen war er dann am 23.10.2007 zum Klimakongress des EnBW, dem drittgrößten Energieunternehmen Deutschlands, in Berlin eingeladen. Zu EnBW heißt es bei »Wikipedia«:

„Der von EnBW und somit auch von ihrer Tochter Yello vertriebene Strom enthält den größten Anteil an Kernkraft aller großen deutschen Energieversorger. Dem gegenüber steht ein geringer Ausstoß an CO_2 und ein überdurchschnittlicher Anteil an erneuerbaren Energien, der vor allem aus großen Wasserkraftwerken kommt. Der Strommix des EnBW-Konzerns erzeugt somit eine überdurchschnittliche Menge radioaktiver Abfälle, trägt aber – für einen Nicht-Ökostrom-Tarif – relativ wenig zum Treibhauseffekt bei.“

Zwischen 2002 und 2007 haben die vier deutschen Energiekonzerne (Übertragungsnetzbetreiber) E.ON, RWE, EnBW und Vattenfall einen Profit von 80 Milliarden Euro eingefahren. Grund dafür seien die laufend steigenden Endverbraucherpreise.[41]

Der wohl erneute Aufwind im Reaktorgeschäft wird zuerst am Rohprodukt sichtbar, denn die Atomindustrie sieht sich scheinbar wieder vor goldenen Zeiten. Welche Zukunftsaussichten ihr vom Markt zugebilligt werden, zeigt sich am Preisanstieg des Urans. War dieses noch Anfang 2005 für $ 20 pro Pfund erhältlich, muss man jetzt (2007) über $ 110 dafür bezahlen, was von der Öffentlichkeit aber kaum bemerkt wird. Rohstoffpreise für eine ‚auslaufende Industrie' sehen anders aus. Die Betreiber sichern sich Vorräte auf Jahre hinaus und kalkulieren dabei den weltweiten Neubau von unzähligen Atommeilern mit ein. (www.das-gibts-doch-nicht.info) Bekam die Kernkraftindustrie noch mehr Aufwind durch die Bestätigung aus den ‚neuen' US-Strategien? Showman Obama

Abb. 14: Der Strompreis

bot am 4.4.2009 in seiner gefeierten Prag-Rede generös an, *„...die Teilhabe der friedlichen Nutzung der Nukleartechnik auszuweiten"*.

Bis heute sollen weltweit 437 Atomkraftwerke aktiv sein, 342 davon sind zwanzig Jahre oder länger in Betrieb. Doch jede Verlängerung bringt täglich rund 1 Million Euro Mehreinnahmen. (www.ippnm.de)

Elmar Klevers erinnert(188):

„Bei der Anreicherung von einer Tonne kernkraftfähigem Uran 235 fallen fast acht Tonnen Uran 238 Atommüll an. Hierfür besteht nirgendwo auf der Welt ein Endlager. [...]Der Atommüll Uran 236 hat eine Halbwertzeit von 4,5 Milliarden Jahren. Was machen unsere nachkommenden Generationen mit diesen strahlenden Massen von 1,2 Millionen Tonnen Atommüll – und täglich werden es mehr?"

Über das inzwischen mit Uran belastete deutsche Trinkwasser berichte ich später.

Haben wieder die Steuerzahler und Verbraucher die Zeche eines der größten Wissenschaftsschwindel aller Zeiten zu bezahlen? Und die wird teurer als sich das jetzt irgendjemand überhaupt vorstellen kann – falls es wirtschaftlich so weitergeht, wie das vor Jahren angenommen worden ist.

War es im Paradies wärmer?

Im Mittelalter war es zum Beispiel etwa zwei Grad wärmer. In Europa führten die guten Ernten zu Reichtum, und zur Zeit Karls des Großen stieg die Bevölkerungszahl um ein Vielfaches an. An den Hängen des Harzes wuchsen Reben, so wie ich es noch persönlich an verschiedenen Südhängen im höher gelegenen Württemberg erlebt habe, es heute aber für den Weinanbau undenkbar ist. Im Schwäbischen gibt es noch die Gebiets- und Straßenbezeichnung *Wengert* (Weingarten) samt oft noch intaktem Steingemäuer in unzähligen Fällen.

Zuletzt stiegen die Meere jährlich höchstens um drei Millimeter an. So gut wie alle ‚wissenschaftlichen' **Überflutungs-Hypothesen** liegen also auch damit wieder falsch – gleichgültig, ob in wärmere oder in kältere Richtungen gemutmaßt wurde. Zwischen 1993 und 1997 ergaben genaue Landvermessungen von Satelliten aus einen durchschnittlichen Anstieg der Meeresoberfläche von zwei Millimeter jährlich. Es zeigte sich, dass der Meeresspiegel in unterschiedlichen Regionen völlig unterschiedlich ansteigt und meistens sogar gegenläufig.

Wenn es also tatsächlich unaufhaltsam weitergeht mit unserer *Neo-Warmzeit* in unserer aktuellen Kaltzeit *Neogen*, dann kämen wir ja endlich wieder zu der üblichen irdischen Lebensqualität. Denn wie schon erwähnt, stellen Warmzeiten erdgeschichtlich den **Normalzustand** dar und machen etwa 80 bis 90 Prozent der Erdgeschichte aus. Zeiten mit vereisten Polkappen, die sogenannten Eiszeitalter, stellen dabei die große Ausnahme dar. Und von dem erkannten rund 400-Jahre-Zyklus der Warmzeiten haben wir seit 1850 noch nicht einmal die Hälfte erlebt.

„In Kanada und Sibirien wartet fruchtbares Land auf den Sonnenschein", schwärmt der Geologe Achim Schneider. *„Heute wollen sechs Milliarden Menschen ernährt werden... Noch eine Generation und zehn Milliarden Münder werden Essen verlangen. Da fände ich es dann schon günstig, wenn nicht nur in der Sahara wieder Gras wüchse, sondern wenn sich vor allem die Getreideanbaugebiete des Nordens vergrößern. Pro Grad Temperaturzunahme wandert die Anbaugrenze hundert Kilometer Richtung Nordpol."*

Wir leben heute schon in einem Paradies, wenn wir von der landschaftlichen Schönheit unseres Planeten ausgehen. Unsere modernen Kommunikationsmittel könnten viel stärker genutzt werden, um uns mit der lebendigen und wunderschönen Vielfalt unserer Erdenwelt bekannt zu machen, doch leider haben angsterzeugende und banale bis ordinäre ‚Berichterstattungen' den Vorzug.

Da es auch hier ums Geldverdienen geht, unterstützt zum Beispiel jeder von uns durch eine unkritische Einschaltquote das Beibehalten des niedrigen Fernsehniveaus.

Wie können wir eine **persönliche Betrachtungsweise** finden, ohne uns in den Gelehrtenstreit über die sogenannte Klimakatastrophe einzuschalten? Ich empfehle, alle damit verbundenen Disharmonien abzuschalten, soweit wir daran doch nichts ändern können. Um trotzdem energetisch eine selbstbewusste Reaktion ‚schöpferisch' entstehen zu lassen, empfiehlt es sich, sich geistig und gefühlsmäßig nur an der *Kraft der Sonne* zu orientieren. Sie ist die irdische Lebensspenderin, sie war es immer und wird es auch immer bleiben.

Das Wunderwerk unseres Körpers leistet täglich Übermenschliches, nur um in diesen herausfordernden Energiewellen ausbalanciert zu bleiben. Daher sollten wir alle freundlicher, sanfter und ‚bleibenlassender' zu unseren Körpern sein, wenn wir damit ‚kämpfen', **eine neue Balance** zu finden. Diese Zeiten der Veränderungen wollen wir natürlich mit Leichtigkeit und Anmut durchleben, und es soll uns dabei immer besser gehen – ich bringe deshalb später zum Thema *Sonne* ein ausführliches Kapitel. Wenn es nämlich die Sonne ist, die als großer Veränderer unserer Zeit wirkt, dann sollten wir uns auch dringend damit befassen.

Geht unser Verhalten in diese Richtung, könnte man es dann ‚bewusstes Sein' nennen. Es gibt immer mehr Forscher und Wissenschaftler, die in Verbindung mit den neuen einstrahlenden kosmischen Energien auch eine globale Bewusstseinserweiterung erwarten. Das ist dann die **ganzheitliche Betrachtungsweise** – erweiterte Anbauflächen für das äußere Wohlbefinden, erweitertes Bewusstwerden des Einzelnen in seinem selbstbewussten Sein und erweitertes Miteinander bei einer verständnis- und liebevollen ‚inneren Globalisierung'. Ich bin sicher, dass das dann schon paradiesisch wäre!

Es muss sich ja nicht gleich erfüllen, was Jesaja erwartungsvoll voraussah: *„Dann wohnt der Wolf beim Lamm, der Panther liegt beim Böcklein, Kalb und Löwe weiden zusammen…"* Andererseits lohnt sich dabei ein Blick auf den Kurzfilm, der den Titel trägt »What a wonderful world" mit dem berühmten Song von Louis Armstrong. Zu finden ist der Film unter: »www.youtube.com/watch?v=Rooyt3ptNco«

TEIL 2

Lügen im Bereich der Gesundheit und Ernährung

Hinweis:

Nach der Rechtslage in der Bundesrepublik Deutschland sind gesundheitliche Ratschläge Ärzten, Heilpraktikern und Apothekern vorbehalten.

Der Autor und der Verlag haften nicht für Verhaltensweisen und Entscheidungen für die Gesundheit, die jemand aufgrund der Lektüre dieses Buches tätigt.

Dieses Buch darf und sollte niemals als alleinige Quelle für Maßnahmen herangezogen werden, die Ihre Gesundheit betreffen. Jedes Krankheitsbild sollte individuell betrachtet werden. Bei gesundheitlichen Problemen sollten Sie immer den Rat eines Arztes oder Heilpraktikers einholen.

Dieses Buch und die enthaltenen Informationen sollen der allgemeinen Weiterbildung dienen. Es soll und darf nach deutscher Rechtslage keinesfalls das auf Sie persönlich zugeschnittene Beratungsgespräch eines Heilberuflers, wie zum Beispiel mit einem Arzt oder Heilpraktiker, ersetzen.

Auch wenn bei der Erstellung dieses Buches die größtmögliche Sorgfalt an den Tag gelegt wurde, alle Informationen dem aktuellen Wissensstand anzupassen, so ist es nicht auszuschließen, dass doch vielleicht unvollständige, missverständliche oder falsche Aussagen gemacht werden. Es könnten theoretisch Empfehlungen und Thesen in diesem Buch enthalten sein, die eine Gefährdung Ihrer Gesundheit zur Folge haben könnten.

Erfundene Krankheiten

„Herzlichen Glückwunsch!", liebes ZDF, für diese weitere mutige Sendung am 9.12.2008 im »Frontal21«, die sonst keiner der über siebzig deutschsprachigen Privatfernsehsender zu bieten wagt – sie sind ja abhängige ‚Mietmäuler'. Als ‚Meilenstein der Fernsehgeschichte' wurde die mutige Sendung bezeichnet und als ‚Beispiel eines unerschrockenen Enthüllungsjournalismus'.

»Das Pharma-Kartell« war das Thema und »wie Patienten betrogen werden« – ehemalige Manager und Mitarbeiter der Pharmaindustrie sprachen erstmals offen darüber, mit welchen brutalen Methoden die Konzerne seit Jahren Medikamente in den Markt drücken, deren Wirkstoffe schwere Nebenwirkungen haben. Die »Frontal21«-Autoren deckten auf, wie Pharmaunternehmen Ärzte und Beamte bestechen, unabhängige Experten bedrohen, Politiker hofieren, Medien kaufen und Selbsthilfegruppen unterwandern. Das ZDF schreibt dazu:

> *„Uwe Dolata ist Korruptionsexperte der Kriminalpolizei, ermittelt immer wieder gegen verschiedene Pharmafirmen. ‚Sehr perfide' nennt er die Methoden der Pharmaindustrie. ‚Sie geht vor mit einem Netzwerk der Korruption, das sie über Deutschland ausgeworfen hat', sagt Dolata. Politik, Verwaltungen, niedergelassene Ärzte und Krankenkassen seien vom Einfluss der Pharmalobby durchdrungen. ‚Sie nimmt Einfluss direkt oder indirekt, sie begeht Sponsoring, sie füttert an.' Auch Forschungsberichte und Universitäten würden beeinflusst.*
> *Wichtigstes Ziel ist dabei offenbar immer, Medikamente gewinnbringend zu verkaufen. Auch fragwürdige Mittel werden nach Ansicht von Kritikern in den Markt gedrückt, eine Gefährdung der Patienten in Kauf genommen. **‚Der auch in der Öffentlichkeit immer noch vorherrschende Irrglaube, ein Arzneimittel, das zugelassen ist, ist sicher, ist eindeutig nicht richtig', sagt Professor Wolf-Dieter Ludwig, Vorsitzender der Arzneimittelkommission der deutschen Ärzteschaft.**"*[42]
> (Hervorhebungen d.d.A.)

Vor juristischen Konsequenzen müssen die Pharmamanager aus der Sicht des Fahnders Dolatas bisher nur wenig Angst haben.

„Die Pharmaindustrie kann ganz entspannt den Ermittlungsbehörden, den Polizeien, den Staatsanwaltschaften und den Gerichten entgegensehen, weil es noch keine Verurteilung in Deutschland gegeben hat, die auf Bestechung, Bestechlichkeit im geschäftlichen Verkehr, auf Korruption durch die Pharmaindustrie zurückzuführen ist, die auch eine Abschreckung darbieten könnte."

In München etwa fanden Ermittler heraus, dass vermutlich tausende Klinikärzte bestochen wurden. Tausende Strafverfahren wurden eingeleitet – und meistens wieder eingestellt. Verurteilt wurden bisher Ärzte und kleine Pharmavertreter, Pharmamanager blieben in der Regel ungestraft. Für Dolata steht fest: *„Die Pharmaindustrie kann in Deutschland eigentlich machen, was sie will."*

Den Vorwurf an eine ‚unfähige' Regierung bestätigen voll und ganz die Autoren Klaus Werner und Dr. Hans Weiss in ihrem Buch »Das neue Schwarzbuch Firmennamen«[(43)], indem sie schreiben:
„Für die Pharmaindustrie kann man mit Fug und Recht behaupten, dass sie es schafft, aus Dreck Gold zu machen. ***Denn hier sind nach wie vor Tausende von Medikamenten im Handel, für die es weder einen Nachweis der Wirksamkeit noch der Unbedenklichkeit gibt.*** *Das steht zwar im Widerspruch zum geltenden EU-Recht und ist illegal, doch der deutschen Regierung scheint das egal zu sein. Sie erlaubte den Firmen großzügigerweise einen Abverkauf solcher Mittel bis zum Jahr 2005 – Patienten werden als Müllschlucker benutzt. Die Interessen der Pharmalobby hatten hier offenbar größeres Gewicht als die Interessen der Konsumenten."* (Hervorhebungen d.d.A.)

Berühmte Namen gehören zum politisch/pharmazeutischen Lobbyismus, und in unserer Vergangenheit ist schon manches davon aufgedeckt worden. Diesbezüglich hat auch Jan in seinen Erstlingswerken Namen genannt, die ihm zum Verhängnis wurden und seinen eigenen Namen heute noch belasten – indirekt sogar auch meinen. Natürlich frage ich mich dann: Sind wir wirklich in Deutschland?

Wir sind es, denn andere Länder können es noch viel ‚besser' und skrupelloser. So erfährt man auch etwas von prominenten Pharmalobbyisten in den USA. Das Unternehmen »Eli Lilly« zählte 2008 mit weltweit 39.481 Mitarbeitern, Niederlassungen in 138 Ländern und einem Umsatz von 18,6 Milliarden US-Dollar zu den größten Pharmaunternehmen der Welt. Zu deren Lobbyverbindungen, auch *Verstrikkungen* genannt, schreibt die Schweizer »Zeiten*Schrift*« 58/2008, dass einer der größten Einzelbesitzer von Aktien der Firma Eli Lilly die Präsidentenfamilie Bush ist.

„Vater Bush, der frühere Präsident, arbeitete vor seinem Amtsantritt als Direktor bei Eli Lilly. Später als Vizepräsident unter Reagan und dann als Präsident war er der hauptsächliche Lobbyist für Eli Lilly. Sein damaliger Vizepräsident Dan Quayle ist der Sohn des damaligen Mehrheitseigners von Eli Lilly. Donald Rumsfeld war im Aufsichtsrat von Eli Lilly."

Nach Recherchen des ZDF-Magazins »Frontal21« gab es beim Medikament *Strattera* (Atomoxetin) des Pharmakonzerns Eli Lilly seit der Einführung des Medikaments im Jahr 2005 bereits 234 Verdachtsfälle von zum Teil gefährlichen Nebenwirkungen im Zusammenhang mit Strattera, darunter Herzschwächen, Hörstürze und Suizidgedanken bei Kindern und Jugendlichen. Laut einer Behörden-Liste starben vier Kinder. Die Todesursachen waren dabei Suizid, Herzinfarkt und Gehirnschlag. (Wikipedia)

Die »Kommission für Verstöße der Psychiatrie gegen Menschenrechte«:(45)

„Bei Millionen von Kindern wird ADHS (Aufmerksamkeitsdefizit und Hyperaktivitätsstörung) diagnostiziert, eine Krankheit, die nicht existiert! ADHS wurde – ohne wissenschaftlich bestätigt worden zu sein – von einem Gremium, das aus Psychiatern bestand, per Handabstimmung ins Leben gerufen.

Pharmaunternehmen verdienen Milliarden am Verkauf von Psychopharmaka. Das Erfinden immer neuer ‚Krankheiten' ist ein Milliardengeschäft. Keine einzige Krankheit aus dem Psychiatrischen DSM(176) *kann nachgewiesen werden. Trotzdem werden weltweit Millionen Menschen unter Drogen gesetzt.*"

Das bekannteste Präparat ist dabei die Ritalin-Gruppe (Methylphenidat), die in der Anlage 3 des Betäubungsmittelgesetzes (BtMG) aufgelistet ist.

„*Patienten, die Methylphenidat einnehmen, klagen bisweilen darüber, dass sie ‚ganz anders', ‚gar nicht mehr sie selbst', ‚zu ernst', ‚wie eine Maschine' seien, dass ihnen bestimmte Dinge nicht mehr so viel Spaß wie früher machten oder dass sie nur mit der Tablette ‚brav sein' könnten. Vor allem letzteres kann auf Dauer dazu führen, dass Patienten nicht mehr aus eigener Kraft versuchen, ihre Situation zu verbessern, sondern sich auf die Medikation verlassen.*" (Wikipedia)

Das Monatsheft »Naturarzt« berichtet im März 2009 unter »Kinderdroge Ritalin«, dass der ‚Kinderkoks' in Amerika bereits ein großer Hit sei: Für 3 bis 15 Dollar wechselt eine Tablette den Besitzer. In Drogenkreisen wird Ritalin auch in Europa als ‚Ersatz-Speed' gehandelt.

Natürlich geht es auch anders. Kann es sein, dass die Pressemeldung (Magazin Gesundheit Sprechstunde 5/2007) stimmt, dass rund zehn Prozent aller Kinder im Wachstumsalter zu wenig Eisen im Blut haben? Das bestätigt auch der Basler Internist und Autorenkollege Dr. Beat Stephan Schaub: „*...dass Kinder mit leerem Eisenspeicher Symptome des klassischen Aufmerksamkeits-Defizit-Syndroms ADS aufweisen können.*" (Mehr darüber im Kapitel »Das Eisenmangel-Syndrom«) Aufhorchen lässt dabei auch, dass laut einer amerikanischen Studie sogar 84 Prozent aller Kinder, die zur ‚Beruhigung' Ritalin verabreicht bekamen, an einem nicht erkannten Eisenmangel litten! (Zeiten*Schrift* 61/2009)

Und noch ein Highlight: »Die Zeit« schreibt in ihrem Leitartikel vom 16. Oktober 2008: „*...nein, unsere Kinder müssen nicht von Geburt an dressiert werden für den Weltmarkt.*" Das bestätigt das neue Schulfach *Glück*. An der Heidelberger Willy-Hellpach-Schule wird seit einem Jahr ‚Glück' unterrichtet – von vielen belächelt. Nun bestätigen Wissenschaftler: Das Fach stärkt die Persönlichkeit von Jugendlichen, wenn sie Bindung, Lust und Selbstwert lernen. (Prof. Dr. Karlheinz Ruckriegel[46]) Das scheint zu bestätigen, was der Schweizer Arzt Dr. Reszö von Kapy, Kindertherapeut und Stammzellenforscher, bei einem Vortrag erklärte: *„35 Prozent der Jugendlichen sind depressiv, und mit Ritalin kann niemand den Liebesmangel heilen."*

Noch eine weitere erfundene Krankheit gefällig?

Es gibt so viele, doch hier haben wir eine ganz aktuelle und ein *geplantes* Milliardengeschäft. An die Lügen von Pharma-Medizin, Medien und Politik haben wir uns schon ein bisschen gewöhnt. Mit dem Korruptionsvorwurf gegen das Nobelpreis-Komitee jedoch fällt nun auch das letzte Sternchen vom Himmel der Glaubwürdigkeit. Am 11. Dezember 2008 meldete die »Neue Zürcher Zeitung«, dass die Stockholmer Staatsanwaltschaft gegen das Nobelpreis-Komitee ermittelt – wegen des Verdachts der Korruption und Bestechung insbesondere im Zusammenhang mit dem Nobelpreis an Professor zur Hausen.[47]

Überraschen sollte uns das nicht. Die weltweiten Marketingrechte für diesen gigantischen Betrug an jungen Frauen – für seine angebliche Pionierleistung bei der Erforschung von Viren als Ursache für Gebärmutterhalskrebs – besitzt die französische Firma Sanofi/Aventis. Ich erfuhr:

> *„Im Jahr 2004 wurde der Pharmariese Aventis – die Nachfolgerin der deutschen Firma Hoechst – unter massivstem Druck dem französischen Pharma-Zwerg Sanofi einverleibt. Der Name des Polit-Rambos, der diese Zwangshochzeit durchpresste, war Nicolas Sarkozy, der damalige französische Innenminister.*
>
> *Mit Milliarden französischer Steuergelder wurde die Zwangshochzeit vollzogen und das Schicksal des Polit-Rambos Sarkozy für immer mit dem Gedeih und Verderb der Pharmaindustrie verbunden. Es wundert daher auch nicht, dass Sarkozy, inzwischen zum Präsidenten der EU avanciert, seinen Einfluss nutzte, um den Sanofi/Aventis-Impfstoff über die ‚Brüsseler EU' Millionen jungen Frauen aus ganz Europa injizieren zu lassen."*

Wussten Sie, dass der Chemieriese Hoechst AG vor rund zwanzig Jahren noch vom Umsatz her das größte Pharmaunternehmen der Welt war? Nach 1999 ist der Name Hoechst gänzlich in französischen Unternehmen verschwunden.

Was sich bei all dem auftut, scheint ein Pharma-Sumpf in einem bisher nicht dagewesenen Ausmaß zu sein: Zuerst wird Millionen jungen Frauen eine Impfung empfohlen, ohne dass es in klinischen Studien den geringsten Nachweis für ihre Wirksamkeit gibt. Millionen junger Frauen wurden durch eine konzertierte Aktion aus Medien und Politik regelrecht als ‚Meerschweinchen' missbraucht. Dann erhält der Erfinder dieses ‚Menschen-Experiments' den Nobelpreis, um dem weltweiten Marketing dieses dubiosen Impfstoffs den Anstrich von besonderer Seriosität zu geben. Inzwischen stellte sich heraus, dass die Marketing-Kampagne nur Kurpfuscherei ist.(48)

Wem fällt hier nicht gleich unsere ‚Neue Weltordnung', die NWO, mit ihrer bewusstseinsverändernden Zielsetzung einer neuen Weltregierung ein? In »Max-News«(49) wird erklärt:

„Der blanke Hohn – wie fast alle Nobelpreise bis heute. Sie werden immer von denselben ‚Hochfinanz-Kreisen' bestimmt, denn nur sie legen fest, wer bei der Elite dabei ist. Angeblich werden die Nobelpreisgewinner von einem Kreis von 8 bestimmt, in dem keiner den anderen kennt und niemand weiß, wer überhaupt dazugehört. Kommt einem bekannt vor und entspricht dem Stil der ‚Hochfinanz'."

Vor dem *Disease Mongering*, dem Erfinden von Krankheiten durch die Pharma-Industrie, warnt auch eine Studie der australischen »University of Newcastle«. Normale Zustände würden als ‚krankheitswertig' bezeichnet, um den Medikamentenabsatz zu steigern.

„So werde z.B. in den USA behauptet, dass 43 Prozent aller Frauen an einer sexuellen Funktionsstörung litten, die behandelt werden müsse. Auch hohe Cholesterinspiegel, das Zappelbeinsyndrom (restless legs) oder Osteoporose seien erfundene Krankheiten."(50)

Zu Cholesterin meint Dr. Ulrich Fricke: *„Bei kaum einer anderen ‚Erkrankung' wird so schamlos getrickst."* (aus »Länger und gesünder leben«) Auch die ARD berichtete am 7.8.2008 in »Monitor« über die ‚Krankheitserfinder' und ergänzte zu den ‚Krankheiten' der australischen Studie noch den Verdacht bezüglich Bluthochdruck und der männlichen Menopause: *„Wo ist die Grenze zwischen seriöser Medizin und raffinierter Marketingkampagne?"*[51]

Das geradezu hochinteressante Thema Marketing kann ich hier nicht auch noch durchleuchten, doch will ich einen kleinen Hinweis nicht versäumen, den ich in einem medizinischen Rezensionstext bei »amazon.de« fand:

> *„Bereits vor 1900 hatten die Pharmafirmen mit den Verlagen vereinbart, dass sie ihre Anzeigenkampagnen fristlos kündigen können, wenn in deren Zeitschriften ein negativer Bericht über ihre Mittel erscheint. Viel anders dürfte es heute auch nicht sein. Die »Coordination gegen BAYER-Gefahren« schätzt, dass diese Unternehmen heute ca. 40% des Umsatzes für Marketing – also Propaganda – ausgeben. Die Art der Werbung, irreführend, unwahre Versprechungen, verschweigen der Nebenwirkungen, hat vielfach zu Verboten und Geldstrafen in Millionenhöhe geführt."*

Haben wir uns das Wohlfühlen nehmen lassen?

Die Weltgesundheitsorganisation WHO definiert Gesundheit als den ‚Zustand des vollständigen körperlichen, geistigen, sozialen Wohlbefindens und nicht nur des Freiseins von Krankheiten und Gebrechen'.

Wohlbefinden, auf Neudeutsch *Wellness*, ist etwas, was man sich heute kaufen kann – meint man. Ganz richtig und wichtig ist natürlich, dass wir uns selbst etwas Derartiges gönnen. Wie die WHO meint: körperlich wie auch geistig und sozial. Dann zählt dazu sicherlich auch das Glücklichsein – mit uns selbst, der liebevollen Partnerschaft, der verbindenden Familie und dem nötigen Kleingeld. Dann fühlen wir uns wohl!

Und wenn nicht? Da gibt es Bücher, tausend Illustriertenartikel, Kurzseminare, Wochenprogramme und ganz spezielle Urlaubsplätze. Alle sind in irgendeiner Form sinnvoll und bieten neues Erleben, Lebensfreude und Glücksmomente, die ich jedem nicht oft genug wünschen kann.

Es gibt dabei jedoch einen grundlegenden Basiszustand: unsere Gesundheit. Wird sie belastet oder geschwächt oder fehlt ganz, dann wird auch Wellness zur Momentsache. Trotzdem ist das Wohlfühlen eigentlich *die* elementare Basis jeder Gesundheit, also gerade umgekehrt, und Unwohlfühlen immer öfter die Basis aller möglichen Krankheiten. ***„Da es sehr förderlich für die Gesundheit ist, habe ich beschlossen, glücklich zu sein*“**, meinte Voltaire, der Meister der Ironie.

Abb. 15: Erfundene Krankheiten

Über 90 Prozent aller sogenannten Krankheiten sind psychosomatisch bedingt. Das heißt: Gedanken und Gefühle sind die Ursachen für die körperlichen Probleme, die man hat – *unser Wohlbefinden.* Das ist auch der Schulmedizin schon längst bekannt, doch danach wird nicht behandelt, in vielen Bereichen wird es akademisch weggelogen und dafür nebenwirkungsreich ‚therapiert'.

Außerdem ist der Weg der etablierten Schulmedizin die Unterdrückung des körperlichen Symptoms, ohne die psychische Ursache der Beschwerde zu behandeln. Die meisten Ärzte können sich auch gar nicht mehr die Zeit dafür nehmen, diese Ursache herauszufinden, sie dem Patienten bewusst zu machen und ihm einfache Empfehlungen zur Ursachenbeseitigung zu geben. Andererseits wurden Ärzte, die ursächliche Empfehlungen gaben, oft sogar von den Patienten enttäuscht. Trotzdem: Die überall wuchernden Krankheitsstoffe werden nicht bekämpft und angeblich sogar bewusst vermehrt.

Rund 30.000 differenzierte Krankheitsbilder sind uns heute bekannt. Steht das Pharma-Kartell mit seiner profitablen Macht dahinter? Ist es der konsequente Beschluss des »Club of Rome«(190) von 1972, die Geburtenraten zu verringern und die Sterberaten zu erhöhen?

Dr. Robert Beck, amerikanischer Arzt und Erforscher der Tesla EM-Felder, erklärt anlässlich eines Radio-Interviews (12/2008):

„...dass es einen massiven Konflikt zwischen dem wirtschaftlichen Erfolg der pharmazeutisch-chirurgischen Industrie und ihrem Auftrag gibt, Gesundungserfolge zu zeitigen. Letzterer gerät hoffnungslos unter die Räder, weil die wirtschaftliche Dynamik keiner ethischen Kontrolle unterliegt; die Intention, gesund zu machen, degeneriert zum Lippenbekenntnis. Höchst erfolgsversprechende elektromedizinische Ansätze werden deswegen im Keim erstickt; unnötiges Leid verursacht."

Dann gibt es da noch einen Blickwinkel, der sehr makaber klingt:

„Das »British Medical Journal« veröffentlichte im Juni 2000, in Israel seien in den Jahren 1973, 1983 und 2000 nach längeren Streiks der Ärzte (Anmerkung: diese sind auf hohem westlichen Standard ausgebildet) die Todesfälle jeweils um bis zu 50 Prozent zurückgegangen. Nach den Streiks stiegen die Todesfälle jeweils wieder auf das vorherige Niveau." [191]

Zum Weltgesundheitstag 2009 kamen wieder Zahlen auf den Tisch, und man erfuhr, dass unsere Republik zuletzt 252 Milliarden Euro für unsere Gesundheit ausgab – soviel wie nie zuvor und soviel wie in kaum einem anderen Land. Philipp Neumann interpretierte (»Die Welt«):

„So haben die USA zwar das teuerste Gesundheitswesen der Welt, aber nicht das beste. Nur ein Teil der Amerikaner kann die Spitzenmedizin bezahlen, Millionen von Menschen sind unter- und unversorgt. Von Österreichern und Niederländern dagegen, die weniger bezahlen als wir, ist nicht bekannt, dass sie schlechter versorgt würden."

„Nummer eins ist die Nahrung", schreibt Dr. Mark Hyman in seinem Buch »Die Metabolic-Diät", einem US-Bestseller.[75] Bei der Rangordnung von Medikamenten mit bekannten und unbekannten Nebenwirkungen oder einer bewussten Nahrungsumstellung heißt seine Grundsatzfrage letztlich: *„Gegen den Körper oder mit dem Körper?"*

„Ohne Frage nehmen Medikamente in der Medizin einen überaus wichtigen Platz ein, doch sollten sie nicht automatisch den ersten Rang

besetzen. Die erste Frage darf also nicht lauten: ‚Was ist das beste Medikament für mein Problem?', sondern: ‚Was muss ich tun, um in Einklang mit meinen Genen meinem Organismus zu helfen, sein Gleichgewicht wieder zu erlangen, sodass er optimal funktionieren kann?'"

Unsere Gene sind virtuos darauf eingestellt, Botschaften aus der Nahrung zu empfangen, die unseren Körper wieder harmonisch arbeiten lassen. Spezielle Botschaften aus den Lebensmitteln agieren an manchen Stellen der Körperzellen genauso wie Medikamente, nur ohne Nebenwirkungen.

Daher nimmt in diesem Teil meines Buches unsere tägliche Nahrung den größeren Umfang ein, und zwar mit der Zielrichtung, damit immer mehr in die *eigene Verantwortung* und damit auch ins *„...mir gehts immer besser!"* zu kommen – anstatt in der Abhängigkeit körperfremder Chemie und Pharmazeutik zu bleiben.

Wem es jetzt noch nicht reicht, der kann in diesem Teil des Buches weiter Hochinteressantes lesen. Dabei fallen ihm die Schuppen von den Augen, und diese werden neue Perspektiven (lat.: *perspicere* durchblikken, deutlich sehen) neugierig und erstaunt erkennen. So halte ich mich auch an ein einfaches, aber grundlegendes Sprichwort aus Schweden:

„Gesundheit ist ein Geschenk, das wir uns selber machen müssen."

Wie wertvoll dieses Geschenk ist, philososphierte schon einer der berühmtesten Querdenker, der Hochschullehrer und Dr. Arthur Schopenhauer:

„Neun Zehntel unseres Glückes beruhen allein auf der Gesundheit. Mit ihr wird alles eine Quelle des Genusses: Hingegen ist ohne sie kein äußeres Gut, welcher Art es auch sei, genießbar."

Wem hilft die Depression?

Sorgen und Depressionen – das eine ist nicht denkbar ohne das andere. Leider! **‚Depression bald Volkskrankheit Nummer Eins'**, meldet »Welt-online« am 25.2.2009 und berichtet, dass die Erkrankung jederzeit jeden treffen könne: Knapp 21 Millionen Europäer leiden unter Depressionen – Tendenz steigend. Erforschung und Behandlung der Volkskrankheit werden jedoch sträflich vernachlässigt. **Krankheiten, die das Gehirn betreffen, verursachen inzwischen Kosten, die weit über denen von Krebs liegen.**

„Jeder vierte EU-Bürger wird demzufolge in seinem Leben zumindest kurzzeitig depressiv. Ein Drittel der Betroffenen unternimmt irgendwann einen Selbstmordversuch. Pro Jahr nehmen sich in der EU etwa 59.000 Menschen das Leben. Diese Ergebnisse stellte eine Expertengruppe des European Brain Council (EBC) in Brüssel vor."

Zahlenmäßig am stärksten betroffen von Depressionen sind allerdings Frauen im Alter zwischen 30 und 44 Jahren und besonders, wer verheiratet und Mutter ist. *„Kaum die Hälfte der Kranken bekommt überhaupt eine adäquate Behandlung"*, beklagt der Dresdner Professor für Klinische Psychologie Hans-Ulrich Wittchen.[52]

‚Depression – die erfundene Krankheit', versichert Bruno Rupkalwis, Sprecher des »Arbeitskreises Depression« (www.hirndefekte.de). Wer falsch ernährt ist, was durch die heutige Industrieernährung fast an der Tagesordnung ist, läuft Gefahr, depressiv zu werden. *„Depressionen sind Symptome von Mangelkrankheiten (Industrieernährung), sie entstehen aufgrund von Serotoninmangel in den Synapsen der Hirnzellen!"*

Sich-wohlfühlen und Serotonin ist eine Angelegenheit der Biochemie, nicht der Ärzte und Psychologen, die haben allgemein keine Ahnung davon, meint Rupkalwis. Serotonin wird als Neurotransmitter vom menschlichen Organismus aus Tryptophan (essentielle Aminosäure) und Pyridoxin (Vitamin B_6) essentiell hergestellt. Essentiell bedeutet im Medizinischen, dass eine Substanz für den Körper lebensnotwendig ist und er sie nicht selbst aus anderen Nährstoffen synthetisieren kann.

„Depressivkranke Menschen bedürfen einer Ernährungsberatung und der Umstellung ihrer Ernährung auf eine Kost, welche reich an Tryptophan und an Vitaminen des B-Komplexes ist. Gegebenenfalls kann Nahrungsergänzung mit Vitaminpräparaten erfolgen. Wenn die Stoff-

wechselstörung behoben ist, verschwinden die Depressionen nach etwa zwei bis drei Wochen, vorausgesetzt, sie sind noch nicht chronisch geworden. In letzter Konsequenz enden Betroffene, die von diesen Gegebenheiten nichts wissen, im Selbstmord oder in der Schizophrenie. In Deutschland sitzen mehr als 500.000 Menschen in Psychiatrien. Bei vielen, vielleicht den meisten, fing es mit Depressionen an.
Das Dogma der WHO, Depressionen mit Psychopharmaka und Psychotherapie zu behandeln, ist Irrweg (Indoktrination) und ein Verbrechen an der Menschheit zugleich (etwa 40 Millionen Tote)."

Mein Naturarzt erklärt es mir ganz einfach: Wenn ein Körper durch irgendwelche Schwächen oder Mängel unterversorgt ist, muss er sich ja schützen und in der täglichen Energieleistung herunterfahren. Wie kann er das am einfachsten? Er zwingt zur Ruhe, zu Aktivitätsreduzierungen und Passivität, einfach zu Energieeinsparungen. Depressionen sind anfänglich stets rein körperliche Signale, die dann aber durch zunehmende psychische Probleme zu falschen Beurteilungen führen.

Dr. Edward Bach (1886-1936) war ein englischer Arzt. Er entwikkelte die Bach-Blütentherapie, ein weltweit eingeführtes, alternativ-medizinisches Behandlungsverfahren. In seinem bekanntesten Buch »Heilen Sie sich selbst« schreibt er:

„Krankheit ist weder Grausamkeit noch Strafe, sondern einzig und allein ein Korrektiv; ein Werkzeug, dessen sich unsere eigene Seele bedient, um uns auf unsere Fehler hinzuweisen, um uns vor größeren Irrtümern zurückzuhalten, um uns daran zu hindern, mehr Schaden anzurichten – und uns auf den Weg der Wahrheit und des Lichts zurückzubringen, von dem wir nie hätten abkommen sollen."

Professor Linus Pauling war einer der herausragenden wissenschaftlichen Denker des 20. Jahrhunderts. Er erhielt 1954 den Nobelpreis für Biochemie und 1962 den Friedensnobelpreis als besondere Auszeichnung für seinen Einsatz gegen Atomwaffentests und ist damit der bislang einzige Mensch, der zwei ungeteilte Nobelpreise erhalten hat.

Aufsehen erregte er mit seinen Theorien über Vitamin C und die orthomolekulare Nahrungsergänzung. Man geht beim Gedankenansatz davon aus, dass in unserer modernen Welt die meisten Menschen unter Ernährungsproblemen leiden, die zu Krankheiten führen. Da es sich bei den Ernährungsproblemen zumeist um **Mangelerscheinungen** handelt, müssen essentielle Stoffe auf andere Weise dem Organismus zugeführt werden. Ohne ausreichend essentielle Stoffe (Vitamine, Mineralien, Spurenelemente) im Organismus, wird der Mensch krank, das ist Vitaminforschern bewusst.

Somit können wir davon ausgehen, dass bei fast allen Menschen der Industriestaaten durch ihre Industrienahrung eine latente Depression vorhanden ist, die nur darauf wartet auszubrechen.

Werden Sie von depressiven Phasen belastet? Da kenne ich aus meinem persönlichen Erfahrungsbereich drei einfache, aber wirkungsvolle Hinweise für Ihr ‚Wohlfühlen' (UNO) und Wohlbefinden. Der erste: Bieten Sie Ihrem Körper einfach mehr Sonnenlicht. Der zweite: Lesen Sie das Kapitel »Der Vitamin-B12-Schwindel« und drittens: Lesen Sie das Kapitel »Das Einsenmangel-Syndrom«! Und dann entscheiden Sie sich, ob Sie das ernstnehmen möchten! Ich habe mich dann nach einiger Zeit selbst nicht wiedererkannt.

Als weiteren persönlichen Hinweis fand ich außerdem den Q_{10}-Mangel, denn ab dem 60. Lebensjahr lässt die Eigenproduktion nach. Mindestens 60 mg Coenzym Q_{10} empfiehlt Dr. Ulrich Frikke täglich.

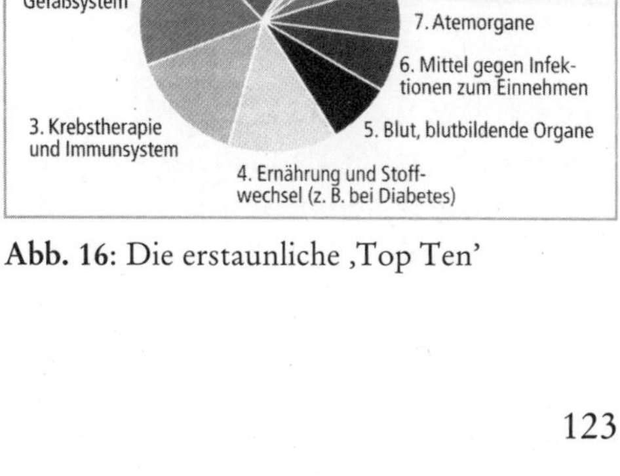

Abb. 16: Die erstaunliche ‚Top Ten'

Doch schauen wir uns gleich einmal an, was die beiden Schöpfungskräfte Erde und Sonne dagegen oder dafür anzubieten haben.

Die Sonnenlicht-Lügen

Unsere Sonne, der Motor des Lebens auf der Erde, ist überwiegend ein Quell des Frohsinns. Seien es ihre romantischen Auf- oder Untergänge; sei es ihr Frühlingserwachen, wenn sie ihre wärmenden Strahlen schickt, das Eis des Winters zu schmelzen oder sei es, wenn Freizeit und Urlaub Erholung in der Sonne bieten.

Diesem natürlichen Gesundheitsspender *Sonnenlicht* hängt man aber inzwischen einen ausgesprochen schlechten Ruf an, und die Chemo- und Pharmaindustrie verunglimpft das Licht der Sonne seit den Achtzigerjahren des letzten Jahrhunderts mit System und globalen Milliardengewinnen. Die Chemie-Multis haben mit der frei erfundenen Ozonkiller-Story des FCKWs den Markt der Kühlmittel patentrechtlich von den zuvor zwei auf dreißig Milliarden Dollar Jahresumsatz aufgeblasen.

Die dabei ‚benötigte' Verunglimpfung des Sonnenlichtes hat System. **Wir Menschen werden durch weiteres Reduzieren dieses Lichtes in unserem Alltag eine unserer natürlichsten und wichtigsten Lebensgrundlagen verlieren.**

Über solche Lügen brachte die Zeitschrift »raum&zeit« (schon 1998/99) einen ausführlichen Bericht mit dem originellen Titel ‚Löcher in der Ozonloch-Theorie', in dem der Herausgeber der Schriftenreihe »Edition Meson«, Gernot L. Geise, feststellt:

„Mit dem Märchen vom schädlichen UV-Licht, mit Horrormeldungen von ‚Hautkrebs-Epidemien' und mit schaurigen Computer-Simulationen vom sogenannten Ozon-Loch, die immer wieder in der ‚Tagesschau' erscheinen und die niemand von uns überprüfen kann, wird versucht, uns – wissenschaftlich verbrämt – klar zu machen, dass UV-Licht gefährlich und krankmachend sei."

Die mit der »Neuen Weltordnung« (NWO) verbundene Machtelite versteht es seit Jahren, durch ihre Wissenschaftler das lebenspendende *Sonnenlicht* zu verteufeln. Von der zunehmenden Intensivierung des Sonnenlichtes wird nur der zerstörend wirkende Teil herausgestellt, der mit seinen ‚reinigenden' Lichtschwingungen tatsächlich immer wirksamer wird. Außerdem verschweigen die Zuständigen seit 1963 das Vorhandensein des *Photonenlichtes* mit seinen ebenfalls zunehmenden, elementaren Veränderungen für unser gesamtes Sonnensystem.

Das immer klarer werdende Wissen über diese neuen Lichtkräfte wird bei immer mehr Menschen eine Veränderungs-Bereitschaft entstehen lassen, sodass ihnen – durch die Sehnsucht nach Wahrheit – das tatsächliche Vorhandensein veränderter physischer Lichtkräfte ein *‚gewaltiges neues Licht'* aufgehen lässt.

Dieter Broers fasst auch diesbezüglich die neuesten wissenschaftlichen Bestätigungen zusammen:

„Von wesentlicher Bedeutung hierbei ist also, dass sich die zunehmende Sonnenaktivität auch auf die Psyche, das Bewusstsein der Menschen auswirkt und, wie uns die Naturwissenschaft bestätigt, unser materieller, körperlicher Anteil ebenso mit beeinflusst wird."

So stelle ich fest, dass wir schon durch die dauernd mobilisierten Ängste unsere natürliche Sonnenlichtaufnahme *reduzieren*. Doch auch ohne diese kommt es inzwischen zu einer reduzierten Aufnahme des lebenswichtigen UV-Lichtes im Alltag, das hauptsächlich über die Augen aufgenommen wird und unseren Stoffwechsel- und Hormonhaushalt steuert. Wir wissen heute, dass nur fünfundzwanzig Prozent des aufgenommenen Lichtes dem eigentlichen Sehvorgang dienen.

Die übrigen fünfundsiebzig Prozent gelangen über den ‚energetischen Anteil' der Sehbahn in unseren Organismus und vollbringen dort wahre Wunder.

Für die verringerte Aufnahme des lebenswichtigen UV-Anteils des Sonnenlichtes gibt es drei Gründe: Eine ‚zivilisatorische Dämmerung' durch **Standard-Glas** der Haus- und Autofenster und Kunststoff in Brillen und Kontaktlinsen (über sechzig Prozent der Bundesbürger sind Brillenträger) und generell durch Sonnenbrillen. Die Autorin Christine Stecher schreibt dazu:(53)

„Die Menschen unseres Kulturraumes und Klimas verbringen mehr als neunzig Prozent des Tages in geschlossenen Räumen – bei künstlicher

Beleuchtung und hinter Fensterscheiben, die für das UV-Licht der Sonne, das biologisch am wirkungsvollsten ist, undurchlässig sind. Durch diese Lebensweise in einer Art ‚zivilisatorischer Dämmerung' schneiden wir uns von der energiereichen Sonnenstrahlung ab, die Körper und Geist stimuliert und die Botschaften der geistigen Sonne übermittelt. Ebenso schotten wir uns durch Brillen und Kontaktlinsen, die das volle Spektrum der UV-Strahlung nicht durchlassen, von der Kraftquelle Sonne ab."

Der zweite Grund ist **unser moderner Lebensstil**. Die Evolution des irdischen Lebens inklusive des menschlichen ist jahrmillionenlang vom natürlichen Sonnenlicht geprägt. Das haben aber die Menschen des zwanzigsten Jahrhunderts – weitgehend abgeschirmt vom Sonnenlicht – immer mehr durch künstliche Lichtstrahlungen ersetzt. Es sind dies das Raum- und Arbeitslicht, vor allem das der als schädlich erkannten Billig-Leuchtstoffröhren und der modernen Energiesparleuchten (dazu später mehr); die stundenlange Berieselung durch die ebenfalls schädlichen Strahlen des Fernsehens wie auch mit der Rundumbestrahlung der fast alles durchdringenden Felder elektromagnetischer Hochfrequenz-Feldsender, unzähliger Satelliten und ‚garender' Mikrowellen. Gernot L. Geise bezieht sich hauptsächlich auf Großstädte, wenn er schreibt:

„*...der ständige Strahlenhintergrund aus künstlichen Quellen hat inzwischen eine etwa hundert- bis zweihundertmillionenfache Größe erreicht wie der natürliche Hintergrund an elektromagnetischen Wellen von der Sonne. Jeder kann sich selbst ausrechnen, wie lange das noch gut geht.*"

Der dritte Grund ist politisch und wird uns wieder unter dem Deckmäntelchen der Klimakatastrophe ‚verkauft'. Man verlautbart, dass alles Leben auf unserem Planet die zunehmende Sonnenaktivität nur noch 50 bis 70 Jahre aushalten kann und daher sei eine globale Aktion mit Namen »The Shield« vereinbart worden. Durch ***chemtrails*** wird die Welt depressionsfördernd ‚sonnenabgedunkelt' und gleichzeitig auch durch versprühte Chemikalien vergiftet. (Steven Black) Darüber mehr in meinem nächsten Buch.

UV-Licht ist lebensnotwendig

Die UV-Wellen, die gefiltert durch unsere Atmosphäre dringen, bilden eine Dreiheit aus UV-A-, UV-B- und UV-C-Strahlungen. UV-A ist unter anderem für die berühmte Bräunung der Haut verantwortlich, UV-B fördert unter anderem die Bildung des Sonnenvitamins D im Körper (später mehr) wie auch die Aufnahmefähigkeit von Kalzium und anderen Mineralien.

Die UV-C-Strahlung dagegen ist der gefährliche Anteil des UV-Lichtes, ist tödlich für Bakterien, Viren und andere Infektionserreger und wird auch als umweltfreundliches Desinfektionsverfahren technisch eingesetzt. Die natürliche UV-C-Strahlung wird jedoch fast vollständig von der berühmten Ozonschicht, die bis fünfzig Kilometer hoch in die Atmosphäre reicht, herausgefiltert, sodass **weniger als ein Prozent** die Erdoberfläche erreicht, und das je nach Sauberkeitsgrad der erdnahen Luftschichten.

Nun kommt die Frage: „*Wobei ist der UV-Anteil des Sonnenlichtes überlebenswichtig?*" Geise hat die wichtigsten Punkte zusammengefasst:

- UV-Licht ist unsere Nahrung schlechthin, denn unser Körper ist ohne dieses nicht lebensfähig,
- UV-Licht aktiviert die Vitamin-D-Synthese,
- UV-Licht senkt den Blutdruck,
- UV-Licht erhöht die Herzleistung,
- UV-Licht kann EKG- und Blutwerte bei Arteriosklerose verbessern
- UV-Licht senkt die Cholesterinwerte,
- UV-Licht hilft gegen Hautkrankheiten,
- UV-Licht hilft gegen Infektionskrankheiten,
- UV-Licht fördert die Produktion beider Geschlechtshormone,
- UV-Licht verhindert Karies,
- UV-Licht aktiviert wichtige Hauthormone (u.a. eine Form des Vitamins D3),
- UV-Licht baut zügig Stresshormone ab,

- UV-Licht ist imstande, leblos linksdrehendes Wasser in lebendiges rechtsdrehendes zu verwandeln,
- UV-Licht bildet Reparaturmechanismen der Chromosomen und
- UV-Licht kann Osteoporose stoppen.

Diese Kurzliste soll auf das natürliche Gesundheitspotential des ‚verteufelten' UV-Lichtes hinweisen (ohne Anspruch auf Vollständigkeit zu erheben) – und auch auf die einfache Regel, dass uns richtiges Licht gesund und falsches Licht krank machen kann.

Die industrielle »Weinsberger Solargesellschaft« beschreibt für ihre ‚ganzheitlich' entwickelten »Vital-Sonnen«:

„Sonnenschein bringt mittelwelliges Ultraviolett-B und langwelliges Ultraviolett-A, sichtbares Licht, sowie kurz- und mittelwelliges Infrarot auf unsere Erde. Erst alle diese Strahlungsanteile zusammen ergeben den gesunden Sonnenschein, unter dem seit Jahrmillionen Blumen blühen, Gräser sprießen, Tiere gedeihen und Menschen leben und arbeiten. Deshalb nehmt den Sonnenschein mit allen seinen wertvollen Anteilen. Nur dann macht er fit, fröhlich, lebensfroh, gesund und widerstandsfähig, braun…"

Seltsam ist ja auch, dass ein Dramatiker wie August von Kotzebue (1761-1819) schon feststellen konnte: *„Die Sonne ist die Universalarznei aus der Himmelsapotheke."* Und wir Schlaumeier von heute dürfen dies erst wieder durch Leid und Krankheiten feststellen. Man spricht einfach von Zivilisationskrankheiten und akzeptiert es damit – als würden diese von einem neuen Gen, das sich mutiert hat, stammen, nur weil diese Zivilisation größer und ‚intelligenter' geworden ist. *„O sancta simplicitas!"*

Woher kommt nun die panisch reklamierte Hautkrebsgefahr? Wie so vieles im Leben von der *Verhältnismäßigkeit*. Denn in der sonnenverschonten, erfolgsorientierten Leistungsgesellschaft entsteht ein berechtigter Sonnenhunger, der in der tariflich ausgehandelten Arbeitsbeurlaubung, kurz Urlaub genannt, dann im Gebirge oder an Meeresstränden gestillt wird – wobei sich leider viel zu viele ‚überfressen'. Der Lichtforscher Geise fragt daher berechtigterweise:

„Ist es da verwunderlich, wenn der Körper, der beim normalen Mitteleuropäer sowieso schon von Natur aus einen schwächeren Pigmentschutz der Haut besitzt als der von Menschen südlicher Regionen, auf die ungewohnte Überdosis Licht völlig hilflos reagiert? Zu der Überdosis Licht kommt schließlich noch die Belastung der Haut durch alle möglichen Hautschädigungsmittel, z.B. Hautcremes, Deodorants, Reinigungsmittel, Giftstoffe in der Kleidung und in der Mitwelt. [...]
Nach neueren Untersuchungen hat sich herausgestellt, dass die meisten sogenannten Sonnenschutzmittel, die als UV-Strahlungs-Abblocker eingesetzt werden, Substanzen enthalten, die in den Hautzellen jedoch genetische Schäden an der DNS auslösen können. Das heißt mit anderen Worten: Die meisten Sonnenschutzmittel können bei der Anwendung in der Sonne sogar die Bildung von Hautkrebszellen fördern! Das ist das genaue Gegenteil von dem, wofür sie verkauft werden."

Das wunderbare, komplexe Körpersystem des Menschen hat sich über Jahrmillionen durch täglichen stundenweisen Direktkontakt mit dem Sonnenlicht gebildet. Eine sehr erstaunliche Statistik besagt: im Jahre 1870 wären es noch neunzig Prozent der Europäer gewesen, dagegen 1970 nur noch zehn Prozent *mit täglich stundenlangem Sonnenlichtkontakt.* Und wie sieht es jetzt, vierzig Jahre später mit den Sonnenmuffeln aus? Der tatsächliche Aufenthalt in der natürlichen Sonnenstrahlung beträgt bei den Meisten häufig nur noch einige Minuten am Tag.

Die Einigkeit unserer Wissenschaftler, mehr dem Mammon und der Karriere als der Wahrheit zu dienen, ist offensichtlich und erschrekkend, doch Lügen helfen der Masse der desinformierten Zivilgesellschaft dabei nicht weiter. Die bewährte natürlich-einfache Gesundheits-Formel heißt daher im Sinne des Zeitenwandels: *„Mehr zur (chemiefreien) Einfachheit – wieder wie einstmals."* und *„Täglich maßvoll natürliches Licht tanken."*

Nur so erhalten wir das *vollständige* und biologische Wirkspektrum des Sonnenlichts. Es gibt etliche schlaue Empfehlungen dafür, doch ich glaube, wir alle sind ‚helle' genug, je nach Platz, Jahreszeit und Wetter täglich eine halbe Stunde Licht-Tanken einzuplanen und stets mit gefülltem Tank durch ein gesundes Leben zu fahren. Notfalls tut es auch mal der Reservekanister ‚Sonnenbank' (je nach Leuchtstoffröhrentyp).

Jetzt verstehe ich auch die Hundebesitzer besser, denn sie dürfen zusammen *„jeden Tag Gassi gehen."*

Die Monatszeitschrift »Natur&Heilen«[(54)] berichtet schon in ihrem Heft 5/2006 »Sonne gegen alle Krebsarten wirksam«:

„Sensationelle Ergebnisse, die einer Generalabrechnung mit den radikalen Solarien-Gegnern gleichkommt, präsentiert eine umfassende, aktuelle Studie aus den USA zur Versorgung der Bevölkerung mit Vitamin D3 und den negativen Folgen der ‚Sonnen-Abstinenz'. Danach haben mehr als 40 Prozent der erwachsenen US-Bevölkerung ein Defizit an Vitamin D3. Eine Entwicklung, die unter anderem auf die übertriebenen Warnungen von Experten vor den negativen Folgen der UV-Strahlen zurückgeführt wird. Vitamin D3 kann sich im menschlichen Körper nur mit Hilfe von UV-Bestrahlung durch Sonne oder Solarium bilden. Wichtiger noch: Die Langzeit-Studie an mehr als 50.000 Männern (eine Frauen-Studie wird in Kürze vorgelegt, mit – nach Aussage der Forscher – ähnlichen Ergebnissen) belegt zum ersten Mal eindeutig, dass ausreichendes Sonnen nicht nur, wie schon seit längerem bekannt, das Risiko bei einzelnen Krebsarten wie Darm-, Brust- und Prostata-Krebs, sondern generell bei allen Krebsarten senkt – und zwar um fast ein Drittel.

Drei weitere Studien, die fast zeitgleich in den USA (University of New Mexiko), Schweden (Karolinska Institute) und Australien (University of Sydney) abgeschlossen wurden, kommen unabhängig voneinander genau zu dem gleichen Ergebnis: ***Sonnenstrahlen schützen vor Krebs!***

Einig sind sich die Forscher allerdings auch in der Warnung vor den Gefahren übermäßigen Sonnens mit Hautverbrennungen, ob im Freien oder im Solarium."

„Vitaminmangel gibt es in Deutschland nicht." Diesen Satz wiederholten Schulmediziner und Behörden bis vor Jahren gebetsmühlenartig, heute geht es nur noch um die Höhe des Bedarfs, die Quoten. Nun berichtet aber doch das Bundesgesundheitsministerium im August 2008 von eklatanten **Vitamin-D-Defiziten** in der Bevölkerung. **Nach neuesten Daten wären hierzulande 57 Prozent der Männer und Frauen mit diesem Vitamin unterversorgt** – auf einmal! Im Winter liegt dieser Anteil sogar bei 80 Prozent – *„na, wer sagt's denn!"* Der Grund: Das Vitamin kann nicht nur durch die Nahrung aufgenommen werden, sondern wird bei Sonnenlicht vom Körper selbst produziert. *„Vitamin D ist nicht nur wichtig für die Stabilität der Knochen, sondern schützt nach neueren Erkenntnissen u.a. auch vor Herz-Kreislauf-Erkrankungen und Krebs."* (Dr. Ulrich Fricke in »Länger und gesünder leben« 11/2008)

Aktives Vitamin D, das Zellwucherungen zu bremsen und zu verhindern vermag, dürfte dabei eine entscheidende Rolle spielen. **Das vom Körper selbst gebildete Vitamin D gilt als eines der wirksamsten Mittel zur Krebsverhütung** und ist äußerst wichtig für die Erhaltung der Zellgesundheit.[(192)]

So ist es das *Sonnenvitamin D*, das auch vor Zivilisationskrankheiten schützt. Ich selbst konnte schon immer nicht genug Sonne bekommen und habe früher auch die Heringbrötchen sehr geliebt, heute weiß ich, dass der Hering der tierische Vitamin-D-Hauptlieferant sein kann und viel besser schmeckt als Lebertran. Bei einer Nahrungsergänzung sollte man auf ‚D_3' achten. (Dr. Michael Spitzbart)

Im Monatsheft »Gesundheit für Frauen – praktische Informationen für ein aktives Leben«[(55)] (Februar 2009) wird die Frage behandelt

> *„Plagen Sie momentan Antriebslosigkeit, Energieverlust, niedergedrückte Stimmung, Schuldgefühle und Freudlosigkeit? Dann fehlt Ihnen wahrscheinlich Tageslicht und Sie leiden an einer ‚Saisonal Abhängigen Depression' (SAD). Was Ihnen hilft: Spaziergänge und künstliche Lichtquellen."*

Es heißt weiter, dass wir mindestens zwei Stunden Licht mit 2.500 Lux täglich oder eine halbe Stunde mit 10.000 Lux brauchen – das entspricht der therapeutischen Dosis. Und das Schönste dabei ist, dass tageslichtähnliches ‚Blaues Licht' nicht nur für unseren Körper Gesundheit bedeutet. Forscher der Universität von Surrey (London) wissen es jetzt wissenschaftlich: *„Wenn wir das Licht mit mehr Blaustoffen versetzen, nähern wir uns dem Ideal des natürlichen Lichts bei blauem Himmel."* Gleichzeitig wird bestätigt, dass natürliche Blautöne auch die Seele beruhigen. **Also, keine Angst mehr vor der Sonne!**

Daran erinnert mich auch Jan, dessen Neurodermitis er unter anderem mit Sonne, Meerwasser und Solarium (im Winter) in den Griff bekam.

Doch dabei sollten wir gleich mit noch etwas Modernem aufräumen: „Warum schaden Sonnenmittel?", fragt der Diplom-Ingenieur und Sachbuchautor Thomas Klein[56] und versichert unter anderem:

„Sonnencreme unterbindet die Bildung von Vitamin D, das als Radikalfänger bei Sonnenbestrahlung zur Verhütung von Strahlenschäden in den Hautzellen notwendig ist...
Ein Bericht der »US Food and Drug Administration« zeigt, dass 14 von 17 Sonnenschutzlotionen bei Verwendung in der Sonne krebsverursachend wirken können, weil sie die Substanz PABA (Para-Amino-Bencoic-Acid, p-Aminobenzoesäure) enthalten. PABA wird in vielen Sonnenschutzmitteln als chemischer Lichtschutz verwendet."

Die Schweizer Wochenzeitung »Zeit-Fragen« (www.zeit-fragen.ch) meldet: *„Metallische Nanopartikel in Sonnenschutzcremes und immer mehr Kosmetika"*. Als Nanopartikel werden grundsätzlich Verbünde von wenigen Atomen oder Molekülen bezeichnet, die ‚extrem' klein sind. Das gilt besonders für eine Nanopartikelgröße von unter 10 Nanometern. Neben natürlichen Vorkommen werden sie synthetisch erzeugt, um Produkten gewünschte Eigenschaften zu verleihen oder diese zu verstärken.

„Die Forschung von Professorin Biancamaria Baroli (Universität von Cagliari auf Sardinien) hat ergeben, dass metallische Nanopartikel die Lipidbarriere durchdringen und bis in die tieferen Schichten des Stratum corneum, in die Haarfollikel und gelegentlich sogar in die lebende Epidermis eindringen können. Die von der Industrie vorgelegten Te-

stergebnisse belegen nur Laborbedingungen, die mit der Realität kaum vergleichbar sind.
Besonders bei Sonnenschutzmitteln ist das Ausweichen auf Produkte ohne Nanopartikel wichtig, da eine durch Sonne möglicherweise vorgeschädigte Haut besonders durchlässig für diese ist."[57]

Die Angstlüge ‚Hautkrebs'

Thomas Klein schreibt auch in der Schweizer Zeitschrift »AEGIS Impuls« (**A**ktives **E**igenes **G**esundes **I**mmun-**S**ystem) Heft 30/2007 zu diesem Thema:

„*Die wissenschaftliche Literatur spricht im Gegensatz zu pseudowissenschaftlichen Publikationen eine klare Sprache. Die Behauptung ist unhaltbar, UV-Strahlung verursache Hautkrebs und die Sonne sei zu meiden. An diesem Irrtum ändert sich auch nichts, wenn er beständig in Zeitungen und Büchern wiederholt wird, im Fernsehen und Radio, auf Schulen und Universitäten. Die Meinung der Masse ist noch lange kein Beleg für die Wahrheit.*
Die Meinung, Sonnenlicht verursache Hautkrebs, hat sich mittlerweile in so viele Hirne eingebrannt, dass zahlreiche Menschen ängstlich die Sonne meiden, ohne zu ahnen, wie sehr sie sich mit der Vernachlässigung eines ihrer wichtigsten Lebensbedürfnisse schaden."

Die Häufigkeitsverteilungen der Melanome sind mit der Sonne als möglicher Ursache unvereinbar. Melanome treten an Brust und Rücken viereinhalbmal häufiger auf als an den Armen und fast zehnmal so oft wie am Kopf. An Bauch und Gesäß liegt die Häufigkeit sechsfach höher gegenüber der am Kopf.[58]

Geradezu sensationell empfinde ich dabei die Aussage von Thomas Klein: „*Bei fettarmer Ernährung sinkt das Hautkrebsrisiko um 90 Prozent.*" Genau das stellte das »International Journal of Cancer« fest. Ausführlich erklärt dies Klein in seinem Buch »Sonnenlicht – das größte Gesundheitsgeheimnis«.[59]

Unsere Körperzellen sind Lichtspeicher

So jedenfalls stellt es sich für viele ernstzunehmende Wissenschaftler und Ärzte inzwischen dar. Wenn sich nun, wie oben bereits berichtet, Energetisches nicht nur in unserem solaren Planetensystem, sondern auch im kosmischen Lichtbereich verändert (Photonenlicht?), dann wirkt das natürlich auch auf unsere irdische Körperlichkeit. Entsteht so ein möglicher Umbruch nicht nur feinstofflich und subtil, sondern bis in die Tiefe der irdischen Materie samt seiner Lebewesen?

Der Schweizer Wissenschaftsautor Marco Bischoff[(134)] spricht sogar davon, dass sich dadurch unser Bild der Biologie und Medizin zu revolutionieren beginnt. Denn das Licht in der Zelle bestimmt deren Größe und Funktionstüchtigkeit. Die Erbsubstanz unserer Zellen, die DNS, ist wie ein biologischer Laser und Lichtspeicher, der durch Sonnenlicht aufgeladen wird. *„Pro Sekunde müssen wir etwa zehn Millionen Zellen, die in unserem Organismus absterben, in der richtigen Weise wieder nachliefern.“* (Prof. Fritz-Albert Popp[(60)])

Die dazu nötigen Informationen bedürfen der Geschwindigkeit des Lichts. Das Licht strahlt ähnlich einem Laserstrahl ‚gebündelt' und scheint in unseren Körperzellen einer Art Funkverkehr zu dienen, dessen Signale schneller sind, als dies über biologische Kanäle möglich ist. Denn nach der noch herrschenden Wissenschaftsmeinung würde alles Leben ähnlich *biochemischer* Fabriken funktionieren, wodurch in den Körperzellen bislang Dunkelheit angenommen wurde.

Diese Erkenntnisse führen zu einem völlig neuen naturwissenschaftlichen Verständnis der lebenden Zelle und damit auch der gesamten Natur (der Mensch und alle Lebewesen als kommunizierende Energiesysteme). Wir sind Lichtwesen, und es ist Licht in unseren Zellen, und dieses innere Licht stellt unser Leben dar. Jedoch – das Sonnenlicht verändert sich jetzt.

Der französische Physiknobelpreisträger Louis de Broglie erklärte, dass *„die Physik, die Wissenschaft von der Materie, die Materie* ***entmaterialisiert*** *und eine Welt erahnen lässt, die aus Wellen und reinem Licht besteht“.*

Das Sonnenlicht steuert alle Lebewesen

Schon 1932 entdeckte der schwedisch-amerikanische und spätere Physik-Nobelpreisträger Dr. Carl D. Anderson in der Höhenstrahlung das erste Antiteilchen, das durch den Zusammenstoß mit einem Elektron zu dem Lichtpartikel **Photon** führte (vom griech. *phos, photos;* das Licht).

Erst 1975 wurde es von deutschen Biophysikern unter Leitung von Professor Fritz-Albert Popp wiederentdeckt und als Biophoton (*Bio*, da von jeder lebendigen Zelle ausgehend) mit modernsten Forschungsmethoden klar bewiesen. Durch Popp bekamen diese revolutionären Lichtforschungen eine internationale Stellung und Wertigkeit, die von der Mainstream-Presse völlig verschwiegen wird. Popp wurde an Universitäten in Indien, China und den USA zum Professor beziehungsweise ‚Research Fellow' berufen, unter anderem in die ICRL-Gruppe der Princeton-Universität. Er ist *Invited Member of the New York Academy of Sciences*. Außerdem ist er, auf Vorschlag der Moskauer Staatsuniversität, *Invited Foreign Member of the Russian Academy of Natural Sciences* (RANS). Er gründete das »International Institute of Biophysics«, das nun in der »Landesstiftung Hombroich« ein Zentralinstitut betreibt. Mitarbeiter des Instituts sind Wissenschaftler der Biophotonik aus fünfzehn Universitäts- und Forschungsinstituten der Biophysik, Biologie und Medizin. **Durch das ‚Licht der Biophotonen' bildet sich weltweit ein neues Verständnis des irdischen Lebens.**

„Was ist Leben?", fragt Benjamin Seiler in seinem Beitrag über die Biophotonen in der »Zeiten*Schrift*« 11/96 und findet als Antwort:

„Nobelpreisträger Erwin Schrödinger nannte das Leben ein ‚ständiges Aufsaugen von Ordnung'. Diesen ordnenden Impuls erhalten wir vom Sonnenlicht. Wenn es auf die Erde trifft, wird es nicht sogleich in Wärme umgewandelt, sondern das Licht baut zuerst Strukturen auf und stabilisiert sie. Einem wissenschaftlichen Theorem zufolge hat das Sonnenlicht eine sogenannte Kohärenzfläche von 0,019 mm². *Innerhalb dieser Fläche kann es geordnete Strukturen aufbauen. Es ist sicherlich*

kein Zufall, dass dies genau der Oberfläche einer einzelnen Zelle entspricht. ***Das Sonnenlicht steuert somit jede Zelle und dadurch alle Lebewesen. Das Licht in der Zelle stammt letztlich von der Sonne und ist über die feinstofflichen Chakren, die Nahrung und die Augen in unseren Körper gelangt.*** *"*

Licht ist auch besonders wichtig bei unserer Ernährung, denn der *Gehalt an Information* eines Lebensmittels bietet der Gesunderhaltung des Körpers mehr als der *Gehalt an Kalorien*. **Im Grunde genommen essen wir nämlich Sonnenlicht, das in unserer Nahrung gespeichert ist.** Nahrung in Form von photonen-reichen *Lebens*-mitteln stabilisiert unsere ‚innere Ordnung', einschließlich der Dynamik und der Rhythmik (Nobelpreisträger und Professor Erwin Schrödinger 1887-1961). Unter *Dynamik* verstehe ich hauptsächlich die Frische der Nahrung (vom Feld in den Magen, ohne die logistischen, globalen Transporte und Lagerungen), also auch bei frischem Gemüse und sonnengereiften Früchten. Unter *Rhythmik* verstehe ich den Bezug auf die jeweiligen ‚fruchtigen' Jahreszeiten im eigenen Lande (Spargelzeit, Bärlauchzeit, Erdbeerzeit, Kirschenzeit und andere).

Manche Wissenschaftler vertreten sogar die spekulative Theorie, dass Photonen vielleicht ein Bewusstsein haben, wobei allerdings die ergänzende Bezeichnung ‚organisierendes Prinzip' noch tunlichst vermieden wird. Andere sehen im Biophotonenfeld einen Mittler zwischen Körper und Seele oder gar zwischen Materie und Geist.

Denn Sonnenlicht ist eigentlich ein Doppelpack, das auf der ‚stofflichen' (grobstofflichen) wie auch ‚nichtstofflichen' (feinstofflichen) Seite wirksam sein kann. In der geisteswissenschaftlichen Literatur finden wir auch den Begriff ‚Überlicht' und die Erklärung, dass das *Sonnenlicht* die materielle, physische und sichtbare Seite der *göttlichen Liebe* sei. Die Vielfalt der Begriffe nähert sich also an.

Dabei entdecken wir auch hier wieder und hintereinander den durchleuchtenden Faden **Ordnung**, die diesmal (zum Teil über Umwege) von unserem Sonnenlicht abhängt. Erst war es eine göttliche Ordnung in den *antiken Lichtlehren*, dann eine noch nicht definierte Ordnung in der *Quantentheorie*, eine biologisch-natürliche in den *Biophotonen der Nahrung* und schließlich eine zyklisch-kosmische in den sich jetzt immer stärker verändernden *Sonnenlichtenergien*.

Sunna, die germanische Göttin

Gestern habe ich bei einer Autofahrt mit meinem Freund Gerhard von dieser Textstelle über die Sonnenenergien gesprochen, und Gerhard als ehemaliger Wasserschutzpolizist erzählte begeistert davon, wie er schon so oft am Bodensee den Sonnenuntergang in einer dankbaren Herzensenergie ‚genossen' und verabschiedet habe. Er liebt und pflegt das Ganzheitliche im biologischen System von Mensch und Natur.

Ich empfinde Gleiches und ‚zelebriere' es, wenn ich zum Beispiel auf der Ostseite der Insel La Palma den Sonnenaufgang genieße. Das alltägliche, faszinierende Lichterwachen aus dem Meer beschert der Kleingeistigkeit irdischen Denkens eine kosmische Aureole und vergoldet damit unsere ganzheitlichen Ahnungen und Anlagen.

Unsere Sonne ist mehr als nur ein Stern. Sie ist auch mehr als ein gigantisches und mächtiges planetares Zentralgestirn. Sie ist auch mehr als die Schöpferin allen Lebens auf unserem Planeten, auch mehr als die Licht-Übersetzerin der galaktischen Zentralsonnenenergie, die von unseren Wissenschaftlern als »Schwarzes Loch« definiert wird. Unsere Sonne leuchtet auch in *geistigen* Energien.

Viele antike und Naturreligionen wussten das schon immer, und die Sonne wurde daher göttlich verehrt. Das »Lexikon der Götter und Dämonen« von Manfred Lurker führt weltweit neunundachtzig verschiedene Namen allein von Sonnengöttern an. In der germanisch-nordischen Vergangenheit finden wir dagegen eine Sonnen-Göttin: unsere *Sunna*.

Der mystische Orden der Essener, vor zweitausend Jahren rund um das Mittelmeer als *therapeutai* bekannt, verehrte die Sonne sehr, und Jesus war nicht nur Mitglied der Essener, wie der Philologe Prof. Dr.

Edmond Bordeux Székely alten Schriften entnahm, sondern auch ein Meister bzw. Lehrer derselben. Josephus, Pharisäer und römischer Geschichtsschreiber des ersten Jahrhunderts, berichtet über die Essener: *„Bis vor Sonnenaufgang schwiegen sie, beim Sonnenaufgang beteten sie ‚zur Sonne empor' und begannen dann mit dem Tagewerk."* Alle christlichen Kirchen werden nach Osten ausgerichtet erbaut, dort, wo die Sonne aufgeht.

Wie sehr auch Jesus mit der Energie der Sonne verbunden war, zeigt eine Beschreibung des Zeremoniells des Abend-Mahls. Die Meister der Essener schlossen den Alltag – oft auch nur den siebten Ruhetag – mit einem Abend-Mahl, bei dem der jeweilige Meister die Sonnenenergie in das Getränk im Kelch so stark fokussierte, dass es zu leuchten begann. Von diesem ‚flüssigen Licht' nahmen alle Anwesenden und somit die Gemeinschaft schluckweise die transformierte und somit reinigende, heilende und damit verbindende und einende Sonnenenergie dankbar auf.

Bekommt jetzt die ganze Menschheit einen neuen Sonnenkelch? Spirituelle Theorien erklären uns, dass aus der galaktischen Zentralsonne eine veränderte kosmische Energie feststellbar ist. Unsere Sonne transformiert und verdichtet dann diese ‚Schwingungen', damit sie unseren Planeten Erde mit seiner gesamten Natur und Menschheit harmonisieren und heilen kann. Diese Energie ist stark weiblich schwingend, sodass sich das verlorengegangene Gleichgewicht zwischen männlich und weiblich wieder harmonisieren kann.

Bis auf die keltischen Völker scheinen alle Priestersysteme die Sonne für einen männlichen Gott gehalten zu haben, wogegen wir aus der germanischen Mythologie wissen, dass deren Sonnengöttin *sunna* hieß.

P.S.: Unsere Verlags-Lektorin Anya notierte hier am Textrand: *„Wende dein Gesicht der Sonne zu, dann fallen die Schatten hinter dich!"* Diese Lebensweisheit gebe ich mit Überzeugung an Sie weiter, denn sie passt wie ein philosophischer Untertitel zu meinem ganzen Buch.

Die Fluor-Lügen

Bewusstseins-Manipulation durch fluoriertes Trinkwasser? Finden wir inzwischen in fast allen Zahnpasten chemische Fluorverbindungen, um den Widerstand der Massen gegen die Beherrschung und Kontrolle und den Verlust der Freiheit zu verringern? *„Jeder, der künstlich fluoriertes Wasser für ein Jahr und länger zu sich nimmt, wird niemals mehr der Gleiche sein, nicht geistig, nicht körperlich."*

Solche Behauptungen können kritische Leserinnen und Leser in der alternativen Presse finden. Es sind somit drei Verbraucherebenen davon betroffen: Der Markt der Zahnpflege, der Bereich der Trinkwasserversorgung und jener der Nahrungsmittelherstellung (Speisesalz).

Einen ausführlichen Bericht darüber brachte die kritische Schweizer »Zeiten*Schrift*« 22/99 mit der Überschrift »Missbrauchtes Wasser« und zitiert Jim Keith in »Bewusstseinskontrolle«:[(61)]

„Jedoch – und das möchte ich sehr entschieden und sehr deutlich betonen – ist der wahre Grund hinter der Fluoridisierung des Wassers nicht das Wohl der Kinderzähne. Wenn das der wahre Grund wäre, dann gäbe es viele Möglichkeiten, wie es viel einfacher, billiger und weit effektiver gemacht werden könnte. Der wirkliche Zweck hinter der Wasserfluoridisation ist der, den Widerstand der Massen gegen die Beherrschung und Kontrolle und den Verlust der Freiheit zu verringern...
Im hinteren Abschnitt der linken Hirnhälfte gibt es einen kleinen Teil von Gehirngewebe, das für die Kraft eines Individuums, einer Dominierung zu widerstehen, verantwortlich ist. Wiederholte Dosen von verschwindend kleinen Mengen Fluorid werden nach einer gewissen Zeit allmählich die Kraft des einzelnen, einer Dominierung zu widerstehen, verringern, und zwar durch die langsame Vergiftung und Narkotisierung diese Bereiches des Gehirngewebes, und ihn unterwürfig machen gegenüber dem Willen derer, die ihn beherrschen wollen..."
„Fluor schaltet den freien Willen des Menschen aus (insofern die Massenmedien es nicht schon geschafft haben). Kleinste wiederholte Verabreichungen führen zur Schädigung des Gehirns, auf diese Weise erfährt man eine schleichende Vergiftung und man wird immer passiver und so

dann letztendlich auch willenloser. Früher wurde Fluor eingesetzt, um Gefangene unter Kontrolle zu halten, so zum Beispiel bei den Sowjets. Heute ist es mit der wichtigste Bestandteil in vielen Psychopharmaka und Beruhigungsmittel.«[(61a)]

„Alarmierend ist die Wirkung von Fluor auf die menschliche Psyche“, schreibt der revolutionäre Arzt Dr. Walter Mauch, da er außerdem herausfand, dass Fluor auch den Fett- und Eiweißstoffwechsel blockiert.

„Daher kommt es zu einer massiven Fettsucht. Fett und Eiweiß werden in das Gewebe eingelagert. Alles in allem sind Fluor und Jod Nichtmetalle und gehören zu den Halogenen. Sie sind Salzbildner und hochreaktiv. ***Fluor ist sogar das stärkste Oxidationsmittel.*** *Toxikologen bezeichnen Fluor und Jod als giftig.“* Außerdem: ***„Bei Kindern gehören die Fluoride zur Hauptursache von Infekten und Lernschwäche.“***

Diese seit mehr als vierzig Jahren umkämpfte Fluoridierung (Trinkwasser, Tabletten, Zahnpasten, Speisesalz) ist nicht das Ergebnis medizinischer Forschung, sondern der Interessengemeinschaft verschiedener Industriezweige. In dem Buch »Vorsicht Fluor« von Dr. M. O. Bruker und Rudolf Ziegelbecker heißt es zum historischen Rückblick:

„...allen voran die Zuckerindustrie, die ein Mittel suchte, die Zahnkaries zu verhüten, ohne den Zuckerkonsum herabzusetzen. Die weiteren Interessenten sind die fluorerzeugenden Industrien; davon die Aluminium-, Stahl- und Phosphatindustrie und die Pharma-Industrie, die mit der Drohung, die Anzeigen zu entziehen, Ärztezeitschriften an der Veröffentlichung kritischer Berichte zur Fluormedikation hindert.

Das gemeinsam geplante »Fluor-Prophylaxeprogramm«, das natürlich von offizieller Seite abgesegnet werden musste, ***ist einer der massivsten Angriffe auf die Volksgesundheit in der medizinischen Geschichte.***

Die eigentliche Fluor-Welle kommt aus den USA und hatte schon eine Reihe von Ländern erfasst, bevor sie auch in der Bundesrepublik aufgenommen wurde.“

Der britische Bestsellerautor David Icke fand heraus, dass es P. Mellon und das Aluminiumkartell waren, welche *„die Politik, dem Trinkwasser Fluorid beizugeben, einführten, um mit einem Abfallprodukt der Aluminiumindustrie Geld zu verdienen...* ***Fluorid wurde eigentlich 40 Jahre lang als Rattengift verwendet, und es beeinträchtigt den Verstand und das Denkvermögen.*** *"*

Einer der giftigen Gründe ist die Tatsache, dass nach jedem Zähneputzen zwangsläufig Spuren in den Verdauungstrakt gelangen und auch die Darmflora teilweise gravierend belasten. Es ist allgemein bekannt, dass die Fluorverbindungen ein antibakterielles Potential besitzen und die Darmsymbioten stören können. Dadurch wird das Immunsystem geschwächt und die Infektanfälligkeit erhöht.

Der Zahnarzt Dr. Wolfgang Blien schreibt außerdem, dass Fluorverbindungen durch ihren sauren pH-Wert das Quecksilber aus den billigen Amalgamfüllungen lösen und das noch giftigere Quecksilberfluorid bilden. Wir sehen, dass ein lukrativer Markt dabei oft für ‚passende' Forschungsergebnisse sorgt – die sich am Ende doch als ‚Lügen' entpuppen.

Dr. K. Donsbach erklärt außerdem, dass Fluoride den Spiegel an Adenosintriphosphat (ATP) verringern. ATP ist eine Substanz, in der die Energie der verstoffwechselten Nahrung gespeichert wird. ATP ist jedoch auch die universelle Form unmittelbar verfügbarer Energie in jeder Zelle und gleichzeitig ein wichtiger Regulator energieliefernder Prozesse. Der spirituelle Autor Taschira Tachi-Ren ergänzt, dass der Gehalt an ATP in den Zellen bestimme, auf welcher Lichtkörper- beziehungsweise Mutationsebene sich der Körper befinde.(63) Also auch hierbei gibt es eine gezielte Bewusstseinssteuerung.

Eine große Gefahr liegt außerdem bei den chronischen Schäden. Auch kleinste Giftspuren können das Stoffwechselgeschehen der Zelle verändern. Das kann zu Fehlinformationen im gesamten körperlichen Regulationssystem führen. Fluorid kann selbst bei Dosierungen von 1 Teil pro Million in künstlich fluoridiertem Wasser Enzyme hemmen, das Immunsystem schädigen, die Verkalkung der Weichteile fördern und auch Arthritis verursachen. Wer unter dem Internet-Link »www.zentrum-der-gesundheit.de/news-1108-fluorid.html« die internationalen, aber allgemein verschwiegenen Untersuchungsberichte liest, *„...dem reicht's!“*

Noch etwas Erschreckendes deckt Dr.-Ing. und Heilpraktiker Joachim-F. Grätz in der Zeitschrift »raum&zeit« (135/2005) auf: Fluor härtet zwar die Zähne, macht aber die Knochen brüchig. Durch die unnatürliche Fluorzunahme entsteht auch eine unnatürlich gesteigerte Knochenbrüchigkeit beziehungsweise nachlassende Elastizität.

„Fluor lässt sich nun einmal nicht selektiv nur in den Zahnschmelz bringen. Es wird 30-40mal (!) intensiver in die Knochen eingelagert und landet nicht dort, wo man es eigentlich haben will.“ Die dabei aufgeführten Fluorvergiftungserscheinungen sind erschreckend.

Wir können sicher sein, dass es in Mitteleuropa einen echten Fluormangel gar nicht geben kann, wenn man sich einigermaßen ‚gesund' ernährt, da fast alle Nahrungsmittel Fluoride enthalten. Und zum vordergründigen Fluor-Karies-Kult der Zahnmedizin bestätigte schon Dr. Bruker:

> *„Für die Zahnärzte ab den 1960er Studienjahrgängen ist die Fluoridierung zum Dogma geworden, das nicht mehr auf den Wahrheitsgehalt überprüft wird, obwohl sich die Grundlagen der Fluoridierung – mathematisch überprüfbare Statistiken – als gefälscht herausgestellt haben.“*

In den Regalen der Handelskonzerne und Discounter ist nur noch schwer eine ‚traditionelle' Zahnpasta zu finden. Doch in Naturkostläden und Reformhäusern werden ausreichend fluorfreie Produkte angeboten, deren wertvolle Herstellung man ebenso wie unsere eigene Gesundheit konsequent unterstützen sollte.

Der Vitamin-B_{12}-Schwindel

Eine Tabelle, die das »Robert Koch Institut« als Bundes-Ernährungs-survey 1998 über den ‚Vitaminmangel in Deutschland' herausgab, zeigt folgende **Defizitquoten** in Prozenten:

Vitamin A	**48%**	**Vitamin B_9**	**98%**
Vitamin B_1	**53%**	**Vitamin C**	**53%**
Vitamin B_2	**65%**	**Vitamin D**	**75%**
Vitamin B_6	**65%**	**Vitamin E**	**42%**

Vitamin B_9 ist geläufiger unter der Bezeichnung Folsäure, und das wichtige Vitamin B_{12} fehlt gänzlich in dieser Bekanntmachung.

Inzwischen (2009) gibt es jedoch schon zwei deutsche Fachbücher über die »Volkskrankheit Vitamin-B_{12}-Mangel«, so der Titel des mehrfachen Sachbuchautors Thomas Klein[(64)] und der Bestseller »Das Dreieck des Lebens« von Uwe Karstädt[(65)], dem angeblich am häufigsten gelesenen und zitierten Heilpraktiker Deutschlands.

Der Mangel von Vitamin B_{12}, das Cobalamin heißt, ist ein Wohlstandsphänomen, das immer prägnanter wird, je mehr wir von den modernen industriell hergestellten und in Plastik verpackten Nahrungsmitteln konsumieren. Karstädt erinnert, dass vor dem Zweiten Weltkrieg die meisten Nahrungsmittel ‚vollwertig' waren, was wie ‚ganzheitlich' oder ‚als Ganzes' verstanden werden kann. Zum Beispiel wurde das volle Korn auch als Vollkorn gekocht oder gebacken – und heute verschwindet mit dem ‚Weizenkeim', dem lebenswichtigen Teil des Korns, auch immer mehr ein Großteil der B-Vitamine und des Vitamins E. ***„Der Beginn des Ernährungs-Suizides auf nationaler Ebene nahm seinen Lauf.“***, schreibt Karstädt.

„Mit dem Verschwinden dieser Vitamine begann der rasante Aufstieg von Arteriosklerose, Herzversagen und Schlaganfall als Killerkrankheit Nummer 1, da sowohl der antioxidative Schutz des Vitamins E fehlte als auch Homocystein nur ungenügend abgebaut bzw. umgebaut wurde.“

Was ist Homocystein? Beim »Deutschen Grünen Kreuz«[(66)] erfährt man:

„Zuviel Cholesterin schadet unserer Gesundheit, das weiß inzwischen fast jeder. Kaum bekannt ist jedoch eine mindestens ebenso gefährliche Substanz: das Homocystein.
Ein zu hoher Homocystein-Spiegel schädigt die Blutgefäße und steigert so das Risiko für Herzinfarkt und Schlaganfall. Etwa die Hälfte aller Deutschen über 50 Jahre hat zuviel Homocystein im Blut. Wer vorbeugend etwas für seine Gesundheit tun möchte, sollte beim Arzt immer auch seinen persönlichen Homocystein-Wert bestimmen lassen."

Kurz: Homocystein ist ein Abfallprodukt unseres Stoffwechsels. Wird es nicht schnell wieder abgebaut, kann die Substanz mitwirken, das Risiko des Herzinfarktes oder Schlaganfalls zu fördern. Außerdem – und das wird offensichtlich bewusst verschwiegen – zeigte eine europäische Untersuchung, dass ein Mangel der Vitamine B_9 (Folsäure) und B_{12} sowie ein hoher Homocystein-Spiegel im Blut eindeutig die Neigung zu **Depressionen** fördern.
Und mit Depressionen in unseren unübersehbar individuellen Lebenssituationen kann man systematisch Menschen aus dem ‚Verkehr ziehen' und ‚stilllegen' – eine sehr klug forcierte Volkskrankheit, welche die unliebsamen Individualisten viel stärker trifft, als die noch weitgehend problemlosen ‚Mainstream-Menschen'.[(67)]

Im gedruckten Newsletter »Länger und gesünder leben« warnt Dr. Ulrich Fricke ausdrücklich, dass **wenn nicht genügend B-Vitamine zur Verfügung stehen, der Homocystein-Spiegel gefährlich ansteigt.** Das schädigt unsere Blutgefäße. Wenn der Homocysteinwert um 5 µmol/l steigt, erhöht sich rein statistisch das Herzinfarktrisiko um 40 Prozent.

Im Fachblatt ‚Glücklicher Leben' von »Dr. Spitzbart's Gesundheits-Praxis« werden die Vitamine B_9 (Folsäure) und B_{12} außerdem zu den Glücksbringern gezählt:

„Das Vitamin Folsäure fehlt den meisten Deutschen. Dabei ist es so wichtig für Ihr Wohlbefinden: Es bildet Noradrenalin, das Glückshormon. Fehlt Folsäure, erzeugt die Nebenniere einen Ersatz: Adrenalin. Dieses Stresshormon wühlt Sie zwar innerlich ähnlich auf wie Noradrenalin, aber es macht eben nicht glücklich, sondern gehetzt. [...] Vitamin B_{12} wird für alle Zellteilungsprozesse im Körper benötigt. So bleiben Sie jung und sind voller Elan. Sind Sie ausreichend versorgt, dann sind Sie nicht nur geistig flexibel. Ihre Lebensfreude erhöht sich deutlich. Sie gehen optimistisch durchs Leben."

Auf die dabei benötigte hohe Dosierung dieses Vitamin-B-Komplexes verweise ich noch. Die handelsüblichen Nahrungsergänzungsmittelchen verhöhnen dieses Wissen mit ihren extrem niedrigen Quoten.

Das Stichwort *geistig flexibel* bringt uns noch zu einem weiteren medizinischen Fachbereich: Einigen Ärzten ist längst bekannt, dass hochdosiertes Vitamin B_{12} Alzheimer und sechs weitere Geisteskrankheiten abwenden beziehungsweise heilen kann. Das bekannte australische Magazin »NEXUS – Hintergründe-Gesundheit-Perspektiven« bringt in seiner deutschen Ausgabe (14/2008) einen ausführlichen Bericht des US-Magisters der Berkeley-Universität Joseph G. Hattersley zum Vitamin B_{12}. Es heißt unter anderem:

„Die meisten Alzheimerfälle sind wegen eines allzuniedrigen B_{12}-Wertes im Grunde vernachlässigte Fälle von Vitamin-B_{12}-Mangel. [...] Fast alle Patienten weisen B_{12}-Werte im unteren Drittel des sogenannten ‚Normalwerts' auf. Wurden die Werte bis zum obersten Drittel angehoben, fühlte sich jeder Patient besser."

Als eine der modernen Verursacher dieser Mangelerscheinung bestätigt Hattersley die Mikrowellenkost. Er schreibt unter anderem:

„Bedeutend ist, dass beim Erhitzen in der Mikrowelle all jene Enzyme im Lebensmittel zerstört werden, die für den Körper zur Resorption und Verwertung nötig sind. Durch den Verzehr von Mikrowellen-Kost, sowohl zuhause als auch in Restaurants und Imbissen, machen sich Millionen Amerikaner angreifbar für Alzheimer und Krebs."

Na, wenn das ein Russe liest, freut er sich, denn in Russland ist die Mikrowellenküche angeblich und wohlweislich verboten. Hatterley drückt sich weiter klar in unserem Sinne aus, wenn er berichtet:

„Dass es so wenige veröffentlichte Forschungsarbeiten über die B_{12}-Therapie als Mittel zur Verhinderung von Alzheimer und anderen neurologischen Krankheiten gibt, ist das Ergebnis eines, [...] starken Sponsorings bestimmter Forschungen und Lehren durch die Pharmaindustrie'. Erfolgsorientierte Akademiker haben begriffen, dass sie, wenn sie ihre ehrgeizigen Erwartungen erfüllen möchten, ernährungsbezogene Forschungen zugunsten von Arzneimittelforschung aufgeben müssen. Die Anzahl der Veröffentlichungen über Medikamente für Alzheimerpatienten ist überwältigend. Als Katalysator für ihre Karriere gibt es für die Autoren dieser Studien einen großen finanziellen Leistungsanreiz, positive Ergebnisse zu berichten, egal ob wahr oder nicht...“

Uneinheitlich sind sicherlich auch die Empfehlungen über den täglichen Bedarf von Vitamin B_{12}. Intravenös und als Trinkampullen (zur wöchentlichen Einnahme) ist der eine Weg, doch auch als Tabletten sind einfachere Mittel zur täglichen Einnahme auf dem Markt. Die WHO empfiehlt ganze 0,003 mg = **3 µg** (Mikrogramm). Die erwähnten Autoren empfehlen jedoch täglich **1.000 µg** (Mikrogramm).

Vor allem sieht das Karstädt noch anders, da er konsequent einen ganzen Vitamin-B-Komplex empfiehlt. Er nennt es »Das Dreieck des Lebens« (Buchtitel), nämlich die tägliche Einnahme von 100 Milligramm (mg) Vitamin B_6, 1.000 Mikrogramm (µg) Vitamin B_9 (Folsäure) und 1.000 Mikrogramm (µg) Vitamin B_{12}.

Trotz medikamentöser Überschwemmung auch im Nahrungsergänzungsangebot habe ich bisher ein einziges (!) Präparat[(68)] auf dem freien Markt gefunden, und das wird im Vereinigten Königreich (UK) hergestellt – diese ‚Sperre' scheint wohl System zu haben (denn in Spanien kenne ich mehrere Präparate). Dazu passt die Aussage von Hattersley für die USA und hoffentlich nie für Europa:

„Die Vitamin-B_{12}-Therapie steht noch immer einem großen Hindernis gegenüber: ***Kodexbestimmungen.*** *Sie werden in naher Zukunft in Kraft treten und verbieten, Vitaminmengen über die festgelegte Tagesdosis hinaus zu verkaufen. Bei B_{12} liegt die empfohlene Tagesdosis nur bei 3,02 Mikrogramm. Wenn dieses Gesetz in Kraft tritt, werden Millionen Menschen leiden und an einer schrecklichen Krankheit sterben, die mit B_{12} vermieden werden könnte."*

Um welche Kodex-Bestimmungen handelt es sich? Es geht um den internationalen »Codex Alimentarius« (lat.: *Lebensmittel-Kodex*), der gemeinschaftlich von der Welternährungsorganisation (FAO) und der Weltgesundheitsorganisation (WHO) kontrolliert wird. Einer, der schon lange über den Codex Alimentarius aufklärt, warnt und dagegen vorgeht, ist Dr. Matthias Rath.[(69)]

Überraschend lese ich, dass dieses ‚strenge' EU-Gesetz, vielfach als *Menschheitsverbrechen* bezeichnet, tatsächlich bis Dezember 2009 auf uns zukommen soll. Bei der Konferenz der »Anti-Zensur-Koalition« am 21.2.2009 in Chur erklärte Frau Dr. Rima E. Laibow:

„Die US-Regierung, die EU, die WTO, die WHO und die größten Konzerne aus der Pharma- und Biotech-Branche greifen nach weltweiter und lückenloser Kontrolle über die Produktion und den Konsum von Nahrungsmitteln. ‚Von der Farm bis zur Gabel' soll sichergestellt werden, dass unser Essen genetisch modifiziert, mit Pestiziden bombardiert und bestrahlt ist. Das Ziel ist weitaus mehr als nur Profitmaximierung; nämlich eine Bevölkerungsreduktion weltweit."

Es geht dabei um Einschränkungen aller Nahrungsergänzungsmittel, aller Vitalstoffe und Vitamine, um generelle Bestrahlung allen Obstes und Gemüses und vielem mehr.[(207)]

Die »Aktion Eliant« und andere Aktionen sammeln zur Zeit eine Million Unterschriften, um am Europäischen Gerichtshof gegen dieses Gesetz Einspruch einzulegen und dagegen anzugehen. Mehr Infos und Online-Stimmabgabe finden Sie unter »www.eliant.eu« beziehungsweise »Aktion Eliant« in 79540 Lörrach, Rebgasse 37.

Die Lüge „sauer macht lustig“

„Sauer macht lustig“, ist Schnee von gestern. Denn man meinte damit vor drei Jahrhunderten ‚gelüstig' und appetitanregend. Doch weder für den Wald ist der *saure Regen* lustig noch für unseren Magen der Ärger: *„Da werde ich sauer!“* Auch *„sauer aufstoßen“* ist ein leidiges Körpersignal des Unwillens. Ein Spaßvogel schreibt im Internet: *„Ich dachte, es liegt daran, dass man den Mund bei sauren Speisen so verziehen muss, dass es fast wie ein Lachen aussieht.“* Das könnte allerdings in Zukunft zunehmen!

Ein Grundgesetz allen materiellen und verdichteten Lebens ist die Dualität, die Zweipoligkeit, welche Spannungen und Energien erzeugt – auch Lebensenergien. Doppelt, aber auch gegensätzlich ist vieles in unserem Körper angelegt, zum Beispiel auch in seiner inneren Chemie. Dabei spricht man von pH-Werten, einem Maß für die Stärke der sauren beziehungsweise basischen Wirkung einer wässrigen Lösung. Und Wasser ist der größte Anteil in unserem physischen Körper – durchschnittlich 70 Prozent seines Normalgewichtes, und unser Lebenselixier Blut hat sogar einen Wasseranteil von 83 Prozent.

Herrscht in unseren Körperflüssigkeiten ein Säure-Basen-Gleichgewicht, dann ist alles in Ordnung. Wir sind gesund, voller Kraft und können alt werden. Dieses Säure-Basen-Verhältnis wird auch als **Milieu** bezeichnet, wobei pH-Werte über 7 ein basisches Milieu anzeigen, Werte unter 7 ein saures. In einem *neutralen* Milieu, wenn der pH-Wert ziemlich exakt 7 beträgt, herrschen somit gleich viele Säuren wie Basen vor, und unser inneres Milieu ist im *Gleichgewicht*.

Säure-Basen-Gleichgewicht heißt auch, dass die Säure in der Einzahl, die Basen in der Mehrzahl sind. Der Sachbuchautor und Vortragsreisende Hans-Heinrich Jörgensen(70) schreibt dazu:

„Das ist kein Irrtum, denn in der Tat kommen in unserem Blut auf ein Säure-Molekül gleich zwanzig Basen-Moleküle. Das zeigt, dass die Gefahr nicht von der Base her lauert, wie eine Denkrichtung der Medizin uns weismachen will, sondern von der Säure... Ein zwanzigfacher

Schutzwall macht unmissverständlich deutlich, wo der Feind steht, vor dem wir geschützt sein sollen und wollen."

Seit Jahrtausenden sind unsere perfekten Körper von Säure-Basen-Prozessen geprägt und bestimmt, und man spricht dabei vom Stoffwechsel. So erfordern geordnete Stoffwechselvorgänge ein ganz bestimmtes Milieu, wobei wir versuchen, uns vorzustellen, wie sich Vorgänge im Eiweißstoffwechsel, Fettstoffwechsel und Kohlenhydratstoffwechsel *zugleich* abspielen – das macht unser Körpersystem ein Leben lang perfekt! Stoffwechsel hat nichts mit unserer Verdauung zu tun, dabei wird in Magen und Darm lediglich ‚chemisch zerlegt'. Die komplizierten Abläufe des Stoffwechsels beginnen erst nach der Verdauung mit der Umsetzung und Verwandlung der chemischen Stoffe. Es ist für unseren Körper dabei das ‚Gesündeste', dieses Milieu mit seinen benötigten Bedingungen möglichst exakt aufrechtzuerhalten.

Der pH-Wert im Blut muss immer zwischen 7,35 und 7,45 liegen. Weicht er auch nur geringfügig davon ab, kann es zu schweren Störungen kommen. Wenn ich hier allgemein von Übersäuerung des Organismus spreche, dann meine ich nicht das Blut oder den Urin oder den Speichel, sondern das Gewebe, **unsere Zellen** – man schätzt sie pro menschlichem Körper auf rund 50 Milliarden –, ein geradezu unvorstellbares und wunderbares Langzeitsystem.

Also sollten wir es ernst nehmen mit unserem *Sauersein*. Trotzdem hat die etablierte Ernährungswissenschaft die Säure-Basen-Theorie bislang als unbewiesen abgelehnt. Sie argumentiert gelassen, dass der Körper über ausreichend Puffersysteme verfüge, um stets ein gesundes Gleichgewicht zwischen Säure und Basen herzustellen. Ich bestätige jedoch auch, dass das Übersäuerungsthema inzwischen gerne übertrieben dargestellt wird, da Unsicherheit und Vorbeugungsmaßnahmen stets gut geplante Pharmaumsätze einbringen.

Das benötigte chemische Gleichgewicht – das Milieu – wird in unserem Körper von vier wesentlichen Bereichen bestimmt: von unserer Ernährung, unserer Bewegung (Atmung), unseren (auch beruflichen)

Tätigkeiten und unseren Stimmungen – also auch von unseren Lebensumständen. Zwar haben diese Alltagsbereiche im Einzelnen schon eine entscheidende Bedeutung, doch erst das **Gesamtergebnis** – also ganzheitlich gesehen – bildet das *lebensnotwendige* innere oder auch das *gestörte* Milieu.

Im Gegensatz dazu schwächt uns nämlich ein diesbezügliches *Ungleichgewicht*, das kann uns im Laufe der Jahrzehnte alle möglichen Krankheiten bescheren. Das teilweise extreme Ungleichgewicht unserer *modernen* Zivilisation, das schließlich in Übersäuerung oder Azidose gipfeln würde, erzeugt zugleich ein *sauerstoffarmes* Stoffwechselmilieu. Das kann inzwischen als die Basis vieler chronischer Krankheiten angesehen werden, vor allem jener, welche wir so locker unter dem Begriff ‚Zivilisationskrankheiten' abtun.

Was heißt da ‚locker'? Wenn heute schon jeder Vierte krankheitsbedingt seinen Job aufgeben und aus seinem aktiven Berufsleben ausscheiden muss, wie sieht da unsere Zukunft aus? Wer trägt die Hauptschuld in einem solchen sozialen Komplex und wer trägt die Lasten? Wie weit sind wir als Selbstverursacher mitbeteiligt – durch unser unkritisches Akzeptieren aller ‚üblichen Umstände', von denen so viele auf Lügen aufgebaut sind? Und unsere artfremd gewordene Ernährung (Fressalien) und immer bequemere Bewegungsarmut?

„Ich fühl mich wie ausgelaugt!"

Wie geht der Körper mit seinen vielen und doch völlig komplexen **Wasserlösungen** – durchschnittlich 70 Prozent unseres Normalgewichts – um? Wie kann er Zellen, Gewebe und Organe vor den modernen Übersäuerungen schützen? Generell gleicht er durch Basen aus, das natürliche Gegenstück, das uns auch als *Lauge* geläufig ist. Doch nicht nur unsere übersäuerten Böden sind ebenfalls *ausgelaugt*, auch unser Alltag lässt uns das immer öfter fühlen: angespannt, ausgelaugt, gestresst, antriebslos.

Wie neutralisiert der Körper solches Ungleichgewicht jahrzehntelang? Säuren und Basen heben sich gegenseitig auf und neutralisieren sich, wobei Salzwasser entsteht – Salz und Wasser. Damit kann der Körper immer wieder umgehen, puffern und ausgleichen, und das funktioniert völlig automatisch, ohne unser Zutun.

Inzwischen jedoch bedeutet dieser Prozess für unseren Körper Höchstleistung. Unsere **Ernährung** ist nämlich im Laufe der körperlichen Verstoffwechslung der Hauptsäureerzeuger. Aus Fleischverzehr entsteht *Harnsäure*, bei Muskelüberanstrengung *Milchsäure*, Fettes und Süßigkeiten lassen *Essigsäure* entstehen, Sprudel und Limonaden *Kohlensäure*, Schweinefleisch *Schwefelsäure*, Wein *Weinsäure*, Gepökeltes und Streichkäse *Salpetersäure*, Schwarztee und Kaffee *Gerbsäure* und alle Cola-Getränke *Phosphorsäure*.

Reicht es? **Der moderne Mensch ernährt sich nicht mehr ‚artgerecht'!**

Merken Sie schon, was sich hier tut? Um diesen laufenden Schub verschiedenster Säureentwicklungen auszugleichen, braucht der Körper enorme Mengen an Mikronutrimenten, also Spurenelemente und Mineralstoffe und deren Komplexe. Bekommt er diese in unserer stark verindustrialisierten Nahrung nicht im nötigen Maße oder nur in unnatürlichen Pseudo-Mineralisierungen, **verbraucht er körpereigene Mineralstoffe** und/oder erzeugt er Ablagerungen und ‚Schlacken'. Sofern das Hand in Hand geht, spricht man von ‚Alterungen'. In seiner Depesche »mehr wissen – besser leben«[71] schreibt dazu Michael Kent:

„*Entmineralisierung bei gleichzeitiger Verschlackung entspricht einem Tod auf Raten. Wenn dieser Kreislauf nicht gestoppt wird, zieht er im Laufe der Zeit zuerst leichte, dann immer schwerere und schließlich schwerste und tödliche Erkrankungen nach sich. [...] Der Körper verhindert zwar den plötzlichen Säuretod des Organismus, greift aber seine Substanz an, indem er Anleihen bei den Mineralvorräten macht – in Haut, Haaren, Knochen, Zähnen, Drüsen, Gelenken, Bandscheiben, dem Blut, den inneren Organen usw...*"

Abb. 17: Überblick – sauer oder basisch verstoffwechselt
Näheres dazu unter: »www.kent-depesche.com«

Eine ‚übersichtliche' Zusammenfassung zeigt die nebenstehende Abbildung Nr. 17, weitere detaillierte Informationen darüber bieten immer mehr Sachbücher. Ergänzen möchte ich diese Tafel noch mit dem für unsere Region typischen Getreide *Dinkel*. Es ist wie ein Urkorn und bei schonender Verarbeitung hochgradig **basisch** und daher äußerst ausgleichend und empfehlenswert – Dinkel wird wieder modern.

„Das stößt mir auf!"

Noch ein kurzer Blick auf unsere Nahrungsaufnahme und den Verdauungsprozess: Mit unserem Speichel, rund ein bis eineinhalb Liter am Tag, wird der erste Teil unserer Nahrung alkalisch/basisch aufgeschlossen, sofern wir gründlich und langsam kauen. Dabei sorgt der Speichel für die Befeuchtung und Vorverdauung der Nahrung, erleichtert das Schlucken und bildet mit seinen antiviralen und antibakteriellen Faktoren im Mund die erste Barriere gegenüber Krankheitserregern. *(„...da bleibt einem doch die Spucke weg!")*

Das ging mir so, als mir in jungen Jahren mein Vater schilderte, wie es 1945 den deutschen Soldaten im berüchtigten Heilbronner Hungerlager der amerikanischen Kriegsgefangenschaft ging. Eine Scheibe Brot täglich gab es manchmal nur, und dabei speichelten die Gefangenen jeden Bissen so lange im Mund ein, bis es sich fast flüssig aufgelöst hatte, und das half vielen zu überleben.

In unserem Magen herrscht jedoch ein saures Milieu. Das ist gut so, denn die Magensäure tötet die restlichen Bakterien und bereitet die Verdauung der Eiweiße aus der Nahrung vor. Im anschließenden oberen Teil des Dünndarms wird das Milieu dann wieder basisch, denn die Verdauungssäfte, die hier aktiv sind, arbeiten in der neuen Umgebung am effektivsten. Den sauren Magenbrei erwarten hier nämlich rund 1,5 Liter Pankreas und je 1 Liter Galle und Brunnersches Drüsensekret, also rund 3,5 Liter basische Säfte täglich.[72]

Unser lebensnotwendiges inneres Milieu bestimmt somit unsere Gesundheit und unser Wohlbefinden, und wir bestimmen mit unserer Ernährung das Milieu. Also: Geben wir unseren liebenswerten Körpern keinen Grund, sauer zu sein, sondern viele Gründe, um besser zu leben.

Schon **einfache Ernährungsumstellungen** lassen die Gesamt-Säurebildung zurückgehen, befreien uns aber nicht davon, grundsätzliche Veränderungen langfristig zu planen. Ich möchte deshalb den Ernährungsbereich etwas pointiert darstellen, um unsere Entscheidungsnot im eingefleischten *„schmeckt mir – schmeckt mir nicht“* zu dramatisieren. In der »Kent-Depesche« 2/2007 wird dazu Dr. Robert O. Young, ein bekannter Sachbuchautor, zitiert:

> *„Nun ist Übersäuerung laut Dr. Young an und für sich nichts Unnatürliches, ja sogar völlig normal – beim Leichnam. In toten Körpern gibt es keinen Sauerstoff mehr. Das führt zu einer starken Übersäuerung, die Mikroorganismen anlocken soll. Ein toter Körper soll ja möglichst rasch wieder zu Staub werden. Mit Hilfe vieler selbstproduzierter Mikroorganismen fault, gärt und schimmelt der Leichnam – er verwest! Ein lebender Mensch legt darauf aber in den meisten Fällen keinen Wert. Er will leben und nicht zu einem Haufen guter Gartenerde werden. Solange er aber Säuren im Körper hat* ***und sich dieselben höchstpersönlich täglich vorsätzlich zuführt,*** *befinden sich seine Zellen und Mikroorganismen im Zwiespalt. Sie wissen nicht so recht, was der Mensch denn jetzt eigentlich will: Will er verwesen oder leben?*

Doch sehen wir uns das, was längst ein lukratives ‚Wirtschaftswesen' geworden ist, noch aus einer weiteren Perspektive an.

Die ‚hochveredelte' Labor- und Industrienahrung

Die bisher erwähnten Erkenntnisse sind alles nur kurze Hinweise auf eine recht unauffällig gewachsene industrielle Entwicklung, die bis heute zum **viertgrößten Wirtschaftszweig** auf unserem Globus wurde

– die Ernährungsindustrie. Vor Jahren las ich einmal, dass die deutsche Nahrungsmittelbranche das Zehnfache an Werbung ausgebe wie die Autoindustrie. Zum Beispiel ‚erwirtschaftete' (bitte das Wort auf der Zunge zergehen lassen!) der größte Nahrungsmittelkonzern der Welt, die Schweizer Nestlé S.A., im Jahr 2007 einen Reingewinn von 10,6 Milliarden SFR. Dieser größte Industriebetrieb der Schweiz besitzt weltweit über 480 Produktionsstätten und beschäftigt insgesamt rund 276.000 Mitarbeiter. Dem Nestlé-Konzern gehören folgende Marken: After Eight, Alete, Aquarel, Bärenmarke, Beba, Bübchen, Buitoni, Caro, Choco Crossies, Friskies, Herta, KitKat, LC 1, Lion, Maggi, Milkybar, Motta, Mövenpick, Nescau, Nescafé, Nespresso, Nesquick, Perrier, San Pellegrino, Smarties, Thomy, Vittel, Yoco, Yes und andere mehr – Stand 2004 (aus dem Globalisierungsbestseller »Das neue Schwarzbuch Markenfirmen – die Machenschaften der Weltkonzerne« von Klaus Werner und Hans Weiss).[(73)]

Der Schweizer Nationalrat und Professor Jean Ziegler befasst sich durch seine langjährige, weltweite UNO-Erfahrung ausführlich mit dem Wirtschaftsgiganten Nestlé am Genfer See und nennt ihn »Die Krake von Vevey«. In seinem Buch »Das Imperium der Schande – der Kampf gegen Armut und Unterdrückung«[(78)] bemerkt er unter anderem:

> *„Der Herrscher über Nestlé, Peter Brabeck-Lemathe, übergibt jedem seiner 275.000 Angestellten, die in 86 Ländern tätig sind, eine eigenhändig redigierte ‚Bibel', in der sie aufgefordert werden, sich gegenüber den Völkern, die sie ausbeuten, menschlich und ‚wohltätig' zu verhalten."*

In diesem ‚Wirtschaftszweig' (offizielle Bezeichnung auch bei der Ernährung) bilden Begriffe wie Wirtschaftlichkeit, industrielle Herstellungsverfahren, Rationalisierung, Rentabilität, Dienstleistungen, Patentrecht, Wertschöpfungsketten und vor allem Automatisierung die gleichen Richtlinien wie in jedem anderen technisch-industriellen Wirtschaftszweig wie Autoindustrie oder Bekleidungsindustrie und andere. Man nennt sich auch *Fleischwarenindustrie*, obwohl der Handel clever regionale ‚Produktionen' werblich hochjubelt, oder man nennt sich

Süß- und Backwarenindustrie mit geschmacklichem und industriellem Chemie-Design, das unter anderem auch die Kundschaft ‚markentreu' bindet. Spezialmessen helfen, die Produktionen zu globalisieren, frühere handwerkliche Individualität zu Großfertigungen zu minimieren und mit *packing creality* kauffreundliche Produkte an die ‚Frau' zu bringen. Quantität statt Qualität! Die werbliche Anzeigenflut finden wir tatsächlich überwiegend in der sogenannten Regenbogenpresse. Wissenschaftliche Marktforschungen beschränken sich auf Umsätze, Marktanteile und Vertriebsformen, und selten wird von den Konzernen Qualitätsforschung unterstützt – außer wenn bestimmte ‚wissenschaftliche' Forschungsergebnisse nutzbringend belegt werden sollen.

Ein kurzer Hinweis mag das ‚Problem' der industriellen Massenproduktion von Nahrungsmitteln erkennen lassen: Außer der *Haltbarkeit* der verpackten Produkte, was geradezu zu einem Ablaufdatumskult führt, bedarf eine kontinuierliche Großserienproduktion gleichbleibender Charakteristika in Geschmack und Qualität. Die Natur schafft das jedoch kaum industriegerecht. So bedarf es großer Laboratorien, welche die chemischen Gleichmacher und andere ‚Helfer' wie solche für die Verarbeitbarkeit, den Geschmack oder das Aussehen für die Massenproduktion liefern.

Diese Zusatzstoffe können es *‚in sich haben'* und werden als Stabilisatoren, Konservierungsmittel und vielfältige Hilfsmittel benötigt. Auszugleichen versucht die Industrie außerdem die Rückstände von Pestiziden und Düngemitteln wie auch aus Frühernten und Lagerungs/Transport-Fehlern. Was wissen wir über solche Zusatzstoffe? Das ist doch einfach, denn man erfand die »E-Nummern«, und damit erscheint ja alles geregelt und hat eine angebliche behördliche Ordnung. Diese Liste von E-Nummern gilt in der EU. ‚E' steht hierbei für *Europa,* aber auch für *edible* (engl.; *essbar*). Mit ihrer Hilfe ist es möglich, die verwendeten Zusatzstoffe sprach-unabhängig zu identifizieren und ‚glaubhaft' zu machen.

Die Liste sieht folgendermaßen aus (Stand Nov. 08): 39 Farbstoffe (der größere Teil nicht deklarationspflichtig), 23 Antioxidantien (alle deklarationspflichtig), 24 Konservierungsmittel (alle deklarationspflichtig) und 5 Süßstoffe (darüber später mehr). Die *nicht* deklarationspflichtigen Nahrungsmittelzusatzstoffe werden folgendermaßen aufgelistet: 18 Emulgatoren, 35 Stabilisatoren, Gelier-, Verdickungs- und Bindemittel, 52 Alkalien, Säuren und Salze, 12 Antiklumpmittel und 12 Geschmacksverstärker. „*Guten Appetit! Mir reicht's jetzt!*"

Verstehen wir endlich, wie schwer es der viertstärkste Wirtschaftszweig der Welt hat, die Milliarden von ‚Konsumenten' rentabel zu ernähren? Bekommen wir dadurch nicht endlich Verständnis dafür, dass eine vollsynthetische Ernährung des Menschen, wie es längst erfolgreich die Ernährung der Astronauten zeigt, die Ideallösung wäre? Na ja, eine kurze Zeit würde es ja funktionieren, wie bei unseren hart trainierten Weltraumbummlern oder bei der Intensivbehandlung Schwerstkranker.

Die ‚Masse' Mensch scheint jedoch noch gar kein Verständnis für solche Fertigungsprobleme aufzubringen – im Gegenteil. Der zwischenzeitlich erwachende *Verbraucher* (diese Bezeichnung ist offiziell, jedoch eine geringschätzende Abwertung) zwingt durch sein immer kaufbewussteres ‚Verbraucher- oder Konsumverhalten' die Handelskonzerne, ihre Bio-Abteilungen und ihren Bio-Anteil in den bisher üblichen Sortimenten zusehends zu vergrößern. Bioläden, Naturkostläden, Reformhäuser und Bauernläden liegen im Trend. Das schmeckt weder der Industrie noch den Handelsketten, denn damit bekommt der schon tot geglaubte Mittelstand und Kleinhandel wieder Aufwind und Zulauf – Individualität kontra Masse.

»GEO – das neue Bild der Erde« titelt im Dezember 2008 ‚Der kluge Konsum – wie der Erde zu helfen ist' und zitiert Beispiele:

„*...Die Konsumenten, lange als passive ‚Zielgruppe' angesehen, wurden auf einmal als Machtfaktor wahrgenommen – allein dadurch, dass immer mehr von ihnen anders, bewusster konsumieren wollten ...immer auf der Suche nach neuen Antworten auf die Frage: Wie und was kann ich konsumieren, ohne dabei ein schlechtes Gewissen zu haben?*"

Wenn ich in einer der großen Nahrungsmittelfilialen oder der eines Discounters stehe und mir zwischendurch das ‚Milieu' betrachte, würde ich gerne wieder schnellstens verschwinden. Das Milieu von tausenden von ‚Speisen' in Glas und Blech und Plastik und Papier mit bunten Etiketten vollautomatisch abgefüllt – exklusiv oder mit Sonderpreis – erdrückt mich einfach und ich spüre, mein Körper mag so nicht leben. Nur das freundliche Personal lenkt von der Masse ab, und an der Kasse entsteht dann manchmal noch so ein bisschen Tante-Emma-Lächeln. *„Wir sitzen ja alle im gleichen Boot."*

Lächeln Sie nicht ob meiner Ideale – oder verdrehen Sie schon Ihre Augen bei soviel ‚Wunschdenken' und der Vision, Millionen von Menschen besser ernähren zu können? Der Biobereich einerseits und die enormen erwirtschafteten Profite der Billighersteller andererseits zeigen uns die Möglichkeiten, die auch ein so großer Markt hergibt. Der wertvolle Bio-Sektor braucht noch Unterstützung, auch wenn wir dabei hin und wieder ein Auge zudrücken müssen, ob da schon alles hundertprozentig abläuft. Gesünder und besser leben wir dabei allemal.

Bedenken wir doch bitte, dass es den Großen immer um ihre Marktanteile geht, genauso wie im Fernsehen die Einschaltquoten Maß aller Dinge sind. Dieser Handels-‚Wettkampf' bei möglichst gleichbleibendem Profit kann nur über das Einverleiben oder Verdrängen Kleinerer und über Qualitätseinsparungen an den Produkten gehen. Also, je größer die Kette, umso mehr Vorsicht und Umsicht ist meiner Meinung nach angebracht.

Habe ich mich doch letzten Sonntag verleiten lassen, einen deutschen Krimi (mit sympathischen Schauspielerinnen und -spielern) mit anzuschauen. Beste Einschaltquotenzeit am späten Nachmittag. Der Film wurde viermal durch Werbesendungen unterbrochen. Ich erklärte:

„Jetzt schauen wir uns doch nebenher mal die Firmennamen an, die diesen Film mit richtig saftigen Zahlungen finanzieren – durch die begehrte Sendezeit sicherlich ganz beträchtlich. Knapp dreißig Firmen (eine mehrfach) präsentierten Produkte und ihre Logos, können sich diese Bestzeitgebühren betriebswirtschaftlich leisten, haben also eine sehr überhöhte Kalkulation, und ich würde sie daher grundsätzlich niemals kaufen."

Nein, resignieren gilt nicht. GEO bestätigt, dass immer mehr Unternehmer versuchen, Geschäft und Moral in Einklang zu bringen – nicht nur aus Angst, zu Getriebenen zu werden, sondern aus eigener Überzeugung. Als ehemaliger gelernter Nachkriegs-Fachdrogist – damals geradezu noch eine Universalberufsausbildung – bewundere ich heute die ganzheitlich-menschlichen Strategien der für mich vorbildlichen Drogeriemarktkette »dm«. Mit dem Aufruf ‚Sei ein Futurist!' starten beispielsweise der »dm-drogeriemarkt« und die Deutsche UNESCO-Kommission die Initiative ‚1000 x 1000' (18.12.2008).

„Diese Aktion zum Thema Bildung für nachhaltige Entwicklung fördert 1.000 Projekte, die ***die Zukunft lebenswerter machen****, mit je 1.000 Euro. Auf diese Weise sollen junge Menschen dazu ermutigt werden, selbst aktiv ihre Zukunft und die Zukunft nachfolgender Generationen zu gestalten. ‚Wir wollen in der Gesellschaft Impulse für nachhaltiges Denken und Handeln setzen und Menschen dazu bewegen, Verantwortung für morgen zu übernehmen', veranlasst der dm-Gründer Professor Götz W. Werner."* (www.dm-drogeriemarkt.de)

Overkill oder Selbstbestimmung?

Den zunehmend herausragenden Gipfel des Eisbergs **Gentechnologie** möchte ich auch als kurzen Hinweis anbieten. Hierbei wird echte ‚Forschung' betrieben, doch diese ist ausschließlich an der patentrechtlichen Beherrschung der Erzeugerbereiche orientiert. *Agribusiness* ist ein Schreckenswort, das nichts mit Entwicklungshilfe oder sonstigen Unterstützungen der Landwirtschaft zu tun hat, sondern mit reinem internationalem Geschäftemachen, Erpressen, Kleinmachen, Ausbeuten, Versklaven. Doch immer mehr Aufklärungsliteratur erscheint weltweit. Davon habe ich mir zwei Hinweise zur Gentechnologie herausgepickt, eine

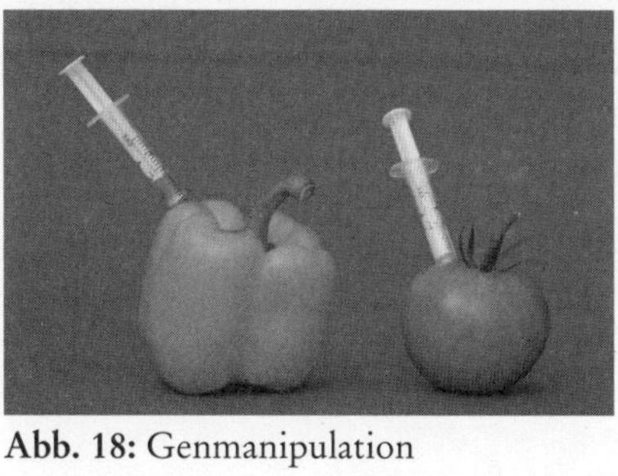

Abb. 18: Genmanipulation

eingehendere Bearbeitung kann nicht Thema dieses Buches sein. Auf der Internetseite »www.zentrum-der-gesundheit.de« warnt ein unbequemer Abschnitt mit der Überschrift **‚Gentechnische Manipulation erschafft Super-Viren'**:

„Die bei weitem heimtückischsten Gefahren, die dem Prozess der gentechnischen Manipulation selbst innewohnen, der den Umfang und die Wahrscheinlichkeit von horizontalem Gentransfer und Rekombination stark verstärkt, ist der Hauptweg, Viren und Bakterien zu erzeugen, die Krankheits-Epidemien verursachen. Dies wurde 2001 im Verlaufe eines anscheinend harmlosen gentechnischen Experiments durch die ‚zufällige' Erschaffung eines Mäusekiller-Virus herausgestellt. Neuere Techniken, sowie das Mischen von DNS, erlauben es Genetikern im Labor, in Minuten Millionen von rekombinanten Viren zu erzeugen, die in Milliarden Jahren der Evolution niemals existiert hatten.

Krankheitsauslösende Viren und Bakterien sowie ihr genetisches Material sind die hauptsächlichen Materialien und Werkzeuge der gentechnischen Veränderung, genauso wie auch bei der absichtlichen Erzeugung von Bio-Waffen. […] Es gibt bereits den experimentellen Nachweis, dass transgene DNS von Pflanzen durch Bodenbakterien und im Darm von freiwilligen Versuchspersonen aufgenommen wurde. Markierungsgene für Antibiotikaresistenz können sich von transgenen Lebensmitteln auf pathogene Bakterien übertragen, was dann die Behandlung von Infektionen sehr schwierig macht.“[(74)]

Den zweiten Hinweis brachte »secret.TV« am 4.12.2008 mit der köstlichen Überschrift »Genfutter: Prost Mahlzeit«:

Abb. 19: Können genmanipulierte Produkte vermieden werden?

„Ein Langzeitversuch an Mäusen im Auftrag der Regierung Österreichs hat den schon lang bestehenden Verdacht bestätigt: Die Tiere, die mit gentechnisch verändertem (GVO-)Mais ernährt wurden, erlitten eine definitive Beeinträchtigung der Fruchtbarkeit. Wenn Nachkommen gezeugt wurden, waren diese oft deutlich geschädigt. Dieses Ergebnis ist keine Überraschung. Es bestätigt

Studien, die in letzter Zeit in verschiedenen Ländern durchgeführt wurden.“

Ausführlich geht darauf der internationale Forscher F. William Engdahl in seinem Buch »Saat der Zerstörung – die dunkle Seite der Gen-Manipulation« ein.[(167)] Die EU ist dank der zunehmenden Proteste inzwischen soweit, den Maisanbau von Monsantos MON810 zu verbieten. Unsere Republik hat sich inzwischen dem Verbot angeschlossen. Doch da gibt es ja noch die Importe. *„Die deutschen Verbraucher essen gentechnisch veränderte Lebensmittel, ohne es zu wissen“*, sagt Gerd Spelsberg vom Verbraucherportal »Transgen«.[(174)] Vor allem in Fleisch, Milch und Eiern. Die Tier-Nahrung muss als gentechnisch verändert gekennzeichnet werden – das Fleisch hingegen nicht. *„Der Gentechnik-Anteil eines Produkts darf EU-weit höchstens 0,9 Prozent betragen. Bis zu dieser Grenze müssen die Produkte nicht gekennzeichnet werden. Und diesen Spielraum schöpfen die Konzerne aus. Darüber hinaus werden bei der Lebensmittelerzeugung Enzyme gebraucht, die mit gentechnisch veränderten Stoffen hergestellt werden.“*

Doch ultramoderne industrielle Techniken haben noch mehr zu bieten: Deutschland und die EU pumpen ziemlich im Stillen Milliarden in die so hochgelobte **Nanotechnologie**, es werden sogar Billionenmärkte versprochen, und das Patentrecht boomt. Darüber berichtet »raum&zeit – die neue Dimension der Wissenschaft« in ihrer Ausgabe 153 (6/2008) mit der Überschrift »Geisterfahrt Nanotechnologie«. Dabei ist es zutiefst erschrekkend, was der Wissenschaftsjournalist Niels Boeing als Risiken und mögliche Gefahren offenlegt. Da dieser ‚industriellen Revolution’ noch lange nicht genügend Langzeiterfahrung zur Verfügung steht, kann auch kein Genetiker sagen, was passiert, wenn ein Nanopartikel auf eine menschliche Zelle trifft.

Abb. 20: Ein Nanopartikel verhält sich in der Größe zu einem Fussball, wie der Fussball zur Erde

„Die Lebensmittelindustrie nimmt die Risiken des Einsatzes von Nanomaterial in ihren Produkten offenbar nicht ernst", warnt Wilfried Kühling, Vorsitzender des Wissenschaftlichen Beirats des »Bund«, der kürzlich einen Report zum Thema Nanotechnologie im Nahrungsmittelbereich veröffentlicht hat. Aus Technologien außerhalb des Ernährungsbereichs weiß man nämlich, dass Nanoteilchen die Blutbarrieren in der Lunge passieren können **und damit in die Blutbahn, das Gehirn oder andere Körperteile gelangen.** (»Nexus-Magazin« 19/2008)

Das Thema tangiert bereits weitere Lebensbereiche, wie die Schweizer Wochenzeitung »Zeit-Fragen« (www.zeit-fragen.ch) meldet: *„Metallische Nanopartikel in Sonnenschutzcremes und immer mehr Kosmetika"*. Als solche Nanopartikel werden grundsätzlich Verbünde von wenigen Atomen oder Molekülen bezeichnet, die extrem ‚mini' sind. Das gilt besonders für eine Nanopartikelgröße von unter 10 Nanometern. Neben natürlichen Vorkommen werden sie synthetisch erzeugt, um Produkten gewünschte Eigenschaften zu verleihen oder zu verstärken.

Der Körper protestiert

Menschlich artfremde und industriell gefertigte Ernährungs-Massenprodukte sind nicht nur als heim-tückisch und hinter-listig zu bezeichnen, weil Zulieferer, Rezepturen und besondere Fertigungstechnologien **wertvolle Geheimnisse** darstellen. Scheinangaben wie auch Lügen gehören daher zum Geschäft.

Lassen Sie mich dabei noch auf zwei andere und *alltägliche* Halbwahrheiten hinweisen, die man natürlich auch als Missverständnisse auslegen kann: Es ist die bewährte ‚Arbeit' unseres **Magens** und es ist das zunehmende **Übergewicht** in unseren Wohlstandsländern. In der zitierten Kent-Depesche »mehr wissen – besser leben« heißt es dazu:

„Dr. Young ist ferner der Überzeugung, der uns von der Schulmedizin eingebläute als normal erachtete Säurewert unseres Magens sei der Wert eines misshandelten Magens! Magen-pH-Werte von 1 oder 2 seien bereits jenseits von Gut und Böse, nämlich ein konkretes Zeichen von

Krankheit. Ein Magen bilde Säure entsprechend der hereinkommenden Nahrung. Um hochkonzentriertes Eiweiß wie Fleisch, Milch- und Sojaprodukte irgendwie klein zu kriegen, produziert er im Übermaß Säuren. Da tierische Eiweiße keine Menschennahrung sind, gelingt ihm das nie – egal wieviel Säure er in seiner Verzweiflung produzieren mag.“

Zu einem weiteren ‚Magen-Problem' wird die ‚zeitgemäße' Art, keine Zeit mehr zum Essen zu haben. Mahl-Zeiten werden zu *Schlingzeiten*. Während des Essens sind wir in Eile oder schlucken mit runter, was wir diskutieren oder entwerten das Mahl durch ablenkendes Fernsehen.

Auch *Fast-food* hat seinen Doppeleffekt, denn übersetzt als *Schnellfraß* kann es schnell und billig in der Herstellung, jedoch auch schnell und gedankenlos im Hinunterschlucken bedeuten. Wer führt sich die Speisen noch gemütlich zu Gemüte? Bissen für Bissen? Suchen wir uns dafür besondere ‚stimmungsvolle' Lokalitäten? Brauchen wir inzwischen Gourmetlokale, in denen unsere Nahrung gekonnt *aufgewertet* wird, auch in höhere Einnahmen? Energieaustausch könnte man das auch nennen und Magenpflege, denn man *kauft* ja die Atmosphäre, die Ruhe, das Stilvolle gleich mit dazu. Und das tut wirklich gut.

Auch am heimatlichen Tisch kann beim Essen eine Kerze brennen und kann ein bisschen liebevoll ‚gedeckt' sein. Magenpflege braucht Ruhe und Freude am Essen und beim Essen – oder darf es auch ‚Speisen' sein? Gemeinsame Mahlzeiten auch als Familienzusammenführung? *„In der Ruhe liegt die Kraft!“*, doch der Gourmettisch sagt uns auch noch etwas anderes: *„Weniger ist mehr!“* Unser Magen mit seinen Signalen ist auch dabei sehr intelligent, obwohl unser Kopf ihn nicht immer versteht. Das gilt dann auch für unsere liebgewonnenen Gewohnheiten und Routinen, die unseren (h)eiligen Alltag prägen.

Und dann ist da noch die Angst, manchmal sogar unsere vielen Ängste und ganz verschiedene. Essen tröstet und beruhigt! Was man in seinem Alltag sonst noch alles *schlucken* muss: Ärger, Aggressionen, Minderwertigkeitsgefühle, Anpassungszwänge oder Sorgen, Sorgen, Sorgen – alles landet mit im Magen, *„schlägt sich mir auf den Magen“*

und will *verdaut* werden. Es ist kein Wunder, wenn da ein Magen auch *„jetzt reicht's"* schreit und sauer reagiert!

Ist das übertrieben, was ich bei Professor Kurt Tepperwein fand? *„Ein kleines Steak enthält etwa 5 Gramm Harnsäure. Um auch nur EIN Gramm Harnsäure wieder loszuwerden, braucht der Körper 6 bis 8 Liter Wasser. Lange, bevor der Körper die mit dem Steak gegessene Harnsäure losgeworden ist, haben Sie wahrscheinlich ein neues Steak gegessen, und der Körper hat keine Chance, in ein Säure-Basen-Gleichgewicht zu kommen."*

Daher hat die **Magensäure** für unser Körpersystem eine weit über den Magen hinausgehende Bedeutung, und es sollte unterschieden werden zwischen einem gesunden, sauren Magenmilieu, das *gewünscht* ist, und der Übersäuerung des Bindegewebes, die *krank* ist. Eine Fleischmahlzeit, ohne die benötigte Menge an Magensäure, kann schlecht verzehrt werden, da *zehrt* dann etwas. Im Grunde betrifft es jegliche tierische Eiweißnahrung. Diese kann nur in einem ausreichend sauren Magen aufgespalten werden, denn im späteren Verdauungsbereich des Dünndarms ist das nicht mehr möglich.

Dies betrifft auch das übliche viele Trinken vor und während des Essens. Damit verdünnen wir die für unsere Gesundheit so wichtige Magensäure. Die (ehemalige?) mediterrane Esskultur genießt zum Essen nur Wein, der ganz natürlich hilfreiche Säure liefert anstatt den Magensaft zu verdünnen. Schafft unser Magen die Eiweißspaltung nicht, fallen dann die verbliebenen unverdauten Eiweiße im anschließenden Darm der natürlichen Fäulnis anheim.

„Fäulnisprodukte im Darm erzeugen im Körper Alarm." und *„...der Tod sitzt im Darm"*, heißt es in der Volksheilkunde. Die Naturärztin Dr. Heidi Müller befasst sich mit dem ‚Unverdauten' und ergänzt dazu: *„Die Belastung des Gehirns mit Toxinen (nicht abgebaute Stoffwechselgifte, Parasitentoxine und Fäulnisstoffe) ist erheblich. Aber ebenso verheerend wirkt sich auch der Mangel an essentiellen Aminosäuren für die Produktion von Hormonen und Neurotransmittern aus. Dopa-*

minmangel führt zu Frust, Unzufriedenheit, Verlust von Lebensfreude, schließlich in die Depression!!!"

Wenn uns zwischendurch der Sod brennt, erklärt uns das Dr. Müller mit einer überraschenden naturärztlichen Sichtweise:

„Sodbrennen liegt nicht an einem Säureüberschuss, sondern an einem Mangel an Energie, wodurch der Magenpförtner erschlafft. Jede Art von Übertritt von Magensaft zurück in die Speiseröhre erzeugt dort Reizung. Es ist Schwäche, die Magensaft zurücklaufen lässt!!! Deshalb funktioniert ja das mit dem Heilkräuter- oder Ingweressig…, weil der Magen dadurch gestärkt wird."

Ich liebe in diesem Falle meinen bewährten Bitterschnaps, der tut auch sooo gut. **Daher kann ich eigentlich nur empfehlen, sich mit unserem inneren Freund Magen näher zu befassen,** denn ich kann mich hier in diesem Buch nur auf solche Hinweise beschränken. Unser Magen ist nämlich auch ein bewährter und zuverlässiger Navigator im ‚Verdauen' vieler Lebensumstände, Probleme der Seele, berufliche Herausforderungen und anderen Alltagssituationen – und er meldet sich oft rechtzeitig mit sehr eindeutigen Signalen.

Ein weiterer Körper-Protest kann unser Übergewicht sein. Vor allem ist seine krankhafte Form der **Fettleibigkeit** oder Adipositas längst ein *Alarmzeichen* und in den USA als *Epidemie* bezeichnet (»Spiegel-Online«). In Europa sind wir Deutsche die Regionalsieger der Übergewichtigen – 75 Prozent der Männer und 59 Prozent der Frauen sind bei uns zu dick, und das, obwohl so viele Ernährungsempfehlungen und Light-Nahrungsmittel wie noch nie auf dem Markt angeboten werden. Nur in den USA, dem Weltmeister, gibt es noch mehr Übergewichtige.

Mit den Light-Produkten befasse ich mich noch ausführlich. Denn Übergewicht ist nicht nur das Ergebnis von zu wenig Bewegung und von zu vielen Kalorien, sondern vor allem auch das Resultat von Fehlernährung und Mangelernährung – **wir verhungern vor vollen Töpfen** und werden dabei immer dicker. Dr. Heinz Reinwald meint: *„Nur-Kalorien-Zählen ist der große Irrtum!"*

Auch gibt es kein ungesundes Fett, sondern nur die falsche Mischung aus gesättigten und ungesättigten Fettsäuren, und **aus Fettsäuren besteht das meiste Übergewicht**. Weil der pH-Wert des Blutes nicht durch die vielen Säuren beeinträchtigt werden darf, bildet der Körper außerhalb des Blutes **Fettsäuredepots**. Zur Wirkung solcher angesammelter Säuren erklärt Sang Wang in seinem berühmten Buch »Der Weg zurück in die Jugend«:[(123)]

„Die Kapillaren um die Fettsäuredepots herum sind in der Regel verstopft. Die Fettsäuredepots entstehen meist unter der Haut, bei Männern vor allem im Bauchbereich, bei Frauen an den Hüften, den Oberschenkeln und den Brüsten. Die Organe, in deren Nähe sich Säuredepots befinden, werden nicht mehr optimal durchblutet und können auf die Dauer geschädigt werden."

Dabei ist Übergewicht bis zu einem gewissen Maß völlig individuell und auch vielfach normal. Grenzwerte sind nämlich in der Fachwelt umstritten. Nach einer israelischen Langzeitstudie an 10.000 Männern im Alter von über 40 Jahren haben Männer mit leichtem Übergewicht (**B**ody-**M**ass-**I**ndex von 25 bis 27) deutlich bessere Aussichten auf Langlebigkeit als ‚Normal'gewichtige. Bei starkem Übergewicht (BMI über 27) sinkt dann die Lebenserwartung wieder. Fleißige Auflistungen der möglichen Ursachen gehen mit unzähligen und unsterblichen Diät-Vorschlägen – inzwischen auch schon für Kinder – durch unsere schlagzeilensüchtige Systempresse, ohne dass sie auf die Hauptursache hinweisen dürfen (Werbeentzugsdrohungen):

Da unser kostbarer Körper durch die moderne, denaturierte und artfremde Industrienahrung mit lebensnotwendigen Enzymen, Mineralien und Vitalstoffen unterversorgt wird, schreit er förmlich nach immer mehr – er braucht ganz einfach Menge!

„Viele Berufseinsteiger sind dick und unbeweglich", meldet die dpa vom 16.12.2008. Erstmals fand eine Untersuchung der »Deutschen Sporthochschule« in Köln mit fast 13.000 Teilnehmern statt. Die Folgen sind für Berufseinsteiger und so manches Unternehmen besorgniserregend, betont die »Fit fürs Leben«-Studie.

„Die Untersuchungsbefunde zeigen erstmals, dass die ungünstigen Entwicklungen nach dem 18. Lebensjahr erheblich an Dynamik gewinnen, bilanziert die Sporthochschule. So ist unter den 25 Jahre alten Männern schon jeder zweite zu dick, 60 Prozent rauchen, ein Drittel treibt nie Sport. Rund 25 Prozent der 25-jährigen Frauen haben Übergewicht, nur noch 19 Prozent sind im Sportverein aktiv, ebenfalls rund 60 Prozent rauchen. Von allen 12.835 Probanden haben drei Viertel Risiken, sich infolge ihres ungesunden Lebensstils eine Herz-Kreislauf-Erkrankung zuzuziehen.
Krankheiten wegen falscher Ernährung und ungesunder Lebensweise verursachen den gesetzlichen Krankenkassen jährliche Kosten in Milliardenhöhe. Begleiterkrankungen sind neben Übergewicht, Diabetes und Herz-Kreislauf-Erkrankungen auch chronische Rückenleiden, Skelett- und Knochenerkrankungen, Magen- und Darmkrebs sowie Karies, wie eine Sprecherin des GKV-Spitzenverbands aufzählt.“

Die Pharmazeuten selbst haben eine geflügelte Redewendung: *„Es gibt eine große Anzahl von übergewichtigen Menschen, aber sie sind alle schlecht- beziehungsweise unterernährt.“*

Man schiebt es geschickt auf ‚Lebensstilerkrankungen' und auf die vermehrte Werbung für überproportional Hochkalorisches. Stattdessen sind die eigentlichen Ursachen diese Produkte selbst und auch wir, die wir dafür Geld ausgeben (sonst würde es niemand anbieten): Alkoholika, Süßigkeiten, Fette, Fertiggerichte, Limonaden, Snacks und Fastfood. Dies wollen WHO und EU durch Werbebeschränkungen eingrenzen, besonders in der Jugendwerbung. *„Weil sich Kinder zu ungesund ernähren“*, forderte EU-Agrar-Kommissarin Mariann Fischer-Boel die Verbannung aller kalorienhaltigen Snacks aus den Automaten. (»Focus« 52/2008)

Das finde ich sehr, sehr empfehlenswert, es geht aber weiterhin geschickt daran vorbei, wie minderwertig insgesamt die ‚Versorgung' unseres Körpersystems geworden ist.

Und wer ist schuld daran? Die anderen oder auch wir selbst? Alle Nahrungsmittelindustriebetriebe sind erfolgsabhängig und brauchen Renditen, auch Profite genannt. **Wenn wir also alles das konsumieren, was sie gut gewürzt anbieten, dann bleibt es, wie es ist!** Ich erinnere daran, dass der weltgrößte Nahrungsmittelhersteller im Jahr 2007 10,7 Milliarden SFR Reingewinn, also versteuert hatte. Ein Spiegel unserer Zeit?

Doch da alle Industriezweige logischerweise ergebnisorientiert (profitsüchtig) sind, sind sie zwangsläufig auch trend-abhängig.

Trends – Top oder Flop?

Sie sind ein schönes Spiel mit dem Konsumdenken der ‚Masse'. Masse ist für uns Menschen keine schöne Bezeichnung, ist jedoch die Zielvorgabe allen industriellen Planens. *Trends helfen, Märkte zu erschaffen.* Denken wir als ein einfaches Beispiel an die Bekleidungsindustrie. Die meisten von uns haben zuhause Schränke voller Bekleidungsstücke, sodass man gut ein weiteres Jahr ohne diesbezügliche Geldausgaben und Neuanschaffungen auskommen könnte. Doch davon kann man ja keine Industrie mit ihren Arbeitsplätzen, Steuerzahlungen und Gewinnabschöpfungen erhalten. So werden Jahr für Jahr *neue Modetrends entworfen* – in der Modebranche kreieren sie die gefeierten Designer und Modeschöpfer, und in anderen Konsumbereichen gibt es die Markt- oder Trendforscher und als Ergebnis die *Trendsetter*.

Fast alle Trends werden gezielt ‚gemacht' und von der Billigpresse diskutiert, zerstritten, verlacht oder gefeiert – *Top* oder *Flop*, *in* oder *out*? Gut die Hälfte der banalen Regenbogenpresse scheint davon gut zu leben, denn solche Trends entstehen vorwiegend durch Änderungen *äußerer* Umstände, die man aufwendig ‚abbilden' kann – teilweise schauerlich, aber umsatzträchtig. Es gibt ja genug ‚brauchbare' Konsumenten, die sich zu *trendigen Abbildern* machen lassen und die ein Bekannter ‚Klischee-Heinis' nennt.

Durch drei Beispiele aus der Nahrungsmittelbranche versuche ich, das zu erläutern, denn *Essenstrends* spiegeln auch unser tägliches Leben wider: einerseits der Snack zwischen zwei Terminen, eine Pizza in der Besprechung und gedankenlose Ernährung uhrzeit- oder hungerbedingt und andererseits der wertvollere Essenstrend ‚Bio', der boomt und in den vergangenen Jahren schon Umsatzpluszahlen einfuhr, die bis zu 15 Prozent ansteigen. Wir erkennen dabei wieder einmal ein sehr breites Spektrum unseres *eigenen* menschlichen Verhaltens, mit dem wir unseren Körper jahrelang an alle möglichen Situationen anpassen können – unabhängig von irgendwelchen Trends.

Das dritte Beispiel: Ganz *trendig* war ein weltweiter Essenstrend zur Olympiade in China: die Pekingente, die sich auch in unserer Republik einer besonderen Beliebtheit erfreut haben soll. Welche Logistik steht da dahinter, um rechzeitig Millionen Watschler weltweit und pekingähnlich auf den Tisch zu bringen? Wir kennen ja noch das Kinderlied *„Alle meine Entchen schwimmen auf dem See…"* – und am Bodensee kann man diese Romantik täglich erleben. Die Wahrheit jedoch sieht wieder schrecklich aus. Mast-Enten in qualvoller Enge und völlig ohne ihr Lebenselement Wasser aufgezogen bis zum erlösenden Schlachttag – sogar bei uns fehlen Haltungsverordnungen.

Noch ein Trend gefällig? Marktforscher wissen: Jeder zweite Käufer gibt an, **gesundheitsbewusst** einzukaufen. Es ist für die Industrie deshalb durchaus einen Versuch wert, bekannten Produkten einen Zusatznutzen zu geben. Und schon sprudeln die trendigen Ideen und Einnahmequellen. Berlin (dpa) meldet am 27.1.2009:

„Es klingt so schön: Anti-Aging-Bier in Deutschland („Für Körper, Geist und Seele" steht auf der Flasche) und Milch zur Regeneration der Haut, in Japan gibt es Deo-Kaugummis, in den USA Bonbons gegen Pickel. Sieben Euro kostet in Frankreich das 120-Gramm-Glas einer Anti-Falten-Marmelade. Die Nahrungsmittelindustrie hat einen neuen Markt entdeckt.

Schon eine Weile gibt es Margarine gegen zu viel Cholesterin und Joghurtdrinks, die den Appetit zügeln sollen – jetzt kommt ‚Beauty Food' hinzu. ‚Iss Dich gesund und schön', lautet die Verlockung. Worüber

Marktforscher und Kunden staunen, lässt Verbraucherschützer schaudern. Meist bleibe der versprochene Effekt aus, zuweilen gehe der Schuss sogar nach hinten los und die Gesundheit leide.“

Und dann wirbt man noch für ‚Funktionslebensmittel' (functional food), ein Oberbegriff für Speisen, die mehr versprechen als nur Sättigung. *„Aber Tütensuppen mit Folsäure – ich glaube nicht, dass das irgendeinen Verbraucher anzieht“*, heißt es lakonisch beim Verbraucherschutzverband. Oder für Wellnessdrinks? Gesundheitsdrinks, die mit Ginseng oder Aloe vera oder Ginkgo oder grünem Tee angereichert sind. Richtig, die sind alle weniger schädlich als die übersüßten Suchtgetränke, doch sind sie auch ihr Geld wert und gar ‚gesünder'?

Reicht's Ihnen jetzt auch?
Wie wäre es, wenn *wir* solche Trends in Zukunft bestimmen? Immer mehr und immer öfter für *unsere* Gesundheit, für *unsere* Familie und für *unser* Selbstbewusstsein?

So kann auch die Gegenseite allmählich vermarkten: Schon zum dritten Mal gibt es in Stuttgart eine »Slow Food Messe«. **Slow Food ist ein Gegentrend** – *langsames Essen.* Die ursprünglich aus Italien stammende Bewegung bemüht sich um Genuss, Qualität, die Erhaltung der regionalen Küche mit heimischen Produkten und deren lokale Herstellung. Mehr dazu finden Sie unter »www.slowfood.de«. Diese Gegenstrategie scheint auch unserer Kanzlerin gut zu stehen, denn zum Nato-Jubiläums-Obama-Besuch in Baden-Baden schreibt »Die Welt« am 4.4.2009:

„Hummer, Kaviar, Gänsestopfleber und Steinbutt sind tabu: Beim Abendessen der 28 Staats- und Regierungschefs der Nato-Länder am gestrigen Abend im Casino Baden-Baden kamen regionale Produkte auf den Tisch…“ (Es gab Schwetzinger Spargel mit Medaillons)

Scheinbar **gegen jeden Trend** sind die Empfehlungen des Metabolic-Diät-Arztes Dr. Mark Hyman, Chefherausgeber der amerikanischen Zeitschrift »Alternative Therapies in Health and Medicine«, der renommiertesten Zeitschrift auf dem Gebiet der alternativen Medizin. In seinem übersetzten US-Bestseller[75] lautet der erste Satz: „*Für alle, die mit ihren Körpern ohne Gebrauchsanweisung zur Welt kamen.*" Er schlägt darin für eine verändernde Nahrungsumstellung folgende Richtlinien vor, in der **heilsamen Reihenfolge** von 1. Obst, 2. Gemüse und Salat, 3. (glutenfreies) Getreide, 4. Hülsenfrüchte, 5. Bio-Sojaprodukte, 6. Nüsse und Samen, 7. Fisch und Meeresfrüchte und erst 8. Geflügel und Fleisch und so weiter. Auch die wichtigen Getränke bestehen nur noch aus Tees und viel stillem Wasser aus Glasflaschen.

Eines ist ganz sicher: Wenn wir uns außer beim körperlichen basisch/sauren *Gleichgewicht* auch noch um unser **seelisches Gleichgewicht**, unsere innere Harmonie, um ausreichend Stille („*In der Ruhe liegt die Kraft!*") und um verständnisvollen Ausgleich mit anderen bemühen, ‚verkraften' unsere erstaunlich großartig angelegten Körper viele der zusätzlichen Belastungen, die wir ihnen täglich auch noch durch unsere moderne und industrielle Ernährung aufbürden. Ich meine damit die *unbewussten Substanzen*. Denn wir finden neben Zusatzstoffen wie den schon erwähnten Stabilisatoren und Konservierungsmitteln auch Rückstände von Pestiziden und Düngemitteln wie auch von Produkten aus denaturierenden Herstellungsprozessen, Früherntem oder zu langen Lagerungen – alles ‚Belastungen', die nur schwer oder am Endprodukt gar nicht zu erkennen sind. Alle diese körperfremden Substanzen haben nämlich auch noch ihre *feinstofflichen Energiefelder*. Wenn sie auch mini sind, muss unser natürliches Gesamtkörperenergiefeld trotzdem damit fertig werden. Wird es dann jedoch irgendwann zuviel, warnt uns unser bewundernswertes Körpersystem durch *Sauersein* oder energiesparender durch *Depressiv-sein*.

Was bringt uns ins Gleichgewicht zurück?

Darüber liegt inzwischen sehr vielfältige Literatur vor. Ich selbst experimentiere seit fast zwei Jahrzehnten mit dem Lehrbuch »Durch Entsäuerung zu seelischer und körperlicher Gesundheit – Säure-Basen-Gleichgewicht verhütet Zivilisationskrankheiten« von Dr. Beck und Ingeborg Oetinger-Papendorf(76) und habe diese Erkenntnis neuerdings durch das ionisierte Basenwasser teilweise ersetzt.

In diesem Kapitel will ich daher auf drei Entscheidungsebenen hinweisen, die uns dabei helfen können, trotz moderner Lebensumstände und Belastungen wieder möglichst andauernd gesund und besser zu leben. Angelegt sind unsere Körper durch jahrhundertelange Verhaltensweisen in den jeweiligen geographischen Regionen, in Schweden anders als in Spanien. Bis vor gut einhundert Jahren lebten wir Europäer dabei überwiegend landwirtschaftlich bezogen, bewegungsreich und fast ohne Fahrzeuge, in einer reinen Luft und mit gesundem Brunnenwasser.

Heute sieht das alles ganz anders aus, und unsere derzeitigen Generationen – vor allem unsere Jugend – kennen diesen Lebensstil überhaupt nicht mehr. Wir kommen somit nicht umhin, verschiedene Lebensbereiche kritischer zu betrachten und dabei neu zu bewerten, wenn wir unsere Körperlichkeit gesund erhalten wollen. Wer will das nicht?

Also – welche *drei Entscheidungsebenen* halte ich dabei für wichtig? Welche bringen uns Ausgleichsmöglichkeiten für unser notgedrungenes Abdriften von der altbewährten Natürlichkeit unseres Körpers? **Benötigten Ausgleich bieten im Äußeren hauptsächlich unsere *Ernährung* und unsere *Atmung/Bewegung*. Diese beiden äußeren Umstellungen können wir dann noch durch einen *inneren Ausgleich* ergänzen und erleichtern.**

Auf Seite 152 habe ich die Nahrungsmittelgruppen vereinfacht dargestellt, die unseren Körper bei jahrelangem Konsum übersäuern. Dabei finden Sie auch die kleinere Gruppe der *basischen Ernährung*, die den Ausgleich zu einem gesunden Gleichgewicht von Säure und Basen in unseren Zellen und Organen bietet. Wie bereits erwähnt, zählt dazu auch ganz entscheidend die Getreideart **Dinkel**, das *einzige* Getreide, das uns die Natur im mittel- und nordeuropäischen Lebensraum bietet, das im Körper basisch verstoffwechselt wird (am sauersten wirkt dagegen die Dinkelweiterzüchtung Weizen). Dinkel selbst ist resistent gegen Krankheiten seiner Art. Nicht nur in Dinkelsbühl (*bühel* ist die altdeutsche Bezeichnung für Hügel) war diese Getreidesorte Grundlage der mittelalterlichen Bierbrauereien (Dinkelbräu?).

Schon vor 900 Jahren schrieb man Dinkel eine besondere Wirkung zu. Er ist ein fester Bestandteil der Hildegard-Medizin (Hildegard von Bingen) und der Anthroposophie (Dr. Rudolf Steiner). Dr. Gottfried Hertzka zitiert in seiner »Ernährungslehre« die Hl. Hildegard, was sie in ihrer »Physica« geschrieben hat:

„*Dinkel ist das beste Getreidekorn, es wirkt wärmend und fettend, ist hochwertig und gelinder als alle anderen Getreidekörner. Wer Dinkel isst, bildet gutes Fleisch. Dinkel führt zu einem rechten Blut, gibt ein aufgelockertes Gemüt und die Gabe des Frohsinns.*“[(193)]

Unsere Ernährung ist der entscheidende ‚Lieferant' unserer Gesundheit und eine mehr oder weniger gedankenlose Fehlernährung der Nährboden der meisten Zivilisationskrankheiten. Das saure Milieu schwächt unser Immunsystem und ein solches kann uns dann vor der modernen, synthetischen Chemieflut der Industrienahrung und der Industriegetränke nicht mehr genügend schützen – dann natürlich auch nicht vor den banalsten Erkältungen oder Grippeansteckungen.

Verehrte Leserinnen, liebe Leser, halten Sie doch hier einen Moment inne und schreiben Sie auf ein Zettelchen die Mahlzeiten auf, die Sie aus natürlichen Produkten *noch selbst herstellen* wie zum Beispiel aus Kartoffeln, Gemüse- und Obstgerichte. Schon unser Mehl kann aus der Großindustrie kommen und ist für eine vereinfachte Verarbeitung, privat wie im Handwerk, ‚präpariert' (das heißt vorbereitet, lat.: *praeparare* vor-, zubereiten). Unsere Mütter und Großmütter würden nur den Kopf schütteln, denn unseren Wohlstand bezahlen wir nicht nur mit unserem Geld. Lässt das aufkommende Bio-Denken immer mehr verantwortungsvoll denkende Familien erwachen?

Es muss keine komplette Ernährungsumstellung sein. Schon das konsequente (!) Weglassen einiger *industrieller Nahrungs*-mittel und das konsequente (!) Ergänzen durch einige *natürliche Lebens*-mittel hilft unserem unermüdlichen Körper bei seiner pausenlosen Alltagsarbeit. Zu den beiden anderen Schwerpunkten, dem modernen Getränkeschwindel und unserer Überlastung durch zuviel tierisches Eiweiß, komme ich noch ausführlich.

Die Zusammenstellung in meinem Buch ist darauf ausgerichtet, allen klarzumachen, dass unsere Ernährung und unsere Trinkgewohnheiten sowohl unsere Gesundheit als auch unser Wohlbefinden entscheidend beeinflussen.

Sie, verehrte Leserin und lieber Leser, können nun selbst auf den alternativen Informationsweg gehen, der zu grundlegenden Entscheidungen führen dürfte. Denn es geht ja nur darum, immer mehr das als Belastung Bekannte teilweise, aber bewusst zu vermeiden, weil unser Körper noch genügend andere Belastungen bewältigen muss, die nicht kontrollierbar und im Alltag unvermeidbar sind. Der Arzt Dr. Michael Spitzbart leitet heute die erste »Gesundheits-Praxis« Deutschlands(77) und dehnt das vielleicht etwas extrem aus:

„Wussten Sie, dass täglich rund 7 Millionen Schadstoffe auf Sie einwirken? Ohne es zu bemerken, kämpfen Sie gegen Angreifer aus der Luft, aus dem Wasser und aus Nahrungsmitteln, aus Werkstoffen und Textilien. Ihr Körper leistet dabei eine bemerkenswerte Arbeit. Wie wäre es, wenn Sie ihn dabei unterstützen? Denn ein ständiger Kampf an so vielen Fronten laugt auch den stärksten Krieger auf Dauer aus. Und dann wird er schwach – eine leichte Beute für Krankheiten wie Rheuma, Alzheimer oder Krebs."

Der zweite wichtige äußere Ausgleich für unser modernes geschädigtes Säure-Basen-Gleichgewicht ist unsere **Atmung**. Es heißt: Der **Atem** ist eine physische wie auch spirituelle *Versorgung* in unserem Leben, deren Wert in unserem modernen ‚Außen' völlig unterschätzt wird! Wer sich aber intensiv damit befasst, erfährt sogleich, dass bei dem modernen Zivilisationsmenschen die Atmung eben erheblich reduziert und zu ‚flach' geworden ist, unabhängig von den lokalen verschlechterten Luftqualitäten. Im Laufe unseres technisierten Lebens werden wir fast alle zu **Flachatmern**, denn der Alltag – vor allem der Berufsalltag – bringt uns immer wieder aus der Balance.

Oder anders ausgedrückt: Durch unseren modernen und technisch erleichterten Alltag kommen wir kaum mehr in körperliche Leistungszwänge, wie in den Jahrtausenden vorher, die uns heftig und tief atmen ließen. Wer von uns freut sich noch darüber, wenn er mal zwischendurch tatsächlich *„…außer Atem“* kommt?

Mir fallen bei diesen Zeilen die Bilder von meiner Mutter ein, die immer am Montag Waschtag hatte. Damals geschah das in großen Waschkesseln, die mit Holzscheiten befeuert wurden. Darin stampften die Mütter die Wäsche der Familie und rubbelten mit Kernseife am Waschbrett – das war noch Mitte letzten Jahrhunderts, die Zeit, in der die ersten elektrischen Waschmaschinen für Privathaushalte entstanden. Mechanische, aber handbetriebene ‚Waschmaschinen' gab es für Wäschereien schon einhundert Jahre vorher. So war das allzeit nötige Wäschewaschen bis dahin immer körperliche Arbeit, bei der man heftig außer Atem kam. Das ist natürlich nur ein kleines Beispiel.

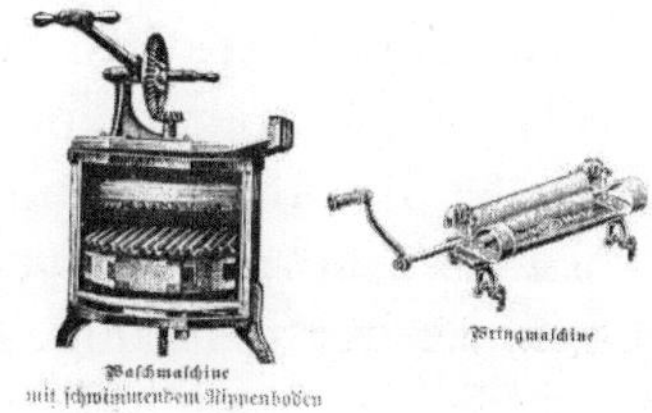

Abb. 21: Wasch-Maschinen

In modernen alternativen Heilsystemen kann man folgende Angaben über den allgemein völlig unbekannten Wert unserer tagtäglichen rund 18.000 Ein- und **Ausatmungen** finden: Die Entgiftung des menschlichen Körpers erfolgt zu rund drei Prozent über den Stuhlgang, rund sieben Prozent über den Harn, rund zwanzig Prozent durch die Haut (Sie müssen dabei nicht gleich *„aus der Haut fahren“*) und rund siebzig (!) Prozent durch das *Ausatmen*. Durch diesen genialen Prozess kommen auch viele äußere Belastungsstoffe gar nicht tiefer in unseren Körper, um dort lebenswichtige Organe zu schwächen oder mit der Zeit zu schädigen.

Diese Entgiftungen schließen natürlich auch die Entsäuerung mit ein. Wird in der Lunge, wo der Austausch von Sauerstoff und Kohlendioxid stattfindet, letzteres abgeatmet, steigt dort der pH-Wert des Blutes und somit die Aufnahmefähigkeit des Hämoglobins für Sauerstoff, der sich so in den ganzen Körper transportieren lässt. Jährlich atmet der Mensch rund 350 kg CO_2 aus, also pro Tag so etwa 1 Kilo, und regelt mittels dieses sogenannten Puffersystems ständig den körperlichen Säure-Basen-Haushalt.

Somit ist ein tiefes Ausatmen sogar wertvoller als das schon tausendmal gehörte *„...tief einatmen“*. Sowie wir gründlich ausgeatmet haben – zusammendrücken der Bauchmuskulatur wie bei einem Blasebalg –, sorgt der Körper verlässlich und automatisch dafür, dass sofort wieder ebenso kräftig eingeatmet wird. Der Hauptatemmuskel ist dabei nicht der Brustkorb, sondern das Zwerchfell. Das *bewusste* Ausatmen dehne ich dabei immer solange aus, bis das letzte Quäntchen Luft, eben aus dem untersten Lungenbereich, rausgepresst ist – und zwar hörbar nur durch den Mund. Das reinigt und räumt aus!

Die Eingeweihten aller Hochkulturen lehrten und lebten es: Bewusstes Atmen ist ein uralter Weg der Gesundheit und der Spiritualität. Was den Hinweis auf die Spiritualität betrifft, so ist Folgendes gemeint: Auch unser Atmen ist zu trennen in einen äußeren Atemkreislauf mit seiner grobstofflichen Sauerstoffversorgung und Körperentgiftung und einen inneren, feinstofflichen Atemkreislauf. Dieser wirkt *reinigend* auf unseren unsichtbaren Gesamtenergiekörper mit unseren feinstofflichen Energiefeldern, der Aura.[(166)]

Bewegung ist ohne Atmung undenkbar. Und um in unserer modernen Sitz-Gesellschaft gründlich *Außer-Atem* zu kommen, können wir unseren geliebten Körper natürlich auch *außer-tourlich* in Schwung bringen. Wir tun ihm einen großen Gefallen, wenn wir walken, joggen oder Fahrrad fahren. Schwimmen, Aerobic, Gymnastik, aber auch Tanzen oder Krafttraining bereiten genauso schweißtreibende Lebensfreude und fördern nicht nur die Durchblutung. Die Erweiterung unseres Brustkorbes pustet dann nicht nur allerhand Gifte und Säure aus unserem Körper, sondern dabei *„pusten wir denen eins“*, die uns dafür pharmazeutische Mittelchen verkaufen wollen.

Apropos ‚Mittelchen‘: Natürlich können wir auch mit der Chemie beim Entsäuern nachhelfen – ab einem gewissen Grad eines Übermaßes von industrieller Ernährung *sollten* wir sogar nachhelfen. Solange unser

Körper noch nicht durch irgendeine Zivilisationskrankheit ‚Alarm schlägt', können kohlensaures Natron (zum Beispiel »Kaiser Natron«), verschiedenste komplexe Basen-Präparate oder auch ionisiertes ‚basisches Wasser' gezielt belastende Säuren harmlos ausgleichen.[(76)]

Die ‚automatische' Entsäuerung über die gesunde Haut (Erinnern Sie sich? 20 Prozent der körperlichen Entgiftung!) sollten wir zum Beispiel auch nicht durch die modernen, sogenannten ‚hautfreundlichen' Seifen und Shampoos bremsen. Nur die klassischen, basisch reagierenden Seifen fördern die natürliche Ausscheidung von Körpersäuren über die Haut. Solche Seifen spüren wir doch richtig auf der Haut, das ist dann noch Körperwäsche! Die Haut fühlt sich dann nicht glatt, sondern sauber an. Als ehemaliger Fachdrogist kichere ich nur, wenn ich doch einmal einen kritischen Blick auf das überreichliche Kleingedruckte werfe – auf all den Plastikflaschen voller kurioser und chemischer ‚Lotionen', die angeblich unsere Haut pflegen. Überlegen Sie dabei bitte, wieviel Chemie da zusammengemixt wird – für unser gutes Geld und unser Äußeres mit ‚Haut und Haar'. Phantasievoll im Design, mit Düften aus dem Labor und einer satten Kalkulation, die durch aufwendige und teilweise schwachsinnige Werbeseiten verursacht wird – so reiht sich dann Plastikgefäß neben Plastikgefäß bunt im Verkaufsregal.

Ich hatte in meinem früheren Bekleidungsunternehmen auch einmal mit einem namhaften Designer zu tun, um dem Fachhandel ein exklusives ‚Label' anbieten zu können. Diese weltberühmten Damen und Herren entwerfen nichts mehr selbst, sondern sie vergeben ihren Namen in Lizenz. Das geht so: Das jeweilige Produkt wird aus der Vielfalt der neuen Produktentwürfe einer Firma ausgewählt – man legt es den Promis vor: *„...das nehme ich, alles andere ist Schrott. Ich bekomme das exklusiv und vom Verkaufspreis 25 Prozent.“* Strenge Handelsverträge haben dann meistens noch weitere Einschränkungen – man weiß ja, wen man vor sich hat.

Diese ganzen Umstände müssen natürlich gesund kalkuliert werden, denn dazu kommt noch die aufwendige Werbung. Die dann florierenden Umsätze helfen dem Produzenten, der berühmten Designerin oder dem Designer und schließlich auch dem Finanzamt. Der Staat braucht auch dringend mehr Geld, denn wenn Sie ein Fläschchen für 40 € kaufen, erhält unser Staat direkt 19 Prozent also 6,38 €.

Und das Schöne dabei ist, dass tatsächlich so viele Menschen mit dieser Exklusivität und der noblen Scheinwelt glücklicher leben können – die einen wie ein Rennfahrer, die anderen wie die ‚schönen' ausgewählten weiblichen oder männlichen Fotomodelle der Werbeseiten. Laut UNO ist das Sichwohlfühlen ja ein Grundrecht – und für jeden auch sein So-oder-so-sein. Kritisch betrachten sollten wir das lediglich von der Seite der Gesundheit und dem Sichwohlfühlen mit Haut und Haar. **Doch da würde oft die frühere, lang bewährte Natürlichkeit der Produkte vielen lieben Mitmenschen viel besser tun – auch dieser Markt hat ja seine feinen Düfte.**

Die Frage ganz oben lautet: Was bringt uns wieder in unser Gleichgewicht zurück? Jetzt wissen wir einiges sehr Grobes über unser inneres chemisches Gleichgewicht, doch nun müsste ich noch einmal soviel über die verschiedensten Mineralstoffe, Spurenelemente, Enzyme, ungesättigte Fettsäuren, Ballaststoffe und Vitamine, also Mikronutrimente oder **Vitalstoffe** (lat.: *vita* das Leben), berichten – so auch über die für unseren Stoffwechsel unabdinglich benötigten Aminosäuren, die acht ‚essentiellen', die konstant mit *unserer Nahrung aufgenommen werden müssen* und die zwölf ‚nicht essentiellen', die von einem gesunden Körper selbst produziert werden. Diese Aminosäuren – jetzt sind Säuren etwas ‚Gutes' – entscheiden als Nährstoffe und Heilmittel unmittelbar über unser Wohlbefinden, unsere Fitness, unsere Kreativität und über den Zustand unseres Immunsystems.

„Aminosäuren, Vitamine, Mineralien sind die Blutwerte, die in normalen Arztpraxen so gut wie nie untersucht werden. Das sind aber gleichzeitig auch die Turbostoffe für körperliche Fitness, geistige Power und einen abwehrstarken Körper. Sie entscheiden über ‚gesund' oder ‚krank'... Sie machen aus einem Menschen einen Sieger oder einen Verlierer!" (Dr. Michael Spitzbart)

Dabei betont der Mediziner Dr. Johann Georg Schnitzer (www.dr-schnitzer.de), dass eine Kombination pflanzlicher Lebensmittel eine bessere Versorgung mit allen essentiellen Aminosäuren bringt, mit dem zusätzlichen Unterschied, dass bei rein pflanzlicher Ernährung die Versorgung mit der für die Hirnfunktion notwendigen Glutaminsäure um bis zu 40 Prozent besser ist, verglichen mit der üblichen pflanzlich-tierischen Hausmannskost.

Auch über diesen wichtigen und entscheidenden Gesundheitskomplex gibt es inzwischen ausführliche Sachbücher/Broschüren und auch aktuelle Berichte im Internet, die Ihnen auf diesem Sektor mehr Aufklärung und neues Wissen anbieten. Dazu zählt auch Professor Jean Ziegler, der durch seine UNO-Tätigkeit darüber berichtet, dass in den 122 Ländern der Dritten Welt der Mangel an Mikronutrimenten absolut entscheidend ist. Nahezu 80 Prozent der Weltbevölkerung leben im Bereich der Dritten Welt, wo man aufgrund des Mangels an Mikronutrimenten von Massensterben sprechen kann.[(78)] Solches individuelles wie globales – also mikrokosmisches wie makrokosmisches oder zusammen betrachtet *ganzheitliches* – *'Wissen'* hat dann auch mit verantwortlichem *Bewusstsein* zu tun. Das kann dann 'bewusstes Sein' und schließlich *Bewusstheit* für unser eigenes Wohlbefinden, für das unserer Familien und unter Umständen auch für unser übergeordnetes Kaufverhalten werden.

„Inneres Gleichgewicht“ sagt sich so leicht und ist die dritte Entscheidungsebene für unsere Gesundheit. Was bringt uns dorthin zurück? Dabei helfen nämlich kaum die vielen Nahrungsergänzungsmittelchen, die immer häufiger angeboten werden. Oder fragen wir lieber zuerst danach, was uns *aus* dem inneren Gleichgewicht bringt oder gebracht hat? Da sollten wir selbst zu forschen beginnen – in uns und in unseren Umständen. Dysbalancen und Ungleichgewicht können leicht entstehen, wenn wir irgendwelchen Dingen zuviel Gewicht geben, zum Beispiel unserem Ego, unserem Durchsetzungswillen, unserem Rechthaben-wollen und ähnlichen stressigen *inneren* Komponenten.

Die Gleichgewichts-Gegenseite hat noch ein paar Schwergewichte: unsere vielen, vielen Ängste (auch die ganz heimlichen), Minderwertigkeitsgefühle, geschluckte Verletzungen und die entsprechenden Aggressionen oder Depressionen. Doch ich kann an dieser Stelle wieder nur darauf aufmerksam machen und *hinweisen* – auch auf mein Buch »Alles ist Gott«, in dem ich ausführlich darauf eingehe.

Inneres Gleichgewicht benötigt auch unser **Immunsystem** oder biologisches Abwehrsystem, dessen Stabilität von all den schon erwähnten Einflüssen abhängig ist: das Säure-Basen-Milieu, die Ernährung, die (sportliche) Bewegung, das Sonnenlicht und die Stressminimierung *(„In der Ruhe liegt die Kraft!")*. Die körperliche Stärke unseres Immunsystems hat ein Energiefeld, das messbar ist. Auch seine *geistige* Basis kann ‚gemessen' werden – anderweitig, was jedoch schulmedizinisch noch nicht anerkannt wird.

Unsere Familie hat einen ‚therapeutischen' Zweig, die Komplementärmedizin als Praxis: unsere Tochter Iris als Heilpraktikerin und ihr Ehemann als Sportlehrer, Physiotherapeut, Osteopath und Heilpraktiker. Sie kennen (neben ihren manuellen und kenntnisreichen Therapien) ‚Messtechniken' der gesunden, geschwächten oder kranken Energiefelder von Patienten. Bezeichnungen sind Radionik, Biotensoren, Körblersche Techniken, Quantentherapie, aber auch Kinesiologie und ‚Touch for Health' und viele andere mehr – je nach Spezialrichtung. Immer neue Wege und Techniken werden gefunden, und es ist eine sehr positive Welt für sich mit einer immer bedeutenderen Zukunft.

Außerdem: Stille (in den Bergen, im Wald, am Wasser), Meditation, Insichgehen, Besinnen, Beten, Toleranz, Loslassen und Stressbefreiung sind längst bewährte Wege für unser inneres oder geistiges Gleichgewicht. **Ganzheitlich schwingen dann das körperliche und das seelische Gleichgewicht in einer gesunden Einheit, die uns Lebensfreude und Erfolge bescheren kann.**

„Das ist so schwierig im heutigen Trubel, weil ich noch kein Rentner bin", schrieb mir jemand. Ich schrieb ihm zurück, dass Rentner erst recht keine Zeit haben, was ja bekannt und wofür ich ein Musterbeispiel dafür sei. Aber ich habe ihm folgende Gedankenbilder vorgeschlagen:

„Du kennst die Hurricanes und das Chaos, das sie anstellen. Und im größten Energiechaos der Wolken, in die sich nur spezielle Flugzeuge und Piloten reintrauen, herrscht Stille – die absolute Ruhe im Zentrum

eines Wirbelsturms. Genieße diese ‚Bilder' der phantastischen Urkraft ‚inmitten' wilder Kräfte um Dich herum und stelle Dir das erhabene Gefühl der völligen Ruhe bildlich vor. Bei solchen Gewalten sind die Alltagsunruhen doch Peanuts.“

Abb. 22:
Stellung »Das Schwert«

Mein Bruder Günter Holey war langjähriges Qigong-Aktivmitglied der SGQT (Schweizerische Gesellschaft für **Qigong** und Taijiquan). Er bestätigt die (kon)zentrierende Wirkung dieser harmonischen Bewegungskunst für **ganzheitliches Gleichgewicht** auch aus seiner internationalen Praxis. Ich versichere: Schon beim Zuschauen strahlt solches Üben äußere *und* innere Harmonie aus. Der Ferne Osten bietet uns dazu verschiedene, sogar spirituelle Kampftechniken, was uns hier aber nicht weiterhilft. Günter erklärte es mir so:

*„In Aktion sehen die sanften Bewegungskünste verschieden aus, aber ihre Wurzeln sind dieselben. Sie haben alle den Zweck, die innere Energie (in China **Qi** genannt, in Japan **Ki**, in Korea **Gi**, in Indien **Prana**) zu entwickeln und in Balance zu bringen. Jede der Bewegungskünste vermittelt bei regelmäßiger Übung eine tiefere Wahrnehmung seiner selbst, jede hat ihre eigene Vielfalt und Tiefe, und jede wird uns in einer Weise verändern, wie wir es nicht erwarten.“*

„Das starke Sich-Konzentrieren bringt uns doch total ins Jetzt, in den Moment und kann auch unsere Ängste heilen.“

Günter: *„Die sanften Bewegungskünste haben durchwegs therapeutische Eigenschaften. Sie halten nicht nur fit, sondern werden auch zur Behandlung von Krankheiten oder bei labiler Gesundheit angewendet. Im Westen ist Bewegungstherapie meist auf die Physiotherapie beschränkt. In China hingegen wird die Körpertherapie viel weitgehender eingesetzt. Die Chinesen sind der Überzeugung, dass Krankheit ebenso* *oft durch falsche Lebensführung wie durch Krankheitserreger hervorgerufen wird. Durch bestimmte Übungen kann die ‚Balance' in jedem Menschen gefördert werden.*"

„Wir haben das doch schon früher besprochen, dass diese ungewöhnliche Körperbeherrschung uns tiefere Ebenen in uns selbst öffnen kann."

Günter: „*Ja, wichtig ist, dass die sanften Künste zu neuen Ebenen der Selbsterkenntnis und Wahrnehmung führen und lehren, wie der Körper mit dem Geist und dem inneren Wesen, der Seele, in Verbindung steht. Die Schulung in diesen Künsten hilft uns, die inneren, tieferen Seiten von uns selbst zu entdecken und zu entwickeln – eine Seite, die so viele von uns ignorieren oder verstecken.*"

Generell bezeichne ich die bisher erwähnten ‚Schritte' als den *äußeren* und trotzdem sehr empfehlenswerten Weg in unser *inneres* Gleichgewicht. Doch ich empfehle außerdem als einen weiteren positiven Schritt der eigenen Veränderung: den *inneren* Weg der Gefühle, der von Lieben, Mitfühlen, Helfen, Beschützen und anderen ‚Tugenden' gekennzeichnet ist. Ich nenne ihn den **‚Weg der Herzen'** und berichte darüber in allen meinen bisherigen Büchern und Vorträgen. Auf diesem Lebensweg besitzen allerdings unsere inneren Kontrahenten Kopf und Herz wie auch unsere linke und die rechte Hirnhemisphäre oder -hälfte noch eine bewährte und sehr menschliche Schlüsselposition.

Bei dem Thema **Gleichgewichtigkeit** spielt schließlich ein weiteres ganz wichtiges ‚Meinungsbild' eine bedeutende Rolle. Denn in unserer Gesamternährung gibt es eine zeitgemäße Eskalation, die durch gezielte Werbung, falsche Informationen – oder schlichtweg Lügen – und unsere Lust, *das Leben genießen zu können*, erstaunlich ‚festgefahren' ist: Es ist der überdimensionale Konsum von tierischem Eiweiß, den uns die globalen Ernährungsindustrien in noch nie dagewesenem Maße (und Masse) anbieten und durch Subventionen preislich ermöglichen.

Ein einfacher Vergleich des tatsächlichen und nicht des vermuteten Eiweißgehalts unserer Nahrung lässt uns meistens staunen:

Tierisches Eiweiß		**Pflanzliches Eiweiß**	
mageres Fleisch	20 %	Hülsenfrüchte	24 %
fettes Fleisch	15 %	Getreidemehl	11 %
Eier	13 %	Brot	8 %
Kuhmilch	3 %	Kartoffeln	2 %

Wer diesen Vergleich zum ersten Mal sieht, ist sicherlich sehr erstaunt – mir ging das vor Jahrzehnten genauso. Aber da half mir mein früherer Schwiegervater. Er war Offizier an der Ostfront und erklärte dazu, dass die Wehrmacht damals nur am Sonntag Fleisch hatte. *„Und woher habt Ihr Eure Kraft genommen?"*, habe ich damals noch gefragt und erhielt die Antwort: *„Es gab täglich reichlich Hülsenfrüchte, Woche für Woche."*

Und nun kann ich Ihnen wieder schmunzelnd schildern, wie es mir so beim Schreiben geht – vermutlich auch, um es hier veröffentlichen zu können. Ich habe nämlich gestern Abend Korrektur gelesen, eben auch diese Seiten mit der obigen Tabelle. Heute Früh beim Erwachen war dann die ‚Idee' da (eine Eingabe!), dass das praktische Beispiel aus dem Krieg doch sehr überzeugend sei, und ich habe es dann hier ergänzt. Damit jetzt dabei aber nicht der Verdacht entsteht, das wäre zwar ein gesunder, aber doch ungewöhnlicher Kriegsnotzustand gewesen, fand ich in der gestern per Post eingetroffenen, monatlichen Verbandszeitschrift »Naturarzt« 5/2009: ‚Rotes Fleisch erhöht Risiko für frühen Tod':

> ***„Die weltweit größte Studie** zum Risiko von rotem Fleisch bestätigt, dass Steaks, Hamburger und Koteletts mit Vorsicht zu genießen sind. Das Ernährungsverhalten von mehr als einer halben Million US-Bürger zwischen 50 und 71 Jahren war über zehn Jahre beobachtet worden. Das höchste Sterberisiko wiesen diejenigen auf, die am meisten rotes Fleisch gegessen hatten – andere Risiken wie Rauchen, Übergewicht und Bewegungsmangel waren dabei schon herausgerechnet worden. **Viel mehr als der klassische Sonntagsbraten ist demnach nicht zu empfehlen.**"* (Hervorhebungen durch den Autor.)

Falls Sie nun feststellen sollten, dass ich in punkto Säureauslöser etwas Wichtiges vergessen habe, dann tröste ich Sie. In »Jetzt reicht's! – Band 2« werde ich mir den **Elektrosmog** als einen weiteren gewohnheitsmäßigen Sauermacher vornehmen. Dabei greift unser moderner und ach so bequem technisierter Alltag inzwischen genauso in unser wichtiges Körperenergiefeld ein wie unsere Nahrung. Die Schlafplatz- und Haussanierung wird in Zukunft wieder mehr in den Vordergrund rücken.

Die Fleisch-Lügen

Hiermit komme ich zu einem der sensibelsten Themen dieses Buches. Wenn wir selbst uns in der Falle eines bewährten Lügennetzes richtig wohlfühlen – ist es dann ein Tabuthema? Für so viele von uns schon! Denn die **Kultur des Speisens** hat – leider – auch wieder seine zwei polaren Seiten. Die gegensätzlichen Seiten drücken sich nicht nur (wie bislang) in der abendländischen Ethik der Tierhaltung aus. Die zeitgemäße, immer kritischer werdende Seite des übertriebenen Fleischkonsums wirkt sich inzwischen auch rein körperlich direkt auf unsere Gesundheit aus. Schuld daran ist auch hier wieder die ‚Masse', die *profitable Belieferung* eines hungerstillenden und auch genussvollen Marktes.

Wenn wir uns die neusten Untersuchungen im Bereich des modernen, übermäßigen Fleischkonsums einigermaßen objektiv betrachten, bildet sich als Überblick eigentlich ein äußeres und inneres gesundheitliches Belastungsdreieck aus den einzelnen Bereichen **Säuren**, **Gifte** und **Ethik**.

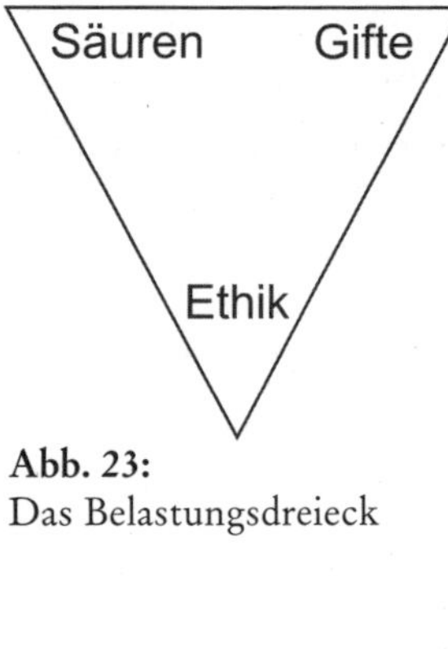

Abb. 23:
Das Belastungsdreieck

Sehen wir uns zuerst die Übersäuerung an. Der Verzehr von tierischem Eiweiß verstoffwechselt im menschlichen Körper *immer* sauer. Dies gilt auch für alle Milchprodukte, doch da entdecken wir schon bei den diesbezüglichen Veröffentlichungen, dass tierisches Eiweiß verschiedene Grade der Versäuerung verursachen kann. Ziegenmilch und ihre Produkte kann der menschliche Körper viel leichter verstoffwechseln als solche aus Kuhmilch, vor allem, wenn sie nach genormten und industriell vorgeschriebenen Erhitzungen nahezu wertlos gemacht worden ist. Früher war Milch ein Synonym für gesunde Ernährung. Heute haben immer mehr Menschen Grund, die Kuhmilch zu meiden. Das körperliche Signal ‚Kuhmilchunverträglichkeit' sollte jeder dankbar annehmen, weil er dadurch vor anderen Gesundheitsproblemen langfristig geschützt wird – soweit ist es heute schon! Danke, kluger Körper!

So verstoffwechselt unser Körper auch das Fleisch von Tieren verschieden stark *sauer*: Fisch und Geflügel verstoffwechselt er leichter als sogenanntes rotes Fleisch oder gar Innereien und am schwierigsten all die würzigen und so beliebten Wurstwaren. Wie schon erwähnt, finden interessierte Verbraucherinnen und Verbraucher hierüber wissenschaftlich belegte Aufklärung, auch wenn sich dabei einige Zahlen hinter dem Komma unterscheiden sollten.

Viel erschreckender ist bei unserem Massenfleischkonsum jedoch der zweite Bereich des Belastungsdreiecks: die toxische Gesamtsituation, das heißt die Summe der viel zu wenig kontrollierten **Spuren, Gifte und Zusätze**, die heute die Nahrung aus der ‚Fleischindustrie' belasten. Auch hierbei möchte ich Sie durch einige Beispiele neugierig machen, um dann selbst weiterzuforschen und dabei – falls gewünscht – in mehr Eigenverantwortung zu kommen.

„Gift aus dem Kühlregal" heißt die Überschrift in der »Süddeutschen Zeitung« vom 9.12.2008. Allein 2.000 Tonnen, das sind 2.000.000 Kilo irisches Schweinefleisch sind dioxinhaltig[79 und 80] in zwei deutschen Bundesländern weiterverarbeitet worden.

„Würste, Speck, Schinken, Blutwurst, Salami, Steaks und Schnitzel im Gesamtwert von mindestens 125 Millionen Euro müssen vernichtet werden. Die irische Regierung schätzt, dass irisches Schweinefleisch in bis zu 25 Länder weltweit ausgeliefert wurde. Singapur und Südkorea waren die vorläufig letzten Staaten, die Import und Verkauf irischen Fleisches untersagten. Die EU-Kommission in Brüssel hat Lebensmit-

telexperten aus Irland und anderen EU-Staaten zu einer Krisentagung gebeten, die ein europaweites Vorgehen koordinieren sollen."

Es wurde außerdem die Notschlachtung von 100.000 Tieren angeordnet (und diese wurden von ihrem Leid befreit). Das Gift hatte sich im Schweinefutter befunden, und Tests haben ergeben, dass einige Futterprodukte 80- bis 200-mal mehr Dioxin enthielten als gesundheitlich vertretbar. „*Eine Gefahr für die deutschen Verbraucher bestehe nach derzeitigem Kenntnisstand nicht*", erklärte trotzdem die Ministeriumssprecherin in Berlin. Das beruhigt natürlich die Fleischkonsumenten sehr und lässt sie weiter genüsslich und wie üblich ihr Fleisch ‚verzehren'. Sie erfahren ja dabei nicht, dass der irische Biochemiker James Heffron vom »Trinity College« in Dublin seiner Regierung vorwarf, die Öffentlichkeit nicht ausreichend zu unterrichten.

Im SZ-Artikel heißt es weiter, dass die irische *Lebensmittelindustrie* jährlich sieben Milliarden Euro umsetze und dabei die *Marketingstrategie* auf einem ‚naturnahen und umweltfreundlichen Image' beruhe. Wie wir an der Begriffswahl (in Kursivdruck) sehen, geht es bei unserer Ernährung genauso kommerziell zu wie bei der Billigproduktion in der Bekleidungsindustrie. Dagegen muss die Autoindustrie Sicherheit durch Crash-Tests vorlegen, die Flugzeugindustrie Tauglichkeitsflugstunden, die Alltagstechnologie braucht ihr TÜV-Siegel und so weiter. Aber unsere industriell gefertigten ‚Lebens'-mittel?

Noch ein Schmankerl zusätzlich: »Frontal21« (ZDF am 11.11.2008) berichtete, dass hunderte Tonnen chinesischen Kaninchenfleisches zwischen 2004 und 2006 mit falschen Herkunftsangaben bei einem bekannten Großfilialisten verkauft wurden. Die illegalen Importe liefen über Bulgarien. Europäische und deutsche Behörden wussten seit Jahren Bescheid. Doch Verbraucher erfuhren darüber nichts.

Was bedeuten solche Lügen für uns in der Praxis, auch wenn sich damit die Verantwortlichen einreden, es seien Not-Lügen? Wir sind abhängig von nationalen und internationalen Kontrollmechanismen, die wir überhaupt nicht selbst kontrollieren können – hin und wieder erfährt man eben etwas.

Neben den produkteigenen tierischen Enzymen sind es Chemikalien wie das berüchtigte Dioxin und sind es Keime, Colibakterien, Gammelfleisch, Antibiotika, Turbomaststoffe wie Anabolika und andere, legale und illegale Wachstums- und andere Hormone, Salmonellen und Würmer, die hin und wieder in die Schlagzeilen kommen. Das meiste wird trotzdem verschwiegen, denn: „*Wachstumshormone im Fleisch und gefährliche Tierseuchen wie BSE haben die Verbraucher verunsichert. Es gibt nur wenige Ernährungsthemen, über die so intensiv gestritten und kontrovers diskutiert wird, wie über Fleisch.*" (»Wissen im WDR«)

Falls es Ihnen noch nicht reicht und Sie jetzt mehr über den Horror erfahren wollen, über den in den letzten Jahren schließlich doch in der Presse berichtet wurde, dann lesen Sie bitte unter »www.Lebensmittel-Skandale.de« nach.[(81)] Wem es aber jetzt schon reicht, dem empfehle ich, beim ersten Durchlesen des Buches diesen Themenkreis auszulassen und auf Seite 203 weiterzulesen.

Nun blicken wir doch einmal kurz auf diesen allgemeinen Gesundheitsbelastungsbereich, der grundsätzlich durch unseren ausufernden Wurst- und Fleischkonsum besteht – auch ohne die großen und kleinen Betrügereien. Wussten Sie das, was der »WDR« seinen Zuschauern sehr ernüchternd erklärte?

„***Verwesung gehört zum guten Geschmack:*** *Eigentlich ist alles tote Fleisch Gammelfleisch. Denn sofort nach dem Schlachten beginnen körpereigene Enzyme, die zu Lebzeiten noch für den Stoffwechsel verantwortlich waren, das Gewebe zu zersetzen – die Verwesung setzt ein. Allerdings bezeichnet man diesen Prozess bei Schlachtvieh anfangs noch als Reifung – ohne einen gewissen Grad von Verwesung ist das Fleisch gar nicht genießbar. Je nach Temperatur und Qualität des Fleisches dauert dieser Prozess ein bis drei Wochen lang. Dabei wird das Fleisch durch das Aufbrechen der Fasern zarter und schmackhafter. Bei längerem Abhängen und höheren Temperaturen setzen Fäulnisprozesse ein – bei Wild sind selbst diese erwünscht, und ihre Folgen für den Geschmack werden als Hautgoût bezeichnet. Hier liegt aber auch die Grenze: Kenner lieben das Hautgoût, andere ekeln sich davor. Durch* *scharfe Gewürze und pikante Saucen wird der Geschmack oft abgedeckt.*" (Mehr unter: www.wdr.de/tv/quarks/global/pdf/Q_Fleisch2.pdf)

Der Sachbuchautor Jörg Baum macht uns Unwissende in seinem Buch »Neue Rezepte für eine stabile Gesundheit« mit einer unbequemen Formel vertraut: *„Fleisch ist nicht gleich Fleisch. Während sich bei Rindfleisch das Fett in den Randbezirken ablagert, ist es beim Schweinefleisch auch im Gewebe zu finden."*

Zum weiteren Verständnis zitiere ich hier einen kleinen Abschnitt des Textes von Dr. Hans-Heinrich Reckeweg bezüglich des Schweinefleischs, das weltweit aus ‚klugen' religiösen Gründen **für Milliarden** Menschen ‚verboten' ist (und dabei geht es nicht nur um ein paar Millionen Vegetarier):

„Das Schweinefleisch kann nicht über die üblichen Entgiftungsventile wie Urin, Atemluft, Darmausscheidungen und Hautausscheidungen physiologisch entgiftet werden, also nicht über die Exkretionsphasen (Ausscheidungsabschnitte), sondern nur über krankhafte (pathologische) Ventile, d. h. über Entzündungen.

Andernteils aber, falls nicht zu große Mengen genossen werden, kann zunächst die Entzündung ausbleiben, statt dessen aber eine Ablagerung der Schweinefleischanteile (besonders der Schleim- und Fettanteile) im Bindegewebe erfolgen, was sich als Dickwerden, Adipositas, bei Wurstessern auch in Form der walzenförmigen Entwicklung des Oberkörpers – und evtl. auch der Beine und Arme (besonders bei Schinkengenuss) – zu erkennen geben kann.

Erst wenn »das Maß voll ist« und der Organismus keine weiteren Möglichkeiten mehr sieht, mit der Entgiftung oder Ablagerung der Belastungsstoffe fertig zu werden, wenn evtl. auch die periphere und die Zirkulation von Gehirn, speziell auch der Herzkranzarterien durch die Ablagerung der Schleim- und Fettmassen beeinträchtigt wird, dann erst wird zur Umsetzung und zwecks Abbau der Schweinefleisch-Belastungsstoffe eine Entzündung als letzte Hilfe herangezogen."[82]

„Verseucht bis auf die Knochen", heißt es auch bei »Öko-Test«, denn Putenfleisch galt bisher als ‚sauber'. Auch damit dürfte es vorbei sein:

„In 13 von 21 Putenkeulen fanden die von uns beauftragten Labore Rückstände eines Antibiotikums. Ebenso viele Testprodukte waren hochgradig verkeimt.“[(83)]

„Mir schmeckt's trotzdem!“

ist oft eine viel zu bequeme Ausrede, die den modernen Konsumenten schwach und immer kränker und die Aktionäre der Nahrungsmittelkonzerne stark und immer wohlhabender macht.

Da gibt es nämlich noch die kaum bekannten Todesangst- und Stresshormone, die im Fleisch getöteter Tiere gefunden wurden und als ‚natürlich' bekannt sind. Mit dieser immer aufschreckender wirkenden Thematik könnte ich dieses Buch leicht füllen, doch ich sehe lieber von den schmerzlichen Detailbeschreibungen und dem blutigen Bildmaterial ab.

Werfen wir wenigstens noch einen kurzen Überblick auf die dabei verschwiegenen Themen, deren Beschreibungen ich teilweise der Internetseite »www.vegetarismus.ch« unter dem Kapitel ‚Ökologische Folgen des Fleischkonsums' entnehme.[(194)] Ich erlaube mir diese erschreckende Zusammenfassung, weil solche Informationen in unserer Alltagspresse völlig verschwiegen werden.

- **Die industrielle Schlachtung**
  Darauf komme ich noch im nächsten Kapitel.

- **Die Massenmast**
  Die Gänseleber als ein kleines, wohl aber schizophrenes Beispiel: Europaweit werden jährlich mehr als 30.000.000 weibliche Gänseküken direkt nach der Geburt getötet, da nur die Leber der Erpel verzehrt werden kann. In 15 Ländern, darunter auch Deutschland, wurde das Zwangsmästen zwar verboten – aber die importierte Mastleber steht weiterhin ‚kulinarisch' gepriesen auf den Speisekarten gefühlloser Chefköche.

- **Der Landverbrauch**
Auf der Fläche eines Grundstückes, die benötigt wird, um ein Kilo Fleisch zu erzeugen, kann man im gleichen Zeitraum 200 kg Tomaten oder 160 kg Kartoffeln ernten. In den USA werden 230.000 km^2 Land zur Produktion von Heu für Nutztiere beansprucht, aber nur 16.000 km^2 (also 7 Prozent) zur Produktion pflanzlicher Nahrungsmittel. Die Welternährungsorganisation FAO der UNO stellte in der im Jahre 2006 von ihr veröffentlichten Studie fest, dass 70 Prozent des abgeholzten Amazonaswaldes für Viehweiden verwendet wurden und der Futtermittelanbau wie Soja einen Großteil der restlichen 30 Prozent belegt. In derselben Studie hielt die FAO fest, dass heute schon 30 Prozent des weltweiten Landwirtschaftslandes für die Viehhaltung ver(sch)wendet werden. Im Jahr 2004 wurden 1.5 Millionen Tonnen Fleisch in die EU importiert, über ein Drittel davon aus Brasilien.

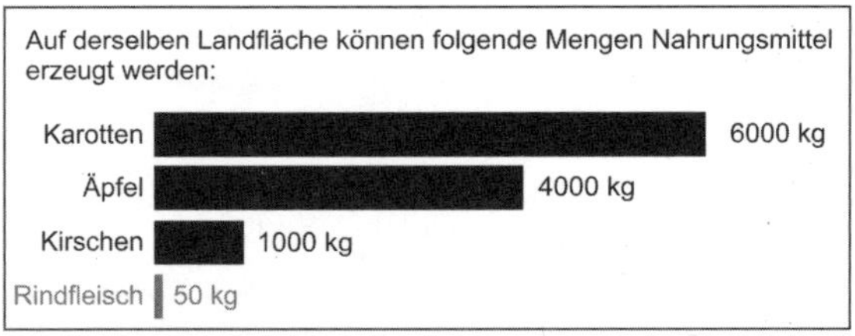

Abb. 24: Produkt-Anbauflächen

- **„Nahrungsmittel-Spekulanten**
sollten jetzt vor ein Tribunal kommen...", sagte der ehemalige UN-Sonderbeauftragte Jean Ziegler. Mit Spekulationsgeschäften hätten Hedgefonds die Preise für Reis, Mais und Getreide hinaufgetrieben. *„Das sind Verbrechen gegen die Menschlichkeit."* Mittlerweile verhungere alle fünf Sekunden ein Kind unter zehn Jahren. (NWZ 22.10.2008)

- **Subventionierter Wahnsinn**
Obwohl der Großteil der Kosten der Fleischproduktion auf die Allgemeinheit (= Steuerzahler) abgewälzt wird, reicht dies noch nicht, um die Fleischproduktion wirtschaftlich rentabel zu machen. Deshalb wird der Markt durch weitere finanzielle Interventionen (Sub-

ventionen) so stark verfälscht, dass es überhaupt attraktiv ist, Fleisch zu produzieren.

16 Prozent aller produzierten Güter und Dienstleistungen (der Produktionswert) in den USA sind auf Subventionen zurückzuführen. In der EU sind es gar 32 Prozent und in der Schweiz sind 68 Prozent aller Einnahmen der Landwirtschaft auf direkte oder indirekte Subventionen zurückzuführen. Dies ist der höchste Anteil weltweit! Nur aufgrund dieser Zuzahlungen ‚lohnt' sich die Tierhaltung überhaupt.

International wird also die Viehwirtschaft stark unterstützt und damit am Leben erhalten: Allein in Lateinamerika hat die Weltbank von 1963 bis 1985 1,5 Milliarden Dollar in die Viehwirtschaft hineingepumpt, zumeist in große Rinderfarmen.

- **Ökonomie**

Wie ist es möglich, dass trotz der oben beschriebenen immensen Nachteile einer fleischorientierten Gesellschaft der Fleischkonsum weltweit weiterhin ansteigt? Nebst einigen psychologischen und sozialen Gründen, die meist durch die Werbung hervorgerufen werden („*Fleisch gibt Kraft*" und andere dumme Sprüche), ist ein Aspekt kaum zu unterschätzen: das Geld.

Auf den ersten Blick scheint dies ein Widerspruch zu sein, denn unter normalen Umständen müsste ein Wirtschaftszweig, der auf die Vernichtung von Nahrungsmitteln und Ressourcen programmiert ist, längst von selbst zusammenbrechen. Die Kosten, welche die heutige Fleischproduktion weltweit verursacht, stehen längst in keinem vernünftigen Verhältnis mehr zu ihrem angeblichen Nutzen (siehe Abb. 24).

Obwohl in einigen Industrieländern in letzter Zeit – aus gesundheitlichen Gründen – eine Kehrtwende feststellbar ist, wird weltweit nicht weniger Fleisch produziert. Stattdessen werden die ständig steigenden Überschüsse der Fleischproduzenten zu Spottpreisen in Entwicklungsländer exportiert und treiben dort den noch ungewohnten und ungesunden Fleischkonsum voran. Gleichzeitig werden lokale Märkte durch das Billigfleisch zerstört.

- **Kosten werden auf die Steuerzahler abgewälzt**
  Ein Grund, weshalb die Fleischindustrie immer noch existiert, ist der, dass die Einnahmen aus dem Geschäft privatisiert werden, die Kosten jedoch auf die Allgemeinheit – und somit auf alle Steuerzahler – abgewälzt werden. Nach Schätzung des renommierten »Worldwatch-Instituts« in Washington müsste sich der Fleischpreis verdoppeln oder verdreifachen, wenn man die vollen ökologischen Kosten einschließlich der Verbrennung fossiler Brennstoffe, der Absenkungen des Grundwassers, der chemischen Verseuchung des Bodens und der Erzeugung von Ammoniak und Methangas auch auf die Rechnung setzen würde. Ganz zu schweigen von den Folgekosten im Gesundheitswesen.

Somit gilt: Futtermittelindustrie, Saatgutkonzerne und industrielle Tierzüchter werden das Feld nicht kampflos räumen. Puten: *„Masse statt Klasse"*; Hähnchenmast: *„In fünf Wochen schlachtreif"*; Eier: *„Legebatterien halten Preise stabil"* (nur noch bis Ende 2009) – das und Ähnliches sind und bleiben die dringenden Erzeugerprämissen. Auch die Pressemedien werden uns nicht wirklich aufklären, sondern immer neue ‚köstliche' Rezepte und Fernsehshows präsentieren, denn sie brauchen Einschaltquoten und brauchen Einnahmen aus Inseraten der großzügigen industriellen Werbebudgets.

Die entscheidende Rolle kommt daher den Verbraucherinnen und Verbrauchern selbst zu – auf gut Deutsch: UNS!

Und wie sieht es mit **Fisch** statt Fleisch aus? Die WHO (Weltgesundheitsorganisation) rät wegen der Schwermetallbelastungen inzwischen *„...nur noch zu einer Hochseefisch-Mahlzeit pro Monat"*.

Die Zeiten, als noch kleine Fischerboote im Meer fischten, sind längst vorbei. Von 1950 bis 2005 hat sich die Ausbeutung der Meere um das Achtfache gesteigert, so wurden im Jahr 2005 mehr als 141.000.000 Tonnen Meerestiere gefangen. Weltweit wird heute viermal mehr Fisch konsumiert als noch um 1950. (Aktuellere Zahlen konnte ich nirgends finden.)

Um die zunehmende Nachfrage befriedigen zu können, wird heute mit Schiffsfabriken und Hightech gefangen, und man nennt es ganz offiziell ‚Fischwirtschaft'.

Ein paar Sätze aus einem Fischfangbericht, den »Die Zeit« am 15.11.2007 veröffentlichte: Die Fischjagd mit dem Bordcomputer ließ in 50 Metern Tiefe einen mittelgroßen Schwarm von Dorschen entdekken... Dieser Dorsch wird Alaska-Seelachs genannt, weil das besser klingt und sich leichter verkaufen lässt... Das gigantische, volle Netz wird von den beiden 3.000-PS-Dieseltriebwerken aufgewickelt und bringt einen Fang von ungefähr 60 Tonnen ein... Das sind um die 80.000 Fische... Die vollautomatische Weiterverarbeitung im Schiffsinneren übernehmen vier Maschinen... Jede von ihnen filetiert mit rotierenden Edelstahltrennscheiben bis zu 150 Fische in der Minute (das ergibt einen 0,5-Sekunden-Takt pro Fisch): ausmessen, Kopf abschneiden, Bauch aufschlitzen. Runde weiße Plastikbürsten kehren Eingeweide über eine Klinge. Seitlich schneiden Messer die Filets vom Rückgrat und enthäuten sie... und so weiter. Wo bleibt da die Käpt'n-Iglo-Romantik aus dem Fernsehen?

Da der weltweite Fischbestand durch diese starke Überfischung[(84)] erschreckend kleiner wird, ging man schon in den letzten Jahrzehnten zu Fischzuchtfarmen über.

„Ein Beispiel: Ein etwa 4 Kilogramm schwerer Zuchtlachs muss bis zur Schlachtreife rund 400 Gramm Antibiotika fressen. Dennoch muss er zusätzlich gegen Krankheiten geimpft werden, weil er sonst die Enge und die vielen Artgenossen nicht aushalten würde. Da die Antibiotika und anderen Medikamente/Chemikalien mit dem Futter direkt ins Wasser gegeben werden, ist deren rasche Verbreitung im Ökosystem vorprogrammiert.

Wildlachse legen normalerweise tausende Kilometer zurück. Die Haltung in den Käfigen der Zuchtfarmen ist so unnatürlich, dass auch ihr Fleisch dadurch nicht mehr rosa erscheinen würde (wie es die Konsumenten gewohnt sind), deshalb werden dem Futter meist künstliche Farbstoffe zugefügt."[(85)]

Was halten Sie jetzt von der logischen Frage: „*Wieviel Fisch, Fleisch und Wurst würde ich noch essen, wenn ich die Tiere vorher selbst schlachten müsste?*" Zeigt Ihnen hierbei Ihr eigenes Verhalten nicht die in Ihnen angelegte Wirklichkeit, ihr *inneres* Lebensprogramm – und nichts als die Wahrheit?

Frei von jeder Ethik

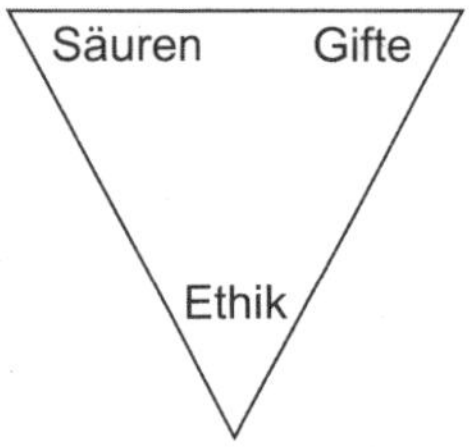

Abb. 25:
Die Ethik wird meist vernachlässigt

Sehen wir uns nun noch kurz den dritten Bereich im gesundheitlichen Belastungsdreieck durch unseren übermäßigen und gedankenlosen Wurst- und Fleischkonsum näher an. Ich nenne diesen Teil **Ethik** im Sinne von gelebtem menschlichem Handeln. Bevor wir uns die beschämende philosophische Seite der Ethik betrachten, blicken wir kurz auf die grausame ‚industrielle Schlachtung' (ohne Sie mit Bildmaterial zu erschrecken, welches mir zuhauf vorliegt).

„*Tiere werden heute nicht mehr als Lebewesen behandelt, sondern als Fleischmaschinen. Das Leben eines gefangengehaltenen Schlachttieres ist von Anfang bis Ende schöpfungswidrig – angefangen mit der konzentrationslagergleichen Aufzucht, der Kastration und den Hormonbehandlungen, über die Verfütterung künstlicher Nahrung zu Mästungszwecken bis hin zu den langen, schmerzvollen Transporten in extremer Angst und schließlich dem grausamen Ende im Schlachthof. Tierschlachtungen sind alles andere als ‚human'. In Wahrheit machen die Schlachthäuser Höllenvisionen Konkurrenz. Schreiende Tiere werden durch Hammerschläge, Elektroschocks oder Bolzenschusswaffen betäubt.*

Mit einem Haken werden sie an den Hinterbeinen in die Luft gezogen und auf vollautomatischen Fließbandanlagen durch Fabriken des Todes befördert. Die Kehle wird ihnen bei lebendigem Leibe aufgeschnitten und ihr Fleisch schon verarbeitet, während sie sich noch zu Tode bluten. Diese Methode spart Zeit und erhöht die Gewinne."

Tiefer steige ich nicht in diesen emotionsreichen ,Wirtschaftszweig' ein, wer jedoch darüber mehr Detailes erfahren möchte, der surfe bei »www.krishna.ch/151.html« oder »www.omkara.de/vegetarismus.htm«.

Noch ein paar Worte zum Viehtransport, der bei uns kaum mehr in die Schlagzeilen kommt. Inzwischen achtet man bei uns immer mehr darauf, anders ist es jedoch anderswo. Wussten Sie, dass Australien inzwischen so viele Rinder hat wie Einwohner? David Hancock berichtet darüber in »Wunderwelt Wissen« (Jan/2009) und schreibt:

„Gut 21 Millionen Menschen leben in Australien – und ebenso viele Rinder. Der Kontinent ist heute der größte Rindfleischlieferant der Welt. Um die Riesenherden auf Millionen von Quadratkilometern zusammenzutreiben, setzen die Farmer kaum mehr Reiter ein – sondern Helikopter. Australien hat auch die größten Trucks der Welt. 250-Tonner mit bis zu 60 Metern Länge transportieren die Tiere über Tausende von Kilometern zu den Hafenstädten, wo die Tiere nach Asien, Amerika und Europa verschifft werden – als Schlachtvieh!“

Leonardo da Vinci gilt als einer der größten Künstler der Kulturgeschichte, als genialer Wissenschaftler, Naturphilosoph, Maler, Bildhauer, Architekt, Musiker, Anatom, Mechaniker, Ingenieur und Erfinder. Er gilt als der ,Universalmensch' der Renaissance, aber auch als ein provokativer Querdenker. Von ihm als Vegetarier stammt das Zitat:

„Wahrlich ist der Mensch der König aller Tiere, denn seine Grausamkeit übertrifft die ihrige. Wir leben vom Tod anderer. Wir sind wandelnde Grabstätten. Ich habe schon in jüngsten Jahren dem Essen von Fleisch abgeschworen, und die Zeit wird kommen, da die Menschen wie ich die Tiermörder mit gleichen Augen betrachten werden wie jetzt die Menschenmörder.“

Heftig, nicht wahr? Das war im 15. Jahrhundert. Einer der bedeutendsten Naturwissenschaftler, Charles Darwin, erklärte vier Jahrhunderte später: *„Überlegungen lassen uns glauben, dass alle fühlenden Wesen dazu gemacht sind, in der Regel Glück zu erleben.“* Und von Mahatma Gandhi stammt die Erkenntnis aus dem letzten Jahrhundert: *„Die Gei-*

stesgröße einer Nation und die Fortschrittlichkeit ihrer Moral lässt sich daran ermessen, wie sie ihre Tiere behandelt.“

Dies haben wohl auch andere historische Persönlichkeiten so empfunden, und mit diesem Gedanken habe ich in einer Internet-Suchmaschine den Suchbegriff ‚prominente Vegetarier' eingegeben. Schnell fand ich eine längere Liste historischer Persönlichkeiten, aus der ich jetzt diejenigen nenne, die ich hier im Buch an irgendeiner anderen Stelle zitiert habe. Sie werden auch überrascht sein: Christus Jesus, Buddha, Zarathustra, Pythagoras, Platon, Seneca, Socrates, Franz von Assisi, Martin Luther, Emanuel Swedenborg, Mahatma Gandhi, Thomas Edison, Nikola Tesla, Arthur Schopenhauer, Albert Einstein und Karlheinz Deschner.

Nun habe ich noch ein ganz persönliches Statement: Das bekannte *carne vale* (lat.: *Fleisch ade!*) des althergebrachten Fleisch-Abschiedsfestes ‚Karneval' – zeitlich vor der ehemaligen christlichen Fastenzeit – wurde bei mir zu einer jahrzehntelangen Verabschiedung vom Fleisch in der Nahrung. Einige Jahre lang galt dies auch für die ganze Familie mit unseren drei Kindern. Zuerst aus Tierliebe, dann später jedoch durch Aufklärung und aus innerem Ablehnen pflegten wir ein gesundes fleischloses Familienleben. Alle ‚Kinder' sind bestens geraten, leben aber heute mit ihren Ehepartnern und ihren Kindern wieder ‚normal' mit der üblichen Hauskost. In meinen beiden Jesus-Büchern berichte ich mehr über die religiöse Fleischlosigkeit und Tierliebe und wie in Rom dem vegetarischen Ur-christentum im 4. Jahrhundert Fleisch und Alkohol wieder ‚schmackhaft' gemacht worden ist. Ich sehe dabei jedoch noch einen tiefergehenden Hintergrund. Im Alten Testament werden dem strengen Gott JHVH-Jehova für alle Sünden und gesetzliche ‚Unreinheiten' Blutopfer gebracht, überwiegend Lämmer und Tauben – angeblich ein jahrtausendealter Brauch. Der Kultus verlangte das Ausbluten der lebendigen Tiere durch den aufgeschnittenen Hals.

Bringen wir heute bei unseren industriellen Massenschlachtungen noch mit dem gleichen Ritus – allerdings an zuvor betäubten Tieren – unsere Blutopfer? Wann werden wir endlich frei davon?

Noch etwas ganz Persönliches habe ich zu *„Hamburg lässt grüßen!“*. Ich las vor kurzem:

„Es muss uns auch zu denken geben, dass alleine der weltweit größte Hamburgerkonzern rund alle 17 Stunden irgendwo auf diesem Planeten einen neuen Laden eröffnet und pro Stunde 140 Hamburger verkauft. Und spätestens dann sollte uns der Hamburger endgültig im Halse stecken bleiben, wenn wir erfahren, dass für einen einzigen Hamburger 4-5 Quadratmeter Regenwald vernichtet werden müssen, um das gerodete Land als Weideflächen für Schlachttierherden oder als Ackerland für riesige Futtermittelplantagen zu nutzen!“[86]

Ich rühme mich daher manchmal zu erklären, dass ich in meinem langen und zuletzt vegetarischen Erdenleben meinem Körper nur ein einziges Mal einen ‚Hamburger' zugemutet habe – unterwegs in einem Flughafenimbiss. Darüber hinaus habe ich solche Restaurantketten mit keiner einzigen Mark unterstützt.

Beim Schreiben dieser Zeilen fällt mir auch das wahre Wort des Volksmundes ein *„…wie der Herr so's Gscherr“*. Wir haben nämlich von La Palma eine 20 Jahre alte Katzendame nach Deutschland mitgebracht, die einen liebevollen Lebensabend in unserer tierfreundlichen Republik verbringt. Aber was hat unsere Katze mit der Nahrung zu tun? Sie mag nicht jede Futtermarke, sitzt davor und schaut uns groß an. Entweder verfügt sie über einen überdurchschnittlichen Geschmackssinn oder übersinnliche Fähigkeiten, denn sie frisst vor allem das Katzenfutter ganz bestimmter Marken nicht. Bestätigung fand ich genau dafür im Buch »Katzen würden Mäuse kaufen« von Dr. Hans-Ulrich Grimm, der beschreibt, wieviel Chemie nötig ist, um die Rinder, Schweine, Hühner, Katzen und Hunde davon zu überzeugen ein für sie völlig unnatürliches Futter zu fressen, von dem sie sich normalerweise angeekelt abwenden würden. Damit eine Katze ein ganz bestimmtes Markenprodukt auch frisst, werden diesem Geschmacksverstärker und Zucker zugesetzt. Und damit es auch schön ‚gesund‘ aussieht, gibt man noch eine ordentlich Portion Farbstoffe hinzu. Neben Abfällen, Krallen und Klauen landen nämlich auch Klärschlamm, Bakterien und Pilze im Fressnapf unserer Lieblinge. Mahlzeit!

Die zunehmende Verantwortungslosigkeit und die Ichsucht der Wohlstandsländer spiegeln sich in unserem übersteigerten Fleischkonsum wider. Beide manifestieren materialistische Energiefelder, die unser unbedachtes asoziales Verhalten noch verstärken können.

Die Menschheit und die Natur sind eine Erdengemeinschaft und beide wollen auch als solche gelebt werden. Ein Teil unserer Menschheit jedoch verhält sich asozial und, wie wir am dargestellten übermäßigen Fleischkonsum erkennen können, ist das zu einer zeitgemäßen, aber selbst verursachten **Krankheit der Gesellschaft** geworden. Die ‚Natürlichkeit' ist ursprünglich-ganzheitlich-göttlich und ist ein irdisch angelegter Aspekt eines großen kosmischen Ganzen. Dieses Ursprüngliche-Ganzheitliche-Göttliche nenne ich *ethisch und sozial.*

Hält uns das zunehmende Krankheitsbild, das wir Krebs nennen, als **Krankheit des Individuums** einen Spiegel vor? Denn jede Krebszelle verhält sich in der gesunden Zellgemeinschaft unseres Körpers ebenfalls asozial. Der Biophysiker Broers erklärt in seinem Interview in der »Hörzu«:

„Ja, jede Krebszelle verhält sich asozial. Sie nimmt mehr, als sie gibt und vergisst, dass sie so nicht überleben wird. Sie entzieht ihrem Wirt sämtliche Lebensgrundlagen und damit auch sich selbst.
*Der **naturgemäße Urzustand** basiert auf sozialem Verhalten."*

Das nenne ich in meinem Buch „den Aufstieg der Menschheit". Der ‚Aufstieg' ist eine Bewusstseinsveränderung, die auf uns immer deutlicher zukommt. Diese Bewusstseinsveränderung hat dann eine höhere Schwingungsfrequenz (Aufstieg) und entsteht erst individuell und dann allmählich gemeinschaftlich und irgendwann global. **Es werden also sehr viele Bewusstseinsveränderungen sein.** Wenn diese Veränderungen durch Bewusstseins-*Erweiterungen* entstehen können, dann sind daran auch *Verstandes-Erweiterungen* beteiligt oder sogar ursächlich.

Und unser Verstand, auf den unsere moderne Gesellschaft so stolz ist, könnte uns jetzt nach all diesen Fakten vom maßlosen Fleischkonsum sagen: **Zuviel Fleischkonsum ist unnatürlicher Materialismus!**

Und diese Extremformen des materialistischen Lebensstils werden voraussichtlich die Jahrzehnte nach 2012 kaum überleben. Ähnlich drückt sich schon Dr. W. Elaine Hardman von der »Marshall's School of Medicine« in Kalifornien aus: *„Ich denke, dass in Zukunft – und vielleicht schon in der nahen Zukunft – unsere Ernährung bzw. deren Umstellung unsere stärkste Waffe gegen Krebs ist."*

Die bewusste Reduzierung der Fleischkost und mehr noch der zunehmende **Vegetarismus** (vor allem der Jugend) erzeugen schon heute die neuen Energiefelder auf unserem Planeten – zuerst Verstandeserweiterungen und zuletzt Bewusstseinserweiterungen. Man spricht dabei von ‚kohärenten Feldern' auch im Bewusstseinsbereich (kohärent, lat.: *zusammenhängend*). Eine Studie des »Marktforschungsinstituts Produkt + Markt« ermittelte im Jahr 2006 die Zahl der Personen in Deutschland, welche sich zumindest teilweise nach vegetarischen Ernährungsgrundsätzen ernähren. Die Ergebnisse werden unterschiedlich interpretiert. Die »Europäische Vegetarier-Union« geht aufgrund dieser Studie davon aus, dass 9 Prozent der deutschen Bevölkerung, etwa 7,4 Millionen, vegetarisch leben. Die Tierschutzorganisation PETA nennt 6 Millionen Vegetarier als Ergebnis dieser Studie. (Wikipedia)

Wer ist PETA? Es ist eine Schwesterorganisation von PETA USA (**P**eople for the **E**thical **T**reatment of **A**nimals) und mit über zwei Millionen Unterstützern weltweit die größte Tierrechtsorganisation. Ziel der Organisation ist es, durch Aufdecken von Tierquälerei, Aufklärung der Öffentlichkeit und Veränderung der Lebensweise jedem Tier zu einem besseren Leben zu verhelfen.

Das ist kein moralisches Gesäusel von mir, sondern das wissen die Produzenten dieses Marktes genauso gut. Milchprodukte mit Markennamen wie »Weideglück« sagen doch alles.

Auf der umfangreichen Internetseite »www.peta.de« fand ich einen Aufruf, mit dem Kritiker dem trendigen Klimanobelpreisträger Al Gore einige (scheinbar) unbequeme Wahrheiten präsentieren:

„Eine angesehene Studie der UN-Welternährungsorganisation fand heraus, dass die Fleischindustrie für 40% mehr Treibhausgase verant-

wortlich ist, als all die Autos, Lastwägen, Geländewägen, Schiffe und Flugzeuge der Welt zusammen.
Forscher der Universität von Chicago kamen zu dem Ergebnis, dass der Umstieg auf eine vegane Ernährung um 50% effektiver im Kampf gegen die Klimakatastrophe ist, als der Kauf eines Hybridfahrzeugs.
Das offizielle Handbuch der Live Earth Konzerte, die Al Gore mitorganisiert hat, gibt an, dass der Verzicht auf Fleisch die ‚effektivste Veränderung im Leben jedes einzelnen ist', die persönlichen Auswirkungen auf die Klimaerwärmung zu reduzieren.
Die Ernährung eines Fleischessers verursacht 8 mal mehr Treibhausgase als die eines Veganers.
Das Öko-Institut Freiburg hat die Klimarelevanz verschiedener Lebensmittel mit dem Ergebnis getestet, dass tierische Produkte weitaus klimaschädlicher sind als pflanzliche Lebensmittel...
Nur 30 Tage lang von einer fleischhaltigen Ernährung auf eine vegetarische umzusteigen, verhindert den Ausstoß von 270 Pfund Kohlendioxid in die Atmosphäre. So hat man mehr Umweltverschmutzung verhindert, als würde man einen Monat lang sein Auto an jedem Werktag zuhause lassen und 15 km zum Büro und wieder zurücklaufen."

Die russische Ärztin Galina Schatalova, Jahrgang 1916, ist ausgebildete Chirurgin und Wissenschaftlerin. Sie leitete die medizinische Auswahlkommission für die sowjetischen Kosmonauten. 1960 begann sie mit der Entwicklung ihres revolutionären Heilkonzepts der natürlichen Gesundung, das in mehreren Büchern übersetzt ist – ihr Bestseller heißt »Wir fressen uns zu Tode« (Goldmann 2008). Ihrer Darlegung zufolge ist der menschliche Organismus ausschließlich für pflanzliche Nahrungsmittel ausgelegt und benötigt zur Erhaltung des Grundstoffwechsels nicht mehr als 250 bis 400 Kalorien täglicher Nahrungszufuhr.

„Alles, was wir zuviel essen, belastet den Körper und muss von ihm ‚entsorgt' werden, sodass der Mensch seine ‚normale Lebensdauer' von 150 Jahren nicht erreicht."

„Na, wer sagt's denn!" Durch einen möglichst hohen **Frischkostanteil**, also hitzeunbehandelt beziehungsweise nicht höher als bis 47° C, ernähren wir uns und unsere Familien am gesündesten – das ist die *unverfälschte Vollwertnahrung*. Eine ‚lebendige' Nahrung, die sämtliche Vitalstoffe in einem richtigen Verhältnis enthält, wird damit gleichzeitig zu einer natürlichen **Heilnahrung.** (Dr. Bircher-Benner) Auch die Biophotonen-Forschungen der letzten Jahrzehnte bestätigen dies. Darauf habe ich schon im Kapitel »Das Sonnenlicht steuert alle Lebewesen« auf Seite 135 hingewiesen.

Das Sahnehäubchen einer zukünftigen Verstandeserweiterung ist dann gar der total individuelle Weg der sogenannten **Lichtnahrung.** Sie ist ein Geschenk der geistigen Natürlichkeit, die unser materielles Erdenleben begleitet. Darüber berichtet der Chemiker Dr. Michael Werner, der seit acht Jahren ohne Essen und Trinken gesund und glücklich lebt, bei »www.secret.TV«. Und ich berichte auch mehr darüber im letzten Teil dieses Buches.

Fazit: Unsere heutige Ernährung ist leider zu bequem geworden. Wir sparen in der Küche Zeit durch die industrielle Vorfertigung und verbrauchen irgendwann später diese Zeit wieder in den Wartezimmern von Ärzten. Wer dabei mit spitzem Bleistift rechnet, findet dann immer noch zwei Vorteile: Zum einen bezahlt diese Zeit dann der Arbeitgeber beziehungsweise die kranke Kasse und zum anderen bereitet man den Ärzten viel Freude über die neue ‚Dauerkundschaft'.

Spaß beiseite: Die Aufforderung „Hände weg…" hat sich bei Jans Bestseller als sehr erfolgreich gezeigt, und „Hände weg…" von zuviel Wurst und Fleisch ist es genauso – für die Gesundheit und das Sichbesserfühlen der ganzen Familie. Auch mir dankt es mein irdischer Körper mit seinen 70plus – im gesundheitlichen Bereich – bestens, und Jan kann Ihnen das lächelnd und mit Überzeugung versichern!

Schon die Freude am vermehrten Selbstzubereiten der eigenen Mahlzeiten sind die reinsten seelischen Vitamine, obwohl es ohne zusätzliche Nahrungsergänzungsmittel nicht mehr geht. Zu diesen Vitalstoffen zählen Vitamine, Mineralstoffe, Spurenelemente (Mikronutrimente) und auch Ballaststoffe. **Allerdings schätzt man, dass naturbe-**

lassene Lebensmittel etwa 10.000 verschiedene Nährstoffe mit Einfluss auf das Wohlbefinden enthalten und viele davon noch unbekannt sind.

Das darf natürlich kein Grund sein zu behaupten, wir seien mit solchen Vitalstoffen heute noch automatisch so gut versorgt, wie es dazumal unsere Großeltern waren.

Laut Professorin Andrea Strada an der Universität Parma sehen die Produkte zwar besser aus als vor 20 Jahren, haben jedoch nur noch die Hälfte ihres Nährwertes – was sich schädlich auf die Gesundheit auswirkt. Ursache und Begründung werden in der »Zeiten*Schrift*« 44/204 ausführlich beschrieben.

Daher denke ich auch in anderen Situationen manchmal etwas ‚altmodisch', und dazu passt eine andere persönliche Bemerkung. Der US-Soziologe Professor George Ritzer, Autor von »Die McDonaldisierung der Gesellschaft« berichtet auch allgemein über das Konsumverhalten. Dabei erläutert er das Duale von ‚lebendiger' Struktur, zum Beispiel dem Bauernmarkt und von ‚vereinheitlichter' Struktur, der globalen Massenware:

„An der Burger-Schmiede kann ein aufstrebender Geschäftstreibender sehr viel zum Thema ‚sich in der Globalisierung behaupten' lernen. McDonald's ist Franchiseunternehmen, weltweit operierend, erfolgreich, vielleicht sogar Kult. Hinter dem Image steht immer auch ein transnationaler Konzern, der in erster Linie eines im Sinn hat: aggressive Verbreitung der Marke am Markt…"[(87)]

Ritzer betont außerdem, dass sich das weltweite Wachstum des amerikanischen Einflusses auf alle Bereiche bezieht. Fast überall auf der Welt findet man die Fast-Food-Kette McDonald's, fast überall wird Coca Cola getrunken und werden Blue Jeans getragen, Konsumseiten im Internet wie »amazon.com« sind weltweit zugänglich.

Dazu möchte ich hier etwas gestehen: Ich ‚hasse' **Uniformen,** weil ich ein notorischer Individualist bin und dies auch unseren Kindern eingeimpft habe – „sei anders als andere". Das hat nichts mit elitärem

Denken zu tun, sondern mit Gegen-den-Strom-schwimmen und der ‚zunehmenden Vermassung im Sinne von möglichst wenig Verantwortung'. So nütze ich heute noch jede passende Gelegenheit (wie auch diese) zu betonen, dass ich in meinem ganzen Leben noch nie die Uniform der Blue Jeans, der amerikanischen Viehtreiber, getragen habe. Ich denke gerne über *Kult* und *Kultur* nach. Natürlich finde ich die Stoffqualität und den Schnitt selbst auch praktisch und in den Farben Weiß, Schwarz oder Braun hingen sie auch schon in meinem Schrank.

P.S.: Was würde wohl geschehen, wenn Tausende von Redakteuren ihr umfangreiches Wissen der Öffentlichkeit schenken könnten? Ohne Ängste vor einem Karriereknick oder dem Verlust des Arbeitsplatzes oder gar vor schmerzlichen Repressalien der Familie gegenüber?
Kein einziger von ihnen ist dumm oder blöd, sondern alle müssen schweigen und lügen. (Mit der Faust in der Tasche?) Doch auch unter ihnen gibt es immer mehr, die das nicht mehr durchhalten.

Die Krebsmagie

Laut einer aktuellen Auswertung der Weltgesundheitsorganisation (WHO) wird die Zahl der Krebstoten in den kommenden Jahren extrem ansteigen. Nach wie vor zählen Prostatakrebs bei Männern, Brustkrebs bei Frauen und Darmkrebs bei beiden Geschlechtern zu den häufigsten Tumorerkrankungen. Man kennt inzwischen jedoch mehr als 100 verschiedene Krebsarten mit unterschiedlichen Ursachen und Beschwerden.

»secret.TV« berichtet von einem »Krebs-Bankrott«, denn die Krebsforschung verbraucht jährlich gigantische Etats – und dennoch sterben heute mehr Menschen an Krebs als noch vor einem halben Jahrhundert. Es will scheinen, die Menschheit wäre ohne Krebsforschung besser dran. Tatsächlich hat sich gezeigt, dass die Krebsforschung die *erfolgloseste* wissenschaftliche Disziplin aller Zeiten ist.

„Die Statistik belegt das: Vor hundert Jahren lag die Krebssterblichkeit auf Platz Acht bei einem Sterblichkeitsanteil von 3 Prozent. Heute, im Jahre 2001, belegt die Krebskrankheit bereits Platz Zwei bei etwa 22 Prozent aller Todesfälle. Einer Prognose der Krebsforschung zufolge wird bereits 2020 Krebs die Todesursache Nummer Eins sein! Diese Statistik zeigt, dass bei der Forschung etwas fundamental falsch zu sein scheint.“

Eine neue Studie zur sogenannten Erfolgsrate von **Chemotherapien** erschien in der Zeitschrift »Clinical Oncology« (25.3.2009) von drei australischen Professoren. Insgesamt wurden die Daten von 72.964 Patienten in Australien und 154.971 Patienten in den USA ausgewertet, die alle Chemotherapien erhielten. In Australien überlebten 2,3 Prozent und in den USA sogar nur 2,1 Prozent aller Patienten, die eine Chemotherapie bekamen, die nächsten 5 Jahre.

Bei Prostatakrebs wurden zum Beispiel allein in den USA über 23.000 Patienten analysiert: 0,0 Prozent Fortschritt. Aber auch bei den ‚Erfolgsraten' kann man nur befremdet den Kopf schütteln: Bei Brustkrebs waren es 1,4 Prozent, bei Darmkrebs 1,0 Prozent und bei Magenkrebs 0,7 Prozent.

Wenn das nicht reicht! – **nach über zwanzig Jahren intensiver Forschung auf dem Gebiet der Chemotherapie und dem Einsatz von Milliarden Forschungs- und Spendengeldern an die großen Krebsorganisationen.**[88]

Für den Normalbürger ist Krebs die Krankheit, vor der er am meisten Angst hat. Betroffene, bei denen Krebs diagnostiziert wird, haben natürlich ganz besonders viel *Furcht,* und vor den ‚Heilern', Ärzten und Chirurgen haben sie geradezu *Ehrfurcht.* Sprechen deshalb böse Zungen von ‚Göttern in Weiß'? Kann das auch etwas mit Magie zu tun haben anstelle von Heilkunst und Wissenschaft?

Unter Magie verstehen wir die Beschwörung von irgendetwas, und in diesem Falle sollte man meinen, dass wie in alten Zeiten die Heilung der Kranken ‚beschworen' wird. Das scheint jedoch in den modernen

Tempeln nicht mehr in diesem Umfang gepflegt zu werden, auch wenn sie sich heute Kliniken nennen – das kommt vom griechischen *klinike* (die Heilkunst).

Ich habe es im lieben Bekanntenkreis hautnah erleben dürfen, dass diese Magie zuerst die Klinikbetten füllen soll. Schon während des Krebs-*Verdachtes*, wie sich dabei herausstellte, wurde die Operation empfohlen und aus Furcht oder Ehrfurcht auch von der Patientin akzeptiert. Wollen denn Götter immer noch ihre Blutopfer? Magie lebt von der Angst der davon Betroffenen – lebt heute die *Schlange-Kaninchen-Magie* immer noch? Die vermeintliche Aufklärung, wie wir sie persönlich in der Klinik erlebt haben, war unterschwellige Verunsicherung mit bedrohlichen Zwischentönen. Dabei ist die Todesangst bestimmt kein guter Berater.

Das ist hochintelligente Magie, die schließlich auch intelligente Patientinnen und Patienten befürchten und dadurch zustimmen lässt – obwohl es auch längst alternative Behandlungsmöglichkeiten außer Stahl, Strahl und Chemo gibt.

In »Le Monde diplomatique« (deutsche Ausgabe 4/5, April 1999) steht: *„Und führe uns nicht in die Diagnose, sondern erlöse uns von dem Streben nach Gesundheit.“*

Heute findet man zur eigenen Information sehr gute Literatur in Büchern, in alternativen Zeitschriften und im Internet – und man findet Beratungen und Therapien. Doch wem lassen die Magier der Kliniken Zeit dazu? Es eilt plötzlich *„...und Termine sind schon eingeteilt“*.

Mutig kommen auch alternative und komplementäre Forscher und Therapeuten bei »secret.TV« zu Wort, um unzensiert über ihre Erfahrungen und Erfolge zu berichten und teilweise ihre Therapieberatung anzubieten. Bis heute (März 2009) sind es sieben diesbezügliche Sendungen.

Trotzdem: Die Krebsforschung glaubt seit 100 Jahren stur an die Realität der bösartigen Zellen. Und derweil steigen die Todesraten und steigen und steigen. Bis heute haben die systemgesteuerten Krebsforscher keine überzeugende **Krebsursache** vorzulegen vermocht, sodass dadurch auch nicht *ursächlich* therapiert werden kann oder natürlich auch nicht therapiert zu werden braucht. Unverkennbar ist das unbewiesene Dogma der ‚bösartigen' Zelle längst zu einem Tabu geworden – unberührbar und unveränderlich.

Dabei war dieser fehlgeleitete Zug nicht der einzige mögliche Weg im Bereich internationaler Krebsforschung. Als Krebsursache bezeichnet man ‚ungewöhnliche, korpuskuläre Elemente im Blut', ‚Trichomaden als einzellige Geißeltierchen', ‚Dichloracetat gegen Krebs', eine ‚nichtkompensierte Schieflage der Immunbalance', ‚Krebs ist eine Energiekrise der Zelle infolge eines Defekts der Sauerstoffatmung', ‚Tumor als Entgiftungseinrichtung des Körpers', ‚elektromagnetische Belastungen und Erdstrahlen', ‚Kohlehydratüberbelastung', ‚Krebs durch Genmutation', ‚Krebs ist eine Ernährungskrankheit', ‚Krebs als Selenmangel', ‚Alkoholgenuss erhöht das Krebsrisiko', ‚Krebs ist eine Stoffwechselkrankheit', den ‚hochakut-dramatischen und isolativen Konflikt-Erlebnis-Schock', ‚die Lebensgeschichte als Krebsursache', ‚Krebs als hormonabhängige Tumore (Brust- und Prostatakrebs)', ‚Krebs durch unglückliche Ehe', ‚Krebs ist eine Krankheit der fehlenden Liebe – nämlich der Liebe zu sich selbst', ‚Krebs, ein Hilfeschrei der Seele', ‚Krebs als Verabschiedung aus Hoffnungslosigkeit' und anderes mehr. Die Internetsuchmaschine »google« bietet bei dem Suchwort ‚Krebsursachen' blitzschnell 39.900 Einträge an. Ein Hinweis bei »Wikipedia« lautet zum Beispiel auch:

> *„Wer viel rotes Fleisch (auch Rindfleisch) und Wurstwaren isst, hat ein erhöhtes Risiko für Magen- und Dickdarmkrebs. Mit 100 g mehr rotem Fleisch pro Tag steigt das Risiko um 49 Prozent, ein Plus an 100 g Wurst lässt es wohl um 70 Prozent ansteigen. Dies hängt auch erheblich mit der Nitrit-Belastung durch Pökeln zusammen. Je höher im Blut der Vitamin-C-Spiegel ist, desto geringer erscheint das Magenkrebsrisiko. Ein hoher Vitamin-C-Spiegel wirkt vor allem bei hohem Fleisch- und Wurstkonsum vorbeugend gegen Magenkrebs. Die Ascorbinsäure ist ein Reduktionsmittel und baut aggressive Oxidantien ab."*

Der Magen- und Dickdarmkrebs liegt nach den Krebserkrankungen der Geschlechtsorgane an zweiter Stelle der Statistik.

Nun kommt Ihre Frage nach alternativen Heilmethoden? Damit kann ich in diesem Buch jedoch nicht dienen, das wäre eine riesige Detailarbeit. Unter »www.gesundohnepillen.de/krebs.htm« finden Sie reichlich Hinweise dazu.

Zu erwähnen wäre in diesem Kontext auch die »Germanische Neue Medizin« (GNM) des Dr. Ryke Geerd Hamer, welche Krebs als Ausheilung von seelisch-körperlichen Schockerlebnissen deutet. Der Ruf dieser Diagnosemethode hat jedoch stark durch das persönliche Auftreten Hamers gelitten.

Möglicherweise ist der Krebs auch eine Vitaminmangelerkrankung, die mit dem Vitamin B_{17} bereits seit Jahrzehnten erfolgreich verhindert werden könnte? Zu den Stichworten ‚Laetril', ‚Amygdalin' und ‚Vitamin B17' findet man im Internet Mengen an Informationsmaterial. Auch das Fachbuch »Eine Welt ohne Krebs – die Geschichte des Vitamin B17 und seiner Unterdrückung« von G. Edward Griffin (Kopp-Verlag, 2005) gibt erschreckende, aber auch hilfreiche Einblicke. Eine kurze wichtige Zusammenfassung finden Sie unter.[(169)]

Die »Harvard School of Public Health« erkannte:

„Die Ursache von Krebs ist bekannt, mind. 65 Prozent aller Krebsarten könnten vermieden werden durch eine Änderung von Ernährung und Lebensweise."

Dies belegt in einem Selbstversuch auch der Professor Werner Hunsteln an der Poliklinik Heidelberg, der seine Leukämie schlicht und einfach mit der Heilwirkung des Grünen Tees kuriert hat. (www.dr-rath-gesundheitsallianz.org/gesundheitsbrief/20071010brief.pdf)

Grundsätzlich ist mir aber eine andere Frage wichtig: Könnte bei dieser großen Uneinheitlichkeit auch etwas *tieferes Gemeinsames* dahinterstecken und sich bis heute *ver*-stecken? Natürlich, jedoch noch lange nicht für alle Therapeuten und Patienten. Doch Ihnen möchte ich es jetzt noch vorstellen als das offensichtlich **Grundsätzliche**.

Ist es etwas ‚Metaphysisches' (vom griechischen *meta* hinten)? Aristoteles, Wissenschaftler und Lehrer von Alexander dem Großen, hat diesen Begriff schon lange vor unserer Zeitrechnung geprägt. Auch moderne Wissenschaftler sind ihm auf der Spur und erkennen das *bewusste* ICH mit seinem *unbewussten* SELBST eines jeden von uns.

So bestätigen es verschiedenste Heilerfolge immer öfter. Es sind Heilungen durch unser Selbst und schließlich sogar ‚Selbst'-Heilungen. *Hinter* dem (*meta*) steckt dann genauer betrachtet unser *Selbstwertgefühl* (oder göttliches Selbst) oder als gegensätzliche Energie unsere *Selbstsucht* (unser Ego als ‚niederes' Selbst).

In den wenigen Fällen von Krebskrankheit in meinem Bekanntenkreis war es jedesmal der zu geringe Selbstwert der Betroffenen, der dem Körper seine Sterbesehnsucht signalisierte – jahrelang und jahrzehntelang. Wenn uns die Statistik zeigt, dass die höchste Krebsrate bei Frauen den primären und sekundären Geschlechtsbereich betrifft und es bei den Männern die erkrankte Prostata ist,[(89)] dann hat das doch auch etwas mit unserer Sexualität zu tun. Kann es nämlich der falsche Umgang mit unserer Sexualität sein? Erkennen unsere Körper immer klarer das anhaltende Verwechselspiel von Liebe und ‚Sex'?

Grundkonflikte statt Skalpell

Grundkonflikte sind es, die mit dieser Erkrankung an die Oberfläche kommen und Lösungen oder gar *Er*-lösungen einfordern. Symptombehandlungen bringen dabei keine *heilenden Lösungen*, denn die jahre- oder lebenslangen Seelenlasten sind einfach irgendwann zu groß geworden. Übernimmt dabei der Körper den Versuch, das seelische Ungleichgewicht zu melden und zu reparieren? Besteht er auf die verloren gegangene Ganzheitlichkeit unserer modernen, fragmentierten und zersplitterten Lebensformen?

Professor Dr. Klaus Maar, der ‚Rebell gegen den Krebs', erklärt uns in seinem gleichnamigen Buch:

„Bis vor 20 Jahren wurde in der medizinischen Lehre schlichtweg geleugnet, dass es interne Schutz- und Abwehrmechanismen des Körpers gegen Krebs gibt. Heute weiß man einiges darüber, aber kaum jemand hat die Konsequenzen daraus gezogen."

Wird das Weltbild jetzt doch ganzheitlich? Professor Dr. Jürgen Rost von der Universität Kiel bedauert dabei:

„Das Zusammenwirken von Körper, Geist und Seele ist mittlerweile anerkannt. Auch bei Krebskranken wird selbst von Schulmedizinern die seelische Unterstützung der Heilprozesse als sehr wertvoll angesehen. Umgesetzt wird die Erkenntnis allerdings kaum, und nur in den seltensten Fällen wird sie von den Krankenkassen bezahlt.“

Das ist noch sehr vorsichtig ausgedrückt, denn dieser erahnte Aspekt der *inneren Mitwirkung* geht noch viel weiter. Die frühere Regierungsdirektorin Silke Schmalfuß-Soth ist heute Krebsberaterin, mehrfache Autorin und Vorsitzende des »Krebsforums Stuttgart – Zentrum für Information, Schulung und Therapieberatung«,(90) *„...um die Lücke auszufüllen, die im Gesundheitssystem klafft.“*. Sie vertritt(91) die Erkenntnis: ‚Krebs ist ungelebtes Leben'..., wenn die Seele die Sprache verliert, spricht der Körper..., die Harmonie der Seele kann so nachhaltig gestört sein, dass sie diesen Missstand durch ein Krankheitssymptom kundtut..., Krebs ist eine Krankheit der fehlenden Liebe – nämlich der Liebe zu sich selbst... und die Heilung kann nur gelingen, wenn der verdrängte Seelenanteil wirklich im Leben integriert und gelebt wird, denn betrügen lässt sich unsere Seele nicht.

Um diesen Seele-Körper-Dialog überhaupt zu verstehen, macht uns Frau Schmalfuß-Soth klar, dass in unserem Körper jede Sekunde 10 Millionen Zellen sterben und in jeder Sekunde wieder 10 Millionen Zellen neu entstehen. Wir ‚erneuern' uns also innerhalb von drei Monaten, indem wir ständig ein Stück sterben, um uns zu regenerieren. Genius von Goethe fand schon die griffige Formel: *„Wir sind ein ewiges Stirb und Werde!“*, worauf ich später noch ausführlicher eingehe.

„Im Laufe der Evolution wurde in der Zelle des Mehrzellers der programmierte Zelltod (Apoptose) installiert. Nach ungefähr fünfzig Teilungen (bei Beschädigungen schon früher) bringt sich die Zelle um, sie muss sich sozusagen selbst aufopfern. Endstücke (Telomere) auf den Chromosomen, die sich bei jeder Zellteilung schrittweise verbrauchen, sorgen dafür, dass am Ende die Apoptose eingeleitet wird.“

Wie im Kleinen, so im Großen. Für den komplexen Begriff *Seele* können wir auch ganz pragmatisch *Liebe* sagen, und dann wäre die Basis der ‚Störung' des Ungleichgewichts oder des Grundkonfliktes die *fehlende Liebe* – zumindest ganzheitlich gesehen. Im Einzelnen kann die ‚fehlende Liebe' in der Partnerschaft, in der Gemeinschaft und zu sich selbst entdeckt und gefunden werden. Irgendwoher kennen wir doch alle die berühmte Formel: *„Liebe deinen Nächsten – wie dich selbst!"*

Gemeint ist dabei das Gleichgewicht in den beiden ‚Energien': einseitig nur den Nächsten ist mit *Selbstwert*-Defizit und einseitig nur sich selbst mit *Selbstsucht*-Problemen verbunden. Beides scheinen krankmachende Lebensmuster zu sein.

Viel leichter wäre das zu verstehen, wenn unter dem Überbegriff ‚Seele' eine durchgehende Verständnisfähigkeit bestünde. Das Gros der Betroffenen jedoch – sowohl auf der Seite der Mediziner als auch auf jener der Erkrankten – glaubt heute nicht ernsthaft genug oder gar nicht mehr an einen ‚Gott'. Ist ja auch verständlich bei dem bekannten Missbrauch der ‚Heiligen Schriften', den angeblichen ‚Worten' der mächtigen Götter, die von Menschen aufgeschrieben wurden und konsequent weiterverwaltet werden. Aber mit diesem Bad wird zugleich auch das Kind ausgeschüttet, und viel zu wenige erkennen hinter (*meta*) den buchstabenbegrenzten Gottesbildern die moderne *Meta-Physik*, die *Transzendenz*, die *Spiritualität* oder noch einfacher und undifferenziert: die *‚geistige Welt'*.

Sobald wir dieses ‚liebe dich selbst' pragmatisch aufwerten, kommen wir zum **heilenden Selbstwert**. Depressive Unwertgefühle, verheimlichte Ängste, der Eindruck von Hilflosigkeit, rettender Rückzug, Unterdrückung der eigenen Bedürfnisse, permanente Anpassungen, akzeptierte Fremdbestimmungen, die ‚Faust in der Tasche' und ähnliche Demütigungen, jahrelang anhaltend oder akut (Schockerlebnisse), sind einige der Namen in den noch viel zu namenlosen Grundkonflikten des Krebses.

Solche Konflikte sind stets **innere Konflikte**, äußere meine ich damit nicht. Und wenn ich dabei noch einmal das Wort ‚Gott' mit einbeziehe, dann kommen wir zum mystischen Verständnisbild und erwekken dabei den *göttlichen Funken* in uns, den inneren Heiler. Wenn wir dann auf unserem Genesungsweg fähig werden, diesen göttlichen Aspekt in uns anzunehmen und zu lieben, dann erleben wir diese **Selbstliebe**, die auch die verloren gegangenen Kräfte wie Selbstbewusstsein, Selbstverständnis, Selbstvertrauen, Selbsterlösung (vom Konflikt), Selbstregulation und Selbstheilung mit einschließen. Die ‚Kräfte' des ‚göttlichen Prinzips' in uns lösen die Spannungen unserer inneren Konflikte und Blockaden und machen den Weg frei zu unserer angeborenen und gesunden Individualität und Einzigartigkeit. **Wenn auf einem dieser Wege das Verständnis und die Ursache des Leidens gefunden wird, führt jeder dieser Wege auch in die Heilung.**

Professor Dr. Dr. Ronald Grossarth-Maticek erklärt in seinem Interview in »raum&zeit« 158 (4/2009) zu der Frage „Was macht stark gegen Krebs?":

> *„Für den Erhalt der Gesundheit spielt die Fähigkeit, Sehnsüchte von größter emotionaler Bedeutung zu befriedigen, eine zentrale Rolle. Von vergleichbarer Wichtigkeit sind die Fähigkeiten, die Entstehung von eingekapseltem Leid durch soziale Kommunikation zu verhindern und durch neue Erfahrungen Glücksgefühle zu erleben."*

‚Eingekapseltes Leid' ist eine wohlklingende und realistische Formulierung für jahrelanges psychisches Leiden. Da die häufigsten Krebserkrankungen der Frauen und Männer im Bereich ihrer Geschlechtsorgane liegen, ist (wie ich schon oben angedeutet habe) unser Liebesleben von zentraler Bedeutung bei der Krebsentstehung.

Sehr einfach erklärt den seelischen Hintergrund der Erkrankung auch die Autorin und Therapeutin Marianne Munz[(195)] in »secret.TV«. Fünfzehn Jahre nach ihrer eigenen, überstandenen Krebserkrankung vermittelt sie in ihrer Naturheilpraxis »GMM Gesundheits-Management-Munz« ihren Patienten, die häufig hoffnungslos, verzweifelt, müde, ausgelaugt und depressiv in austherapierten Situationen ihre Hilfe in Anspruch nehmen, das selbst erlebte ‚Wunder der Gesundung'. Sie vertritt ebenfalls den Heilungsweg der Selbstfindung und der Selbstwertakzeptanz und beschreibt dies in ihrem Buch »Diagnose Krebs – Deine Chance« (2005 im Selbstverlag).

Ein weiteres empfehlenswertes Buch entwickelt sich zum Bestseller: »Das heilende Bewusstsein – Wunder und Hoffnung an den Grenzen der Medizin« von Joachim Faulstich. Faulstich ist Autor und Regisseur wissenschaftlicher Fernsehdokumentationen und schuf bei der ARD unter dem gleichen Titel einen Film, den es auch als Audio-CD gibt. (Näheres dazu unter: www.das-heilende-bewusstsein.de)[175]

Herz ist Trumpf!

Bis jetzt habe ich in unsere Betrachtungen auch den geistigen Teil der *irdischen Dualität* mit einfließen lassen. Diese Dualität wird grobstofflich/feinstofflich, physisch/metaphysisch, sinnlich/übersinnlich, sichtbar/unsichtbar oder irdisch/himmlisch genannt – es gibt jedoch noch viel mehr Bezeichnungen dafür. Und trotzdem ist eigentlich keine davon wirklich richtig. Unser Erdenleben ist nicht nur *dual*, es ist genauer betrachtet *plural*. Alles Materielle hat auch ein ‚geistiges' Energiefeld, auch alles Leben und auch wir Menschen. Im letzten Buchteil berichte ich über ‚die Kraft des Geistes' und werde Sie bei der üblichen Dualität ‚Materie/Geist' mit der Trilogie ‚Geist-Seele-Leib' überraschen. Eine der unsichtbaren energetischen Anschlussstellen unseres Körpersystems an diese hochenergetische Dimension der unsichtbaren Welten ist das menschliche **Herz**.

Die Behauptung, Krebs sei eine Ganzkörpererkrankung, ist unwahr. Krebs ist und bleibt ein ‚Lokalfaktor'. Unser Herz wird nämlich nicht krebskrank, unser Herz ist und bleibt ‚in Ordnung', ist und bleibt gesund – unser Herz kann höchstens versagen. Man kann das Herz reparieren oder auswechseln (Spenderorgan für rund $ 57.000), aber es wird sich niemals selbst zerstören. Was sagt uns das Wort ‚*Herzversagen*'? Verweigert es sich dabei? Lehnt es endgültig ab? Oder schreit es ‚logout' – abmelden? Und stirbt dann an gebrochenem Herzen? Sehen wir uns das einmal näher an!

Die einfachste Erklärung für die energetischen Verbindungen der grobstofflichen und der feinstofflichen Welten sind unsere sogenannten Chakren oder Energiewirbel. Darüber habe ich schon oft und ausführlich berichtet. Hier also nur ein kurzer Überblick.

In der chinesischen Heillehre, im Hinduismus und Buddhismus ist das körperliche Zentrum unserer inneren und äußeren geistigen Kräfte das *Herz-Chakra,* das auch das ‚Dimensionstor zur Seele' genannt wird. Es ist das mittlere der sieben Hauptchakren und symbolisiert damit zugleich seinen Harmonisierungs-Auftrag, zwischen den drei unteren und niedriger schwingenden Chakren und den drei oberen spirituellen und höher schwingenden Chakren *auszugleichen.* Wir finden bei dem großen Philosophen Aristoteles (384-322 v.Chr.), der damals schon den scheinbar modernen Begriff »Metaphysik« geprägt hat, den Lehrsatz: *„Die Seele regiert den Körper vom Herzen aus. Die Kraft, die das Herz antreibt, ist die Seele."* Auch unser Volksmund bestätigt dieses alte Wissen und spricht von *„...ein Herz und eine Seele sein"* und dem *„...Herz am rechten Fleck"*.

Das Herz mit seinem Kreislauf hat natürlich auch seine ‚Krankheiten', die allerdings in den meisten Fällen Schwächen sind, die irgendwann oder plötzlich zu einem Zusammenbruch führen. Darauf will ich hier nicht im Einzelnen eingehen und empfehle daher aus dem Buchhandel das ernüchternde Werk des Forschers Rolf-Jürgen Petry »Die Lösung des Herzinfarkt-Problems durch Strophanthin«.[196] Es ist so sensationell wie skandalös, was Ihnen, liebe Leserin, lieber Leser, dort dargestellt wird und ist nicht nur für ‚Anwärter' der häufigsten Todesursache unserer Wohlstandsländer interessant und lebensnotwendig: der Herz/Kreislauf-Tod.

Lassen Sie uns kurz in dieses verheimlichte Thema reingucken!

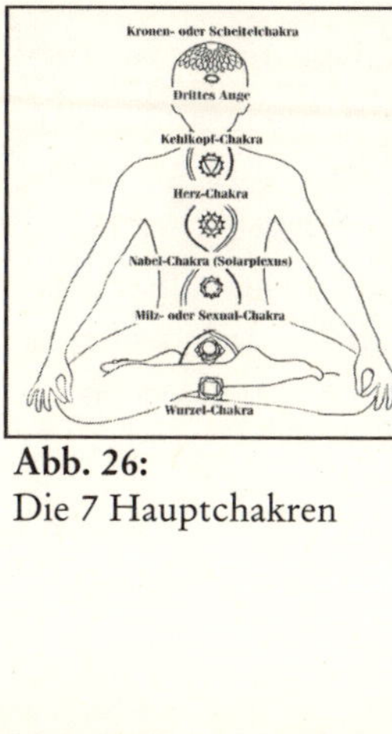

Abb. 26:
Die 7 Hauptchakren

Strophanthin – das exekutierte Heilmittel

Die beiden ‚Seiten' des Strophanthins heißen einerseits ‚Eine Welt ohne Herzinfarkt!' und andererseits ‚versautes Milliardengeschäft'.

Die Lösung des Herzinfarkt-Problems durch Strophanthin – eine pflanzliche Substanz – war in intravenöser Form von 1905 bis etwa 1970 anerkannt und führend in der deutschen Herzmedizin (bei akuter Herzschwäche sogar bis nach 1992 vom Lehrbuch empfohlen) und gilt als neuentdecktes Hormon, obwohl schon der berühmteste Arzt der Antike, Hippokrates, damit therapierte. Das Buch des Forschers Rolf-Jürgen Petry habe ich schon erwähnt. Er war zu Gast bei »secret.TV« und berichtet dort detailliert über die Wirkung von Strophanthin und damit einherrgehende Heilungschancen.

Petry dokumentiert in seinem Buch durch vielzählige Studien und Berichte aus Klinik, Praxis und Labor von 1950 bis heute, dass Strophanthin bei oraler Einnahme in der Vorbeugung und Akutbehandlung von Angina pectoris und Herzinfarkt ganz im Gegensatz zur Schwestersubstanz Digitalis eine überragend positive Wirkung zeigt – und dies ohne ernste Nebenwirkungen und dazu noch recht kostengünstig. Die aktuell von der Lehrbuch-Medizin empfohlenen Medikamente erreichen die Leistung des Strophanthins bei weitem nicht. Das Buch ist wissenschaftlich beeindruckend und doch für den Laien verständlich geschrieben.

Von der orthodoxen Schulmedizin wird Strophanthin eindeutig fehlbeurteilt und abgelehnt. Doch da es keine medizinischen Gründe hierfür gibt, ist die Frage naheliegend, ob diese eher wirtschaftlicher Natur sein könnten? Es gibt Ärzte und Apotheker, die von Strophanthin (aus Unkenntnis) abraten, doch das rezeptpflichtige Strodival ist weiterhin erhältlich.[(93)]

Das Nachrichtenmagazin PHI berichtet, dass 97 Prozent aller Ärzte, die es verwendet haben oder noch verwenden, eine extrem hohe Wirksamkeit beobachten, die restlichen 3 Prozent sind immerhin noch eingeschränkt positiv eingestellt. Keiner der befragten Ärzte hatte die Wirksamkeit verneint (Befragung von 3.650 Ärzten in 1984).

„Eine placebokontrollierte, doppelblinde Studie stellt eine hochsignifikante positive Wirkung des oral eingenommenen Strophanthins fest. Alle Angina-pectoris-Patienten erfahren eine Besserung ihres EKGs und ihres Befindens, die allermeisten sogar eine wesentliche Besserung. Prof. Dohrmann verwendete die Strophantin-Kapseln 12 Jahre lang in einem großen öffentlichen Krankenhaus in West-Berlin: Bei 99 % der Patienten mit schwerer Angina pectoris ergab sich nach Einnahme der magensaftresistenten Kapseln eine komplette Beschwerdefreiheit nach zwei Wochen (82 % nach einer Woche), wobei alle anderen vorigen Medikamente mitsamt Nebenwirkungen weggelassen wurden."

Eine Antwort auf die Abwertung des wirkungsvollen Präparats gibt uns der Heilpraktiker und Dipl. rer. pol. Wolf-Alexander Melhorn: Der Gesundheitsmarkt (Krankheitsmarkt?) erwirtschaftet heute Milliarden durch die Behandlung von Herz-/Kreislaufbeschwerden. Er würde bei Aufhebung der Verschreibungspflicht durch eine therapeutische Verbreitung des Wirkstoffes Strophanthin langfristig einen gewaltigen wirtschaftlichen Rückgang erfahren – mit schwersten Gewinneinbrüchen für die Pharmaindustrie.

„Vor diesem Hintergrund lieferte mir ein REPORT-Fernsehbericht erstmals eine taugliche Erklärung für die scheinbaren Ungereimtheiten im bürgerschädlichen Verhalten des Bundesinstituts für Arzneimittel und Medizinprodukte gegenüber Strophanthin: Die Gebühren der Pharmaindustrie finanzieren zu knapp 70 Prozent die Arbeit des Bundesinstituts für Arzneimittel und Medizinprodukte. Leidet die Pharmaindustrie, leidet auch das BfArM."

Melhorn geht auf seiner umfangreichen Internetseite auch auf weitere Zivilisationsbelastungen des Herzbereichs ein, dabei auch auf die weiter oben dargestellte Übersäuerung unseres körperlichen Gewebes, und belegt:

„Auch der Schlaganfall ist eine Übersäuerungs-Katastrophe, gleichartig dem Herzinfarkt. Beide Katastrophen beruhen auf örtlichen Gewebsuntergängen, und beide entstehen durch örtliche Blockaden des Blut-Durchflusses (Ischämien) in Gewebs-Kapillaren."[94]

Es lohnt sich auch hier wieder zu fragen: „*Cui bono – wem nützt es?*"

Die Schweizer »Zeiten*Schrift*« 51/2006 hat sehr gut recherchiert und verweist auf den Medizinstreit, der als ,Heidelberger Tribunal' am 19.11.1971 in die Medizingeschichte einging. Der Stuttgarter Internist und Kardiologe Dr. Berthold Kern (1911-95) war ein erfolgreicher Verfechter des ,oralen Strophanthins', um Millionen „*nicht optimal behandelter Patienten im In- und Ausland*" (Dr. Walter Dürsch) das Leben zu retten.

Professor Dr. G. F. Schettler, damaliger Präsident der »Deutschen Gesellschaft für Innere Medizin«, hatte aber andere Interessen und es heißt:

„*Was sich dann abspielte, war alles andere als ein fairer und neutraler Austausch unter Wissenschaftlern. Es wurde von den Gegnern des Strophanthins alles getan, um Dr. Kern und seine Mitstreiter willkürlich zu benachteiligen, zu stören, anzuzeigen und sogar lächerlich zu machen. In den folgenden Medienberichten über das Spektakel wurde Dr. Berthold Kern als Scharlatan und seine Strophanthin-Thesen als unwissenschaftlich, widerlegt und gescheitert dargestellt.*"

Dr. med. Hans Nieper: „*Es handelt sich um eine mit großer Verve, ja mit Bösartigkeit vorgetragene Aggression der orthodoxen Medizin gegen Andersdenkende.*" Und Professor Hans Schäfer: „*In einem nur als ungeheuerlich zu bezeichnenden Tribunal... wurde Kern buchstäblich exekutiert.*" In der Folge wurde Strophanthin zum Tabu. Und jetzt kommt es: – Cui bono? Professor Schettler propagierte das Medikament Lipostabil mit einem marktbeherrschenden Jahresumsatz von 16 Millionen DM, bis es eines Tages „mangels Wirksamkeits-Nachweises" aus dem Verkehr gezogen wurde. (Zeiten*Schrift* 51/2006)

Noch weiter möchte ich ,medizinisch' nicht in das Thema einsteigen, will jedoch herausstellen, dass auch das Herz genauso seine subtilen Signale sendet, wenn die Korrelation des ICHs und des SELBSTes nicht harmonisch ist. **Es sind stets Hinweise auf wesentliche Lebensveränderungen** (worauf ich bereits ausführlich in meinem Buch »Alles ist Gott – Anleitung für das Spiel des Lebens« eingegangen bin). Auch im Herz-/Kreislaufsystem sind es zuerst Beschwerden, dann Schwächen, dann Leiden und dann Versagen – Signale aus unserem seelisch-körperlichen Ungleichgewicht.

Gibt es uns nicht sehr zu denken, dass gerade Herzkrankheiten und Krebsleiden heute die häufigsten Erkrankungen in unseren Wohlstandsländern sind?

In beiden Fällen haben wir gesehen, dass darunter stets unterbewusste Signale zu finden sind, die dem Betroffenen anhaltende seelische Unstimmigkeiten melden. Was können wir daraus lernen? Was *sollen* wir daraus lernen? Zuerst sollen *wir selbst* einmal über uns und unsere Lebenssituationen nach-denken. Jeder selbst – und weil uns das nicht so leicht fällt, helfen irgendwann irgendwelche Körpersymptome nach.

Selbstheilung ist in jedem Körper als Urprogramm angelegt, dazu bedarf es jedoch auch der Selbstfindung und der Eigenverantwortung. Das ist kein leichter Weg, doch wenn wir es schaffen, bringen uns beide dann den meistens verlorengegangenen **Selbstwert** wieder. Ich habe im oben schon erwähnten Buch »Alles ist Gott« eine Lebensformel beschrieben, ohne die es im Leben keine Fortschritte geben kann, und im Gesundheitlichen gibt es ohne diesen Prozess auch keine Heilungen.

Die Formel heißt »**e**^{3}« und bedeutet *erfahren*, *erkennen* und *entscheiden*. Alle die schon beschriebenen Krankheitsprozesse gehen diesen Weg, wenn er zur Heilung führen soll. Nichts geschieht in unserem Leben ohne irgendeine **Entscheidung**. Wenn wir sie nicht treffen, trifft sie jemand anderes für uns – oft überlassen wir es direkt anderen, und oft müssen es sogar andere für uns tun. Im Falle der ‚Entscheidung' in eine *aktive Richtung* ist immer unser inneres Selbst helfend am Erfolg mitbeteiligt. Im Falle der Entscheidung in die allgemein übliche *passive Richtung* – dem Sich-behandeln-lassen, *„...denn die Kasse, in die ich jahrelang einbezahlt habe, übernimmt es ja“* – wird unser inneres Selbst dem äußeren Habitus seinen unterbewussten ‚Protest' wieder und wieder präsentieren.

Das Eisenmangel-Syndrom

Sauerstoff ist ein zum Leben unentbehrlicher und wichtiger Stoff. Sauerstoff ist für die Energiegewinnung der Körperzellen unverzichtbar, schon nach Minuten ohne Sauerstoff kommt es zur Schädigung von Gehirnzellen. Eine mangelhafte Aufnahme von Sauerstoff in den Zellen kommt unter anderem durch Krankheiten, ungesunde Fehlernährung, mangelnde Bewegung, Stress, Rauchen und Alkohol, aber auch durch hohes Alter zustande. Ein sauerstoffarmes Stoffwechselmilieu schwächt die Zellfunktionen bis hin zu einer Erkrankung.

Dieses Defizit kann zu Müdigkeitserscheinungen und Erschöpfungszuständen führen, zu Konzentrationsstörungen und Vergesslichkeit, zu depressiven Verstimmungen, zur Schwächung des Immunsystems mit vielfältigen Folgeerkrankungen und vielem, vielem mehr. Mit unserem Blut wird der Sauerstoff im Körper überallhin transportiert, wo er zur Energieumwandlung und für den Stoffwechsel nötig ist, denn auch in unserem Körper gibt es keine ‚Verbrennung' ohne Sauerstoff.

Dabei ist **Eisen** für diesen Sauerstofftransport wie auch für die Sauerstoffauswertung unerlässlich. Die Enzyme der Atmungskette und der Muskelfarbstoff Myoglobin – alles enthält Eisen. Dazu schreibt Hans-Heinrich Jörgenen:[(95)]

„Die physiologische Sauerstofftransportfähigkeit der roten Blutkörperchen ist von der Versorgung mit Eisen abhängig. Der rote Blutfarbstoff, das Hämoglobin, ist eine Eisen-Eiweiß-Verbindung. Steht nicht genügend Eisen zur Verfügung, werden die Erythrozyten klein und mickrig und transportieren weniger Sauerstoff. Eisen ist kein Doping, sondern ein essentielles Mineral, genau auf der Grenze zwischen Mengen- und Spurenelement. Ein Mangel schränkt die Leistungsfähigkeit massiv ein, eine Überdosierung bringt keinen Gewinn."

Das belegt auch der Basler Internist Dr. Beat Stephan Schaub in seinem Interview bei »secret.TV« mit dem Titel ‚Eisenmangel' und der Abbildung eines Apfels voller eingesteckter Nägel, so wie unsere Vorfahren schon damals ‚Anämie' pufferten. Im einleitenden Text heißt es:

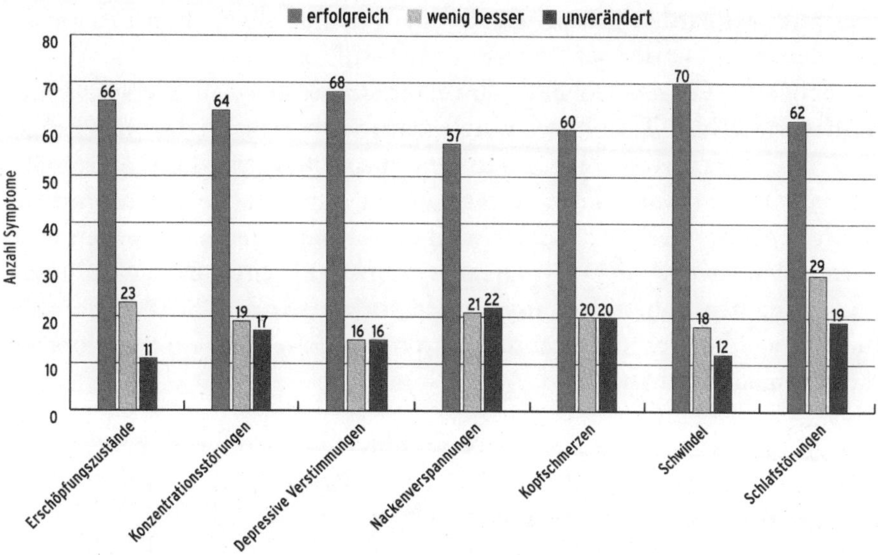

Abb. 27: Die Erfolgsquoten einer Eisentherapie in Prozenten

„Eisenmangel ist die am meisten verbreitete Volkskrankheit der Menschheit. Fast jeder zweite Mensch ist heutzutage davon betroffen. Durch den Eisenmangel wird die Produktion des roten Blutfarbstoffes, des Hämoglobins, gestört, was zu Defiziten in der Sauerstoffversorgung des Körpers führt. Menschen mit einer Eisenmangelanämie fühlen sich oft müde und schlapp und neigen zu einer blassen Gesichtsfarbe.
In Europa leidet die Hälfte der Schulkinder an einem Eisenmangel mit allen seinen Auswirkungen (Konzentrationsstörungen, Antriebsarmut, Reizbarkeit, Müdigkeit). Aber nicht nur Schulkinder sind betroffen, sondern auch gut die Hälfte der Frauen im Menstruationsalter. Nicht zu vergessen die Senioren und Sportler, die ebenfalls Kandidaten für Eisenmangel sind.“

Ausführlicher steht es in seinem Buch »Lebendige Frauen – Hundert Jahre Irrtum«. Darin definiert er das Eisenmangel-Syndrom, englisch »Iron Deficiency Syndrome« (IDS), als eine seit Jahrzehnten unterschätzte und von der Schulmedizin tabuisierte ‚Krankheit'. Weltweit sollen drei Milliarden Menschen an einem nicht behandelten Eisenmangel leiden, allein in der Schweiz rund eine Million.

Solches bestätigt auch der Schweizer Professor Jean Ziegler,(78) der durch seine UNO-Tätigkeit hautnah darüber berichtet, dass der Eisenmangel die am meisten verbreitete Ursache der weltweiten Unterernährung beziehungsweise die Unterernährung die Ursache des Eisenmangels ist. Er schreibt von 1,3 Milliarden direkt betroffenen Personen und: *„Dieser Typus von Anämie bringt auch das Immunsystem durcheinander."*

Die gleichen Zahlen bestätigt Professor Dr. Roland Schäfer von der Universität Münster, der sich seit Jahren mit dem Problem des globalen Eisenmangels beschäftigt.

Kommen wir zurück in unsere Gefilde und den Bereich zwischen Anämie und Gesundheitszustand. Nicht selten erfolgt statt der richtigen Diagnose ‚Eisenmangel' mit dem Symptom der Niedergeschlagenheit die Fehldiagnose ‚Depression' und die jahrelange Medikation mit oft gefährlichen Antidepressiva. Dr. Schaub:

> *„Ein depressiver Mensch mit leeren Eisenspeichern sollte sich zunächst die Eisenspeicher füllen lassen – zumindest zur Hälfte. Die Wahrscheinlichkeit liegt bei über 60 Prozent, dass eine solche Behandlung erfolgreich ist. Der Betreffende fühlt sich deutlich besser oder gar beschwerdefrei. Damit steht offensichtlich fest, dass er zuvor an einem Eisenmangel gelitten hat. Seine Depression war also – zumindest vorwiegend – eine Eisenmangel-Depression IDD (Iron Deficiency Depression)."*

So ist es ein wahrer Segen für Psychosomatiker, dass sich die Eisen-Diagnostik immer stärker entwickelt wie zum Beispiel die »Iron-Code-Forschung« (»www.iron-code.net« und »www.eisenzentrum.org«).(97)

Beim »1. Zürcher Eisensymposium« im April 2008 unter der wissenschaftlichen Leitung der Professoren Schaefer und Breymann zeigten die Schweizer weit mehr Verständnis für den falsch definierten Eisenmangel als die Ärzteschaft unserer Republik.

Insgesamt befinden sich im menschlichen Körper 2 bis 4 Gramm Eisen, und der größte Teil davon ist an das Hämoglobin, den Hauptbestandteil der roten Blutkörperchen, gebunden. Doch neben der großen Bedeutung für den Sauerstofftransport im Blut hat Eisen noch weitere 180 (!) Funktionen wie die Bildung des schon erwähnten Myoglobins, die Produktion von Hormonen, die Beteiligung an der Energiegewinnung in den Zellen und beim Abbau von freien Radikalen.

„Es ist schwer, sich vorzustellen, was bei eingeschränkten Funktionen geschehen könnte? Wenn der Körper wegen Eisenmangels beispielsweise nicht mehr genügend Glücks- und Schlafhormone produziert? Oder wenn die Zellen zu wenig Energie erhalten?...
Nirgends steht geschrieben, dass 50 (!) Prozent der menstruierenden Frauen mit Eisenmangel auch ohne Blutarmut, also bei einem Eisenmangel-Syndrom (IDS), an verminderter Belastbarkeit und Leistungsfähigkeit, an körperlichen und psychischen Erschöpfungszuständen, Depressivität, Nervosität und Konzentrationsstörungen leiden."
(Dr. Schaub)

Erstaunliche Details dazu stellt die Schweizer »Zeiten*Schrift*« in der Ausgabe 1/2009 dar. Ursula Seiler schreibt in ihrem ausführlichen Artikel ‚Das unerkannte Menschheitsleiden' unter anderem:

„Das Knochenmark eines erwachsenen Mannes bildet durchschnittlich 150 Milliarden rote Blutkörperchen ***am Tag!*** *In jedes neue Blutkörperchen werden dabei 300 Millionen Moleküle Hämoglobin mit Eisen als zentralem Bestandteil eingebaut. Nach etwa 120 Tagen werden die roten Blutkörperchen in der Milz und der Leber abgebaut. Das freiwerdende Eisen steht dann dem Eisenkreislauf wieder zur Verfügung."*

Ein sagenhaftes System! Über Darm, Niere und Haut verliert der Körper jedoch täglich Spuren davon, vor allem unsere Damenwelt. Somit wird für Heranwachsende und für Frauen im Menstruationsalter von einer **täglichen** Zufuhr von 15 Milligramm aus der Nahrung ausgegangen – Männer sind wieder bescheidener, da reichen 10 Milligramm.

Es erschreckt schon, wenn Dr. Schaub erklärt, dass die Hälfte der Menschheit an Eisenmangelerscheinungen leide, die Schulmedizin aber wegschaue, solange keine ,Blutarmut' vorliege. Sie interpretiert diese Symptome als Überlastungszeichen, als Burn-out oder psychisch bedingt, und anstatt zu behandeln, werden diese Symptome medikamentös unterdrückt.

Obwohl der Volksmund jeden Kranken routinemäßig fragt: „*Was fehlt Dir?*" – und damit den Nagel auf den Kopf trifft, scheint das die Ärzteschaft zu vermeiden (!) und fragt bloß. „*Wie geht es uns heute?*"

„*Mir geht es besser*", erklären Jan und ich gemeinsam, weil wir uns schon Eisen intravenös spritzen ließen. Ich kenne jetzt den Eisenmangel aus eigener Erfahrung – durch kein Leiden oder so etwas, sondern nur durch mein Alter (70plus). Mein Problem war das nächtliche Durchschlafen, die Nachtruhe, denn ab 3 Uhr nachts gab es nur noch Unruhe. Nach 12 mal 0,1 mg Eisen (»Venofer«) waren Schlafmittel *out*, ebenso wie sich bis jetzt meine nächtlichen Schultergelenkschmerzen verflüchtigten und mein Stuhlgang bestätigte, dass ihm jetzt wieder alles Wurst ist (vielleicht nach der Regel „*...der Tod sitzt im Darm?*").

Wenn Sie also eine **Blutanalyse** bei Ihrem Hausarzt machen lassen, erbitten Sie als Einstieg ein kleines Blutbild mit Ferritin- und CRP-Werten. Solange kein deutsches Eisenzentrum in Ihrer Nähe ist, finden Sie sicherlich eine aktuelle Verbindung unter »www.iron-code.net« und »www.eisenzentrum.org«.

Dr. Nikolaus Klehr erklärte in einem Interview auf secret.TV, dass Krebszellen direkt auf Eisen reagieren. Dazu habe ich weitere Hinweise bekommen, dass Krebspatienten hervorragend auf eine intravenöse Eisentherapie reagieren. Die Frage, ob Krebs durch eine Eisentherapie auch geheilt werden könne, gab ich bei meinem Besuch bei Dr. Schaub direkt an diesen weiter und erhielt zwischenzeitlich eine grundlegende Stellungnahme, der ich die folgenden Passagen entnehme:

„*So wünschenswert eine positive Antwort auf die aufgeworfene Frage wäre, so wenig kann sie heute gegeben werden. Wir wissen einfach noch zu wenig über die Bedeutung des Eisens in einem Körpergeschehen, das von einem bösartigen Wucherungsprozess durcheinander gebracht worden ist. Es gibt bisher auch keinerlei zellbiologische Untersuchungen,*

die einen direkten Zusammenhang zwischen Funktionseisen und Krebsgeschehen signalisiert hätten.
Unabhängig davon sollte es für die medizinische Forschung durchaus eine Aufgabe sein, sich der Frage nach einem möglichen Zusammenhang zwischen Eisenmangel und Krebshäufigkeit beziehungsweise Krebserkrankungsneigung zu widmen. Dies zumal es rein theoretisch einige Zusammenhänge geben könnte…
Dies vor allem dann, wenn von einer ganzheitlichen Auffassung der Krebskrankheit ausgegangen wird und nicht, wie das leider noch immer in der Schulmedizin verbreitet ist, von einem lokalen ‚Unfall' bei der Zellteilung beziehungsweise -vermehrung." Als wichtigen Hinweis auf eine Ausweitung alternativer Möglichkeiten sehe ich Dr. Schaubs Vorschlag: „*Eine ganz andere, aber nicht weniger interessante Ebene für eine Krebsrelevanz von Eisenmangel ist die psychische. Die psychoneuroimmunologischen Zusammenhänge bei der Krebsentstehung sind in vielem bereits Allgemeingut von Onkologen. Der Zusammenhang von psychischen Symptomen, darunter beispielsweise Depressionen und Eisenmangel, aber auch allgemeine Erschöpfungszustände und Schlafstörungen, die sich wiederum auf Immunsystem und allgemeine Regenerationsfähigkeit des Körpers auswirken, ist jetzt dank unserer patientenorientierten Forschung erheblich besser untersucht. Verbindungen zur Krebsanfälligkeit, aber auch – bei einer Heilung des pathologischen Mangelzustandes – zu leistungsfähigeren Selbstheilungskräften sind nicht auszuschließen, ja eher recht naheliegend.*"

Wenn kranke Menschen also ihre unterschwelligen Todesängste und ihr Ausgeliefertsein loslassen und in eine ‚erleichterte' Stimmung kommen, so ist dies bei einem Genesungsprozeß sicherlich unterstützend. Angst ist in seiner Urschwingung stets eine Trennungsangst – unsere ersten Ängste im Leben waren die Trennung vom Mutterleib, der Muttermilch, der Mutterstimme, der Mutterliebe. So ist dringend **Ganzheitliches** angesagt. Ganzheitlichkeit hebt Trennungen auf. Dagegen erzeugen Teilungen und Trennungen immer ‚Spannungen', und viele dieser Spannungen nennen wir Ängste.

Diese Ganzheitlichkeit kann verschiedene Gesichter haben. Ganzheitlichkeit bedarf es zwischen Patienten und Therapeuten – das erzeugt das nötige *Vertrauen*. Ganzheitlichkeit bedarf es zwischen unserem höheren Selbst und unserem irdischen Ich – das erzeugt das nötige *Selbstvertrauen*. Ganzheitlichkeit betrifft auch unsere Trennung vom Göttlichen, ob wir das nun in uns selbst oder im Himmel suchen – *Gottvertrauen*. Ganzheitlichkeit entsteht dann durch unsere eigenen Gebete und die unserer Freunde, damit wir uns *‚trauen'* den **Weg der Veränderung** zu gehen – denn da könnte auch ein ‚bisschen' die Angst vor Neuem mitspielen.

Vertrauen entspannt nämlich, und das wiederum aktiviert den Parasympathikus und regt Regeneration an. (Dr. Ulrich Mohr) Der Parasympathikus ist ein Teil des vegetativen Nervensystems, das unwillkürlich die meisten inneren Organe und den Kreislauf steuert. Er wird auch als ‚Ruhenerv' bezeichnet, da er dem Stoffwechsel, der Regeneration und dem Aufbau körpereigener Reserven dient.

Stimmen alle diese Weisheiten und die vielen klugen Wohlmeinungen auch im Falle einer Todesangst? Stimmen sie auch im magischen Schlange-Kaninchen-Programm, das von den ‚Göttern in Weiß' in uns Menschen gekonnt wachgehalten werden kann? Unter der schweren Last der ‚Angst im Nacken'?

Natürlich stimmen sie – doch erst die anhaltend publizierte Angstmacherei ermöglicht das Milliardengeschäft der Chemo- und Technomedizin, die den Patienten energetisch und die kranken Kassen monetär kaputt macht.

Doch, verehrte Leserinnen und liebe Leser, das alles, worauf ich jetzt mit dem kritischen Finger gezeigt habe, **kann nur geschehen, weil WIR es auch geschehen lassen!** Wobei würde also eine dringend benötigte Änderung zuerst fruchten...?

Probieren wir es erst einmal bei einem leichteren Alltagsthema, das noch viel ausgeprägter mit uns selbst zu tun hat.

Zucker – der süße Betrug

Eigentlich sagt diese Tabelle schon alles – der Pro-Kopf-Verbrauch von Zucker in einem Jahr. Das heißt praktisch über 30 Kilo jährlich – stellen Sie sich einmal einen Sack mit 30 Kilo vor. Und die Süßwaren- und Zuckerindustrie feiert weltweit einen Umsatzrekord nach dem anderen. Das Magazin »Wunderwelt Wissen« (2/2008) beziffert den ‚Süßen Rekord' in Europa mit 42 Kilogramm (Schweiz) und weltweit in den USA mit jährlich satten 78 Kilogramm. Daher schlagen alle Ernährungsexperten Alarm: *„Wir werden mit Zucker überfüttert!"*

Zucker wird im Allgemeinen in zwei Gruppen unterteilt: einmal Zukker, der mit Früchten oder Gemüse aufgenommen wird – unser Uraltkörperprogramm – und zum anderen der industrielle Fabrikzucker, der heute in Süßigkeiten, Zerealien (Frühstück, Müesli, Cornflakes), Backwaren und überwiegend in sogenannten Limonadengetränken enthalten ist. Dabei ist der Industriezucker oder Kristallzucker oder ‚raffinierte Zucker' der Sünder, der noch keine zwei Jahrhunderte die immer süßere Lust erleichtert.

Zucker scheint neben zu fetthaltigen Nahrungsmitteln und mangelnder Bewegung mit für die zunehmende Fettleibigkeit in den Wohlstandsländern und in der Folge für Herz-/Kreislaufkrankheiten, Diabetes und andere chronische Krankheiten verantwortlich zu sein.

Deshalb empfehlen die Experten der Weltgesundheitsorganisation (WHO) und der »Food and Agriculture Organization of the United Nations« (FAO), dass Zucker auf 10 Prozent der totalen Energieaufnahme reduziert werden sollte.

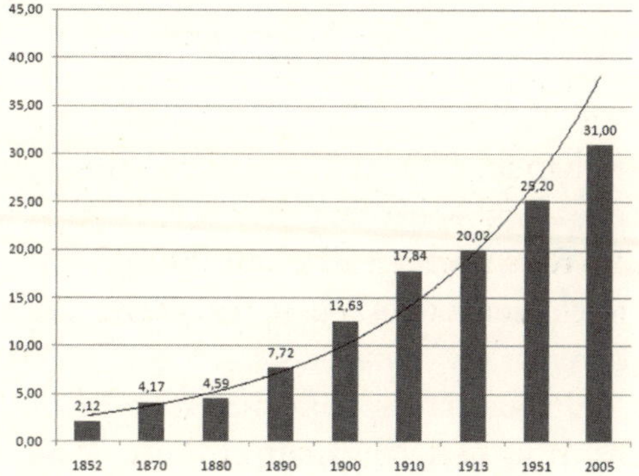

Abb. 28: Zucker pro Kopf in einem Jahr[98]

Ist es nur die Menge? Nein, neben der Quantität ist es die ‚Qualität' des Fabrik-zuckers in seiner raffinierten und daher unnatürlichen ‚Reinheit'. Fabrikzucker wird bei seiner Herstellung *de*-naturalisiert. Machen wir uns doch kurz die Mühe und lesen gemeinsam, was »Wikipedia« dazu schreibt:

„Bei der Raffination des Zuckers wird der Rohzucker durch Waschen mit Sirup und Zentrifugieren vorgereinigt (Affination) und die Affinade durch Lösen in Wasser, Entfärben mit Aktivkohle oder Kieselgur und Aufkonzentration im Vakuum weiterverarbeitet. Der Weißzucker (Raffinade) wird zur Kristallisation gebracht und durch Zentrifugation gewonnen. Höhere Reinheitsgrade können durch die (wiederholte) Abfolge der Verfahrensschritte Auflösen, Entfärben, Filtrieren, Auskristallisieren und Zentrifugieren erzielt werden. Bei dem so gewonnenen Kristallzucker, der Zucker-Raffinade, handelt es sich um chemisch fast reine Saccharose (99,8 Gewichtsprozente)."

Und da haben wir den Haken. Derartig ‚chemisch-rein' kann unser Körper den Fabrikzucker nicht verarbeiten, schon gar nicht in dem modernen Übermaß.

Das erinnert mich an den ‚Kampf' meiner Familie, als unsere drei Kinder noch klein waren und man damals überhaupt nicht über Fabrikzucker nachdachte. Wir lasen die ersten Aufklärungen durch Dr. Johann Georg Schnitzer, der am Beispiel der Zahnschäden durch Zukker auch auf versteckte Schäden des Knochenaufbaus der heranwachsenden Kinder hinwies. So wurden unsere Kinder ziemlich zuckerarm erzogen, Cola gab es nur in Restaurants und nie zuhause und im Einzelhandel kannte man uns schon, dass die Kleinen kein Bonbon zum Abschied bekamen.

Wir machten das wohl intuitiv so ‚streng', denn man wusste damals noch nicht, dass eine mögliche lebenslange ‚(Sehn)Sucht nach Süße' bereits im Kindesalter angelegt wird. Die Süße der Muttermilch schlummert wie eine Paradies-Erinnerung in unseren Zellen und wird dann in den Kindsjahren durch anderen Zucker festgeschrieben – der Körper wird richtiggehend darauf programmiert. In den zurückliegenden Jahrhunderten war das nie ein Problem, denn alles Süße war komplex und natürlich – hauptsächlich die fleißigen Bienen haben das menschliche Leben versüßt. Doch mit dem ersten Zuckerwürfel, der schon 1840 in Böhmen das Licht der Welt erblickte, begann das moderne Dilemma.

Solches Anlegen von **Lebensprogrammen** bei Kindern und Jugendlichen hat längst perfekte Formen angenommen und wird nicht nur von Fastfood-Ketten so offensichtlich ‚kultiviert'. Achten Sie einmal darauf, wie oft Kinder in allen Formen der Werbung erscheinen oder wie allein die Banken alle Gelegenheiten nutzen, durch passende Anlässe (nicht nur am sogenannten ‚Weltspartag') Kinder und Jugend zu werben. Im Magazin »Wunderwelt Wissen« wird ein diesbezügliches Beispiel von Nestlé zitiert, das von der Verbraucherschutzorganisation »Foodwatch« kritisiert wird: *„Das Wellness-Frühstück ‚Fitness & Fruits' bringt es auf 35 Gramm Zucker pro 100 Gramm Gesamtprodukt."* Stellen Sie sich das bitte bildlich vor.

In der Familie Holey wurde ein anderes Schweizer Produkt verfrühstückt: *Ovomaltine* in morgendlich-frischer Rohmilch direkt vom Bäuerle in der Nähe. In dieser heute hundertjährigen Frühstücksspezialität macht Gersten-Malzextrakt fast die Hälfte der Packung aus. Der ‚Weißzucker' mit 18,5 Gramm erreicht gerade die Hälfte des oben zitierten, trendigen Konkurrenzproduktes. Bei unseren Kindern gibt es somit keine diesbezüglichen Übergewichtsprogrammierungen (allerdings auch keine, die genetisch-hormonell angelegt sind).

Da ich ja über die Ernährungs-Industrie mit ihrem Profitbedürfnis schreibe, liefert dazu der Bericht in »Wunderwelt Wissen« Argumente:

> *„Zucker in Massen ist billig und daher ein beliebtes Mittel, um die Menge eines Nahrungsmittels zu strecken. So wird schon mal das Volumen eines Milchmischgetränks mit der Füllmasse Zucker vergrößert, weil man sonst teurere Zutaten beimischen müsste... Zudem ist Zucker ein genialer Geschmacksverstärker."*

So steigt weltweit der Zuckerverbrauch, 150 Millionen Tonnen sollen es jährlich sein. Die Hauptproduzenten sind die riesigen Zuckerrohrplantagen Brasiliens, Indiens und Chinas. Durch den Industriebedarf entwickelten sich auch die vielen Spezialformen des Zuckers – je nach Markt und Weiterverarbeitungsprodukt. Die Lexika nennen 31 verschiedene Zuckerformen wie Flüssigzucker, Kandiszucker und Karamell, 6 weitere zuckerhaltige Gemische wie beispielsweise Vanillezukker und schließlich noch 11 Zucker und Zuckerersatzstoffe wie Traubenzucker und Konsorten.

Die süße Gefahr versteckt sich in fast allen Produkten, sogar im Bier. Immer häufiger mischen Bierbrauer kleine Zuckermengen in den Hopfensaft. Auch Wein kann dem Zuckerrausch nicht standhalten. Selbst wenn ‚trocken' auf dem Etikett steht, enthält Wein oft die gesetzlich erlaubten 9 Gramm Restzucker. Doch auch in Fischstäbchen, in Leberwurst, in Senf und vielen süß-sauren Produkten und Gerichten steckt Zucker.

Noch subtiler wird Zucker in Produkte eines ‚beliebten' Imbiss- und Restaurantangebots eingeschleust: in das allerorts bequeme Fastfood. Die Hersteller von Fastfood, die damit den Geschmack ihrer Wasserbrötchen, Hackbuletten und Hühnchenstücke perfektionieren, lösen durch die Kombination von Zucker und Glutamat im Gehirn eine Art kulinarischen Orgasmus aus. Mit der erfreulichen Folge, dass der Kunde bald wieder an der Theke steht und bestellt.[(99)]

»Bild« meldete im Sommer 2007: *„Der (Weiß)Brot und Backwarenverzehr ist so hoch wie nie zuvor."* Und am 15.2.2008 heißt es: *„Stockholm – 18 durchtrainierte, gesunde, junge Studenten der Uppsala-Universität (Schweden) haben zwei Monate lang nur von Fastfood gelebt. Alle nahmen zu – und alle hatten plötzlich erhöhte Leberwerte! Bei einem waren sie so hoch wie bei einem Alkoholiker."*

Brötchen, Kuchen, Fertigprodukte, Zuckerwasser und Fastfood sind *„…nur krankmachender **INDUSTRIEMÜLL!**"*, erklärte der Bestseller-Autor (in Millionenauflagen), Internist und Fitnesspapst Dr. Ulrich Strunz. Zu diesen Themen, wie auch aktuelle und kritische Fitness-Lebensweise, hat Dr. Strunk seit 1998 viele Sachbücher veröffentlicht, die sehr ernüchternd, doch überaus praxisnah aufklären und hilfreich weiterführen, vor allem auch im Ernährungsbereich.

Das große Dilemma

Auf jeder Zigarettenpackung steht, wie gefährlich Rauchen ist. *„Zucker ist genauso gefährlich wie Tabak, …aber einflussreicher“*, moniert das »British Medical Journal«.

Doch ist eine solche Warnung bei den Süßwaren auch denkbar? Kaum, denn Raucher sind eine Minderheit und lassen sich daher leichter ausgrenzen. Zucker als *tägliches Pseudo-‚Lebens'-Mittel von jedermann* ist jedoch fast ‚heilig', und der Einfluss der Zuckerlobby ist entsprechend groß. Zudem fehlt es ja bislang an der nötigen Aufklärung. Solche Probleme in ein ‚vernünftiges' Maß umzusetzen, ist ein zeitgemäßes **Dilemma**, auch Zwangslage genannt. Sehen wir uns das kurz an, denn es ist gleichzeitig auch hochinteressant.

Dilemma Nr. 1 – der Biobedarf:

Ohne Zuckermoleküle ist kein Leben möglich. Unser Organismus braucht die kleinen Bausteine der Kohlenhydrate, deshalb lassen wir uns von Süßem und von süßen Getränken so leicht verführen. Das jahrtausendelang bewährte Bioprogramm unseres Körpers braucht aber keinen zusätzlichen Fabrikzucker – als leisen und todsicheren Verführer.

Dilemma Nr. 2 – der versteckte Fabrikzucker:

Zucker versteckt sich zu oft in den Nahrungsmitteln. Wo ein *-ose* draufsteht, ist meistens Zucker drin. ‚Getarnte' Namen des Zuckers sind beispielsweise Saccharose (Haushalts- oder Rübenzucker), Lactose (Milchzucker), Maltose (Malzzucker), Glucose, Dextrose (Traubenzucker) oder Fructose (Fruchtzucker). Noch immer ist wenigen bekannt, dass auch Mayonnaise, Ketchup, Fertigsaucen, Fertiggerichte, Müeslis, Dosenobst, Cornflakes, auch Heringssalat und unzählige andere Produkte zu einem großen Teil aus Zucker bestehen – sogar die Babynahrung wird schon übersüßt.

„Schwer ins Gewicht fallen insbesondere die Getränke: So kann vergleichsweise Apfelsaft mit ganzen 40 Zuckerwürfeln pro Liter aufwarten. 50 bis 60 Prozent aller industriell hergestellten Nahrungsmittel ent-

halten Zucker – ob sie süß schmecken oder nicht. Wer also das Zuckerpaket aus dem Haushalt verbannt, nimmt – ohne es zu wissen – trotzdem noch gehörige Zuckerportionen zu sich.“ (www.planet-wissen.de)

Dilemma Nr. 3 – Fabrikzucker entmineralisiert den Körper:
Fabrikzucker liefert leere Kalorien. Er enthält keine Nährstoffe und raubt dem Körper wertvolle Vitamine und Mineralien. Warum? Die chemisch reine Industrieform des Zuckers kann der Körper so nicht weiterverarbeiten. Er hilft sich – um sein Überleben zu sichern –, indem er seine Gefäße, Knochen und letztlich auch Organe entmineralisiert – natürlich mit verheerenden Folgen. Dr. Max O. Bruker:

„Zucker verbraucht B-Vitamine und Mineralien. Eine permanente Unterversorgung mit lebenswichtigen Vitalstoffen ist die Folge. Deswegen bedient sich der Körper aus Knochen, Zähnen und Organen, um den Stoffwechsel aufrechtzuerhalten. Je nach Konstitution schafft er das Jahrzehnte, bis sich Krankheiten bemerkbar machen.“

Dilemma Nr. 4 – Fabrikzucker macht süchtig:
Leider ist Zuckersucht immer noch ein weitgehend unbekanntes Phänomen in Deutschland. Neben Alkohol und Tabak ist Zucker das am meisten konsumierte Suchtmittel. Die negativen Wirkungen der süßen Droge reichen von Übergewicht bis zu schweren physischen und psychischen Schädigungen.

*„Zucker kann süchtig machen und wie andere Drogen auch Entzugserscheinungen hervorrufen. Bei Zucker handelt es sich um ein Genussmittel, **dessen Konsum das Verlangen danach erhöht statt befriedigt**. Daraus lässt sich folgern, dass Zucker, also auch Industriezucker, eine nicht zu unterschätzende Suchtkomponente aufweist. Laut einer Studie der Princeton University zieht der regelmäßige Zuckerkonsum Veränderungen im Gehirn nach sich – ähnlich wie bei der Kokain- oder Morphinabhängigkeit.“* (Techniker-Krankenkasse)

Kann man wirklich von einer Sucht sprechen? Ja, als zuckersüchtig kann schon jemand bezeichnet werden, der zwar stets versucht, auf Zucker, zum Beispiel in Form von Schokolade, zu verzichten, es aber nicht schafft. Wenn derjenige also trotz aller Vorsätze dem Zucker nicht widerstehen kann, ist die Wahrscheinlichkeit groß, dass er süchtig danach ist.

Da Zucker aufgrund der im Gehirn stattfindenden Serotonin-Produktion beruhigend wirkt, gelten gestresste Personen als besonders gefährdet. Frauen, die generell einen niedrigeren Serotoninspiegel haben als Männer, gelten ebenfalls als gefährdet. Teilweise kann Zucker als Antidepressivum wirken und wird somit auch häufig exzessiv von depressiven Personen konsumiert. (Techniker-Krankenkasse)

Dilemma Nr. 5 – Zuviel Zucker macht krank:
Zucker treibt ein gefährliches Spiel mit dem Blutzuckerspiegel. Er wird ebenso schnell wie eine intravenöse Infusion aufgenommen und versetzt das gesamte Drüsensystem in den Alarmzustand. Zuckerkonsum belastet die Bauchspeicheldrüse, die Leber und die Nebennieren – im Übermaß konsumiert, hat er sogar verheerende Wirkungen. Sie reichen von Übergewicht, Diabetes, Bluthochdruck und Karies bis zu Depressionen.

Dies sind nur kurze Hinweise auf ein elementares Alltagsthema, das voller geschickter Schwindeleien, Werbetricks und unverschämter Lügen steckt. Kritiker des süßen Stoffes werden nicht selten mit Prozessen überzogen, meint die Autorin Yvonne Küster im Magazin »Wunderwelt Wissen«.
„Doch der Bundesgerichtshof gab 1988 den Verbraucherschützern Recht, seitdem darf Zucker als Schadstoff bezeichnet werden."

Die beste allgemeinverständliche Zusammenfassung zum ‚Dilemma Zucker' habe ich im Internet schließlich unter »www.freenet-homepage.de/gesundheitsprobleme/zuckersucht.htm» gefunden.

Auf dem Büchermarkt ist es vor allem »Die Zuckerfalle« von Klaus Oberbeil, Medizinjournalist und Bestsellerautor, in seiner neuen Ausgabe von 2008, doch noch mindestens eine zweistellige Zahl weiterer Sachbücher klärten auf, einige habe ich ja im Text erwähnt.

Die Pseudogesundheitswelle ‚light'

Man könnte meinen, es gebe eine *Gesundheitswelle*, wenn wir die Massenblätter der Pressemedien als Informationen ernstnehmen könnten. Doch um bei diesem ‚köstlichen' Modewort zu bleiben, bedürfte es eines gewaltigen Gesundheits-Tsunamis, der mit Vielem gründlich abräumt. In Wirklichkeit können wir von dieser Welle höchstens ein BIO-Plätschern um uns herum hören. Dazwischen schlagen zwar die Wellen ein paarmal hoch, doch da steckt kaum etwas dahinter. Mir rutscht dann immer gleich mein Lieblingswort „Schmarrn!" heraus.

Light-Produkte überschwemmen unsere Lebensmittelmärkte. Regalweise werden Produkte mit dieser Kennzeichnung angeboten. *Light* ist ein Begriff der Marketingbranche. ‚light/leicht' suggeriert etwas Gesundes und ‚light/leicht' wird uns damit das Geld aus der Tasche gezogen. Wenn wir ‚light' realistisch übersetzen, dann bedeutet es lediglich ‚Imitat'. Denn Light heißt nicht unbedingt kalorienarm. Dass Light-Produkte schlank machen, ist eine Illusion, welche die Werbung aufrechterhält. Versuchsreihen haben ergeben, dass von einem Light-Produkt mehr gegessen wird als vom traditionellen Nahrungsmittel. (Ingrid Weber, GGB-Gesundheitsberaterin)

Light-Produkte sind immer Kunstprodukte, die stark bearbeitet sind. Um sie ‚light' herzustellen, bedarf es größerer nahrungsmitteltechnologischer ‚Umbaumaßnahmen' – food design – unserer normalen Lebensmittel. Dabei werden Butter, Milchprodukte oder Zucker durch etwas Neues imitiert. *„Luft, Wasser, minderwertige Rohstoffe und Chemie ersetzen die traditionellen Lebensmittelbestandteile"*, schreibt die Schweizer »Zeiten*Schrift*«.(100) Weiter heißt es:

> *„Ein Blick aufs Kleingedruckte zeigt jedoch, worin die Unterschiede zwischen Original und Imitat liegen. Die Light-Produkte benötigen jede Menge Zusatzstoffe, denn ohne diese lässt sich die Natur eben nicht kopieren. Bei etlichen Zusatzstoffen kommt es zu krankhaften Reaktionen (Allergien, Asthma, Hautprobleme u.a.) bis hin zu Erbgutschädigungen. Es werden Emulgatoren, Farbstoffe, Aromastoffe, Konservie-*

rungsstoffe, Säureregulatoren, künstliche Vitamine, Stabilisatoren, Antioxydantien und vieles mehr zugesetzt…
Imitate nützen dem Hersteller und dem Handel (gute maschinelle Verarbeitung, lange Haltbarkeit). Es lassen sich damit große Gewinne erzielen, denn meistens wird das Imitat, welches aus billigem Rohstoff (und Wasser – siehe Light-Streichfette) erzeugt wird, genauso teuer oder teurer verkauft als das Original."

Schauen wir uns das doch etwas genauer an, auch wenn es bei meiner Auswahl von einigen wenigen Beispielen und deren Rezepturen an Ihren hochgeschätzten Appetit geht, liebe Leserinnen, liebe Leser!

Da gibt es nämlich die Fettersatzstoffe (Pseudofette[(101)]) Simplesse und Olestra und den fettfreien Milchersatzstoff in den ‚erfrischenden' Milch-Shakes. In der »Zeiten*Schrift*« wird auch das verraten:

„***Simplesse:*** *aus Hühnereiweiß, Magermilch, Wasser, Pektin, Zucker, Zitronensäure. Wird in Eis, Mayonnaisen, Dressings, Streichkäse u.a. verarbeitet.*

Olestra: *Ist ein Fettersatz aus unverdaulichem Zuckerersatzstoff (Zukkerpolyester). Dieser passiert den Körper lediglich und wird unverdaut wieder ausgeschieden. Es kommt zu Durchfall. Die Ausscheidungen stellen Sondermüll dar!*

Milch-Shake: *Milchersatz aus diversen Abfällen und Milchrückständen. Inhalt: flüssige Nachprodukte der modernen Molkereitechnologie werden mit bearbeiteten Schlachtabfällen, Lederabfällen, Abfällen der Fleisch- und Fischindustrie, Kartoffelschälabfällen oder künstlich gezüchteten Einzellern vermengt und in Säuren gerührt. Die Endprodukte besitzen einen guten Geschmack und haben weißes bis gelbliches Aussehen.*

Zur Verhütung von Durchfällen infolge der nicht resorbierbaren Kunstfette wird ein ‚Anti-Anal-Leakage-Agend' zugesetzt (auf Deutsch: Schließmuskel-Auslaufsperre)."

Reicht's oder darf ich weitermachen?

Die österreichische Gesundheitsberaterin Ingrid Weber leitet erfolgreich ihr »Institut für Gesundheitsförderung und Bewusstseinsarbeit« und verweist auf ihrer Internetseite (www.ingrid-weber.at) auf drei weitere ernüchternde Rezepturen moderner Light-Produkte:

*„**Fleisch-Imitate:** Für Fleisch-Imitate ist die Sojabohne der Ausgangsstoff, sie ist überhaupt der billigste und beliebteste Grundstoff für die Agroindustrie...*

***Zucker-Imitate:** Genau betrachtet sind Süßstoffe Zucker-Imitate. Sie imitieren den süßen Geschmack des Fabrikzuckers. Sie belassen jedoch den Menschen in seiner oftmals übersteigert süßen Geschmacksrichtung und halten sein Verlangen nach Süßem aufrecht. Studien haben ergeben, dass Süßstoffe nicht zur Gewichtsabnahme führen. Im Gegenteil, sie werden sogar in der Schweinemast verwendet!*

***Alkoholfreies Bier** ist ein Imitat für Bier. Es wird bereits die Hefe gentechnisch so manipuliert, dass sie statt Alkohol Glycerin bildet, gerade soviel, wie zur optimalen ‚Geschmacksharmonisierung' notwendig ist. Außerdem werden jede Menge Zusatzstoffe zugesetzt."*

Zwielichtige chemische Süßstoffe

Zu den ‚Branchenführern' der Light-Produkte zählen weiterhin die verschiedenen Cola-Getränke. Und damit komme ich automatisch zu den Zuckerersatzstoffen, den **chemischen Süßstoffen**. Zur Zeit sind in der Europäischen Union acht Süßstoffe im Lebensmittelrecht aufgenommen: Acesulfam, **Aspartam**, Aspartam-Acesulfam-Salz, **Cyclamat**, Neohesperidin DC, **Saccharin**, Sucralose und Thaumatin – die bekanntesten habe ich hier fettgedruckt.

Zu Aspartam (E 951) heißt es bei Dr. Andreas Buchinger:[(102)]

„Aspartam ist nicht nur für die Entstehung von Übergewicht (in der Schweinemast werden Süßstoffe als Masthilfe verwendet) verantwortlich, sondern Aspartam wird in jüngster Zeit auch mit Erkrankungen wie MS (Multiple Sklerose, kann tödlich enden), Lupus erythematodes (eine unter Umständen tödlich endende sog. ‚Systemerkrankung'), Fi-

bromyalgie (schmerzhafte chronische Beschwerden des Bindegewebes) – durch die Abbauprodukte von Aspartam wie z.B. Methanol / Formaldehyd / Ameisensäure hervorgerufen – in Zusammenhang gebracht. Diese drei genannten Abbauprodukte des Aspartams wirken toxisch auf Nerven und Organe!
Aspartam ist kein Diätprodukt, sondern es verursacht ein starkes Verlangen nach mehr und es macht fett (das gilt für die anderen künstlichen Süßstoffe auch)!"

Aspartam, der Süßstoff mit vielen Nebenwirkungen, ist nicht halb so unbedenklich wie die Studien der Süßstofffabrikanten behaupten. Bei seiner Verstoffwechselung entstehen starke Nervengifte. Aspartam wurde 1965 in Chicago von einem Chemiker der »Searle Company«, einer Tochterfirma des Chemiegiganten Monsanto, entdeckt. Mittlerweile ist der Süßstoff in über 90 Ländern weltweit in mehr als 9.000 Produkten enthalten. Weiter heißt es im »Zentrum der Gesundheit«:[(103)]
„Überall, wo zwar süßer Geschmack, aber kein Zucker erwünscht ist, kann Aspartam zum Einsatz kommen. Wenn irgendwo ‚Light', ‚Wellness' oder ‚zuckerfrei' draufsteht, ist die Wahrscheinlichkeit groß, dass Aspartam enthalten ist. Auch alle Cola-Light-Getränke enthalten dieses Präparat, das angeblich in den 70er Jahren noch auf einer CIA-Liste als potentielles Mittel zur Biochemischen Kriegsführung stand."

Auf der gleichen Internetseite wird berichtet, dass ein britisches Parlamentsmitglied das sofortige Verbot von Aspartam forderte und erklärte, dass die Geschichte der Zulassung von Aspartam „eine Schande für Politiker und Behörden" sei, bei der Personen wie Donald Rumsfeld – damals US-Verteidigungsminister und ehemaliger Vorsitzender von Searle, der Firma, die den Süßstoff entwickelte – ihre Beziehungen hätten spielen lassen, um die Genehmigung durchzusetzen. Auf ähnliche Pharma-Lobbyisten habe ich bereits hingewiesen.

Inzwischen gibt es konkretere Hinweise auf Zusammenhänge zwischen dem Brustkrebsrisiko und Cola-Getränken und Brustkrebsrisiko und Aspartam. Da in einigen kalorienreduzierten Getränken sogar beides enthalten ist, könnten sich Risiken unter Umständen potenzieren. Auf diese Zusammenhänge hat die »Fachgesellschaft für Ernährungstherapie und Prävention (FET) e.V.« in einer Pressemeldung vom Juni 2007 hingewiesen.

Dr. Fiorella Belpoggi ist stellvertretende Präsidentin der Stiftung »Breast Cancer« und Chefpathologin. Ihre Forschergruppe, deren Arbeitsschwerpunkt die Erforschung von industriellen und in der Umwelt vorhandenen krebserregenden Substanzen (‚Karzinogenen') ist, fordert ein Überdenken in Bezug auf Aspartam in der Nahrungsaufnahme.

„Gerade weil bereits Kinder den Stoff über Nahrung und Getränke aufnehmen – und zwar bereits beginnend vor der Geburt über die Nahrungsaufnahme der Mutter – und sich ein kumulierendes Risiko über die Lebenszeit zeigen lässt, bestünde hoher Handlungsdruck.“[104]

Aspartam sei besonders schlecht für Personen, die Probleme mit ihrer psychischen Gesundheit haben. Eine Studie über die Auswirkungen von Aspartam auf Patienten mit Depression wurde vom institutionellen Untersuchungsausschuss in den USA wegen der schwerwiegenden Reaktionen bei Einzelpersonen mit Gemütskrankheiten abgebrochen.

„63% litten mit Aspartam unter Gedächtnisverlust (verglichen mit keinem Verlust bei Plazebo), 75% litten mehr unter Übelkeit, 25% erlebten einen Anstieg der Gereiztheit und bei 37% verschlechterte sich die Depression. Vom Aufsichtspersonal, das nicht unter Gemütsstörungen litt, hatten 20% einen Gedächtnisverlust nach der Einnahme von Aspartam und 40% litten unter Alpträumen.“

Mehr über die Giftigkeit des chemischen Süßstoffes, der längst auch in *allen* Kaugummis den zahnschädlichen Fabrikzucker ersetzt, in Chips, Süßigkeiten, Diät- und Sportgetränken sowie Vitaminpillen und Medikamenten, einschließlich solcher für Kinder, finden Sie bei den Internet- Links unter[197].

Der Süßstoff **Cyclamat** ist dagegen harmlos und hat auch die geringste Süßintensität, wird aber aus geschmacklichen Gründen gerne mit den anderen Süßstoffen kombiniert.

Saccharin ist der seit langem bekannteste chemische Süßstoff, doch ich habe gelesen, dass in den USA mit Saccharin gesüßte Produkte den Hinweis tragen müssen, dass durch die Fütterung von Saccharin in Tierversuchen Krebs ausgelöst wird.

Es ist daher gut zu wissen, dass in Japan inzwischen alle künstlichen Süßstoffe bereits vom Markt gezogen und durch das natürliche Süßmittel Stevia ersetzt werden.

Stevia, auch *Süßkraut*, *Süßblatt* oder *Honigkraut* genannt, ist eine südamerikanische Heilpflanze mit einer starken Süßkraft, keinen Kalorien und Nebenwirkungen – ideal für Diabetiker und Kolorienbewusste und inzwischen auch in Deutschland erhältlich. In Studien konnten blutdrucksenkende, blutzuckersenkende, antimikrobielle und gefäßerweiternde Eigenschaften beobachtet werden. Stevia hat außerdem eine plaque-hemmende Wirkung und wirkt darum vorbeugend gegen Karies.

»Foodwatch« und »Dr. Watson« decken auf

Die deutsche »Foodwatch« in Berlin(111) ist eine gemeinnützige und unabhängige Verbraucherorganisation. Sie entlarvt die verbraucherfeindlichen Praktiken der Lebensmittelindustrie und kämpft für das Recht der Verbraucher auf sicheres und gutes Essen. *„Damit wir nicht länger abgespeist werden."* Es empfiehlt sich sehr, die digitalen oder gedruckten Newsletter zu abonnieren.

Der Autor Dr. Thilo Bode, Soziologe und Volkswirtschaftler, ist Gründer und Chef dieser Verbraucherrechtsorganisation »Foodwatch«. Bekannt wurde er vor allem durch seine Arbeit für Greenpeace und deren Aktionen in den 1990er Jahren. Von 1989 an leitete er für insgesamt 12 Jahre zunächst Greenpeace Deutschland, dann Greenpeace International. Die spektakulärste Kampagne während dieser Zeit war sicherlich der Kampf gegen die Versenkung der Bohrinsel ‚Brent Spar' in der Nordsee. In Peking protestierte Bode auf dem Platz des Himmlischen Friedens gegen Atomwaffen-Tests und wanderte dafür kurzzeitig ins Gefängnis. Für seine Verdienste um den Umweltschutz bekam er im Jahr 2001 das Bundesverdienstkreuz.

Ich greife hier drei Aufklärungsaktionen von Foodwatch gegen Wirtschaftsgiganten im Nahrungsbereich heraus. Die erste ist ‚McDonald's macht nur Hamburger mit Gentechnik':

„Täglich essen allein in Deutschland 2,4 Millionen Menschen bei McDonald's. Für sie werden jeden Tag mehr als 100.000 Kilogramm Rindfleisch zu Burgern verarbeitet, das von Kühen stammt, die mit gentechnisch veränderten Futterpflanzen gefüttert werden. McDonald's redet sich heraus, Gentechnikpflanzen in Futtermitteln ließen sich nicht vermeiden. Das ist falsch! Foodwatch hat bewiesen: Es gibt genügend Futtermittel ohne gentechnisch veränderte Pflanzen auch für McDonald's."

Die Zahlenangaben stammen von McDonald's wie auch der deutsche Jahresumsatz in 2008 mit 2,835 Milliarden Euro – mit 58.000 Beschäftigten.

Ein zweites Beispiel ist unsere Milch, genauer gesagt die Kuhmilch: Beinahe unbemerkt hat der Handel die sogenannte »ESL-Milch« eingeführt – ESL für ‚Extended Shelf Life', also längere Haltbarkeit im Regal. Gekühlt ist sie rund drei Wochen haltbar, herkömmliche Frischmilch dagegen nur maximal zehn Tage. Für den Verbraucher sind die Produkte beim Kauf bisher jedoch kaum auseinanderzuhalten.

„ESL-Milch heißt im Handel auch ‚Frischmilch' oder ‚Frische Vollmilch', meist nur mit einem kleinen Hinweis wie ‚länger haltbar' versehen. Manche Hersteller verzichten darauf sogar ganz: Bei Supermarkt-Stichproben fand Foodwatch Milch, deren Haltbarkeitsdatum eindeutig auf ESL-Milch hinwies – bei der jedoch jegliche Kennzeichnung fehlte."
(Foodwatch vom 15.1.2009)

Dr. Peter Gallmann von der »Eidg. Forschungsanstalt der Milchwirtschaft« in Bern[112] bestätigt, dass die Haltbarkeit der ESL-Milch bei Kühlhaltung unter 6 Grad zwischen 25 bis 40 Tage beträgt.

Na, danke! Denn von Vitalstoffen, wie sie vergleichsweise in der Rohmilch direkt vom Bauern jahrhundertelang von jedem Menschen mitgetrunken wurden, kann nach einer solchen produktionstechnischen ‚Aufbereitung' keine Rede mehr sein.

Nun zum Dritten: Die Werbelügen. „*Danone macht gekonnt aus einer Mücke einen Elefanten, indem suggeriert wird, Actimel schütze vor Erkältungen und fördere in besonderem Maße die Gesundheit*“, sagte Anne Markwardt von der Verbraucherorganisation »Foodwatch«. „*Dabei verkaufen sie mit überzogenen Werbeversprechen und zu horrenden Preisen ein gewöhnliches Produkt.*“ Eine Einschätzung, die von wissenschaftlicher Seite geteilt wird: „*Bakterien aus Joghurt können im Körper eine Reaktion des Immunsystems auslösen und ihn quasi darauf trainieren, Krankheitserreger besser abzuwehren*“, sagt Alexa Meyer vom Institut für Ernährungswissenschaften der Universität Wien. Die Wissenschaftlerin hat eine der wenigen Vergleichsstudien zwischen normalem Joghurt und dem mit speziellen probiotischen Keimen angereicherten Actimel gemacht – und kommt zu einem eindeutigen Ergebnis: „*Es gibt keine signifikanten Unterschiede zwischen normalem Joghurt und Actimel – und ein vorbeugender Effekt konnte bisher nicht bewiesen werden.*“

Dem geht »Der Spiegel« nach und berichtet mit der Überschrift ‚Wer gesund bleiben will, sollte Actimel trinken':

> „*50 Millionen Euro hat der Lebensmittelgroßkonzern laut dem Marktforschungsinstitut Nielsen allein von Januar bis Oktober 2008 für diese und andere Werbemaßnahmen rund um den Joghurt-Drink in Deutschland ausgegeben – rund 30 Prozent mehr als noch im Vorjahreszeitraum. Doch der hohe finanzielle Aufwand lohnt sich: Actimel ist mit 70 Prozent unangefochtener Marktführer in Deutschland, und laut Danones Deutschland-Chef Thomas Reuther der Wachstumstreiber für den Gesamtumsatz in Deutschland von 470 Millionen Euro. Stolz wirbt Danone damit, dass ‚weltweit 129 Fläschchen Actimel pro Sekunde' getrunken werden, was dem Unternehmen einen Umsatz von rund einer Milliarde Euro beschert.*“ (»Spiegel-online« am 22.12.2008)

Die internationale Danone-Gruppe hat ihren Sitz in Paris und nennt sich weltweite Nummer 1 für Milchfrischprodukte. Das Unternehmen ist in insgesamt 120 Ländern der Welt vertreten. Fast 75.000 Mitarbeiter erwirtschaften weltweit einen Umsatz von rund 12,7 Milliarden Euro pro Jahr (2007). Mehrere internationale Untersuchungen haben aber bestätigt, dass die Aussage von »Foodwatch« stimmt. Die Diplom-Journalistin, Redakteurin und ehemalige Pressereferentin im Bundesfamilienministerium Susanne Amann hat in »Der Spiegel« weiter recherchiert und tröstet:

„Dass Unternehmen ihre Versprechen halten, traut die Europäische Union ihnen aber nicht zu – auf jeden Fall, wenn es um den Gesundheitsaspekt von Produkten geht. Sie hat deshalb sogenannte »Health Claims« seit Anfang 2007 untersagt. Das heißt, dass gesundheitsbezogene Aussagen zu Lebensmitteln – und dazu zählen auch Probiotika – nur erlaubt sind, wenn sie auch wissenschaftlich belegt sind. Im Moment überprüfen die Mitgliedstaaten der EU deshalb mehrere tausend Werbebotschaften auf ihre eigentliche Aussage. Die Behörde für Lebensmittelsicherheit (EFSA) muss schließlich entscheiden, welche Aussagen tatsächlich zutreffend sind – und bis spätestens Januar 2010 muss ein Gemeinschaftsregister aller zugelassenen Gesundheitsangaben verabschiedet sein."

»Spiegel-online« vom 4.3.2009 berichtet über »Foodwatch«, dass es eine ‚Kür der frechsten Werbelüge' ausgeschrieben hat. Heute, am 20.3.2009, heißt es:

„Die Verbraucher haben gewählt: Der Trinkjoghurt Actimel, vermeintliches Wundermittel gegen Erkältungen, ist die dreisteste Werbelüge des Jahres. Foodwatch verleiht Hersteller Danone daher am heutigen Freitag in München den ‚Goldenen Windbeutel 2009'."

Der berühmte Romandetektiv Sherlock Holmes, der alle Fälle löst, empfindet den Pragmatismus seines Dr. Watson als Bereicherung und Ergänzung seines eigenen, etwas exzentrischen Forschens – so kennen wir das doch noch aus unserer Krimi-Zeit. Diesen Ruf hat sich ein Mediziner und Vorkämpfer für Ernährungssouveränität als Firmennamen auserkoren. **„Chemie im Essen kann Ihre Gesundheit gefährden“**, vertritt der mehrfache erfolgreiche Buchautor und Arzt Dr. Hans-Ulrich Grimm mit seinem Stuttgarter Institut »Dr. Watson – Der Food Detektiv«(www.food-detektiv.de). Die Internetseite von Dr. Watson ist ein neuer Informationspool zu Ernährungs- und Gesundheitsthemen. Im Zentrum steht »Dr. Watson – die Datenbank«. Sie umfasst die bisher umfangreichste Sammlung an Informationen über Zusatzstoffe in Lebensmitteln und die damit verbundenen Gesundheitsrisiken. Dr. Watson bietet darüber hinaus Informationen zu Lebensmitteln, Genuss und Gesundheitsthemen in Form von Büchern, Artikeln und Reportagen. Seit 2001 sind von Dr. Grimm 13 Ernährungssachbücher – Bücher mit Biss – erschienen, sein letztes (2008) heißt »Die Kalorienlüge: Über die unheimlichen Dickmacher aus dem Supermarkt«.

Sehr ernüchternd ist auch das Interview mit ihm und Annette Sabersky in »secret.TV« mit dem Titel ‚Ernährung'.

Die Soja-Illusion

„Europa merkt davon nichts.“ Wovon? Vom Boom der globalen Ölpflanze – Soja ist die weltweit bedeutendste Ölpflanze geworden. Sie liegt zusammen mit den Ölpalmen noch vor dem Raps an der Spitze aller angebauten Ölsaaten. Fast die Hälfte des weltweit produzierten Pflanzenöls stammt aus der Sojabohne. Doch wirtschaftlich noch ‚wertvoller' ist ihr höchster Gehalt an Eiweiß.

Die EU ist weltweit der größte Importeur von Sojamehl und Sojaschrot, mit steigender Tendenz: Inzwischen werden rund 30 Millionen Tonnen Sojabohnen eingeführt – überwiegend aus Argentinien, Brasilien und den USA. Diese Sojabohnen werden in Ölmühlen verarbeitet,überwiegend zu Sojaöl (ca. 3 Mio.t) und Sojaschrot (ca. 11,5 Mio.t). Im vorletzten Wirtschaftsjahr 2006/2007 führte Brasilien 3,3 Millionen Tonnen Soja nach Deutschland aus. Wie die neuen Genbeschränkungen der Bundesregierung darauf Einfluss haben werden, kenne ich heute noch nicht.

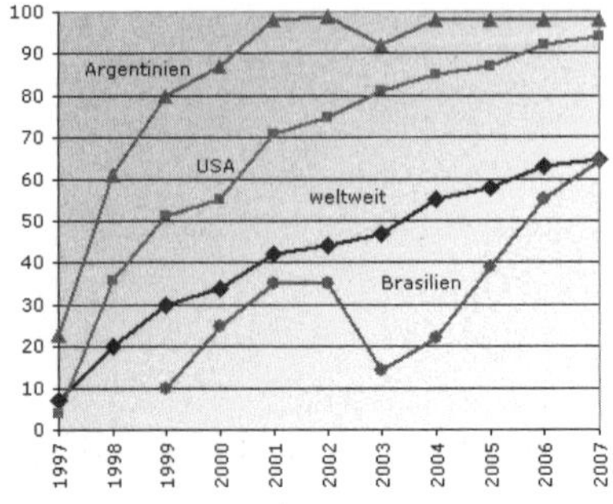

Abb. 29: gentechnisch verändertes Soja – Anteile an den gesamten Soja-Anbauflächen der hauptproduzierenden Länder [(105)]

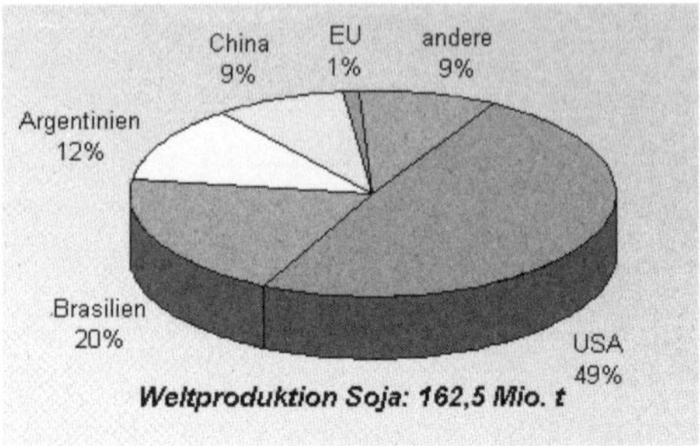

Abb. 30:
Die Hauptanbaugebiete von Soja

Sojaschrot fällt als eiweißreiches Mastfutter bei der Sojaverarbeitung nach der Abtrennung des Öls an. **Ohne diese massive Einfuhr von Soja und Sojaprodukten als Kraftfutter wäre die europäische Fleischerzeugung auf dem derzeitigen Niveau nicht möglich.**[(106)]

Wozu berichte ich über diese Zahlen? Nach meiner Meinung stekken auch hier wieder die Politiker, die Wirtschaftsleute, der Umweltschutz und eine gesunde Ernährung in einem kaum lösbaren globalen Dilemma.

Dilemma Nr. 1 – unsere Mutter Erde:

Es ist nur ein unangenehmes Gefühl, das ich zuerst noch nicht erklären konnte, denn für mich legt sich dieser *genveränderte* Sojaboom wie ein Krake um unseren Planeten – eine immer stärker schlingende Kontrolle gigantische Großkonzerne.

Erste Bestätigung fand ich dann bei den weltweiten Profitmaximierungen: **Syngenta** ist einer der größten Konzerne im globalen Agrargeschäft und weltweit der erste, welcher sich ausschließlich auf diesen Wirtschaftssektor konzentriert. Das Schweizer Unternehmen ist in der Sparte Pflanzenschutz (Syngenta Crop Protection) Marktführer und in der Sparte »kommerzielles Saatgut« (Syngenta Seeds) auf Platz drei. Der Umsatz 2007 betrug 9,240 Milliarden US-Dollar. Syngenta beschäftigt derzeit über 21.000 Mitarbeiterinnen und Mitarbeiter in über 90 Ländern und ist ebenso in der Biotechnologie tätig.

Im Zuge der Nahrungsmittelkrise hat Syngenta im ersten Halbjahr 2008 **kräftig zugelegt**. Die erhöhte Nachfrage nach Pflanzenschutzmitteln und Saatgut verhalf dem weltgrößten Agrochemiekonzern zu starken Wachstumszahlen. Der Reingewinn kletterte um einen Viertel auf 1,519 Mrd. Dollar. Wegen der hohen Preise versuchten Landwirte weltweit ihre Ernteerträge zu steigern. Dies führte zu einem vermehrten Einsatz von Pflanzenschutzmitteln des Basler Konzerns, **vor allem bei Soja und Mais.** Beim Saatgut wurde eine Steigerung um 15 Prozent auf 1,74 Mrd. erreicht. Syngenta übertraf mit den vorgelegten Zahlen die Erwartungen des Markts. **Monsanto** hat den größten Anteil des globalen Sojamarktes inne und ist deshalb einer der Hauptsponsoren der weltweiten Soja-ist-so-gut-Werbekampagne. Der weltgrößte Agrar- und Biotechkonzern Monsanto sieht sich nach einer **Gewinnverdopplung** (2008) auch künftig auf Wachstumskurs. Dazu berichtet die Internetseite von »www.animal-health-online.de«:[(107)]

„Der US-Hersteller verdiente dank des Agrarbooms und hoher Lebensmittelpreise im Ende August abgeschlossenen Geschäftsjahr 2 Milliarden Dollar. Der Umsatz des Marktführers bei genetisch verändertem Saatgut kletterte um 36 Prozent auf 11,4 Mrd. Dollar. Im laufenden Geschäftsjahr soll der Gewinn um bis zu 20 Prozent zulegen, kündigte Monsanto laut AIZ am Mittwoch, den 8. Oktober 2008 an. Besonders gut seien die Geschäfte mit Pflanzenschutzmitteln sowie Saatgut für ***Sojabohnen*** *und Gemüse gelaufen. Dazu habe auch der vor einigen Monaten übernommene niederländische Konzern De Ruiter beigetragen.“*

Zur Kehrseite dieser glänzenden Medaillen zitieren wir die Greenpeace-Sprecherin Sigrid Totz vom 17.6.2008:

„Zum Schutz des brasilianischen Regenwaldes wird ein weiteres Jahr keine Soja von neu gerodeten Urwaldflächen gehandelt. Greenpeace stellt dieses Verhandlungsergebnis zwischen der brasilianischen Regierung, dem nationalen Verband der Sojahändler (Abiove) und weiteren Umweltverbänden heute in der brasilianischen Hauptstadt vor. Eine breite Allianz von Soja-Abnehmern, darunter McDonald's, Ritter Sport, Carrefour und Marks & Spencer unterstützt die Verlängerung des

bestehenden Moratoriums. Nach einer Kampagne von Greenpeace gegen die Rodung des Regenwaldes hatten die größten brasilianischen Sojahändler im Juli 2006 einem zweijährigen Stopp des Handels zugestimmt.«[108]

Die gigantischen Monokulturen der überwiegend genpatentierten GVO-Sojabohne ist ein ökologisches Drama. Da diese Pflanze auch in den Dritte-Welt-Ländern keine einheimische Feldfrucht ist, bedarf sie der globalen chemischen Keule. Dies führt zur Verarmung der Landbevölkerung, Abholzung des Waldes und Vergiftung des Wassers. (Ingrid Weber) Bei Weizen, Mais und Reis hat sich die Anbaufläche in den letzten vierzig Jahren durchschnittlich um 20 Prozent vergrößert, die von Soja hat sich dagegen nahezu vervierfacht,[109] besonders extrem in Argentinien.

Am 16.5.2008 gab es daher in Bonn ein viel beachtetes Öko-Treffen der »Planet Diversity« für die ‚globale langwirtschaftliche Vielfalt'. „*Vielfalt hat tausende Gesichter, Geschichten, Geschmäcker, Getränke, Gebräuche, Gesänge und Genüsse.*" Dieser Gegengipfel zur Zukunft von Landwirtschaft und Ernährung forderte den Ausstieg aus Gentechnik und Agrar-Sprit. Ein weltweites Moratorium (Übereinkunft zur Aussetzung) für die Produktion von Agrar-Sprit und Gentechnik-Anbau forderten 700 Teilnehmerinnen und Teilnehmer aus über 100 Ländern zum Abschluss von »Planet Diversity« in Bonn.

Sie forderten eine Revolution der Landwirtschaft, die sich am Überleben und dem Respekt vor allen Menschen, Tieren und Pflanzen des Planeten orientiert. Angesichts der Klima- und Biodiversitäts-Katastrophe bedürfe es eines gemeinsamen, radikalen Paradigmenwechsels bei Bauern, Verbrauchern, Wissenschaftlern und Regierungen. **Die aktuelle Nahrungsmittelkrise trotz landwirtschaftlichen Überflusses sei eine politische Schande.** Der Agrarexperte der »Zukunftsstiftung ZS-L« (www.zs-l.de), Parlamentarier und Autor Benedikt Haerlin, fasste das Ergebnis der Konferenz zusammen:

„*Die Monokulturen der vergangenen Jahrzehnte dienen nicht mehr der Produktion von mehr und besserer Nahrung. Sie ernähren nicht die Armen dieser Welt, sondern füttern die Fleischfabriken und Autos der*

Reichen. Sie schaden dem Klima, laugen die Böden aus, brennen die Wälder nieder, verschwenden und vergiften unser knappes Wasser und vertreiben Kleinbauern und Indigene von ihrem Land. … Industrielle Landwirtschaft ist ein Fossil der Vergangenheit, das unsere natürliche und kulturelle Vielfalt und damit unsere Überlebensfähigkeit zu vernichten droht.“

„Die Preisexplosion für Lebensmittel in aller Welt ist nicht die Folge von Missernten oder Mangel, sondern von Spekulationen und unfairer Konkurrenz auf den globalen Agrar-Märkten“, erklärt Rudolf Buntzel vom »Evangelischen Entwicklungsdienst EED«. *„Erst wurden Entwicklungsländer durch Liberalisierung und Dumpingangebote in die Abhängigkeit von Nahrungsmittelimporten getrieben. Jetzt stehen sie vor dem Aus: die eigene Landwirtschaft ruiniert, die Importware unerschwinglich. Das stürzt Millionen in neues Elend und Hunger."*

Die Rinderzucht allein ist für 37 Prozent der menschlichen Methanproduktion (23mal klimawirksamer als CO_2) verantwortlich und für 67 Prozent des Stickoxids (296-facher CO_2-Wert). Um Massentierhaltungsbetriebe mit Futter zu versorgen, werden Regenwälder für den Sojaanbau gerodet. **Die Fleischproduktion beansprucht mittlerweile 70 Prozent der weltweiten Agrarflächen.**[110]

Somit gilt unabhängig von Kuhmilchallergien oder anderen gesundheitlichen Kriterien, was Vernunftsgründe klar erkennen:

„Die Verwendung von Sojamilch statt Kuhmilch ist ökologisch vorteilhaft. Dies basiert darauf, dass bei Verwendung gleichgroßer Flächen mit dem Anbau von Soja weitaus mehr Menschen versorgt werden können, als mit der Züchtung von Kühen.“ (Wikipedia)

Die Gesundheitsberaterin Ingrid Weber schreibt dazu auf der Internetseite »www.ingrid-weber.at« ihres »Instituts für Gesundheitsförderung und Bewusstseinsarbeit« in Österreich:

„Die EU führt jährlich 30 Millionen Tonnen Sojarohstoffe aus USA und Argentinien ein, die größtenteils Gen-Soja anbauen und dieses nach der Ernte nicht von den herkömmlichen trennen. Der überwiegende Teil wird für die Futtermittelproduktion verwendet. ***Über diesen***

*Umweg **kommen Fleisch, Milch und Milchprodukte, Eier mit der Gentechnik in Kontakt. Die Produkte brauchen nicht gekennzeichnet zu werden.** Leider bietet die Kennzeichnungsverordnung der EU keinen 100%igen Schutz vor genmanipulierten Produkten jeglicher Art. Es muss davon ausgegangen werden, dass Nahrungsmittel, die in irgendeiner Form Soja enthalten (z.B. Lebensmittel mit ‚pflanzlichen Ölen'), auch Bestandteile des Gen-Sojas enthalten können. Bei **Sojaöl** ist eine Kontrolle nicht möglich, da nach dem Raffinationsprozess des Öles die Genveränderung nicht mehr nachweisbar ist."*

Dilemma Nr. 2 – Quantität auf Kosten der Qualität:
Um den zunehmenden Massenbedarf des Sojas, primär für die Futtermast und sekundär als billige Eiweiß-Beimischungen in der menschlichen Nahrungskette bedarf es der Eiweißkonzentrate. Und diese entstehen durch industrielle Verfahren. Ingrid Weber nennt es auf ihrer Internetseite ‚billiger Industrierohstoff':

„Bei Soja denken die meisten nur an Tofu oder Sojasprossen, dabei sind Sojaprodukte in rund 30.000 Nahrungsprodukten enthalten, vor allem in Fertiggerichten und auch in Babynahrung. Aufgrund des hohen Eiweiß- und Fettgehaltes ist die Sojabohne zu einem beliebten und kostengünstigen Rohstoff für die Nahrungsmittelindustrie geworden.
Sojamehl (Sojaschrot, Sojakleie, Sojaeiweiß) ist in Brot, Feingebäck und Kuchen enthalten. Sojaöl wird nicht nur als Speiseöl verkauft, sondern ist auch in Margarine, Backfetten, Dressings, Saucen, Kuchen, u.a. drinnen, da es geschmacksneutral ist. Soja in Form von Lecithin oder Emulgatoren E 471, E 322 ist in Brot, Backwaren, Süßwaren, Schokolade, Kakaoerzeugnissen, Eiscremes, Instant-Kaffee, Kaffeeweißer, Konfekt, Gummibärchen, Margarine und Medikamenten enthalten. Sojaeiweiß und Sojaöl sind bevorzugte Grundstoffe der sog. Sportlernahrung. Vitamin E wird aus Sojabohnen isoliert."

Dabei wird fleißig chemisch synthetisiert. Darunter versteht man, dass aus einfacher gebauten chemischen Verbindungen ein komplizierter zusammengebauter Stoff hergestellt wird. Um aus Sojabohnen Sojadrinks, Tofu oder anderes herzustellen, sind sehr viele industrielle Verarbeitungsschritte und erhebliche Chemikalien nötig. Ingrid Weber beschreibt kurz die Produktion von Sojafleisch:

„Ausgangsstoff ist fettarmes Sojaschrot, der Rückstand der Sojaölerzeugung. Extraktion mit Leichtbenzin und Dampfbehandlung. Aus dem entfetteten Sojaschrot wird entweder Sojamehl hergestellt oder es wird zu Sojafleisch weiter verarbeitet. Dabei wird das Eiweißkonzentrat eingedickt und durch Spinndüsen in ein Fällbad gepresst (ähnlich der Herstellung von synthetischen Textilien). Dann werden die Eiweißfasern mittels Bindemittel (Albumin, Gluten) verfilzt. Vor der Trocknung werden Fleischaromen, Farbstoffe, Aromastoffe, Gewürze, Vitamine, u.a. zugesetzt.

Auch anderen Sojaprodukten werden Farbstoffe, Aromastoffe, Fabrikfette oder Fabrikzucker zugesetzt."

Dilemma Nr. 3 – die Eiweißmast:

Kristina Peter schreibt in der Kent-Depesche ‚Soja macht dick und rund'. Wer Sojaprodukte isst und glaubt, damit schlank zu werden, täuscht sich und verweist dabei auf die Erfolge der Viehmäster. Längst spricht man heute von Einweißüberschusskrankheiten und meint damit nicht nur Steaks, Wurstwaren und Käse als Verursacher. Daran ist Soja in den heute empfohlenen Dosierungen und Qualitäten voll beteiligt. Es macht dabei tendenziell dick, führt zu hormonellen Störungen, Gelenkerkrankungen und Allergien. Fachberichte listen weitere Beschwerden auf. So bestätigt auch die Diplom-Ernährungswissenschaftlerin Claudia Thienel im »www.was-wir-essen.de/forum«:

„Aus diesem Grund empfiehlt die Deutsche Gesellschaft für Ernährung nicht mehr als 2 g Eiweiß pro kg Körpergewicht am Tag aufzunehmen. Ein 60 kg schwerer Mensch zum Beispiel sollte vorsichtshalber nicht mehr als 120 g Eiweiß pro Tag verzehren."

Eine weitere kluge Einschränkung bietet die wenig bekannte Empfehlung für derart Erkrankte: *„Iss kein Eiweiß mehr nach 17 Uhr, es belastet."*

Und eine abschließende sehr kluge Empfehlung von Fachleuten lautet: *„Wenn Soja, dann Bio-Soja!"*

Wasser – Lebenselexier und mehr

Thales von Milet war ein griechischer Naturphilosoph, Staatsmann, Mathematiker, Astronom und Ingenieur und lebte in dem Jahrhundert der großen Philosophen wie Laotse, Konfuzius, Zarathustra, Buddha und Pythagoras. Er lehrte: ***„Das Prinzip aller Dinge ist Wasser. Aus Wasser ist alles, und ins Wasser kehrt alles zurück.“***

Woher konnte er das wissen? Heute ist klar: Der wundervolle menschliche Körper mit seinen Billionen Zellen besteht aus rund 70 Prozent Wasser und die Oberfläche unseres Planeten aus 71 Prozent. Allerdings gibt es einen gravierenden Unterschied: das Planetenwasser ist zu 99 Prozent salzig und nur der Minirest aller Seen, Flüsse und Grundwasservorkommen spendet Trinkwasser. Obwohl von diesen noch rund zwei Drittel ‚verschmutzt' sind, leben davon fast 7 Milliarden Menschen – von Tier und Pflanze will ich gar nicht erst sprechen.

Lassen Sie mich zuerst noch einen globalen Blick auf die nächste Zeit werfen. Während in unseren reichen Industrienationen dieses Lebens-elexier privat wie industriell gedankenlos verschwendet wird, sterben anderswo Menschen an Durst und Hunger, denn ohne Wasser gibt es auch kein Getreide. Es besteht die ernsthafte Gefahr, dass bald auf einem Fünftel der Landmasse alle Wasserläufe versiegt sein werden!

Da war es früher noch anders. Der im späteren China als Gott verehrte Philosoph Laotse hinterließ die Erkenntnis *„Nichts auf der Welt ist so weich und nachgiebig wie das Wasser. Und doch in der Art, wie es dem Harten zusetzt, kommt nichts ihm gleich.“* Gibt es deshalb die Erkenntnis, dass Wasser ein weibliches Element ist? Weiblich, weil es alles mit seiner Weichheit umschließt? Dass Wasser eigentlich unsere Gefühle darstellt? Hat das etwas mit dem warmen mütterlichen Fruchtwasser zu tun, das alle Männer und Frauen als ‚heimatliche' Erinnerung in sich tragen? *„Im Wasser und der damit eng verbundenen Gefühlswelt liegen noch viele Geheimnisse, und wir haben nicht einmal die materiellen gelöst“*, meint Dr. Ruediger Dahlke.

Und gleich noch eines oben drauf – der Physiker und Sachbuchautor Dr.-Ing. Wolfgang Volkrodt (1925-2000) hielt Wasser für ein Lebenselixier und bestätigte:

„Wasser ist zwar chemisch H_2O, doch physikalisch eines der phantastischsten Gebilde der Schöpfung.“

Das ist auch der Grund, warum ich auch auf das Thema Wasser eingehe, obwohl es in unserem Wohlstandsland eigentlich ‚selbstverständlich' ist – selbstverständlich haben wir immer und überall genügend Wasser. **Doch auch hier geht es um Qualität statt Quantität.** Weltweit wird Wasser knapp, und bei uns wird sauberes Wasser knapp.

Wieder einmal pointiert ausgedrückt, ist Wasser für die meisten von uns nur etwas für die Toilettenspülung oder die Waschmaschine – jedenfalls nichts, was man trinkt! Wer ‚etwas auf sich hält', trinkt kein reines Wasser. Es muss Sprudel, Limonade, Tee, Kaffee, Saft oder so etwas sein. Möglicherweise fühlen wir jedoch dabei wieder einmal richtig: Die Leitungswasserqualität in der BRD steht nämlich nach einer Studie der UNESCO (zum 3. Weltwasserforum 2003 in Kyoto) weltweit unter 115 Ländern nur an 57. Stelle.(198)

Wir gehen ganz allgemein davon aus, dass alles staatlich ‚geregelt' ist, doch die öffentliche Trinkwasseraufbereitung dient wesentlich mehr der Haltbarkeit des Wassers und der Wasserbehälter beziehungsweise der Leitungen, als tatsächlich der Gesundheit der Menschen oder Tiere.(113)

Wir sehen uns das jetzt auf vier Ebenen an:

- Wasser bedeutet Leben.
- Es gibt kein irdisches Leben ohne Wasser.
- Wasser hat ein eigenes Leben.
- Wasser ist ein perfekter Informant.

Der erste Grundsatz klingt zwar logisch, wird aber im Detail kompliziert, wenn wir an unser Trinkwasser denken. Unser in Wasserwerken präpariertes und in unendliche Rohrsysteme gepresstes Leitungswasser ist organisch und biologisch längst ‚gestorben'. Woher man das weiß? Wer zum Pendeln veranlagt oder trainiert ist, kann es in seinem Wasserglas testen. Ich stelle heute mit meinem Pendel erneut fest: Leitungswasser ist linksdrehend; normales Mineralwasser mit Kohlensäure versetzt und in einer Glasflasche rechtsdrehend; stilles Wasser in Glasflasche und aus dem Bio-Laden rechtsdrehend; stilles Wasser in PET-Plastikflasche vom Supermarkt linksdrehend; Leitungswasser mit einem EM-Ring in der Karaffe rechtsdrehend und (aus Leitungswasser) selbst hergestelltes ionisiert-basisches Wasser rechtsdrehend. »Effektive Mikroorganismen« (EM) nach Professor Dr. Teruo Higa sind eine Revolution im Garten und Haushalt, jedoch medizinisch bei uns nicht genehmigt. Näheres bei [(114)].

Was heißt links- und rechtsdrehend? Es heißt, dass sich Wasser in Bächen und kleinen Flüssen mäanderförmig bewegt und verwirbelt, sich durch diese Bewegung energetisch auflädt und seine gesunde Schwingung rechtsdrehend ist. Fließendes Wasser und Quellwasser sind das natürliche ‚Getränk' aller zurückliegenden Zeiten und für unseren Körper seit eh und je ‚normal' und gesund. Volkrodt bestätigt:

„Heute ist die Kette, die uns Menschen früher in den natürlichen Kreislauf des Wassers mit eingeschlossen hat, unterbrochen. Wir sind nicht mehr in der Lage, zusammen mit Wasser die darin enthaltenen biologisch wirksamen Strukturen aufzunehmen."

Unser Körper arbeitet energetisch mit rund 6.000 bis 8.000 Bovis-Einheiten (BE)[(115)] oder Angström-Einheiten (Å). Alle linksdrehenden Energie-Einheiten unter 6.500 sind absteigende Bovis-Einheiten und reduzieren die körpereigene Energie. Alle rechtsdrehenden und aufsteigenden Energie-Einheiten über 7.500 BE erhöhen das Energie-Potential des Körpers und der Zellen. Dies ist eine kurze Erklärung bezüglich rechts- und linksdrehender Energiefelder. (Der Bovis-Wert ist

Abb. 31: Auspendeln des Trinkwassers

eine Messeinheit, mit der man die Lebensenergie von Substanzen, von Organismen und Örtlichkeiten misst.)

Übrigens: Wenn ich morgens das erste Wasser aus der Leitung nehme (es hat ja eine Nacht lang im Rohrsystem gestanden), lasse ich es laufen, bis es kalt kommt und sich damit das abgestandene Leitungswasser entleert. Gerade im Bereich der Hausleitung mit Boiler und Wasserhahntechnologie kommen verschiedene Metalle (Messing, Zink, Nickel, Chrom und verkalktes Eisen) zusammen, und elektrolytische wie auch korrodierende Spuren können dadurch das nächtlich abgestandene Wasser ‚angereichert' haben.

Den zweiten Grundsatz *‚Es gibt kein irdisches Leben ohne Wasser'* betrachten wir uns kurz am menschlichen Körper. In unserem Leben und allen Lebenskreisläufen ist Wasser der wichtigste Stoff. Als Säuglinge bestehen wir zu mehr als 90 Gewichtsprozenten aus Wasser. Aber bereits mit dem Erwachsenwerden beginnt sich der Wasseranteil im Körper zu verringern – bis auf 65 Prozent bei Männern und 52 Prozent bei Frauen. Weitere 5 Prozent weniger sollen tödlich sein.

Was macht das Wasser in uns? Sehr vieles, vor allem löst es und transportiert es in unserem Körper die aufgenommenen Nährstoffe in die Zellen, wo sie verwertet werden können. Ohne Wasser könnten die Zellen nicht versorgt werden. Wasser transportiert die Abfallprodukte wieder aus dem Körper heraus: Schweiß (schwitzen ist nicht nur beim Essen gesund) und Urin räumen aus, wenn genügend Flüssigkeit freigeworden und sie nicht durch die hygroskopischen (wasserbindenden) Substanzen Kochsalz und Alkohol im Körper gebunden ist. Wir verlieren täglich zwischen 1,5 und 3 Liter, die ‚natürlich' wieder aufgefüllt werden sollten, eben mit Wasser und nicht mit Kaffee oder Limo.

Haben Sie gewusst, dass unsere Nieren Schwerstarbeiterinnen sind und pro Tag etwa 180 Liter Flüssigkeit ‚bearbeiten', filtern und bis auf zirka 2 Liter Urin wieder resorbieren? Wenn unsere Nieren diese Reinigungsarbeit nicht mehr bewältigen können, kommt es allmählich zu einer schleichenden Vergiftung des Körpers mit Niedergeschlagenheit, Müdigkeit und Lustlosigkeit, Konzentrationsstörungen, hohem Blutdruck und dergleichen. (Dr. Reszö von Kady)

Wasser im Körper hat überhaupt noch eine Fülle an weiteren lebenswichtigen Aufgaben, da könnte ich ein eigenes Buch füllen – doch solche Sachbücher gibt es ja schon.

Abb. 32:
Reine Schneeflocke

Der dritte Grundsatz *‚Wasser hat ein eigenes Leben'* ist auf eine andere Art komplexer. Wasser kann sich nämlich kristallisieren, wenn es gefriert. Haben Sie sich schon einmal Gedanken gemacht über die wunderschönen Formen der Schneekristalle?

Der Forscher Heinrich Sannemann brachte eine Sonderbroschüre »Wasser, das Blut unserer Mutter Erde«[(116)] mit überraschenden übersinnlichen Wasserqualitäten heraus und berichtet über den rumänischen Flugpionier Henri Coanda (1886-1972). Dieser hat nämlich neben dem Phänomen des »Coanda-Effekts« auch solche ‚Kleinigkeiten' entdeckt wie zum Beispiel, dass auch die Schneeflocken leben.

„Im Zentrum einer Schneeflocke zirkuliert Wasser in einem Geflecht von Röhrchen, ähnlich wie das Blut in unserem Körper oder der Saft in den Pflanzen. ‚Es war, als wäre das Wasser lebendig!' … Coanda beobachtete auch, wie das Leben der Schneeflocke zu Ende ging, wenn das Fließen des Wassers sich verlangsamte und zu erstarren begann. Wie er auch außerdem bemerkte, schien es die Menschen, die regelmäßig dreimoleküliges Kugelcluster-Wasser tranken, zu vitalisieren."

Über das ‚eigene' Leben des Wassers berichten außerdem das Erfindergenie Viktor Schauberger (1885-1958) wie auch die Forscher Johann Grander, Wilfried Hacheney, Roland Plocher und andere mehr. Auch Jan und Stefan Erdmann schreiben in ihrem Buch »Die Jahrtausendlüge« ausführlich über ‚Lebendiges Wasser' und die frappierenden Forschungen des Ungarn Peter Schneider, der schreibt:

„…dass Wasser aber noch ganz andere Eigenschaften hat, sich in gesundem Zustand von selbst reinigt, ernährt und sogar vermehrt, dürfte sich für die meisten von uns allerdings wie Science Fiction anhören."

Mein österreichischer Geistesfreund, Forscher und Ing. John Rabitsch befasst sich seit Jahrzehnten mit biologischem und ‚lebendigem' Trinkwasser und nennt es *Lebenswasser*. Ein Kontakt mit John lohnt sich sicher.[117]

Außerdem belegte dies der französische Forscher Jacques Benveniste[118] im Jahr 1984 und seit 1998 ist das Lebenswasser die Arbeit des japanischen Forschers und Arztes Dr. Masaru Emoto über die biophysikalischen Eigenschaften des Wassers: Dieses kann nicht nur unsere Gedanken, sondern auch Gefühle und Empfindungen *speichern*. Durch gedankliche ‚Informationen' kann seine Qualität im Handumdrehen verändert werden. Nicht nur die ‚mechanische' Reinheitsqualität des Wassers nimmt als gefrorenes Kristall seine spezifische Eisblumen-Form an. Auch alles Harmonische wie auch Chaotische wird als feinstoffliche Schwingung vom Wasser auf- und angenommen und zeigt sich ab diesem Moment in seinem gefrorenen Kristallmuster, das unter dem Mikroskop fotografiert werden kann.

In seinem Buch »Wasserkristalle«,[119] das sich in kürzester Zeit zu einem Bestseller aufschwang, wird auch belegt, dass sich das Gute gegen das Negative durchsetzt, das heißt die höhere Schwingung die niedere überlagert oder transformiert oder ‚erlöst', so wie die Liebe, die höher schwingt als die Angst. (Dr. Claudius Kern drückt sich wissenschaftlicher aus, wenn er von sympatho-magnetischen Speichereigenschaften von Trägerstoffen spricht.)

Auch eine andere metaphysische Lebensregel findet man im ‚lebendigen' Wasser wieder: Wird es ignoriert und missachtet, reagiert es durch Verrottung mit Selbstaufgabe, die Parallele zur menschlichen Selbstzerstörungskrankheit Krebs. Was heißt das für uns? **Geben wir Liebesenergie in das Wasser, wann immer es möglich ist, oder ‚Freude' oder ‚Frieden'** – in der Küche, in all unseren Getränken, in der Dusche oder der wohligwarmen Badewanne, beim Blumengießen und im Garten. Was auch immer uns einfällt und wohin auch immer das Wasser dann fließt, unsere Liebesenergie ver-*teilt* sich zuerst und ver-*eint* dann in Liebe oder Freude oder Frieden. **Denken Sie daran!**

Der vierte Grundsatz *‚Wasser ist ein perfekter Informant'* überrascht noch mehr. Emoto beweist, dass Wasser *„...lebt und die Fähigkeit hat, Gefühle und Informationen aufzunehmen und zu speichern“.* Seine wissenschaftliche Erkenntnis aus zehntausenden von Versuchen lautet: Gesundes Wasser bildet sechseckige Kristallstrukturen, und krankes Wasser tut dies nicht.

Abb. 33: Edler Wasserkristall

Er entdeckte, dass Kristalle, die sich in gefrorenem Wasser gebildet haben, ihre Form veränderten, wenn bestimmte konzentrierte Gedanken oder eine ganz bestimmte Musik auf sie gerichtet wurden. So malte er beispielsweise die japanischen Schriftzeichen für *Liebe* oder *Hass* auf Wassergläser oder beschallte das Wasser mit Musik, zum Beispiel von Mozart. Im Fall von Heavy-Metal-Musik oder negativen Worten wurde das Wasser krank. Es gab keine schöne oder überhaupt keine Kristallbildung.

So bilden sich auch bei fast allen Leitungswassern, Wasser aus umgekippten Seen oder solchen, die in die Mikrowelle gestellt worden waren, asymmetrische Formen oder es ist einfach nur grau.

In seinen überzeugenden Versuchen hat Dr. Emoto herausgefunden, dass Wasser aber nicht nur gute und schlechte Informationen, Musik und Worte, sondern auch Gefühle und Bewusstsein speichert. Da der menschliche Körper durchschnittlich zu siebzig Gewichtsprozenten aus Wasser besteht, ist klar, dass »Heavy Metal« den Zuhörer nicht nur krank macht, sondern auch noch bekloppt. (Jan van Helsing)

Noch weiter geht der ebenfalls international anerkannte Forscher Johann Grander. Die molekulare Haufenbildung des Wassers, seine sogenannten Clusterstrukturen, speichern die ursprünglichen Informationen unverändert weiter – trotz Filterungen und anderer Aufbereitungen behalten sie ihre energetischen Strukturen bei. Natürlich auch die ‚Bösen', die von Schwermetallen oder Kohlenwasserstoffen oder Elektrosmog und anderen belastenden ‚Freunden' und nicht nur die ‚Heilsamen' wie die Bachblüten, Edelsteinessenzen und mehr.

Nachdem wir nun schon soviel Grundsätzliches über unser *lebensnotwendiges* Wasser erfahren haben, möchte ich noch auf etwas Spezielles hinweisen, das vielleicht eine ‚Lebensnot abwenden kann'. Es geht um das **Wasserdefizit** – jedoch in unserem reichlich wasserhaltigen Körper und nicht in den Gebieten, deren moderner Wasserverbrauch weit über das natürliche Vorhandensein hinausgeht (ich kenne die Probleme der boomenden Urlauberinsel Gran Canaria). *Dehydrierung* wird das menschliche Problem auch genannt.

Die meisten Mitmenschen haben im Gegensatz zum wohlbekannten Hungergefühl ein unterdrücktes Durstempfinden, Frauen noch weniger als Männer. Das kann fatale Folgen auf die körperliche Leistungsfähigkeit haben. Da der tägliche Flüssigkeitsbedarf bei mindestens 2 Litern liegt, ist es von großer Bedeutung, genügend zu trinken, damit ein Wasserdefizit gar nicht erst entstehen kann. Damit ist allerdings Trinkwasser gemeint und nicht ‚Flüssigkeit'.

Steht dem Körper nicht genügend reines Wasser zur Verfügung, können Probleme im gesamten Organismus entstehen. Wo immer das Wasser fehlt, muss der Körper eigenes Zellwasser zur Verfügung stellen, um schlimmste Entgleisungen zu verhindern. Eine länger anhaltende ‚Durststrecke' kann irgendwann nicht mehr ausreichend ausgeglichen werden, sodass sich zwangsläufig die unterschiedlichen Schmerz- und Krankheitssignale einstellen.

Wie ‚bewässern' wir nun unsere Zellen und Organe richtig? Als Summe der vielen verschiedenen Empfehlungen gebe ich Folgendes weiter: Pro Kilo Körpergewicht sollte man mindestens 30ml trinken – bei einem 100-Kilo-Mann sind 3 Liter schon recht viel, während bei einer 60-Kilo-Figur die 2 Liter denkbar sind. Wichtig ist dabei, dass es wirklich Wasser ist und keine Limo oder andere Flüssigkeiten sind, denn diese haben keinen ‚Reinigungseffekt'. Und bitte kohlensäurearm (medium) oder ganz ohne – dieses künstlich zugesetzte ‚Gas' wird ja auch nur industriell hergestellt.

Unsere Körperzellen sind auf eine ausreichende Wassermenge angewiesen. Normalerweise befindet sich mehr Wasser innerhalb der Zelle als außerhalb. Ist der Körper dehydriert, können die Zellen 28

Prozent und mehr ihrer Wassermenge abgeben. Dadurch wird jedoch die gesamte Zellaktivität erheblich reduziert – ganz gleich, ob es sich um Haut-, Magen- Leber-, Nieren-, Herz- oder Gehirnzellen handelt. Bei einer zellulären Dehydrierung können die Abfallstoffe nämlich nicht mehr richtig entsorgt werden. Das führt zu unterschiedlichen Symptomen, die zwar denen einer Krankheit ähneln, jedoch lediglich Indikatoren eines minimierten Wasserhaushalts sind. Viele unserer Wasserdefizite sind längst *chronische Dehydrierungen*.

So beschreibt es das »Zentrum der Gesundheit«[(121)] sehr aufschlussreich und stellt außerdem fest:

„*Viele Patienten leiden heutzutage an einer ‚Dursterkrankung', also einem fortschreitenden Zustand der Dehydrierung, der zu den unterschiedlichsten Symptomen führen kann. Was die Ärzte im Allgemeinen als Krankheit bezeichnen, ist zum großen Teil ein fortgeschrittener Zustand der Dehydrierung und die daraus resultierende Unfähigkeit des Körpers, sich von den Abfall- und Giftstoffen zu befreien.*
Daher ist es unzureichend, eine Krankheit mit Medikamenten oder anderen Therapien zu behandeln, ohne den Körper gleichzeitig ausreichend mit Wasser zu versorgen.“

Ich selbst lernte diese Thematik in dem revolutionären Buch des iranischen Arztes Dr. Fereydoon Batmanghelidj (ausgesprochen: Batmangeelidsch) »Wasser – die gesunde Lösung«[(3)] kennen. Ein begeisterter Arzt meinte, dass Batmanghelidj dafür den Nobelpreis bekommen müsste.

Alle diese vielfältigen Tatsachen machen überdeutlich, dass Wasser nicht umsonst als das ‚Lebens'-mittel Nummer Eins bezeichnet wird. Also: „...*Lassen wir es uns schmecken!*“

Wasser als Lebensenergie

Nun kommt die wichtige Frage: Was können wir davon in unserem Alltag umsetzen? Zuerst einmal: „*Augen auf!*“ Dazu erfahren Sie mehr im nächsten Kapitel über Mineralwässer und andere Getränke. Doch was können wir mit unserem immer teurer werdenden Leitungswasser machen? Vielerorts müsste es sogar heißen: mit unseren regenerierten und wieder veredelten Abwässern?

Eigentlich gibt es kein Lebensmittel, das in größeren Mengen konsumiert wird als Wasser. Deshalb wird in Deutschland schon ein Drittel des Leitungswassers aus Oberflächenwasser (Seen und Talsperren) oder dem Filtrat von Flusswasser gewonnen. Hängen Sie vielleicht auch noch dem verhängnisvollen Irrtum an, Leitungswasser ruiniere zwar Ihre Waschmaschine und Ihr Dampfbügeleisen, nicht aber Ihren Organismus? (H. F. Neuner)

Deshalb bietet der Markt inzwischen viele verschiedene technische Geräte und Hilfen an, die das Leitungswasser nicht nur regenerieren, sondern **revitalisieren** – wieder lebendig machen (lat.: *vita* das Leben). Das ist ein großer Unterschied, denn ein derart energetisch richtig ‚behandeltes' Wasser erkennen wir an seiner Rechtsdrehung. Es gibt hunderte von Erfindungen, die Leitungswasser verbessern und wieder richtig optimieren. Dazwischen allerdings gibt es sicherlich auch Pseudoprodukte, die wohl dem Hersteller mehr dienen als dem Verbraucher. Denn für den Begriff ‚lebendiges Wasser' gibt es keine geschützten Parameter, sodass jeder damit ‚physikalisch' etwas anderes meinen darf.

Wer jedoch die metaphysischen Technologien der Kinesiologie (siehe Kapitel: *Die Weisheit unseres Körpers*) oder der Pendelfähigkeit beherrscht, tut sich hierbei leicht, denn er erkennt dadurch die (momentane) Resonanz seines Körpers zum betreffenden Trinkwasser. Eine Wünschelrute tut es natürlich auch.

Ich habe so meine langjährigen Erfahrungen mit praktischer Leitungswasserveredelung. Jahrzehntelang haben wir normales Leitungswasser durch anhaftende Magnete (im Keller) energetisiert. Effektiver wurden später die Tachyonen-Geräte, und heute reichen mir die keramischen EM-Produkte(168) in verschiedenen Wasserbehältern (wie die ganztägig bereitstehende Wasserkaraffe). Zusätzlich wurde die Ionisierung des basischen Leitungswassers zu meinem Alltag – reines Wasser wieder ‚lebendig' gemacht. Ich nenne es manchmal auch „die Auferstehung des Wassers – auferstanden von den Toten". Übrigens kann Jan bestätigen, dass unsere Familie auch über ein Jahrzehnt selbstdestilliertes Wasser konsumierte – mit bestem Erfolg, auch wenn es damals noch ein mutiger Alleingang war. Professor Kurt Tepperwein schreibt dazu unter anderem:

> ***„Die menschliche Zelle erstickt in ihren eigenen Stoffwechselprodukten, weil die interzellulare ‚Müllabfuhr' nicht mehr funktioniert. Wir müssen daher wieder dringend natürliches Wasser trinken, das das interzellulare Müllproblem löst, und das ist destilliertes Wasser, wie es die Natur über die Verdunstung ständig herstellt.***"

Einer der weiteren Wege, um zu *reinem Trinkwasser* zu kommen, ist der, unser in der Wohnung reichlich vorhandenes Leitungswasser zu reinigen, anstatt laufend Wasser zu kaufen und zu schleppen. Eine solide Technik bieten die Osmose-Geräte, die inzwischen in vielfältigen Formen und Größen angeboten werden. Man erklärte mir, auf Folgendes zu achten: In allen wärmeren Ländern wird Trinkwasser gechlort, nicht aber in Deutschland. Alle Importmodelle aus Asien oder USA haben den Aktivkohlefilter beim Wassereintritt in das Gerät. Wenn dabei aber das bakterientötende Chlor fehlt, wird dieser Filter in kurzer Zeit eine Bakterienbrutstätte. Für deutsche Verhältnisse muss der Kohlefilter am Ende der Prozedur montiert sein.

Übrigens: Jan weiß von einem Großkonzern, der zur Zeit (Frühjahr 2009) weltweit Osmose- und Filtergeräte aufkauft – wird hier wieder Zukunft monopolisiert? Wird wohl bald unser Leitungswasser als nicht mehr trinkfähig deklariert?

Sauerstoff-Ionen im Wasser

Nun folgt noch etwas sehr Wichtiges. Das Thema der **Wasser-Ionisierung** ist nämlich noch relativ neu – zumindest in unserem Lande. Dagegen weiß man schon länger, dass die elektrische Ladung des

Sauerstoffs in unserer Luft von wesentlicher Bedeutung für seine Wirkung in unserem Organismus ist und nennt es Ionisierung.

Obwohl der übliche Sauerstoffgehalt in der Umgebungsluft normalerweise überall 21 Prozent beträgt, entspricht es der praktischen Erfahrung, dass sich unsere Atemluft am Meer, in den Bergen, an Wasserfällen und Flusswehren oder nach einem Gewitter *frischer* anfühlt und man sich in dieser Umgebung wohler fühlt, sodass man neuerdings erkannte, dies auch als *Wellness* propagieren zu können. Diese ‚Energie' bewirkt der sogenannte *ionisierte* Sauerstoff. Was versteht man darunter? Sauerstoff-Ionen sind Sauerstoffmoleküle, deren Elektronenhülle um ein oder mehrere Elektronen vermehrt ist – man nennt sie negative Sauerstoff-Ionen – oder vermindert wurde, dann sind es positive Sauerstoff-Ionen.

Abb. 34: Auch La Palma macht's möglich

In ihrer Wirkung auf uns sind also die negativen Ionen positiv. Seit Jahrzehnten gibt es dafür verschiedene Ionengeneratoren zu kaufen, die durch ihre künstlich erzeugte Spannung unsere Raumluft ‚reinigen' und verbessern. Das ist auch so, wenn es um ionisiertes Wasser geht – genauer gesagt um **basisch ionisiertes Trinkwasser**, doch dabei geht es dann nicht mehr um unsere Luft. Die Heilpraktikerin Marlene E. Kunold berichtet dazu:(122)

„Wir bekommen durch den basischen pH-Wert extra Sauerstoff in unsere Körperzellen geliefert; Ionisiertes Wasser stillt den Durst der Körperzellen, weil die Clustergröße der Moleküle so klein ist, dass die Zellen sich das gute Tröpfchen gleich schnappen können; Ionisiertes Wasser schützt vor Zivilisationskrankheiten, weil es freie Radikale abwehrt (aufgrund des enorm großen Redoxpotenzials); Ionisiertes Wasser entschlackt und dreht die biologische Uhr zurück (man kann sich wirklich um Jahre jünger fühlen und auch so aussehen) und man bekommt frei verfügbare Mineralien ‚mundgerecht' serviert."

Hilfreich ist dabei folgende Erkenntnis: In unserem überwiegend ‚synthetisch' gewordenen Umfeld lädt sich unser Körperenergiefeld tagtäglich elektrostatisch positiv auf. Elektrosmog (Handy, WLAN, Sendemasten und mehr), Plastikschuhe und -sohlen, Bekleidung und andere Produkte aus Kunstfasern, beschichtete Möbelstücke und Bodenbeläge, Synthetikteppiche, durch Gummireifen isolierte Fahrzeuge und vieles mehr erzeugen sogenannte ‚ruhende' Ladungen – das heißt *eine volle Ladung Elektrostatik in und um unseren Körper*. Wir alle sind ionen-positiv-aufgeladen, manchmal sogar überladen.

Die Negativ-Ionen des basischen Wassers neutralisieren diese Überladungen sofort und völlig harmlos und ‚ordnen' somit unser Körperenergiefeld wieder. **Dabei ‚eilt' das ionisierte Wasser automatisch zur größten Körperstörung, weil dort die höchste Spannung ist.** Diese zieht die Ionen einfach an – ist das nicht großartig? Die Schulmedizin kennt das kaum, und viele Heilpraktikerinnen und Heilpraktiker arbeiten mit der Magnetfeldtherapie, wenn schon Schmerzen oder Leiden entstanden sind. Doch mit dem ionisiert-basischen Wasser können wir uns täglich mehrfach ‚entspannen' – rein prophylaktisch.

Wie ist so etwas zu erklären? Dabei kommt uns eine Fähigkeit der Zunge zugute, über die man bisher wenig oder nichts gehört und gelesen hat. Offenbar ist der Mund ein ‚bioenergetischer Käfig', vergleichbar mit dem Faradayschen Käfig der Physik. Er nimmt die bioenergetischen Informationen von Spuren eingebrachter Materialien in Bruchteilen von Sekunden auf, um die **energetische Balance** des ganzen Körpers schlagartig zu ändern. Mit der Zunge prüfen Mensch und Tier seit Anbeginn die Genießbarkeit von Speis und Trank. Oder woher sonst haben die frei lebenden Tiere ihre Erkenntnis der für ihre Spezies gesunden Nahrungsmittel? Der äußere Bereich dieser Veranlagung ist uns weitgehend verloren gegangen (nur so ist der ‚Genuss' von Cola und Chips zu begreifen), doch energetisch funktioniert das wie eh und je. [(171)] Dem liegen ja auch die Schüssler-Salz-Erfahrungen zugrunde.

Und wie kommen wir zu solchem mit Negativ-Ionen aufgeladenen, basischen Trinkwasser? Kann jeder Einzelne aus dem bei uns zwar reichlich vorhandenen, aber biologisch toten Leitungswasser ein wiederbelebtes Entspannungswasser zaubern? Unter Umständen und im übertragenen Sinne sogar ein ‚Lebenswasser' – wobei zu beachten ist, dass basisches Wasser weder eine Medizin noch ein Nahrungsmittel darstellt. Es gibt solche sogenannte ‚Wasserteiler' bereits in verschiedenen Geräteformen.

Ingenieur Sang Whang schrieb das Buch »Der Weg zurück in die Jugend« – und das ist kein Wunschtraum, sondern wissenschaftliche Erkenntnis. Das Buch ist ein *Longseller* aus den USA, dort bereits in der 18. Auflage erschienen.[(123)] Sang Whang ist amerikanischer Ingenieur und Erfinder (u.a. des Modems), beschreibt hier die Zusammenhänge des Säure-Basen-Haushaltes und der chemischen Abläufe, die aus seiner Sicht für viele Alters- und Zivilisationskrankheiten verantwortlich sind. Zum Beispiel bewirken Übersäuerungen auch Depressionen, und japanische Ärzte bestätigen, dass der regelmäßige Konsum von basisch-ionisiertem Wasser depressive Stimmungen aufhellen und in stabile Gemütslagen verändern kann. Mit Hilfe des ionisiert-basischen Wassers hat Whang selbst seinen überhöhten Blutdruck dauerhaft gesenkt.

In seinem erstaunlichen Buch zitiert er unter anderem den japanischen Professor Sanetaka Shirahata, der sich mit der Erforschung des Wassers verschiedener Heilquellen befasst. Er fand heraus, dass alle Heilwässer eine bestimmte Eigenschaft besitzen: Sie wirken ‚reduzierend' und enthalten überschüssige Elektronen beziehungsweise ‚aktiven' Wasserstoff H^0 oder H^{minus} – genauso wie das basische ionisierte Wasser aus einem Wasserionisierer. Was heißt *reduzierend* oder *Redoxpotential*? Dr. Zbigniew Gadek beschreibt es so: *„Es bindet die freien Radikalen, hochaggressive Moleküle, die bei Abwehrreaktionen im Körper entstehen. Wenn sie nicht sofort und vollständig durch Antioxidantien neutralisiert werden, greifen sie eigene Körperzellen an.“*

Hier kann ich auch meine persönliche Erfahrung ergänzen: Zur Herstellung solchen Wassers habe ich mir ein Tischgerät zugelegt.[(124)] Es stammt von Richard Weigerstorfer, der nämlich mit seinen eigenen und den vertrauenswürdigen russischen Erfahrungen ein mobiles Tischgerät entwickelte und vertreibt. (Richard hat in seinem RiWei-Verlag[(120)] vier Vorträge von mir als DVDs verlegt, und in »secret.TV« war er einer der ersten Teilnehmer.) Das Gespräch mit Richard, dem erfahrenen Hersteller eines solchen Tischgerätes, zeigt uns Folgendes:

„Zuerst möchte ich Dir danken, dass Du Dir als Techniker dieses wichtige und bei uns noch so wenig bekannte Thema vorgenommen und es praktisch umgesetzt hast, auch wenn es Euch ein kleines Vermögen gekostet hat, wie Du schreibst. Was ist allgemein beim *ionisierten* basischen Wasser anders als bei einem *normalen* basischen Trinkwasser?"

„Bei normalem Wasser misst man den pH-Wert, und beim ionisierten Wasser schaut man auch auf den Redoxwert, die Leitfähigkeit im Wasser. Je höher der Redoxwert, desto aggressiver ist das Wasser bei der Bekämpfung von Pilzen, Bakterien und Schädlingen, weil sie die Oberflächenspannung der jeweiligen Organismen zerstören."

„Da es bis jetzt keine verlässlichen Regeln auf diesem neuen Markt gibt: Was sollte man bei den verschiedenen Geräten beachten?"

„Eigentlich gibt es nur zwei Gerätetypen. Das eine sind Durchlaufgeräte, mit denen man durch die kurze Durchlaufzeit nur schwache basische Ionisierungen erzeugen kann. Die zweite Geräteform sind Ionisierer, die statisch sind und bei denen das Wasser eine bestimmte Zeit mit Strom durchflossen wird, wobei es sich in hohe basische und niedere saure Werte teilt, weshalb dieses Gerät Wasserteiler genannt wird."

„Wie erklärt sich die schnelle Reaktion des Körpers auf das Trinken dieses Wassers? Du erwähnst eine solche Situation auf Deiner DVD."

„Unser Körper wird ja durch Nervenzellen und Nervenbahnen elektrisch miteinander verbunden, und es ist so, dass sich unsere Organe am ganzen Körper außen widerspiegeln, auch auf unserer Zunge. Wenn wir also ein Glas stark basisches Wasser trinken, dann reagiert der Bereich der Zunge, der mit einem geschädigten Organ verbunden ist, als erster. Wenn zum Beispiel die Bauchspeicheldrüse in irgendeiner Form durch Krankheit eine elektrische Überladung hat, dann wird diese über die

Zungenspitze ausgeglichen und auf Null gesetzt. Man empfindet es dann als ein starkes Brennen auf der Zungenspitze.
Wenn man weiß, dass Schmerzfelder immer eine Ansammlung von positiven Ionen und an der schmerzenden Stelle elektrisch überladen sind, dann ist auch verständlich, dass der Schmerz weg ist, wenn die Überladung aufgelöst ist."

„Ich trinke beim Aufstehen und vor dem Zubettgehen je ein Glas ionisiertes Wasser und ergänze tagsüber die meisten Getränke damit. Ich neutralisiere damit die ‚positiven' Spannungen des nächtlichen, häuslichen Elektrosmogs und vor dem Zubettgehen wieder die angesammelten Felder des Alltags. Ist das richtig so?"
„Das ist richtig so."

„Hast Du zum Schluss noch eine besondere Empfehlung für unsere Leserinnen und Leser?"
„Wenn Sie es probieren, denken Sie daran, dass Sie nicht nur eine chemisch-biologische Maschine sind, sondern Sie auch eine Seele besitzen und Sie mit dem lieben Gott verbunden sind. Jeder Schluck in Dankbarkeit lässt die Sache noch wirkungsvoller sein."

„Danke Richard und viel Erfolg weiterhin!"

Das Büchlein »Bleib nicht sauer – Trink dich gesund und basisch« von Inge Frantzen[(120)] ist im gleichen Verlag erschienen und eröffnet eine Vielzahl von wichtigen praktischen Erfahrungen mit ionisiertem Trinkwasser.

Mehr Wahrheit auf dem Getränkemarkt

Getränkeverpackungen können verschieden sein und sind dabei alles andere als gleichwertig. Gesundheitlich kritisch sind die Plastikflaschen. Auch hier wird noch einmal differenziert zwischen den lebensmittelechten und hochverdichteten HD(High-Density)-Polyethylenflaschen und den leichteren und einfachen PET-Flaschen, den sogenannten **Softdrink-Flaschen**.

Im Fachblatt »Länger und gesünder leben«[(125)] wird dieser Verpackungschemie im Spezialreport »Die größten Ernährungslügen« nachgegangen. Forscher der Universität Heidelberg haben nämlich im Jahr 2006 herausgefunden, dass Plastikflaschen **Schwermetalle** abgeben, zum Beispiel Antimon, das als Katalysator bei der Herstellung von PET-Material verwendet wird. Außerdem kann der Flascheninhalt **Weichmacher** aus der Plastikproduktion enthalten. Er kann auch **Hormone** enthalten. Neueste Zusätze sind **Nano-Beschichtungen**. Gelobt wird dabei, dass Nano-PET eine bessere Ökobilanz biete, doch andere Wissenschaftler bezeichnen es als besorgniserregend. (»secret.TV« am 28.1.2009)

Weichmachungsmittel sind Stoffe, die spröden Plasten zugesetzt werden, um diese geschmeidiger und elastischer im Gebrauch zu machen. Der Einsatz der *Phthalate* wurde bei Kinderspielzeug verboten, in den Softtrinkflaschen bislang nicht. Auch das Weichmachungsmittel *Bisphenol-A* (BPA) ist gesundheitsschädlich. Es hat einen sehr negativen Einfluss auf das menschliche Hormonsystem und kann zu Fortpflanzungs- und Entwicklungsstörungen, bis hin zu irreparablen Hirnschäden führen. Die immer häufiger auftretende Fettleibigkeit wird auch mit Bisphenol-A in Verbindung gebracht.[(126)]

In »raum&zeit«(157/2009) schreibt Magistra Andrea Hengstler:

„Die Chemikalie, die besonders häufig bei Babyflaschen oder Lebensmittelverpackungen eingesetzt wird, sondert sich in Nahrungsmitteln oder Getränken ab. Bis Anfang des Jahres galt der Stoff als gesundheitsgefährdend, weswegen der Grenzwert in Europa bei 10 Mikrogramm pro Kilogramm Körpergewicht gesetzt wurde. Doch plötzlich sah die EU-Behörde keine wirkliche Gefahr mehr in der Chemikalie und hob den Grenzwert um das Fünffache auf 50 Mikrogramm an. Der Grund? Eine Studie, von der weder die Daten noch die Auftraggeber veröffentlicht wurden.“

Liegt die überraschende Ungefährlichkeit an einer nebulösen Studie, auf deren Grundlage eine EU-Behörde die Grenzwerte lockert? Nun verglichen Mediziner der Universität Exeter die Gesundheit von fast 1.500 Erwachsenen in Bezug auf deren BPA-Konzentrationen im Urin. Dabei stieg mit zunehmenden Werten die Tendenz der Teilnehmer zu Herzerkrankungen und Diabetes 2.

„Jene Personen, deren Urin viel BPA enthielt, hatten im Vergleich zu den wenig belasteten Menschen ein fast dreifach erhöhtes Risiko für Herzerkrankungen, die Wahrscheinlichkeit für Diabetes war um den Faktor 2,4 gesteigert. Zudem gingen hohe BPA-Werte einher mit auffälligen Konzentrationen dreier Leberenzyme."[(127)]

Dass es auch beim geschäftlichen Umsatz um ‚hohe Werte' geht, zeigt das weltweite Volumen an Weichmachern. 2004 lag es bei 5,5 Millionen Tonnen, was einem Gesamtwert von etwa 7 Milliarden Euro entspricht. (Wikipedia)

Und nun zu den **Hormonen**: Die Johann-Wolfgang-Goethe-Universität in Frankfurt hat in einer Studie nachgewiesen, **dass Mineralwasser aus Plastikflaschen mit hormonell wirksamen Substanzen belastet ist.** Die Biologen unter Martin Wagner und dem Leiter der Ökotoxikologie, Professor Dr. Jörg Oehlmann, (einer der Top-10-Professoren des Jahres 2007) stellten dabei in Mineralwasser aus Plastikflaschen eine deutlich erhöhte Konzentration an hormonähnlichen Substanzen fest. In manchen Proben fanden sich bis zu 75 Nanogramm pro Liter an östrogenähnlichen Substanzen. Dies sind höhere Werte als in manchem Abwasser, das unter anderem durch die Antibabypille als zum Teil stark belastet gilt. **Insgesamt war das Wasser aus PET-Flaschen etwa doppelt so hoch östrogenbelastet wie jenes aus Glasflaschen.**

Der gleichen Meinung ist Professor Dr. Ibrahim Chahoud, Mediziner an der Charité in Berlin. Er gilt als der deutsche Experte auf diesem Feld. *„Gefahren sehe ich für Risikogruppen."* Betroffen seien vor allem Schwangere, Säuglinge oder Kleinkinder. *„Für diese würde ich raten,* ***lieber einen weiten Bogen um Plastikflaschen zu machen.***" Bereits frühere Untersuchungen hätten gezeigt, dass Belastungen mit hormonähnlichen Stoffen Entwicklungsstörungen verursachen können. Dennoch werben viele Mineralwasserproduzenten explizit auf ihren Produkten mit dem Hinweis, dass das Wasser für die Zubereitung von Säuglingsnahrung geeignet sei.

Der kollegialen Ansicht ist auch Professor Andreas Kortenkamp. Er leitet das Zentrum für Toxikologie an der »School of Pharmacy«, der Universität London. „*Wir werden in unserem Alltag mit so vielen hormonell belasteten Stoffen bombardiert, dass wir sie vermeiden sollten, wo wir können... Diese können schon in sehr niedrigen Konzentrationen an Hormonrezeptoren andocken. Und was das für den Körper bedeutet, kann noch niemand abschätzen.*“(128)

„*Es ist ein echter Skandal, dass Mineralwasser in PET-Flaschen, das von Millionen Verbrauchern täglich getrunken wird, sich nun als hormonell wirksam erweist*“, sagte Patricia Cameron, BUND-Expertin für Chemiepolitik (**B**und für **U**mwelt und **N**aturschutz **D**eutschland).

Es lohnt sich also ganz prinzipiell, **gesundes Wasser in Glasflaschen** zu schleppen – meine Herren! Nehmen wir es doch einfach als etwas Sportersatz und überlassen diesen Einkauf lieber nicht unseren Damen. Trotzdem wird in unserer Republik nur noch rund ein Drittel der deutschen Mineralwässer in Glasflaschen verkauft.

Unübersichtliche Mineralwässer

Auch Mineralwässer sind nicht alle gleichwertig. In »Länger und gesünder leben« heißt es weiter:

„*Achten Sie beim Einkauf auf die Bezeichnung ‚natürliches Mineralwasser'. Dies ist ein reines Naturprodukt und frei von jeglichen Rückständen. Dagegen ist ‚Tafelwasser' – auch wenn es blumig z.B. als ‚Queen of Tablewaters' angepriesen wird – alles andere als natürlich. Es kann einfaches, aus verschiedenen Quellen gemischtes Leitungswasser sein. ... Weniger wichtig bei der Auswahl Ihres Wassers ist sein Gehalt an Mineralstoffen. Damit wird zwar viel geworben, aber einfache*

Rechenbeispiele zeigen, dass für Ihre Vitalstoffversorgung feste Nahrung eine wesentlich wichtigere Rolle spielt."

Daher ist die Klage des Magazins »GourmetReise« vom 1.9.2008, dass Etikettenangaben um ein Vielfaches unterschritten werden, nicht so entscheidend – dazu gleich mehr. Anders dagegen die Bekanntgabe, dass einige der getesteten Produkte laut Lebensmittelgesetz gar nicht vertrieben werden dürften. Auch habe man festgestellt, dass die Wässer von der Zusammensetzung her teils so identisch seien, dass man meinen könnte, es handle sich um dieselben Produkte. Unterschiede gebe es nur preislich. „*Ob ein Mineralwasser günstig oder teuer ist, lässt laut unseren Proben keine Rückschlüsse auf die Qualität zu.*"[129]

Drei grundsätzliche Schwerpunkte lassen uns dabei sehr staunen:

1. gibt es die Trinkwasser-Verordnung, die dem Bundes-Seuchen-Gesetz (BSG) unterliegt und dabei 33 Inhaltsstoffe bestens kontrolliert. Dagegen unterliegt die Mineralwasser-Verordnung dem Lebensmittelrecht und überprüft nur 10 Inhaltsstoffe. Und diese liegen teilweise derartig über der EU-Norm, dass solche Wässer aus dem Verkehr gezogen gehören.

2. wäre das zu relativieren, weil kritische Mediziner sowieso von Mineralwässern mit Mineralsalzen abraten. Der Grund? Diese Mineralsalze sind alle *anorganisch* und für unseren Körper praktisch nicht verwertbar. Dr. Antonius M. Schmid[130] überrascht uns dabei ganz gewaltig:
   „*Für unseren Organismus sind nur solche Mineralien verwertbar, die an organische Stoffe wie zum Beispiel Aminosäuren gebunden sind. Die pharmazeutische Industrie hat diese Probleme seit längerer Zeit berücksichtigt und bindet die Mineralien an organische Stoffe wie Citrat, Gluconat, Orotat usw.. Dadurch kann die sogenannte Bioverfügbarkeit der Mineralien wesentlich gesteigert werden. Bioverfügbarkeit besagt, dass ein zugeführter Stoff auch ins Gewebe eingebaut wird bzw. im Organismus nachgewiesen werden kann. Der stetig zunehmende Konsum von Mineralwasser in*

den letzten Jahren korreliert mit einer Zunahme der Krankheiten des Gefäßsystems mit Konsequenzen wie Durchblutungsstörungen, Herzinfarkten und Schlaganfällen.“

Unser Körper kann Mineralien nur in organisch gebundener Form aufnehmen. In dieser Form sind sie in jeder Pflanze, in Obst, Gemüse, Milchprodukten und auch in tierischen Produkten enthalten. Was jedoch aus technischen, geschmacksbedingten und Gründen der Haltbarkeit den Nahrungsmitteln an Salzverbindungen zugesetzt wird, ist anorganischer Natur und somit wieder belastend.

3. zeigt sich bei dem sogenannten ‚Stillen Wasser' eine erschwerende Schwachstelle, das Bakterienproblem. Dieses ist von Seiten der Kontrolle im Lebensmittelrecht nicht so streng geregelt, und von einem Wasserspezialisten wurde mir erklärt, dass deshalb alle der Millionen gelagerten und abgefüllten Flaschen stets **kobaltbestrahlt** werden müssen.
   Zu den derzeit gravierendsten ‚Vernichtungsmethoden per Genehmigung' zählt die Kobaltbestrahlung von Lebensmitteln, die jetzt weltweit massenhaft um sich greift und selbst vor Saatgut nicht Halt macht.
   Die Lebensmittelindustrie hat dies vor Jahren entdeckt, als es in Deutschland noch verboten war, und stillschweigend entwickelt sich diese Lobby nun mit einer Selbstverständlichkeit, als ob nur eine neue Konservierungsmethode angewandt wird.(172)
   Denn es genügt ein Bruchteil einer Sekunde der Bestrahlung, um aus einem Lebensmittel ein ‚Totenmittel' zu machen. Das, was uns die Kraft für Leben und Gesundheit vermittelt, ist schlagartig durch Gammastrahlung vernichtet. Was übrig bleibt, ist die stoffliche Hülle, die selbst Insekten verschmähen. Verzögerte Fäulnis von innen ist zum Beispiel die typische Folge bei Frischobst.(131)
   So wird Unwissenheit bestraft!

Die Berichte über **Uranbelastungen** sowohl im Leitungswasser als auch in einigen Mineralwässern häufen sich. Die Organisation »Foodwatch« warnte am 4.8.2008 vor zu hohen Urankonzentrationen im Leitungswasser. Das ARD-Magazin »Report München« berichtete von der Überschreitung des Grenzwertes von 2 Mikrogramm Uran pro Liter Leitungswasser an 800 Messstellen. Auch 34 Sorten Mineralwasser sollen zum Teil deutlich mit Uran belastet sein.

Wenn Sie sich damit noch mehr verunsichern möchten, finden Sie dazu Genaueres unter [(199)].

Die Geißel der Jugend

ist der Ausspruch eines Naturarztes zu den **Softdrinks und Limonaden.** Ein Blick auf diesen Markt ist verwirrend und erschreckend – mehr als 2000 Markennamen überschwemmen bei uns eine Konsumwelt mit viel Wasser und Fabrikzucker, phantasievollen Zusätzen und energieverschlingendem Aluminiumblech.

Über diesen unvorstellbar gigantischen, bequemen, beliebten und daher ertragreichen Getränkemarkt zu berichten, ist schwer, wenn es dabei um Trends, naive Meinungen und Automatenbequemlichkeit geht. Es mutet traurig an, wenn man zuschaut, wer mit diesen gefärbten Zuckerwassertricks reingelegt wird. Denn durch die offensichtliche Dominanz im Kinder- und Jugendkonsum wird die gesundheitliche Basis der kommenden Generation verantwortungslos geschädigt.

Die Zuständigen verdrängen dabei die entscheidende Tatsache: Das **metabolische Syndrom** (manchmal auch als *tödliches Quartett, Reavan-Syndrom* oder *Syndrom X* bezeichnet) wird heute als der entscheidende Risikofaktor für koronare Herzkrankheiten angesehen. Es geht einher mit vielfältigen Störungen des Stoffwechsels und anderer Normwerte sowie einer charakteristischen Fettleibigkeit.[(200)] So heißt es auf der Internetseite vom »Zentrum der Gesundheit«:

„Eine neue Studie der »School of Medicine« an der Universität Boston hat herausgefunden, dass bereits eine Dose Limonade pro Tag das Risi-

*ko, am **metabolischen Syndrom** zu erkranken, um 46 Prozent erhöht. Des Weiteren fand die Studie weitere schädliche Nebenwirkungen durch den Konsum von Limonade heraus: ein um 31% höheres Risiko für Fettleibigkeit, ein 30% höheres Risiko für einen größeren Taillenumfangs, ein 25% höheres Risiko für erhöhte Triglyzeride und Blutzuckerwerte, ein 32% höheres Risiko für einen niedrigen Spiegel des ‚guten' Cholesterins und eine allgemeine Tendenz zu erhöhtem Blutdruck. Über einen langen Zeitraum konsumiert, können die Auswirkungen der Getränke, die Säuren, Zucker, künstliche Süß- und Geschmacksstoffe und Konservierungsstoffe wie E 211 enthalten, für den Körper verheerend sein. Es braucht 32 Gläser Wasser mit einem pH-Wert von 9, um die Säure eines 350 ml Softdrinks zu neutralisieren.*"

In einer kontrollierten Studie der Bostoner Kinderklinik wird bestätigt, dass nach Schätzungen der Kinderärzte schon der Konsum von nur einer Dose zuckerhaltigen Softdrinks täglich zu einer Gewichtszunahme von einem Pfund pro Monat führen kann. (reformrundschau 5/06)

Es gibt noch viele Hinweise auf weitere Schädlichkeiten, doch ich meine, dass das Bisherige reicht, um zu erkennen: „*...jetzt reicht es!*" Die Entscheiderinnen und Entscheider sind immer wir selbst, vor allem, wenn es um unsere Gesundheit, unser Wohlergehen und unsere Lebensfreude geht. Einfache Lebensregeln wie „*...alles zu seiner Zeit*" und „*...alles im rechten Maß*" lassen uns und unsere Familien (ohne Fanatismus) ganz sicher damit umgehen.

Werfen wir noch einen Blick auf eine der Rezepturen, die angeblich *topsecret* sein sollen, aber doch in der Presse – zumindest sehr ähnlich – auftauchen, denn bei meiner Softdrink-Beschreibung fehlen noch die Branchen-Renner, die *Colaholics* und ihre Getränke.

Cola-Getränke – Angeblich soll das Rezept folgendermaßen lauten: 88 Prozent Wasser, 10,5 Prozent Zucker, 1 Prozent Kohlendioxyd (E290), 0,2 Prozent Zuckerkuröl (E150d), 0,05 Prozent Orthophosphorsäure (E338), 0,025 Prozent Zitronensäure (E330), 0,025 Prozent

Saccharoseacetatisobutyrat (SAIB), 0,02 Prozent Koffein Theobromin und 0,18 Prozent Aromamis. Weitere chemische ‚Zutaten' finden Sie unter »www.humanistische-aktion.de/zucker.htm«.

Ernüchternd zeigt dieses Rezept, dass 98,5 Prozent des Flaschen/Dosen-Inhalts aus irgendeinem Mineralwasser und billigem Fabrikzucker besteht. Wirkt dieses Wissen bei Ihnen auch so ernüchternd, obwohl es ein alkoholfreies Getränk ist? Die mitgelieferte Phosphorsäure halte ich für den Magen für nicht so gefährlich, wenn Colas in Maßen statt Massen getrunken werden. Die wirklichen Substanzen sind die beiden Suchtmittel Fabrikzucker und Koffein. Dass diese hohe Zuckermenge süchtig machen kann, habe ich schon belegt. Und dass Koffein dies auch tut, erlebe ich als Selbstbetroffener, der von seinem Nachmittags-Kaffee nicht loskommt ☺. (Kaffee ist das meistkonsumierte Getränk der Deutschen – sogar noch mehr als Bier.)

Doch jetzt kommt es: Unter der Überschrift ‚Cola klaut dem Körper Kraft' berichtet »Spiegel-online« vom 19.5.2009, dass im Jahr 2007 weltweit 552 Milliarden Liter Softdrinks getrunken worden seien – knapp 83 Liter pro Kopf. Das ist der Weltdurchschnitt, und da ich, alle Babys dieser Welt und alle anderen Vernünftigen nicht mit dabei sind, müssen ja andere richtiggehend ‚kübeln'. Und so ist es auch, denn einige Zeilen weiter heißt es in dem Bericht: In den USA liege der jährliche Pro-Kopf-Verbrauch an Softdrinks bei 212 Litern – diese Unwissenden sind ja auch Welt-Übergewichts-Rekordhalter.

Mediziner wissen, dass es inzwischen einen ‚cola-induzierten Kaliummangel' gibt und nennen es Hypokaliämie – lebensbedrohliche Muskellähmungen, aber auch Herzrhythmusstörungen werden erwähnt. In meinem nächsten Buch berichte ich darüber ausführlich.

Der Autorenkollege Richard Weigerstorfer warnt:
„Die Wirkung von Getränken auf unseren Körper ist sehr bemerkenswert. Zur Veranschaulichung wurde getestet, was passiert, wenn man in einen Eimer mit 40 Litern Wasser (die gleiche Menge, die ein ca. 70 Kg schwerer Mensch im Körper trägt) ein Glas eines Colagetränkes hin-

einschüttet. Der pH-Wert erniedrigte sich sofort von vorher pH 7 auf pH 4,5.

Wenn unser Körper mit seinen Puffersystemen nicht ständig schwer daran arbeiten würde, den pH-Wert unseres Blutes recht stabil zu halten, wäre das für uns tödlich. Man müsste theoretisch 32 Gläser Wasser trinken, um dieses eine Glas Colagetränk zu neutralisieren."

Bezüglich des Koffeinbedarfs sind mir die Verbraucher und Hersteller längst ‚marktgerecht' voraus. In den USA ist JOLT (engl.: *aufrüttelnd*) mit dem doppelten Koffeingehalt schon längst zur ‚IN-Cola' geworden, und in der deutschen Eigenwerbung heißt es dazu:

„*JOLT Cola wird übrigens mit natürlichem Koffein aus Pflanzen hergestellt. Andere Cola Hersteller setzen oft auf das chemisch hergestellte Koffein aus dem Labor... Aber JOLT ist und bleibt eben anders!*"

Und beim deutschen Michel heißt solcher Kult-Trunk »Big Energy SHOCK!« oder »fritz-kola« oder auch anders: „*...die Kola für Erwachsene! Weniger süß, mehr Koffein! Eben keine Allerwelts-Cola! fritz-kola hat fast 3mal soviel Koffein wie die gewöhnliche Cola. 83,3 mg Koffein pro 0,33l Flasche...*"

War's das? Nochmal kurz zur Erinnerung: Sogenannte *Erfrischungsgetränke* unterteilen sich in *Limonaden*, auf Neudeutsch *Softdrinks* genannt, und *Fruchtsäfte*. Bei Limonaden ist der Zuckergehalt ohne Grenze nach oben offen, anders ist es bei den Fruchtsäften mit einer gesetzlichen Regelung.

Dafür achte ich bei den **Fruchtsäften** auf etwas anderes. Es gibt Fruchtsaft als *Direktsaft*, also direkt vor Ort gepresst und abgefüllt. Und es gibt *Fruchtsaft aus Fruchtkonzentrat*, das irgendwo eingedickt und irgendwo wieder verdünnt wird – rein zur Transportvereinfachung. Da bei diesem Industrieprozess außer Wasserentzug noch weitere Substanzen der beliebten biologischen Fruchtreife verloren gehen, darf beim ‚Wiedererwecken' des Fruchtsaftes mit ‚Korrekturzuckerungen' und anderen ‚Hilfsstoffen' (ohne Deklarationspflicht) nachgeholfen werden.

Genauso trickreich sind die **‚Smoothies'**, die ‚Portion Obst für zwischendurch', quasi als pürierte Plastikflaschenkost. Da dabei gesetzlich auch nichts festgelegt ist, ist zu befürchten, dass wieder Quantität vor Qualität vorherrscht (auch hier auf das Wort *Konzentrat* achten). Wie ‚frisch' können Großkonzerne wie Pepsico und Nestlé gegen das britische Originalprodukt ‚Innocent' (dt.: *unschuldig*) antreten?

Somit heißt es immer wieder: *„Augen auf!"* Da es sich in dem Milliarden-Getränke-Weltmarkt auch bei diesem Geschäft nicht um Sandkastenspiele handelt, besorgen weltweit agierende Handelsunternehmen das günstigste Konzentrat zum richtigen Moment – Logistik ist alles! Und wieder geht Quantität vor Qualität.

Ja, es ist nicht leicht, immer die richtige Wahl zu treffen. So schreibt mir – sicherlich mit einem Lächeln im Gesicht – Roland Winkler aus dem Bonner Raum:

„Aber es ist so schön bequem, den Saft von ‚nem Kilo Äpfel oder Möhren so runterzukippen. Die gleiche Menge so zu essen, schafft man gar nicht. Essen, Kauen und dabei die Wirkstoffe der jeweiligen Speise dem Organismus langsam zur Verfügung stellen – wie es von der Schöpfung vorgesehen ist – bedeutet ja auch eine allzu große Anstrengung ..."

Nun, das war allerhand Information zu dem nur schwer durchschaubaren Weltmarkt der Getränke – einem lebensnotwendigen Markt? Nein, nur Wasser ist lebensnotwendig! Darüber hinaus gibt es noch die genussvollen, edlen Getränke, die gepflegten Alkoholika und es gibt die gesunden Fruchtsäfte, wenn es sich um Direktsäfte handelt. Dann gibt es ganz praktische Durstlöscher, das sind die verdünnten Fruchtsäfte oder wie ich es mag: das Radler (nicht täglich, sonst muss ich wieder auf die Badezimmerwaage).

Das dicke Problem steckt aber in unserem **Trinkwasser**. Sie haben nun erfahren, was alles nicht in Ordnung ist – alles Wasser in Plastikflaschen wie auch alle mit industrieller Kohlensäure angereicherten Mineralwässer. Auch unser Leitungswasser belastet uns. Trotzdem sollten wir aus vielen Gründen mindestens 1,5 Liter reines Wasser täglich zu uns nehmen, damit unsere Körperchemie ihre immer schwieriger werdenden Aufgaben routinemäßig und zu unserem Wohle durchführen kann. Bleiben da nur noch die (relativ teueren) ‚Stillen Wässer' in Glasflaschen in den Naturkost- und Reformläden?

Ich helfe mir dabei folgendermaßen:
Da die Qualität des **ländlichen Leitungswassers** sowohl in Fichtenau als auch am Bodensee oder auf La Palma absolut ausreichend ist, veredle ich es mit meinen EM-Ringen, einer Keramik mit der Information der ‚Effektiven Mikroorganismen'.(168) Auf meinen gläsernen Karaffen steht außerdem entweder der Schriftzug ‚Liebe' oder ist die ‚Lebensblume' eingraviert.

Solches ‚edles' Wasser konsumiere ich so rund zwei Liter täglich, davon ist aber stets mein erstes Glas am Morgen und mein letztes zur Nacht ionisiertes Basenwasser. Zum Essen trinke ich zuhause selten etwas.
In Ballungszentren ist allerdings eine Vorreinigung des Leitungswassers empfehlenswert.

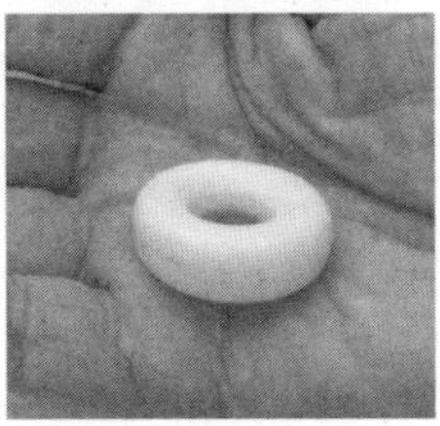

Abb. 35 oben: Blume des Lebens
Unten: EM-Ring

Wenn Sie, verehrte Leserinnen, liebe Leser, ein ähnliches Konzept einmal probehalber vier Wochen lang durchführen – wie eine Kur –, bekommen Sie ein erstaunlich klares Gefühl für diese Lebensqualität und für die Richtigkeit, wenn nicht sogar schon manche ‚Besserung' irgendeiner körperlichen oder stimmungsmäßigen Belastung spürbar wird. Hat sich diese Grundlage dauerhaft in uns gefestigt, können wir uns nebenher jeglichen Luxus und alle angenehmen Köstlichkeiten im Bereich der Getränke zusätzlich leisten – wobei ich Softdrinks & Co. bestimmt nicht zu den ‚Köstlichkeiten' zähle.

Dieses viele Chaotische und Schreckliche und Ärgerliche und auch Hoffungslose dieses Teils meines Buches erschreckt vermutlich auch Sie sehr tief. Daher fragen wir uns immer wieder: Sind wir all dem einfach so ausgeliefert? Gibt es überhaupt noch Möglichkeiten und Wege, dem zu entrinnen, was unser aktueller Alltag geworden ist?

Natürlich gibt es das. Ich nenne einen der vielen möglichen Wege den **ganzheitlichen Weg** – den *seelischen* zusammen mit dem *körperlichen* Einheitsweg. Es ist ein ‚ethisches Erwachen', das ich als Bewusstseinserweiterung verstehe, und wie sie auch die Quantenphysiker und ganz speziell Dr. Dieter Broers definiert.

Ergänzt wird dies durch eine weitere Erkenntnis, wie wir immer wieder *mental*, also durch unsere Geisteskraft, unsere Vernunft und Klugheit all das geschilderte ‚Äußeren' und Körperfremden *aufwerten* und transformieren können: Unser Geist kann sich mit der Materie unseres Körpers energetisch verbinden.

Durch diese ursprüngliche Ganzheitlichkeit ist unser Körper geradezu phantastisch konstruiert, um gesund und lebensfroh zu bleiben oder wieder zu werden – sodass Sie jetzt ohne Ängste weiterlesen können.

Wir selbst können nämlich bei uns alles ändern!
Unser Körper ist dazu angelegt.

Im letzten Buchteil lesen Sie darüber die nötigen und überraschenden Hinweise.

HABEN oder SEIN

Wir geben mehr aus, doch genießen weniger!

Wir haben größere Häuser, doch kleinere Familien!

Wir haben mehr Kompromisse, doch weniger Zeit!

Wir haben mehr Wissen, doch weniger Urteilsvermögen!

Wir haben mehr Medizin, doch weniger Gesundheit!

Wir haben unseren Besitz vervielfältigt, doch den Wert reduziert!

Wir haben höhere Einkommen, doch weniger Moral!

Wir haben viel mehr zu Essen, aber zuwenig Ernährung!

Wir haben das äußere Universum erobert, doch nicht unser Inneres!

Autor unbekannt

TEIL 3

Technische Lügen

Die perfekten Mikrowellen-Lügen

Mikrowellen statt Gewehrkugeln

Hinter dem harmlos klingenden Namen »Active Denial System« (ADS) verbirgt sich ein Waffensystem, das über eine flache Antenne gebündelte Mikrowellen aussendet. Menschen, die von den Strahlen getroffen werden, sollen angeblich brennende Schmerzen erleiden – als stünden sie in Flammen. Nach Angaben des Pentagons erhitzen die Mikrowellen die Haut der Getroffenen auf 50 bis 55 Grad Celsius. Die Strahlung mit einer Frequenz von 95 Gigahertz dringe aber nur 0,4 Millimeter tief in die Haut ein, sodass keine Gefahr bleibender Schäden bestehe. Die Strahlung handelsüblicher Mikrowellenherde könne dagegen mehrere Zentimeter tief ins Gewebe eindringen.

Abb. 36: ADS-System

Dazu schreibt Dr. Axel Stoll im »Magazin2000plus« 10/2008:
„*Die Entwicklung von Mikrowellen-Waffen kann man hinsichtlich ihrer revolutionären Bedeutung mit der Erfindung des Schießpulvers gleichstellen.*"

So fühlt es sich auch an, wenn ich heute (»Die Welt« vom 8.4.2009) lese, dass der neue US-Verteidigungsminister Robert Gates weitreichende Umschichtungen im Pentagon-Etat 2010 vorgenommen hat. Die USA nimmt Abschied vom alten Krieg, rüstet sich stärker gegen Guerillas und zivile Unruhen und strukturiert gründlich um.

Solche Hochleistungs-Mikrowellenwaffen, auch HPM-Waffen (High Power Microwave) genannt, sollen vor allem elektronische Bauteile stören oder zerstören. Dazu wird ein sehr

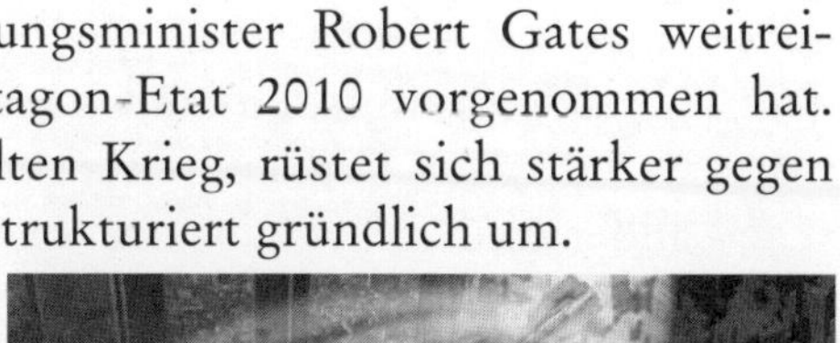

Abb. 37: HPM-Wellen

kurzer, aber auch sehr starker Mikrowellenpuls abgestrahlt. Im Zeitraum einer Millisekunde oder einer Mikrosekunde (1/1.000 bis 1/10.000 Sekunde) werden Spannungen von mehreren zehn Millionen Volt und Stromstärken von mehreren Millionen Ampere erzeugt.

Neben den elektronischen Bomben, die ihre Energie aus einer chemischen Reaktion beziehen, stehen den Militärs auch High-Tech-Systeme von der Größe eines Aktenkoffers zur Verfügung, die aus der elektrisch gespeicherten Energie intensive Pulse von Mikrowellenstrahlung erzeugen können. Die ultrakurzen Strahlungspulse solcher Mikrowellenwaffen können Leistungen von mehreren Hundert Millionen Energieeinheiten besitzen. Damit zerschmoren sie im weiten Umkreis nicht nur Drähte und Transistoren in Chips, sondern besitzen auch biologische Wirkungen.

Solche Beispiele sind Darstellungen, wie man sie inzwischen in der Öffentlichkeit erfahren kann, in Wirklichkeit dürfte sie sicherlich nicht so harmlos wirken. Ein Teil dieser Recherche (samt Fotos) stammt von Buchautor Prof. Dr. h.c. Klaus-Peter Kolbatz.(132)

Man erfährt aber dabei, dass die Pulse einer Mikrowellenwaffe bei Menschen epileptische Anfälle, Erbrechen, Fieberanfälle und Bewusstlosigkeit auslösen können. In einem Umkreis von rund 200 Metern kann die Wirkung der Strahlung gar tödlich sein.

Volker Bräutigam zählt in der »Neue Rheinische Zeitung« vom 29.4.2009(201) die neuen Technologien der angeblich ‚nicht-tödlichen Waffen' (Non-Lethal Weapons NLW) und der **Taser**-Waffen auf, zu denen auch die Elektroschockpistole gehört. Diese Waffen sind auch deutschen Ursprungs und sind bereits in einigen Bundesländern Polizeiausstattung für Sondereinsatzkommandos (SEK). Andere europäische Länder sind damit teilweise schon ausgestattet, teilweise sind sie in der Testphase oder vorerst noch verboten (Portugal). Todesfälle sind längst bekannt. Dazu schreibt die »NRhZ«:

„Die Bundesregierung jedenfalls bereitet sich, wie andere europäische Regierungen, auf den Ausbruch sozialer Unruhen vor. In aller Stille richtet sie sich nicht nur auf die Beherrschung von Notlagen ein (z.B. Bruch der Versorgungsketten, Plünderei usw.), sondern auch darauf,

Systemgegner auszuforschen und den staatlichen Machtapparat aufzurüsten: Konzepte, die auch zur willkürlichen Kontrolle der Zivilbevölkerung missbraucht werden können."

Dr. Reinhard Munzert schrieb schon vor Jahren bei der »Interessengemeinschaft der Opfer von Elektro-Waffen«:[133]

„Menschen werden nicht erschossen, sondern über längere Zeit in ihren Wohnräumen mit (hochfrequenten gepulsten) elektromagnetischen Wellen attackiert. Hochleistungsmikrowellen können gezielt gegen Menschen gerichtet werden. Entsprechende Waffen nutzen die Wirkung elektromagnetischer Felder auf den menschlichen Organismus. Sie verletzen, zerstören und töten mit elektromagnetischer Energie.

Schon 1994 machte ein Expertenbericht des Internationalen Komitees des Roten Kreuzes auf Mikrowellen-Waffen aufmerksam: ***‚Innerhalb weniger Jahre hat die Mikrowellentechnologie eine dramatische Evolution durchgemacht. Die Entwicklung neuer Geräte zur Erzeugung und Abstrahlung von Mikrowellen ermöglicht einen völlig neuen Waffentyp: Hochleistungsmikrowellen-Waffen.'***

Hochinteressantes finden Sie dazu unter[202]

Allgemein spricht man von ‚elektromagnetischer Strahlung', wenn von einem Sender die entsprechenden Schwingungen (ab einer gewissen Frequenz) in den Raum abgegeben werden. Modellhaft wird die Ausbreitung von Wasserwellen wie nach dem Wurf eines Steines in einen ruhigen See genommen, um die elektromagnetische Wellenausbreitung zu erklären. Dieses Bild dürfte recht gut stimmen, solange es sich um klassische Kurz-, Mittel- und Langwellen, also analoge Radiowellen handelt.

Mikrowellen haben jedoch eine völlig andere Ausbreitung: Mikrowellen breiten sich in Ausbrüchen und Zusammenballungen aus.

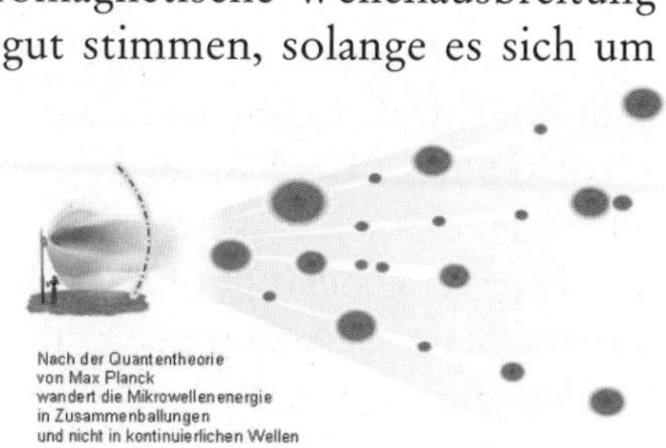

Abb. 38:
Wilde Verstrahlung der Mikro-‘wellen’[134]

„Von den ausgesendeten Mikrowellenstrahlen ist es nur ein winziger Bruchteil, welcher exakt am Zielort auftrifft (z.B. Richtfunk-Empfangsantenne). Die übrige Strahlung (rund 99,999 %) verfehlt das Ziel und sucht sich seinen Weg durch den Äther. Dieser verläuft je nach Art der Strahlung, Form und Beschaffenheit der Umgebung und anderen Strahlenkeulen. Die ungenutzten Strahlen werden schließlich nach einer Vielzahl von Reflexionen, z.B. an Felswänden, Fensterscheiben oder anderen Strahlenkeulen, irgendwo absorbiert. Eine verbreitete ‚Entsorgungsstelle' für verirrte Strahlen ist der Wald."[(134)]

Eine neue Waffe, laut »New Scientist« ab 2007 eingesetzt, wird wohl zu einem der neuen Exportschlager der US-Waffenindustrie: die **Schmerzpistole**, deren ‚Strahl' beim Auftreffen auf festes Material ein Plasma erzeugt (Hollywood lässt grüßen). Dieses Plasma erzeugt elektromagnetische Impulse, welche die Nervenzellen reizen und so Schmerzgefühle erzeugen – ein maximal möglicher Schmerz, der die Betroffenen regelrecht von den Beinen holt. (»Spiegel-online« 3.3.2005)

Die **Schallkanone**, bereits geordert vom Pentagon: Mit dem Long Range Acoustic Device, LRAD, werden akustische Signale von 2.100-3.100 Hertz mit maximalem Schalldruck von etwa 150 Dezibel ausgesendet. Ein schriller LRAD-Ton verursacht im Nahbereich in Mensch und Tier furchtbare Schmerzen. Er kann von einem flachen Lautsprecher aus trichterförmig auf größere Ziele gerichtet werden, auf Menschenansammlungen zum Beispiel. (Volker Bräutigam)

Ein erschreckendes Thema in diesem Rahmen ist auch die sogenannte »Mind-Control«. Der Begriff **Bewusstseinskontrolle** oder Mind-Control wird unterschiedlich verwendet: Einerseits kann damit die gezielte Auseinandersetzung mit dem eigenen Bewusstsein bezeichnet werden, die mit Techniken wie zum Beispiel Meditation oder Biofeedback arbeitet. Dabei steht ausschließlich eine positive Bewusstseinserweiterung im Vordergrund. Andererseits versteht man in politischen Bereichen die Bewusstseinskontrolle als systematische und nachhaltige Manipulation durch Interessensgruppen mit dem Ziel, menschliche Wahrnehmungen, Überzeugungen und Persönlichkeiten zu verändern. Darüber gibt es auch schon ausreichend Literatur, doch kurz zusammengefasst drückt dies Dr. Axel Stoll in seinem Bericht »Die Macht der Mikrowellenwaffen« so aus:

„*Heute nutzt fast jeder Mensch Mobiltelefone. Handys für Mind-Control zu benutzen, ist eine brillante Idee. Militär und Geheimdienste können jeden Nutzer verfolgen, seine Gedanken mit Mikrowellen beeinflussen, gesunde Menschen Stimmen in ihrem Körper hören lassen und, wenn nötig, ihre Gehirne in Sekunden irreversibel zerstören, indem sie Stromstärken um das 20.000fache steigern! Das ist wahrscheinlich General Dschochar Dudayev passiert, dem tschetschenischen Führer, der während eines Telefongesprächs mit dem Handy starb.*"

Reicht's oder geht es noch etwas gewissenloser? Das Brutalste, von dem ich im Waffenbereich je gelesen habe, soll sich in den Entwicklungen der US-Air-Force verstecken. In einer Studie der »Air Force 2025«(135) wird über **Nano**-Sensoren berichtet, die in die Nahrung, die Wasserversorgung und die Luft der Bevölkerung gebracht werden können – und zwar durch Sprühen aus der Luft. So können ‚unsichtbare' biologische Aufspür- und Angriffssensoren **implantiert** werden, die ‚dünner als ein menschliches Haar sind'. Es werden auch psychotronische (bewusstseinskontrollierende) Technologien in dieser Studie erwähnt, die zum ‚Geheimsten' zählen. Die Studie verheimlicht aber nicht, inwiefern diese Waffensysteme fähig sein müssen, in unsere Privatsphäre einzudringen. Auch Langstrecken-Puls-Plasma-Waffen werden erwähnt, wobei der Plasmastrahl ähnlich wie eine elektrische Leitung zur Zielperson funktioniert.

Doch nun überraschte mich ein Artikel von Markus Neuhaus im »Magazin 2000plus« 6/269 über das medizinische Rätsel ‚Morgellonen, eine verschwiegene Epidemie'. Neuhaus berichtet, dass die Morgellons-Krankheit als ein Gefühl von Käfern oder Würmern beschrieben wird, die in der Haut herumkriechen, begleitet von offenen Hautwunden, die nur langsam abheilen, wobei sich aus der Wunde blaue, schwarze oder weiße Fasern absondern, die bis zu einigen Millimetern lang werden können. Genetisch manipulierte Organismen, Nanoroboter? Der Bericht zeigt dazu schreckliche Bilder. Es heißt:

„Bis Februar 2007 lagen mehr als 10.000 Berichte über diese Krankheit vor, während im Februar 2006 erst von 2.000 Fällen berichtet wurde. Die Berichte stammen aus 15 Ländern… Um eine mögliche Panik bei großflächigem Bekanntwerden dieser Krankheit zu verhindern, haben die Militärbehörden der USA offensichtlich alle medizinischen Dienste angewiesen, Patienten, die diese Symptome beschreiben, als verrückt einzustufen."

Der Reutlinger Forscher Gregor Weiße berichtet in »raum&zeit« (157/2009) detailliert über seine Funde im süddeutschen Raum und bestätigt das grundsätzliche Verschweigen dieser ‚Krankheit aus Frankensteins Labor'.

Zellen werden ‚aufgeknackt'

‚Gezielter' und ganz unverdeckt ausgerichtet geht es in den Küchen und den Restaurants zu. Hier ist die Mikrowelle längst salonfähig, und der Bequemlichkeitsfaktor bietet wirtschaftlich weltweite Umsätze.

Seit wann gibt es solche Geräte? Mikrowellenöfen wurden zum ersten Mal beim Russlandfeldzug der Deutschen entwickelt (Barbarossa-Kampagne an der Humboldt-Universität in Berlin 1942-1943). Die Möglichkeit, elektronische Geräte für das Erhitzen der Nahrung in großen Mengen einzusetzen, hätte die logistischen Probleme bei der Bereitstellung von Brennstoffen zum Kochen beseitigt, außerdem hätten Speisen in wesentlich kürzeren Zeiten zubereitet werden können.

Nach dem Ende des Zweiten Weltkriegs entdeckten die Alliierten die medizinischen Forschungsunterlagen und Dokumentationen über diese Geräte. Der Forscher William P. Kopp schreibt dazu im »The Journal of natural Science«:

„Die Russen waren bei der Erforschung der biologischen Wirkung von Mikrowellenöfen sehr sorgfältig und haben deren Gebrauch gesetzlich

untersagt. Sie veröffentlichten auch eine internationale Warnung hinsichtlich der möglichen biologischen Auswirkungen und Umweltschäden, welche der Einsatz dieser und ähnlicher elektronischer Apparate verursachen könnte. […] Deshalb wurde 1976 der Gebrauch derartiger Mikrowellengeräte in der Sowjetunion gesetzlich verboten.“[(136)]

Der Medizinalrat Professor Dr. Thomas Till, Präsident der »Internationalen Interessengemeinschaft für Patientenschutz« in Wien, erklärte dazu:

„*Nach russischen Untersuchungen kommt es durch Mikrowellenstrahlen zu Schadwirkungen im Zentralnervensystem, Herzflattern, Schwindel, Reizbarkeit, Depressionen und Einschränkungen der Aufnahmemöglichkeit.*“

Was wird dabei überhaupt erforscht? Neben den ‚thermischen', also erhitzenden Wirkungen besteht ebenfalls eine ‚athermische' oder biologische Wirkung. Und diese wurde bislang offiziell wenig beachtet. Sie ist auch noch nicht messbar wie die thermische Wirkung. Bei beiden Wirkungsarten werden aber Molekülstrukturen zerrissen, verformt und ihrer naturgemäßen Funktionen beraubt. Professor Dr. Bernhard H. Blanc aus Lausanne erklärt es so:

„*Die Zellen werden dabei regelrecht aufgeknackt und die Spannungsenergien zwischen äußerem und innerem Zellenraum aufgehoben. Eine so in Mitleidenschaft gezogene Zelle wird somit leichte Beute für Viren und Myzeten. Bei fortgesetzter Stresseinwirkung, unter anderem durch Mikrowellen, wird in der Folge der Reparaturmechanismus unterdrückt und die Zelle gezwungen, schließlich auf Energienotstand bzw. anaerobe Atmung umzustellen. Anstelle von H_2O und CO_2 (aerobe Atmung) entstehen unter anderem die Zellgifte H_2O_2 und CO, so wie bei einer Krebszelle.*“

Um Schäden durch eine *thermische Wirkung* zu vermeiden, gibt es für ortsfeste Anlagen gesetzliche Grenzwerte. Doch wie sieht es mit den athermischen Belastungen aus?

Im Mikrowellenofen befindet sich das sogenannte »Magnetron«. Dieses erzeugt ein Wechselstromfeld, das heißt, dass das elektrische Stromfeld viele Male in der Sekunde umgepolt wird, und zwar nicht nur bei den Wassermolekülen, sondern auch bei Eiweiß- und Fettbestandteilen.

Durch den gewalttätigen Eingriff in die Struktur der Lebensmittel werden die Molekülstrukturen dabei verformt, und es werden die Zellwände im Gargut zerstört. Man isst in diesem Falle also Nahrung, die chaotisiert wurde. Wasser ist ein verlässlicher Informationsträger, und Wasser füllt unseren ganzen Körper, wie wir längst wissen. Nimmt unser Körper über diese zerstörten Strukturen chaotische Informationen auf, wirken diese Informationen aufgrund des Resonanzprinzips auf unseren Organismus wie ein Fremdkörper. Entsprechend kann der Organismus solche Nahrung nicht verwerten und reagiert mit extremer Abwehr – ‚Junkfood' wird diese Nahrung von Kritikern genannt.

Vielfältige wissenschaftliche Untersuchungen liegen dazu vor, werden aber von den Konzernen in diesem Milliardengeschäft nicht beachtet.

Ein extrem durchgespieltes Geschehen, um die energetischen Kräfte in der Küche besser darzustellen, fand ich bei dem Schweizer Elektroingenieur Fritz Nussbaumer mit folgendem Beispiel:

„Mit einem Mikrowellenofen, der so präpariert ist, dass er bei offener Türe die volle Hochfrequenzleistung nach außen abgeben kann, besteht die Möglichkeit, dem Wohnungsnachbarn, der mit dem Kopf zur Wohnungstrennwand schläft, massive Schäden zuzufügen. Die Schäden können irreversibel sein und innerhalb von Wochen zu Tumoren bzw. zu Krebs führen. Zumindest wird der Nachbar so nervös werden, dass er zuerst nicht mehr schlafen kann, schlussendlich aber seine Wohnung aufgeben wird! Mit einem Mikrowellen-Richtstrahler herkömmlicher Technik ist es heute möglich, einen Menschen innerhalb von Tagen zu töten."

Heute zählen im Küchenbereich auch die modernen Herdplatten mit ihren Induktionskochfeldern mit zu den hochfrequenten Magnetfelderzeugern, die das Kochgut wie auch Köchin und Koch belasten.

Mikro-wellige Kommunikationsindustrie

Wir alle werden heute ungewollt mit Mikrowellen bestrahlt, vor allem von denen der Mobilfunk-Masten. Auch wenn wir dieses System nicht durch einen Mobilfunkvertrag unterstützen, beschert uns diese Technik ihren Mikrowellen-Service – Tag und Nacht.

Besonders schlimm sind aber die Mitmenschen dran, die dabei in Ballungszentren den extrem stärkeren Feldern ausgesetzt sind (Hilfe unter [(203)]), denn die ‚Sendeleistungen' müssen ja alle Betonwände durchdringen und überall Verbindungen ermöglichen. Immer mehr Sendemasten schießen wie Pilze aus dem Boden, bei den alten wird die Sendeleistung bis zum Anschlag erhöht.

Dazu kommt immer mehr die kabellose WLAN-Funkverbindung der EDV, deren Energien aus den Nachbarwohnungen über, neben und unter uns die Wände durchdringen. Seit dieses Mikrowellen-Funknetz in einigen Bereichen von Paris abgeschaltet ist, sind gesundheitliche Probleme von Nutzern verschwunden. In der Schweiz hingegen wird in Schulen, Hotels und auf öffentlichen Plätzen munter weiter WLAN installiert. Noch keine klare Stellung bezieht der Dachverband Schweizer Lehrerinnen und Lehrer (LCH). Präsident Beat W. Zemp erklärt nur: *„Solange nicht nachgewiesen ist, dass WLAN gesundheitlich unbedenklich ist, mahnen wir zur Vorsicht."* Die Politiker des bayrischen Landtages haben nun den Schulen nahegelegt, auf drahtlose Netzwerke zu verzichten.

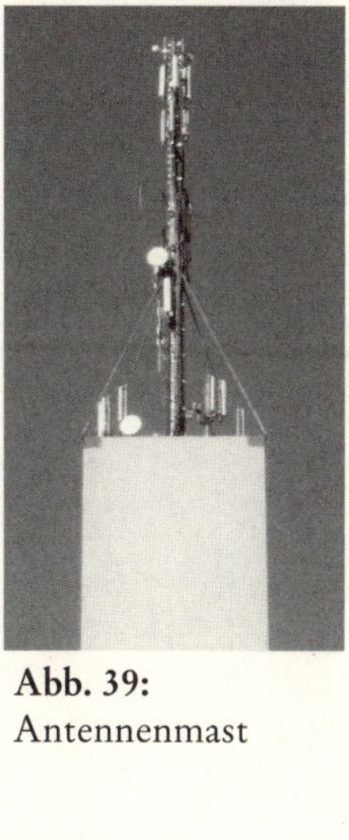

Abb. 39:
Antennenmast

Sogar die Bundesregierung warnt vor WLAN. Die Grüne Bundestagsfraktion hatte am 1.8.2007 an die Bundesregierung eine 14-Punkte-Anfrage mit dem Titel ‚Strahlenbelastung durch drahtlose Internet-Netzwerke' gerichtet. In der Antwort stellt sich die Bundesregierung auf einen überraschend kritischen Standpunkt. So heißt es dort unter anderem:

„Die Bundesregierung empfiehlt allgemein, die persönliche Strahlenexposition durch hochfrequente elektromagnetische Felder so gering wie möglich zu

halten, d.h. herkömmliche Kabelverbindungen zu bevorzugen, wenn auf den Einsatz von funkgestützten Lösungen verzichtet werden kann.«[137]

Aus Unwissenheit belasten sich Abertausende von uns freiwillig und noch zusätzlich durch die praktischen **Schnurlostelefone** in ihren Wohnungen, deren Station rund um die Uhr gesundheitsbelastend pulst, oft bis 300 Meter weit und somit auch in benachbarte Lebensräume. Außerdem manipulieren uns militärisch verursachte ‚Wellen' (HAARP, ELF und andere) unsichtbar.[138]

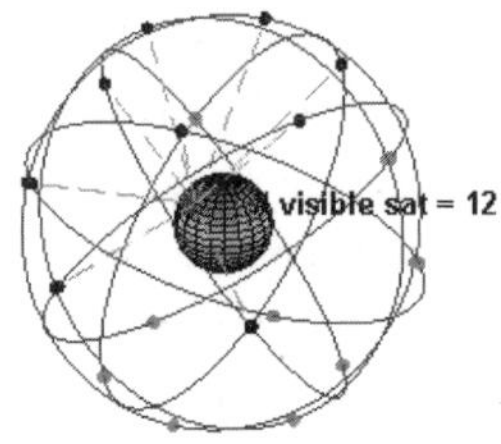

Abb. 40:
Der elektronische Käfig

Über allem schweben dann noch die uns bekannten und unbekannten Satelliten – wohl schon an die Zehntausend an der Zahl. Vom GPS-System (**G**lobales **P**ositionsbestimmungs-**S**ystem) profitieren alle Autofahrer mit den Fahrzeugnavigationssystemen (Genauigkeit bis auf 5 Meter), doch der künstliche Wellensalat summiert sich. Autoabgase werden behördlich kontrolliert, doch was wissen wir vom Strahlenschutz?

Heute hat GPS so gut wie alle Bereiche des Lebens durchdrungen und funktioniert inzwischen schon mit den neueren Handys (2008). Die gleichzeitige Auswertung von vier Satellitensignalen ergibt die eigene Position des Besitzers. Auch **Überwachung** ist somit in allen Bereichen möglich geworden!

Jetzt reicht's! Das alles zusammen wird zu einem allgegenwärtigen Hochfrequenz-Mix der schädlichen Art elektromagnetischer Felder, der umgangssprachlich als ‚Elektrosmog' schon ein Regal voll Sachbücher entstehen ließ.

Verständlicherweise ist davon noch kaum etwas in der von Werbeeinnahmen abhängigen Systempresse zu finden. Bis zu zwanzig Prozent ‚Elektrosensible' leiden heute (2008) offiziell bereits unter den Belastungen der Kommunikationsindustrie. Um in diesem ‚Club' medizinisch anerkannt zu werden, ist es ein langer und teurer Weg eines nicht anerkannten Leidens. Sehr interessant ist hier die Adresse »www.hilfe-elektrosmog.de«. Ich erinnere die Leserinnen und Leser meiner Generation an die schnellen und lauthalsen Entwarnungen bei Holzschutzmitteln und Asbest seinerzeit, die im Nachhinein plötzlich verboten wurden – doch wieviel furchtbares Leid musste erst die Gesetzgeber wachrütteln?

Abb. 41:
Bequeme Skrupellosigkeit

Auf die fieseste Masche des Handy-Marktes weist mich meine Tochter Iris als Heilpraktikerin und Mutter dreier prächtigst gelungener Kinder (typische Meinung eines Opas) hin: Die **Kinder-Handys**. Man appelliert an die Erreichbarkeit der Kinder in der Stadt (nach der Schule) und an Sicherheitsgefühle der Eltern. Mit Kinder-Flatrates? »O_2« schreibt, dass fast jedes zweite Kind im Alter von 10 Jahren ein Handy besitzt, drei von vier Kindern wünschen sich eines. Wer keines hat ist ‚uncool'. *„Über eine Million Kinder haben ein eigenes Handy"*, tönte es schon im Jahr 2003. Iris erklärte mir:

„Ich kenne die Gespräche mit anderen Eltern, die Ablenkungen, das Dauerspielzeug, das stundenlange Gesimse, auch wenn jetzt die überraschenden Abbuchungen aufhören. Aber Nonstop-Strahlung über Jahre in einem noch entwicklungsfähigen Kindergehirn ist ein Verbrechen. Anschlüsse ans Internet, kompromittierende Fotos von anderen Schülern und der Wettstreit, wer das Neuste habe – ich sage dir, da kommt noch etwas auf uns zu!"

Die britische Strahlenschutzkommission NRPB (National Radiological Protection Board) hat am 11. Januar 2005 eine Warnung für Eltern veröffentlicht, der zufolge Kinder unter acht Jahren keine Handys benutzen sollten – berichtet die »Times«. Begründet wird die Warnung mit dem Risiko, dass die Kinder Hirn- und Hörnervtumore bekommen könnten. Dieses Risiko werde von den meisten Wissenschaftlern noch unterschätzt. Weiter heißt es, Professor Sir William Stewart, Vorsitzender des NRPB, habe darauf hingewiesen, dass sich in den vergangenen fünf Jahren die Verdachtsmomente für potenziell schädliche Effekte des Mobilfunks weiter verdichtet hätten. Aufgrund der Warnung soll ein britischer Handy-Hersteller bereits am nächsten Tag ein Modell zurückgezogen haben, das für 4- bis 8jährige vorgesehen war.[139]

Die klugen Dänen schlossen sich der britischen Aktion an. Kinder unter 13 Jahren sollten kein eigenes Mobiltelefon besitzen, empfiehlt ebenso Norwegens Ombudsmann für Kinder, Trond Waage. Auch das deutsche »Bundesamt für Strahlenschutz« hält mit: *„Das Telefonieren mit Handys kann für Kinder gesundheitsschädlich sein. Denn viele Geräte verursachen für Jugendliche zu hohe Mengen hochfrequenter elektromagnetischer Felder.“* Aber kein Gesetzgeber nimmt **uns Eltern** die Verantwortung ab, und es gibt dafür hartnäckigen Streit in unseren Familien.

Zurück zu den Großen mit ihren inneren Kindern: Überrascht es da, wenn im gleichen Jahr wie im Vereinigten Königreich die Wiener Presseagentur OTS am 30.8.2005 einen mutigen Aufruf der »Österreichischen Ärztekammer« veröffentlichte, der mit diesen Worten begann:

„Wien (OTS). Die weite Verbreitung von Technologien zur mobilen Kommunikation bringt unbestrittene Vorteile. Sie bringt aber auch eine Reihe von Nachteilen, die in Anbetracht der Tragweite für die Gesundheit des Einzelnen und der Gesellschaft noch viel zu wenig beachtet werden. Darauf hat heute die Österreichische Ärztekammer (ÖÄK) hingewiesen. Die bisher vorliegenden wissenschaftlichen Daten und Beobachtungen zahlreicher medizinischer Experten zeigten ein deutliches Bild, heißt es in einer Aussendung, mit der die Österreichische Ärztekammer die von der Wiener Ärztekammer vor kurzem ausgesprochene Empfehlung zu mehr Sorgfalt im Umgang mit mobilen Kommunikationsmitteln bekräftigt.

Danach zeigen sich für das Handy auf allen naturwissenschaftlichen Nachweisebenen – und zwar erstmals auch in breit angelegten epidemiologischen Untersuchungen am Menschen und nicht nur in Zell- und Tierversuchen – Schädigungen der Erbsubstanz bzw. ein erhöhtes Risiko für gewisse Tumoren. Die jüngsten beiden soeben in der Fachzeit-

schrift „Environmental Research" und der Fachzeitschrift „Neuroepidemiology" publizierten Untersuchungen aus Schweden (Hardell) ergänzen das vorliegende Bild. Sie zeigen wie schon zwei vorhergehende Studien (Hardell, Lön) ein erhöhtes Risiko für Tumoren des Hörnervs sowie erstmals auch für bösartige Gehirntumore wie etwa Astrozytome nach langjähriger Verwendung von analogen und digitalen Handys sowie von Schnurlostelefonen."

Doch wer von uns weiß schon so etwas? Wer nimmt es tatsächlich ernst? Kann man sich dieses weltweite Milliardengeschäft überhaupt vorstellen? Folgende Angaben fand ich bei »teltarif.de News«:

„Seit Mitte April 2008 gibt es in Deutschland mehr als 100 Millionen Mobilfunkanschlüsse. Damit besitzt von den rund 82 Millionen Einwohnern statistisch gesehen jeder fünfte zwei Handys oder Mobilfunkkarten, berichtet der Branchenverband BITKOM am Sonntag.
Im August 2006 hatte die Zahl der Anschlüsse erstmals die der Einwohner übertroffen. Weltweit liegt Deutschland damit hinter China, den USA, Indien, Russland, Brasilien und Japan auf Rang sieben der absoluten Zahl der Mobilfunkanschlüsse."

Denen reicht's immer noch nicht! Trotzdem erwacht unsere Zivilgesellschaft allmählich auch hierbei. Das Thema ‚Elektrosmog' schießt inzwischen – vor allem international – immer stärker in den Vordergrund, Bürgerinitiativen bilden sich, und auch bei »secret.TV« kamen schon mehrfach kompetente Gegner und Kritiker zu Wort. Im Vereinigten Königreich soll es schon warnende Aufdrucke geben ähnlich denen auf Zigarettenschachteln.

Wer von den verehrten Leserinnen und Lesern zu diesem heißen Thema noch weitere Informationen sucht und sein Augenmerk darauf richtet, wird inzwischen schon reichlich fündig. Außerdem überschlagen sich die veröffentlichten ‚Erkenntnisse' geradezu, sodass eine breitere Zusammenstellung in dieser Buchausgabe in kurzer Zeit schon nicht mehr aktuell wäre.

Top-aktuell ist der wichtige Fortschritt, dass beim Schnurlostelefon, den DECT-Geräten (der Mobilfunkmast im Haus!), neuere Modelle nur noch während des Telefonierens selbst ‚strahlen' – und dann nur noch rund 25 Meter weit im Gebäude. *„Stets strahlungsfrei im Standby"*, heißt es bei der Firma Orchid, bei Siemens nennt es sich ‚Eco-Modus', bei »swisscom« ‚full-eco' und bei »Swissvoice« ‚Ecomode Plus' (Stand 2008).

Sehr interessant könnte allerdings noch Folgendes sein. Ich habe erfahren, dass zwei gewaltige Risiken in Deutschland nicht schadensversichert sind: die Atomkraftwerke und der Mobilfunk (Diplompolitologin Dr. phil. Birgit Stöcker). Werden demnach dabei wieder einmal Milliarden gescheffelt, ohne auch die Folgekosten abzudecken? Kosten sparen und Profit machen auf Kosten anderer? Ist das der Grund, warum der Wirtschaftsgigant Siemens aus dem einen seiner beiden Weltrisiken wieder ausgestiegen ist, dem Mobilfunk?

Apropos Wirtschaftsgigant: Interessiert Sie eine aktuelle Statistik, die man auch nicht täglich erfährt? Das US-Wirtschaftsmagazin »Forbes« hat für das Jahr 2008 die weltweit 100 größten Unternehmen zusammengestellt, und für Deutschland sind folgende 10 Giganten der Reihenfolge nach absteigend aufgeführt: VW – Siemens – Deutsche Bank – RWE – E.ON – Telekom – Münchner Rück-Versicherung – BASF – Daimler-Benz und BAYER.

Noch kurz zu den **RFID-Chips** und ihren Strahlungen: Das Schweizer Magazin »mysteries« berichtet in seiner Ausgabe 5/2008 über diese »Radio-Frequenz-Identifikation«, die inzwischen schleichend Einzug in unseren Alltag gehalten hat. Eintrittskarten, Zugtickets, deutsche Reisepässe sind ebenso versehen wie das Buch in der Bibliothek und das Schwein im Stall. Bald sind unsere Geldscheine an der Reihe. Und weiter:

„Über die Strahlung dieser Systeme sei noch zu wenig bekannt, warnt das BAG (Bundesamt für Gesundheit) in seiner Stellungnahme vom 25. Juni 2008 und macht massiven Forschungsbedarf geltend. Die gegenwärtigen Produktnormen seien untauglich, das Einhalten der Grenzwerte zu überprüfen."

Ebenso kritisch äußerte sich »secret.TV« am 10.2.2009. Bei ‚SATCAT Boxscore' von »CelesTrak« mit Datum vom 20.11.2008 wird die Zahl der erdumkreisenden und stationären Satelliten, unter denen sich auch diese ‚Helfer' befinden, auf 9669 beziffert.[(140)]

Wir machen noch einen kleinen Ausflug in diese undurchschaubare Welt der Mini-Erdtrabanten, der **Satelliten**. Da gibt es nämlich eines der perfektioniertesten Spionagesyteme, das hochkomplexe *Echelon*-Überwachungsnetz als Weiterführung aus dem Kalten Krieg. Die heutige Version des Echelon beruht zwischenzeitlich auf dem Abfangen elektronischer Kommunikationsdaten (aller Telefonate, aller Faxe, allem Internetverkehr inklusive E-Mails und andere) der jeweiligen Wirtschaft mit ihren Forschungen und Industrien.

„Das Echelon-System ist im Aufbau einfach. Alle Mitglieder der englischsprachigen Allianz (USA, Vereinigtes Königreich UK, Kanada, Australien und Neuseeland) sind Teil der nachrichtendienstlichen Allianz UK/USA, deren Wurzeln bis zum Zweiten Weltkrieg zurückreichen. Diese Staaten stellten Abhörstationen und Weltraumsatelliten auf, um Satelliten-, Mikrowellen- und Mobilfunk-Kommunikation abzuhören. Die eingefangenen Signale werden durch eine Reihe Supercomputer verarbeitet, die darauf programmiert wurden, Zieladressen, Wörter, Sätze oder sogar individuelle Stimmen zu erkennen. Dabei ist es mittlerweile sogar möglich, nach ganzen Sachverhalten zu suchen und nicht nur nach einzelnen Schlagwörtern. Das Echelon-System unterliegt der Verwaltung der National Security Agency (NSA). Die NSA hat alleine in Maryland über 28.000 Mitarbeiter und ist damit die wohl größte Spionageabteilung weltweit.“ (Wikipedia)

Jetzt reicht's! Dabei ist dies die offizielle Version, wie man sie eben so erfahren darf. Wie sieht dann die inoffizielle Form aus? Kann man mit dieser Technik außer empfangen auch senden? Wer darüber Konkretes weiß, darf sich gerne melden.

Die Kunstlicht-Diktatur

In Europa gehen die ,Lichter' aus – weil man unser Kunstlicht *noch* künstlicher machen will. Ich berühre hierbei wieder ein Thema, das Bürokraten im Rahmen verschiedener industrieller Interessen verantwortungslos gesetzlich umsetzen werden und von dem die ahnungslosen und ,verwalteten' Menschen einfach nichts wissen können.

Sehen wir uns das aus vier interessanten Sichtweisen näher an:

- die gesetzliche,
- die ökologische,
- die qualitative und
- die gesundheitliche Ebene des industriellen Kunst-Lichtes der Quecksilberdampf-Entladungslampen, die ja einst als Industriebeleuchtung gedacht waren und ohne die ein Teil unseres modernen Lebens auf diesem Planeten nicht mehr denkbar wäre.

Die **gesetzliche Sichtweise** zeigt uns, dass schrittweise das ,veraltete' Leuchtmittel *Glühbirne* ab September 2009 bis August 2012 vom Markt genommen werden soll. Die Europäische Kommission hat das beschlossen. Schrittweise heißt: zuerst die 100-Watt-Birnen ab 1. September 2009. Wenn es nach Bundesumweltminister Sigmar Gabriel geht, dann ,zur Not' ab dem Jahr 2010 gänzlich, sogar per Gesetz. Und schon taucht in der Schlagzeilenpresse das Schreckenswort aller Deutschen auf: Verbot! So sind in Australien die Glühlampen schon ab 2010 verboten. Der «Südkurier« vom 17.2.2009 berichtet:

„Doch der Widerstand gegen die Abschaffung der Glühbirne wächst. Abgeordnete der Europäischen Volkspartei (EVP) im Europa-Parlament sehen ein ,Öko-Diktat' und wollen das Verbot kippen."

Weil 95 Prozent der Leistung einer Glühbirne in Wärme und nur 5 Prozent in sichtbares Licht umgewandelt wird, verurteilen sie die Kritiker als *Klimakiller* – Energie-,Spar'-lampen verwandeln 25 Prozent des Stroms in Licht um. Jeder von uns hat sich schon oft die Finger an der heißen Birne verbrannt – doch an dem neuen Techno-Licht will sich wieder keiner die Finger verbrennen. Eine verlogene Ökologie wird abermals als Begründung herangezogen, und unsere hergeredete Klimakatastrophe könnte uns damit eine weitgehend noch unbekannte *Gesundheits-Katastrophe* bescheren.

Doch das Geschäft mit dem neuen teuren ‚Licht der Zukunft' läuft schon. Gegen die internationalen Billigimporte von Glühbirnen treten die zwei großen europäischen Giganten an: die deutsche Siemens-Tochter Osram, die niederländische Philips und sogar US-General Electric GE Lighting mit Lobbyarbeit zu deren Abschaffung. Im »Stern-Journal« 46/2008 heißt es dazu:

„Schon heute erwirtschaftet der deutsche Marktführer Osram 60 Prozent seines Umsatzes von 4,7 Milliarden Euro mit energieeffizienten Produkten. Konkurrent Philips hat den Umsatz mit Energiesparlampen in der Bundesrepublik 2007 verdoppelt."

Trotzdem stagniert das neue Quecksilberlicht heute noch mit ganzen 15 Prozent Marktanteil, während das kluge Volk jährlich noch über 200 Millionen billige Glühbirnen kauft. Man bedenke diesen lukrativen Markt: Da der zukünftige Umsatz des neuen Lichtes aus 5- bis 10fach teureren Lampen erstrahlen soll, erstrahlen heute schon die Mienen der Aktionäre der weltweiten Elektroindustrien. Anstatt 50 Cent für eine Glühbirne heißt es 7 Euro für die Energiesparlampe. Man kann schon wieder erkennen, wie Brüssel mit der Zeit geht – ist es da nicht auch denkbar, dass vor allem die ältere Generation hin und wieder denkt, dass Brüssel mit der Zeit wieder geht?

„Aus ganzheitlich-medizinischer Sicht käme das Verbot von Glühlampen einer staatlich verordneten Körperverletzung gleich, solange kein gleichwertiges Leuchtmittel zur Verfügung steht", erklärt die Heilpraktikerin Ursula Grewe im Vorstand des »Arbeitskreises Elektrobiologie e.V.«. Diese Behauptung belegt der Heidelberger Humanmediziner und Lichtbiologe Dr. Alexander Wunsch. Er ist Arzt, Autor und Medizingeräte-Entwickler und gilt als einer der angesehensten Vertreter der modernen Licht- und Farbtherapie.

Die **ökologische Sichtweise** ist wieder bloß eine grandiose Alibi-Aktion mit äußeren Schlagzeilen und fehlender Effizienz. Einer, der es wissen muss, Professor Ottmar Edenhofer, Co-Vorsitzender im Weltklimarat, bezweifelt den lauthals propagierten Nutzen der Sparlampen: *„Das Verbot ist blinder Aktionismus und zeugt von einer Regulierungswut, die der Klimapolitik kaum hilft."* Der renommierte Klimaökonom Andreas Löschel vom »Zentrum für Europäische Wirtschaftsforschung« findet sie ‚wirtschaftlich unsinnig'. Und in der »Süddeutschen Zeitung« schreibt Gabriele Achstetter: *„Es gibt sogar ein Modell, das bei gleicher Helligkeit mehr Strom benötigt als die herkömmliche Glühbirne."*[(141)]

Somit komme ich zur **qualitativen Sichtweise** über das in unser Leben gezwungene Hightech-Licht. Rein technisch gesehen erzeugen die angepriesenen Sparwunder schädlichen Elektrosmog, ihre Farbmischung ist unnatürlich, sie flimmern, sind alles andere als energiesparend in der Herstellung und müssen zum Schluss als quecksilberhaltiger Sondermüll ‚entsorgt' werden. Man beachte das köstliche Wort *entsorgt*, das suggerieren soll, man brauche sich keine Sorgen zu machen, da das Problem ja schon gelöst ist. Aber gar nichts ist dabei gelöst, jeder wirft die Lampen in den Restmüll, der dann verbrannt wird.

Nach Erkenntnissen des Bayerischen Umweltministeriums ist der Energiebedarf ***zur Herstellung einer Sparlampe*** **zehnmal größer als bei einer Glühlampe.**

Der kompetente Diplom-Sozialpädagoge, Heilpraktiker und Baubiologe (IBN) Christian Zehenter urteilt in der Fachzeitschrift »Naturarzt«: *„Die Energiesparleuchte erfüllt die in sie gesetzten Erwartungen als ökologisch sinnvolle, kostensparende Alternative nicht."* Ganz besonders betrifft das zwei gesundheitliche Schwerpunkte, einen individuellen und einen globalen.

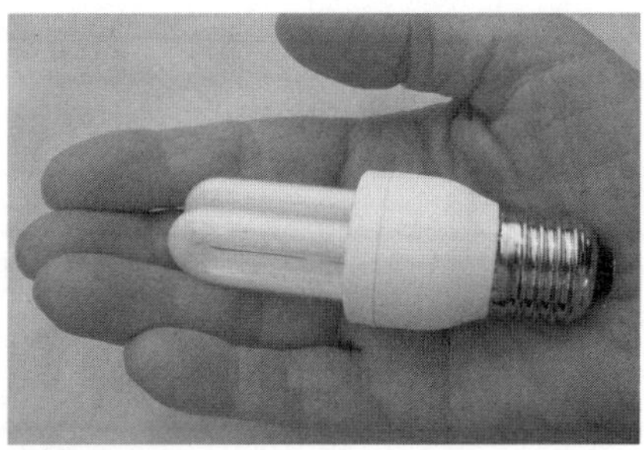

Abb. 42:
Moderne Sparleuchte

Sehen wir uns zuerst den **globalen** an, denn endlich beschließt die UN-Umweltministerkonferenz: ‚Quecksilber soll verboten werden.' »www.faz.net« meldet am 19.2.2009:

„Nach jahrelangen Verhandlungen haben sich die Umweltminister der Vereinten Nationen in Nairobi auf ein Verbot von Quecksilber geeinigt. ‚Es wird einen echten Verhandlungsauftrag geben, um in zwei Jahren zu einem Ergebnis zu kommen, wie wir Quecksilber weltweit aus dem Verkehr ziehen', kündigte Bundesumweltminister Sigmar Gabriel an. Mehr als 1.000 Delegierte aus 140 Ländern tagen derzeit in Nairobi über Umweltfragen, dabei 100 Ministerkollegen Gabriels."

Die schwedische Regierung hat bereits ein absolutes Verbot beschlossen. Die FAZ berichtet weiter, dass der Sprecher der UNEP (United Nations Environment Programme) Nick Nuttall die Bedeutung des Quecksilber-Verbots voll unterstrich: *„Quecksilber ist eines der tödlichsten Gifte, die es gibt."* Es entsteht schließlich auch beim Recycling von Leuchtstoffröhren und neuerdings auch von kompakten Energiesparlampen. Die ein bis acht Milligramm an Quecksilberdämpfen je Lampe, die zum effizienten Leuchten der ‚klimafreundlichen' Birnen physikalisch unumgänglich sind, werden beim Zerstören des Glases oder bei der Verbrennung freigesetzt.

„Tatsächlich enden die meisten entsorgten Lampen heute auf der Deponie oder im Ofen. Vor zwei Wochen hat eine von der „Zero mercury Campaign" – einem Projekt des Europäischen Umweltbüros EEB in Brüssel – veröffentlichte Studie behauptet, dass durch ‚offene' Verbrennung und in vielerorts mangelhaft gefilterten Müllöfen jährlich rund 200 Tonnen Quecksilber in die Luft gelangen – schätzungsweise ein Zehntel aller Emissionen. Die Energiesparlampen im Müll fanden in dem Zusammenhang besondere Erwähnung."

In einer Informationsbroschüre von Philips heißt es daher auch:

„Da Energiesparlampen aus Glas sind, kann es vorkommen, dass sie brechen, was aber kein Risiko darstellt. Es wird empfohlen, den Raum für 30 Minuten zu lüften und die Bruchteile in einer gut verschlossenen Plastiktüte zu entsorgen." Was für ein Fortschritt!

Doch Leid und Gefahr entstehen bei der Herstellung. Zweidrittel aller Energiesparlampen für die EU werden in Südchina produziert, wo die großen Fabriken den globalen Konzernen gehören. Die Wiedereröffnung stillgelegter Quecksilberminen wie auch die Neusuche nach Vorkommen führen dazu, die Gesundheit der Arbeiter und die Umwelt zu ruinieren. Die Arbeiter müssen Quecksilber entweder in flüssiger oder fester Form handhaben und Dokumente des chinesischen Gesundheitsministeriums zeigen, dass die Quecksilbervergiftungen in den Lampenfabriken stark zugenommen haben. Die ganze Wahrheit finden Sie unter[(204]

Kann unser Bundesumweltminister auf zwei Hochzeiten zugleich tanzen? Deutsch-europäisches Verbot der Glühbirnen im Sinne der Industrielobby und zugleich weltweites Verbot des bei der Produktion benötigten Giftes Quecksilber? So können wir wieder klar erkennen, wie schwer doch so ein Ministeramt sein kann...

Der andere **individuelle gesundheitliche** Belastungsschwerpunkt betrifft hauptsächlich die starke elektromagnetische Feldbelastung der Leuchten-Umgebung (mit Oberwellen), was in einfachen Beschreibungen als ‚Strahlung' bezeichnet wird. Noch in 30 Zentimeter Abstand werden die Werte für strahlungsarme Bildschirme deutlich überschritten. (Zehenter) Es ist ein Frequenzsalat, und das ist Elektrosmog pur! **Ein Sicherheitsabstand von rund einem Meter** ist da kaum einzuhalten, wenn es Arbeitsplätze und -räume betrifft. Sowohl »Öko-Test« (10/2008) als auch die »Stiftung Warentest« bestätigen dies.

Beim Farbspektrum, dessen Urbild für uns Erdenbewohner immer noch die Sonne ist, sieht es auch katastrophal einseitig und völlig naturfremd aus – *tageslichtferne Lichtqualität* nennt es »Öko-Test« vorsichtig. *„Grässliches Licht"*, nennt es der Konstanzer Physikprofessor Werner Schmidt und *„Gift fürs Auge"*.

Da ist doch das in warme Farbtöne verfälschende Glühbirnenlicht viel sympathischer. Um diesem vertrauten Gefühl von Behaglichkeit durch warmes Licht wieder näherzukommen, erscheinen schon die ersten ‚Kompaktleuchtstofflampen' (das ist die korrekte Bezeichnung der Energiesparlampen) mit farblich veränderten Spektren wie Glühbirnenlicht. Doch das ist wie in der Medizin nur Symptombehandlung, die schädliche Magnetfeld-Ursache bleibt unverändert.

Bezüglich der aufwendigen Werbung warnt Schmidt die Bürger, sich nicht einlullen zu lassen. Die angebliche langjährige Lebensdauer der Sparbrenner entstand unter Laborbedingungen. „*Das ist ein Schmarrn*", meint der Professor und bestätigt das, was ich selbst erlebt habe: Eine teure Sparleuchte im Badezimmer gab den Geist schon nach vier Wochen auf, weil das häufige Ein- und Ausschalten (wie bei den bisherigen Leuchtstoffröhren) tödlich ist. Man bedenke also die Umsatzerwartung der Großindustrien, wenn solche technischen Schwächen der Lampen gesetzlich sanktioniert werden.

So ist der **gesundheitliche Bereich** unserer Kunstlichtbeleuchtung der schwierigste, da fast niemand mehr darin irgendwelche Probleme vermutet – es ist ja alles klar! Doch dem ist nicht so. Wie ich schon beim Thema Sonnenlicht erklärt habe, ist Licht schlechthin die biologische Grundlage der menschlichen Entwicklung und ist es damit durch seine ‚Qualität' auch im Bereich des heutigen Kunstlichtes. Der Augenarzt Prof. Dr. Fritz Hollwich († 1991) lehrte:

> „*Der retino-hyperthalamische (energetische) Anteil der Sehbahn ist der Leiter für Lichtqualitäten im Organismus.* ***Lichtqualitäten sind verantwortlich für Gesundheit und Krankheit im Organismus. Jedes DNS-Molekül ist eine Antenne. Haut und Augen reagieren auf Lichtquellen, Licht ist genauso wichtig für den Menschen wie Luft und Wasser.***"

Was meint damit der Herr Professor? Der *Hypothalamus* ist ein Abschnitt des Zwischenhirns im Bereich der *Sehnervenkreuzung* und ist das wohl wichtigste Steuerzentrum des vegetativen Nervensystems, das selbst aus verschiedensten homöostatischen Regelkreisen besteht. Selbst geringste Störungen dieses relativ kleinen, äußerst bedeutsamen Zwischenhirnareals wirken sich auf die Lebensfähigkeit des Individuums aus. Das gesamte vegetative System hat unter anderem folgende Aufgaben: Aufrechterhalten der Homöostase (Temperatur, Blutdruck,

Osmolarität), Regulation der Nahrungs- und Wasseraufnahme, Circadiane Rhythmik und Schlaf und Steuerung des Sexual- und Fortpflanzungsverhaltens. (Wikipedia)

Das alles hat mit der Lichtqualität zu tun? Ja, für alle die Menschen, die überwiegend oder ganztägig in künstlich beleuchteten Räumen arbeiten wie zum Beispiel in Kaufhäusern und Handelsmärkten, Messehallen, Großraumbüros und Ähnlichem. In den Zeiten der starken Bewölkungen sind natürlich wir alle mit einbezogen – sprichwörtlich ist ja längst unsere Wintermüdigkeit.

Und dann gibt es noch berufliche Tätigkeiten, die ausschließlich mit Kunstlicht zu tun haben, und da entwickelt sich immer mehr.

Die Kaltlicht-Gefahr

‚Kaltes Licht' nennen wir das bisher übliche Neonlicht, das durch einen unnatürlichen Blaulichtanteil hartweiß und gefühlsmäßig ‚kalt' leuchtet. Dieses technisierte Lichtspektrum setzt sich jetzt weiter fort in den Mini-Leuchtstoffröhren, die wir Energiesparlampen nennen und die uns immer mehr ‚Sparlicht' auch im gesundheitlichen Bereich zu bescheren scheinen.

Das betrifft nämlich die Verteilung der einzelnen Farbanteile in unserem künstlichen Licht, das wir bei unseren Arbeiten verwenden – ob das in Operationssälen oder in Laboratorien oder in Kaufhäusern oder Untergrundarbeitsbereichen ist. Das künstlich erzeugte Quecksilberlicht bestimmt dann unseren Alltag. Und da tun sich erstaunliche Zustände auf, von denen wir bisher kaum eine Ahnung haben, denn erste Studien belegen bisher unerkannte Zusammenhänge. Dabei sind zwei Ebenen angesprochen: unsere *innere Uhr* und unser *Auge* selbst.

Unsere innere Uhr wird vom Blauanteil des Tageslichts gesteuert und damit auch unsere vegetativen Tagesabläufe. Dazu Chefarzt Dr. Dieter Kunz (Psychiatrische Uniklinik Charité):

„Wenn dieser Blauanteil aber während der Nacht vorhanden ist, dann ist das das falsche Signal an die innere Uhr und bringt diese durcheinander. Störungen der inneren Uhr – wissen wir heute – führen zu Störungen in jedem Bereich der Medizin; wir wissen, dass das zum Beispiel Einfluss hat auch auf Tumorerkrankungen, aber auch auf Herzinfarkte, auf Depressionen und eine ganze Reihe von anderen Erkrankungen.“ (»raum&zeit« 158/2009)

Den erwähnten schrecklichen Verdacht habe ich auch in der Zeitschrift »raum&zeit« 156/2008 gefunden: die Melatonin-Hypothese der Brustkrebsentstehung. Der US-Professor Richard Stevens vermutet, dass der zunehmende nächtliche Gebrauch von Kunstlicht über eine Hemmung der Melatoninkonzentration der Grund dafür sein könnte. Durch Versuche aus Israel bestätigt sich der Verdacht. (Dr. Alexander Wunsch)

Und unsere Augen betreffend liegt der Verdacht nahe, dass dieses Lichtspektrum mit seinem hohen Anteil an künstlichem Blaulicht schädlich auf den Augenhintergrund, unsere Makula, wirkt. Als ‚Gelber Fleck' (lat.: *macula lutea*) wird der Bereich der menschlichen Netzhaut mit der größten Dichte von Sehzellen bezeichnet. Er befindet sich in der Mitte der Netzhaut (Retina) und hat einen Durchmesser von 5 mm.

Die sprunghafte Zunahme der Erkrankungsraten an sogenannter ‚Altersbedingter Makula-Degeneration' (AMD) kann eine Folge der zunehmenden Belastung durch technisches Blaulicht sein. Bei der AMD kommt es zu einer Schädigung der Stelle des schärfsten Sehens, was bis hin zur Erblindung führen kann. Unser Augenhintergrund ist nämlich besonders sensibel für blaues Licht. Diese Erkrankung ist mit 50 Prozent die häufigste Ursache für erworbene Blindheit in Deutschland (heute schon rund 6 Millionen Patienten). Die Ursache der AMD gilt bisher als unbekannt.

Da alle TFT-Flüssigkristallbildschirme mit einer Quecksilber-Hintergrundbeleuchtung ausgestattet sind, nimmt die Blaubelastung der Netzhaut in erschreckendem Maße zu. Störungen in der Harmonie dieser Regelkreisläufe können wir nicht mehr kompensieren. Es stellen sich Beschwerden ein, die uns auf Dauer krank machen.

„*Viele Menschen, die an Bildschirmarbeitsplätzen arbeiten, klagen nämlich über Kopfschmerzen, Konzentrationsprobleme, Müdigkeit, Schlafstörungen und Verspannungen. Brennende, tränende, stechende, gerötete Augen, flimmernde Bilder, Lidflattern, zeitweilige Kurzsichtigkeit, Doppeltsehen, veränderte Farbwahrnehmung sind häufige und typische Beschwerden bei der Computerarbeit.*" (Unternehmer Reinhard Gerl)

Das gilt auch für alle **Flachbildschirme** im Fernsehbereich, sofern sie nicht mit einfallendem Tageslicht im Raum vermischt werden.

Unsere bewundernswerte Makula mit der Stelle des schärfsten Sehens ist mit einem gelben Pigment, dem Lutein, eingefärbt. Das Lutein filtert überschüssige Blauanteile aus und wirkt antioxidativ. Um sie nicht zu überfordern, gibt es mittlerweile **gelbe Computerschutzbrillen** zu kaufen, die speziell für den optischen Schutz vor Blaulicht entwickelt wurden.(205)

Professor Mag. Karl Albert Fischer vom »Institut für Licht und Farbe« in Wien rät daher: „*Das warme Licht der Glühlampe, das dem Sonnenlicht in vielen Punkten ähnlich ist, kann neuesten Forschungen zufolge die Netzhaut pflegen.*" Genießen wir also noch eine Zeitlang unsere liebgewonnenen und altmodischen Glühbirnen, denn dabei **entscheidet das richtige Licht über unser Wohlbefinden.**

Wie sieht es eigentlich mit den **Halogenlampen** aus? Die Funktionsweise ist im Prinzip genauso wie bei der Glühbirne. Allerdings befindet sich im Glaskölbchen das Gas Halogen, wodurch die Halogenlampe mit größerer Hitze betrieben werden kann, was wiederum die Lichtausbeute erhöht. Das dürfte zur Zeit die beste Lichtlösung sein. Der Medizinjournalist Zehenter schreibt:

„*Mit ihrer hohen Strahlungswärme und ihrem geringen Blauanteil wirken Halogenlampen unter allen Leuchtmitteln am angenehmsten auf den Körper, vertragen sich gut mit gleichzeitig einfallendem Tageslicht, und sind daher aus baubiologischer Sicht – von der Schreibtisch- bis zur Deckenbeleuchtung – die erste Wahl.“*

Von ‚modischen' LED-Leuchten rät Zehenter in Innenräumen ab.
„Unser künstliches Licht ist gar kein Licht, sondern zerhackte Helligkeit“, stellt der Unternehmer und Erfinder Werner Hengstenberg fest. Er leidet schon seit seiner Kindheit an Elektrohypersensibilität, als seinerzeit auch in Deutschland der Wechselstrom eingeführt wurde.

Der geniale Erfinder Thomas Alva Edison (1847-1931) brachte den großartigen Umbruch vom Gas zu elektrischem Licht, zuerst mit dem natürlichen *Gleichstrom.* Die Schraubfassungen seiner Erfindung ‚Glühbirne' wird heute noch nach ihm benannt – E 14 und E 27. Sein Gegenspieler George Westinghouse erwarb damals Patente von Nicola Tesla, und mit der Vermarktung von Teslas *Wechselstrom* wuchs Westinghouse zum weltweit größten Arbeitgeber seiner Zeit. So wurde das von Wechselstromgeneratoren erzeugte ‚Flackerlicht' der Menschheit als Fortschritt verkauft, der unverzichtbar wurde und die ganze Welt eroberte.
„In Deutschland wurden die meisten städtischen Stromnetze in den 30er Jahren des letzten Jahrhunderts von Gleich- auf Wechselstrom umgestellt, man musste neue Glühlampen kaufen mit doppelt so hohem Verbrauch wie zuvor, um die gleiche Helligkeit zu erreichen. Das für das Auge nicht erkennbare Lichtstörfeld wirkt im Körper wie ein Trojanisches Pferd, das die feindlichen Krieger ausspuckt, sobald der lichthungrige Mensch es als Licht anerkennt im vollen Vertrauen auf seine technischen Fachleute.“

Der Gleichstrom-Verfechter, erfolgreiche Forscher und Vegetarier Hengstenberg(142) stellt inzwischen verschiedene Elektrosmog-Prüfgeräte her, die nach seinen Worten *„...das giftige Spinnennetz technischer pulsierender Strahlung enthüllen, welche lebenswichtige biologische Elektrizität überlagern und stören.“*

Antihaft-Beschichtungen – bequem und gefährlich

Nach zwei Generationen, die mit Teflon®-Geschirr groß geworden sind, und nach 40 Jahren Marktbeherrschung, mit einem geschätzten Umsatz von 2 Milliarden Dollar pro Jahr, kommt Ernüchterung auf. Der Markennamen Teflon hat sich dabei so eingebürgert wie »Tempo« für Papiertaschentücher, »Neskaffee« für Kaffee-Surrogate, ‚Einwekken' für das Einkochen in »Weck-Gläsern«, »Fön« von AEG als Haartrockner, »Leitz-Ordner« für Büro-Ordner, »Inbus-Schlüssel« für Innensechskantschraubendreher, und andere mehr.[143]

Dieses Namensprivileg besitzt auch die US-Firma DuPont durch ihr Patent von 1944, mit dem sie die erste Töpfe- und Pfannenbeschichtung Teflon® schuf. Denn diese Chemiebeschichtung gibt es inzwischen weltweit unter den verschiedensten Markennamen und sie besteht aus ‚perfluorierten Tensiden' (PTFE), besonders Perfluoroctansäure (PFOA). Sie gelten als gesundheitsschädlich und werden auch von der Europäischen Behörde für Lebensmittelsicherheit EFSA kritisch bewertet. PFOA bleibt mehrere Jahre im menschlichen Körper und kann offenbar das Wachstum von Tumoren anregen. Bei jeder Herstellung konventioneller Pfannenbeschichtungen gelangt PFOA außerdem ins Abwasser. Dort ist es dann offensichtlich nicht abbaubar![144]

Doch wie kommt PFOA aus unserem Geschirr in unsere Körper? Seine Toxizität und Giftigkeit entsteht nicht nur durch Aufkratzen der Schicht, sondern auch durch das Ausgasen, wenn die Antihaftmaterialien überhitzt werden. Freeman postet auf seiner Internetseite:

„*In einem neuen Test, durchgeführt von einem Professor und Gesundheitsexperten für Lebensmittel, erreichten normale Bratpfannen mit Teflonbeschichtung eine Temperatur von 391°C innerhalb von 3 Minuten und 20 Sekunden, wobei die Temperatur weiter stieg, als der Test beendet wurde. DuPonts eigene Tests zeigen, dass Teflon giftige Stoffe abgibt (ausgast), wenn es eine Temperatur von 230°C erreicht. Ab 360°C gibt Teflon sechs verschiedene Giftgase ab, einschließlich zwei Krebserregende, zwei welche die Atmosphäre beschädigen und MFA, ein chemischer Stoff, der tödlich schon in kleinen Dosen ist. Bei Temperaturen von 538°C, welche bei gewissen Backpfannen erreicht werde, bestätigen Wissenschaftler von DuPont, zersetzt sich Teflon in chemische Stoffe bekannt als PFIB, welche gleich sind wie der Kampfstoff und das Nervengas Phosgen.“*

Auf der Internetseite vom »Zentrum der Gesundheit« erfahren wir:
„Die US-Behörde EPA ist nun dabei, den Gebrauch von einer umstrittenen Chemikalie, die bei der Herstellung von Teflon® und anderen antihaft- bzw. fleckenabweisenden Beschichtungen benutzt werden, zu unterbinden. DuPont®, 3M®, Ciba® und andere Unternehmen, die PFOA benutzen oder herstellen, sind aufgefordert worden, die Schadstoffabgaben bis spätestens 2010 um 95 Prozent zu reduzieren sowie die Ursachen der Gefährdung bis 2015 auszuschalten.“

Wer über die Erkrankungen selbst – die verdächtigen wie auch die tatsächlich eingetretenen – nachlesen möchte, dem empfehle ich, auf dieser Internetseite weiter zu surfen.(144)

Die EU empfiehlt inzwischen den Verbrauchern:

1. **Beschichtetes Kochgeschirr nur bei niedrigen Temperaturen zu benutzen und dieses nicht ohne Speisen oder Flüssigkeiten vorzuheizen, um die Emission toxischer Gase zu reduzieren;**
2. **die Verwendung von Pappkartons, um fettiges Essen in der Mikrowelle zu erhitzen, ist zu vermeiden und**
3. **unbeschichteter Edelstahl und Gusseisen sind eine gute Wahl für das Kochen auf dem Herd.**

Auf La Palma habe ich nur Edelstahlpfannen und eine ehrwürdige Gusseisenpfanne. Ich brauche etwas mehr Zeit zum Saubermachen, aber das ist es mir wert, wenn ich weiß, ich koche nicht zusätzliche chemische Stoffe in mein vegetarisches Essen. Und nun wird mir genau das anderweitig bestätigt, wenn Freeman schreibt:
„Wenn ihr noch beschichtete Pfannen habt, dann würde ich euch dringend empfehlen, diese zu entsorgen und Edelstahlpfannen zu kaufen

oder welche aus Gusseisen. Sogar die billigen von Aldi sind besser als die mit der Antihaftbeschichtung. Viele Studien haben gezeigt wie giftig das Zeug ist... außerdem, wer von euch will schon Polytetrafluoroethylene oder Perfluorooctanoicsäure in seinem Schnitzel oder Spiegeleiern haben? Keiner? Dachte ich's mir doch."(145)

„*Jetzt reicht es?*" Nein, das ist noch nicht alles. Antihaftbeschichtungen findet man in fleckenabweisenden Teppichen, Fasern und Kleidung, einschließlich einiger Kinderbekleidung, welche Teflonetiketten tragen. Pizzaschachteln, Fast-Food-Behälter und Popcorntüten für die Mikrowelle haben alle eine fettresistente Antihaftbeschichtung.

Allein Gore-Tex® macht schon 2 Milliarden Dollar Jahresumsatz mit Fluorpolymerprodukten in allen Branchen und ist führender Hersteller zahlreicher hoch entwickelter Technologieprodukte in den Bereichen Elektronik, Industrie, Medizin und Textil. In letzterem ist es bei uns bekannt, wobei die Funktionsbekleidung von Arbeitsschutz, Polizei, Rettung und Militär in der Werbung nicht erscheinen.

PFOA-Beschichtungen finden wir allerdings auch in unzähligen anderen Konsumgütern: Nahrungsmittelabfüllanlagen, Großküchen und -bäckereien, in der Autoindustrie, der Lackierindustrie, bei Schiffsanstrichen, als Trockenschmierung und in vielen hochwertigen und hochtechnischen Anwendungen.

Auch in der Waffenindustrie, in der Raumfahrt und sicherlich auch am Tarnkappenjäger und -bomber.

Abb. 43:
Lockheed Martin F-22 *Raptor*

Und dann gibt es inzwischen Antihaftbeläge schon als ‚nanofinish' im Verpackungsbereich von Nahrungsmitteln – „*Prost Mahlzeit!*"

TEIL 4

Lügen in der Geschichte und Vergangenheit

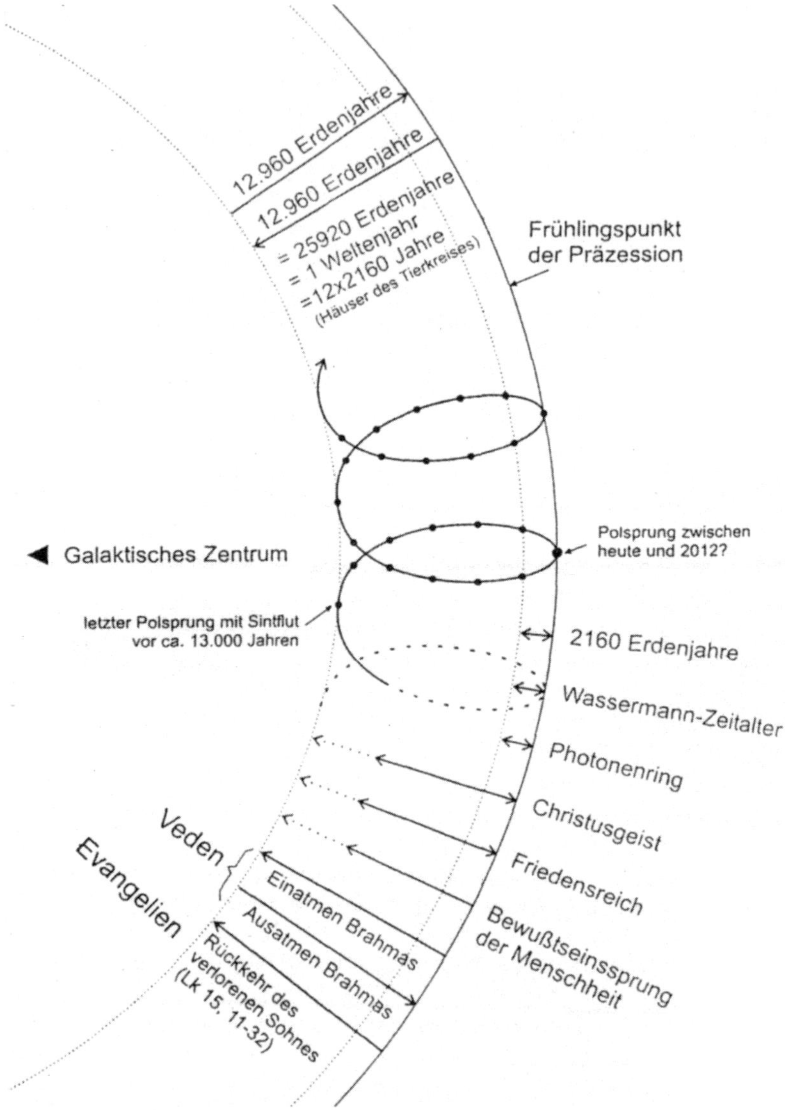

Das Vorrücken von Tagundnachtgleichen in 25.920 Erdenjahren, dem platonischen Weltenjahr

Abb. 44:
Die Ellipsen des Platonischen Weltenjahres

Die Zyklen und wir Menschen

Die Zeichnung ist die Vorlage für mein Thema mit dem markanten Datum **2012**. Es zeigt uns einen kosmischen Rhythmus, den wir alle rund 13.000 Jahre zu spüren bekommen. In diesem vierten Teil des Buches gehe ich nun näher darauf ein. Das laufende Zeitsegment geht nämlich seinem Höhepunkt entgegen, und mit dem Eintritt unseres Evolutionsabschnittes in das sogenannte Wassermann-Zeitalter startet die krönende ‚Happyend-Phase – *„Sie sitzen also im richtigen Film."*

Näheres dazu berichte ich schrittweise, doch vorab gebe ich Ihnen einen kleinen Überblick. Sie werden erfahren, dass die 13.000 Jahre zwischen der letzten Sintflut und der nächsten sich stets aus 11.000 Jahren niederem Bewusstseinsstand der Menschen und anschließend 2.000 Jahren Bewusstseinshochentwicklung zusammensetzten. Ich teile den Elftausenderzeitabschnitt in zwei Hälften, wobei in der zweiten – also jetzt vor rund 5.000 Jahren – die ‚Kali-Yuga'-Entwicklung begann. Weltweit erschienen in dieser Zeit verschiedene religiöse Kalender. Davon wieder in der Hälfte der Zeit – heute vor rund 2.500 Jahren – driftete die Menschheitsentwicklung aus den hochkulturellen morgenländischen Regionen westwärts in die unseres nachfolgenden Abendlandes.

Wenn damals all das schon gewaltige **Wissen der Antike** seine ethische Weiterentwicklung hätte fortführen können, wären wir heute einer paradiesischen Lebensweise schon viel, viel näher. Die irdisch-dualen Seiten vieler Dinge hätten längst ihre Ganzheitlichkeit wiedergefunden, anstatt als schmerzliche und oft tödliche Polaritäten in unserer Welt weiter vorzuherrschen.

Auf dem früheren Messestand des Amadeus-Verlags bei der Frankfurter Buchmesse, bei dem Jan und ich anwesend waren, erklärte uns eine Besucherin: *„Die Holeys sind für Überraschungen gut!"* Jan ist das von Anfang an mit seinen politischen Veröffentlichungen gelungen, und ich kann Ihnen heute wieder einen historischen Rückblick bieten, der Sie genauso überraschen wird. Vielleicht finden wir dabei ein Verständnis für meine Frage im Titel des Buches: *„Wie lange lassen wir uns das noch gefallen?"*

Wir blicken jetzt auf den letzten Zeitabschnitt zurück, der sich an die Antike anschließt – unseren derzeitigen. Fünf grundlegende Themenkreise haben danach die Welt in die heutige Katastrophe geführt, und ich wähle als Beispiele fünf Schlüsselfiguren, die sich dafür hergegeben haben.

Der erste war der Pharisäer Saulus/Paulus.

Der zweite war der brutale römische Imperator *Konstantin I.*. Er schrieb im 4. Jahrhundert durch seine heidnisch/christliche Staat-Kirche-Gründung das aus dem Orient stammende **Patriarchat** auf Kosten einer gleichwertigen Weiblichkeit auch für das Abendland und damit weltweit (bis heute) fest.

Der dritte römische Imperator *Justinian I.* verbannte gut zwei Jahrhunderte später die **Wiedergeburt** aus der christlichen Kirche und damit das Verständnis für unsere Lebensläufe und Eigenverantwortungen. Dadurch wurde unsere Religion ent-geistigt und zu einem obrigkeitsverwalteten Verhaltenskodex. Wir begreifen heute das Verursacherprinzip, wenn es um die Müllberge geht, aber nicht, wenn es zum Beispiel um die anhaltende Eskalationen der weltweiten Kriege geht.

Die vierte Schlüsselfigur, die dem heutigen Chaos menschlichen Verhaltens die Wege noch breiter anlegte, war der Philosoph *René Descartes*. Er ent-geistete im 17. Jahrhundert unsere **materielle Welt** und trennte damit auch in allen wissenschaftlichen Fortschritten die Menschheit von ihrer geistig-ethischen Einheit. Sie versank bis heute wieder in einer typisch irdischen Kleingeistigkeit.

Die fünfte Gallionsfigur, die in die Weiterentwicklung der menschlichen Evolution eingriff, war ein Jahrhundert später der Jesuit und Professor Dr. *Adam Weißhaupt.* In jungen Jahren von Mayer Amschel Rothschild engagiert, gründete er 1776 seinen **Illuminatenorden**, dessen Nachfolger bis heute die Weltgeschicke geheim und eigensüchtig steuern.

Nach dieser kurzen Einführung liefere ich für diese wichtige entwicklungsgeschichtliche Zeitspanne neue Details, die uns auch ein besseres Verständnis für unsere heutige Weltsituation ermöglichen.

Das paulinische Erbe

Das ist eigentlich ein schockierendes Thema. Was heute wieder an Erkenntnissen zu diesem Apostel, Märtyrer und Heiligen offengelegt wird, ist schwerwiegend.

Zur Person weiß man, dass Rabbi Schaul (3-64), der Saulus aus Tarsos, der hellenistischen Hauptstadt der römischen Provinz Zilitien, Sohn jüdischer Eltern war. Sie waren Diaspora-Juden und daher vertraut mit der orthodoxen Vorgabe, sich allen fremden Kultureinflüssen auf die elitäre Kultur der Israeliten zu widersetzen und auf einen *politisch*-erlösenden Messias (Gesalbten) zu warten. Andererseits ist Saulus als römischer Bürger geboren und aufgewachsen. Da Tarsos zu einer Hochburg des elitären *Mithras*-Kultes zählte, musste er auch mit den Lehren dieses *unpolitisch*-erlösenden Sohnes des Lichtgottes Helios vertraut gewesen sein.

Saulus war Schüler des Hohepriesters und pharisäischen Schriftgelehrten Gamaliel, den die Mischa siebenmal als großen Rabbi ausruft. Er lernte vor allem die Halacha-Pädagogik, die mündliche Überlieferung des Talmuds. Er selbst erklärt in der Apostelgeschichte, er wäre „*...mit aller Sorgfalt unterwiesen im väterlichen Gesetz zu Füßen Gamaliels und war ein Eiferer für Gott, wie ihr es heute alle seid... ihr Männer, liebe Brüder, ich bin ein Pharisäer und ein Sohn von Pharisäern*“, zitiert der Urchristentumforscher Michael Ritzer. Bei der bis heute anhaltenden Kritik an dem konvertierten Paulus sollten wir dies im Blick behalten.

Was werfen die Kritiker dem Heiligen Paulus vor? Obwohl heute nicht mehr alle ‚seine‘ Briefe ihm zugeschrieben werden, füllen diese einen zu großen Teil des Neuen Testaments, das eigentlich die Frohbotschaft Jesu sein sollte. Robert Kehl schreibt in seinem Büchlein »Jesus, der größte Betrogene aller Zeiten«: „*Etwas Schlimmeres konnte Jesus wohl nicht widerfahren, als dass ein vollblütiger Pharisäer seine Sache in die Hand nehmen würde, auch wenn er es gutgläubig tat.*“ Verdächtig ist, dass die Briefe, die Paulus hinterlassen hat, kein einziges Gleichnis von Jesus enthalten und auch dessen eigentliche und geniale Frohbotschaft unerwähnt bleibt. Trotz vieler weiterer Kommentare, die mir vorliegen, beschränke ich mich aber nur auf seine ‚eigene Offenbarung'.

Vorab: Paulus führte ins Urchristliche offiziell die Diffamierung der Sexualität, die Zurücksetzung der Frauen, die Geringschätzung der Ehe und die Aufwertung der Askese ein. Somit stammt die früheste Geringschätzung der Frauen im Christentum von Paulus! Mit dem darüber vorliegenden Material könnte ich Seiten füllen, doch das führt uns heute nicht mehr weiter.

Paulus spürte die Größe der urchristlichen Idee und hatte durch seine Ausbildung auch das *Know-how* zu ihrer Durchsetzung. **Aber nicht mit dem Pazifisten Jesus, denn damit war nach seiner Meinung kein Staat zu machen in der antiken Welt der Männer.**

Jesus als Gekreuzigter war für ihn ein Bestrafter, ein Versager. Und wie kann man daraus einen Sieger machen? Indem man Jesus entpersonifiziert:.*Jesus ist gestorben, es lebe Christus.*

In seinem Buch »Jesus überlebte die Kreuzigung«[178] verdächtigt Soami Divyanand den Paulus:

„Da er jedoch entschlossen war, eine neue Religion zu organisieren, deren Oberhaupt er sein wollte, nutzte er den Ruhm Jesu aus und begründete seine neue Religion auf einem Jesus-Kult. Durch die Herausstellung von Jesu Opfertod appellierte er an die menschlichen Emotionen. Er verkündete einen ‚Opfertod' für alle, die daran glaubten, als Mittel zur Erlösung und konnte dadurch den einzigen Weg dahin, nämlich den inneren Pfad und die spirituelle Macht des Gottmenschen, übergehen; er hatte davon ja nicht die geringste Vorstellung, während Jesus gerade diesen inneren Pfad in seinem ganzen Leben praktiziert und gelehrt hatte."

Abb. 45: Paulus

Moderne urchristliche Kritik gegen Paulus zählt noch weitere Aussagen auf, die seine innere Anbindung an das Pharisäertum erkennen lassen und heute noch die Frohbotschaft Jesu verfälschen. Er erklärt zum Beispiel, der Christ müsse der Obrigkeit dieser Welt gehorchen, da diese von Gott eingesetzt und angeordnet und Gottes Dienerin sei, die mit dem Schwert auch ein gerechtes Strafgericht vollziehe. (Röm. 13,1-4) Jesus dagegen erklärte: *„...gebt dem Kaiser, was des Kaisers ist, und Gott, was Gott gebührt.“* Paulus sagte auch: *„...was auf dem Fleischmarkt verkauft wird, das esst, und forscht nicht nach, damit ihr das Gewissen nicht beschwert.“* (1. Kor. 10,25) Heute noch werden Milliarden von Tieren hingeschlachtet, weil Paulus den vegetarischen Grundsatz Jesu und der Urchristen aufgehoben hat.

Der mit mehreren Preisen geehrte Religionsforscher Dr. Karlheinz Deschner beklagt: *„Immer wieder predigt Paulus von Versöhnung und Erlösung, von dem Sühnemittel ‚in seinem Blute‘ der Erlösung, ‚durch sein Blut‘ der Friedenstiftung, ‚durch sein am Kreuz vergossenes Blut‘.“*

Ritzer entdeckt: *„Viele Christen trauten dem neuen Saulus, der nun Paulus hieß, nicht und gingen ihm aus dem Weg, was Paulus selbst offen bekennen muss. Denn dieser predigt von nun an ein ganz anders Evangelium. Er redet von seinem Evangelium und duldet kein anderes neben sich. Paulus ging von Anfang an seinen eigenen Weg, was bald zu erheblichen Unstimmigkeiten im Urchristentum führte. Der Mann aus Tarsus reklamierte für sich den direkten Kontakt zu Gott, er* ***berief sich auf seine Offenbarungen****. Zu dieser Zeit dürfte er bereits über hohe Summen finanzieller Möglichkeiten verfügt haben, denn er baute plötzlich überall neue Gemeinden...“* Auch andere Autoren erkennen, dass Paulus neue Gemeinden gründete, die mit den ersten urchristlichen wenig Kontakt hatten.

Die mystische Gemeinschaft der Nazoräer, deren Haartracht auch Jesus trug, verunglimpfte Paulus als ‚Renegaten und falschen Apostel‘ und erklärte, seine götzendienerischen Schriften müssten vollständig verworfen werden. (Gardner)

Die Autorin, Theologin und Pädagogin Dr. Christa Mulack zitiert dazu in ihrem Buch »Jesus – der Gesalbte der Frauen«(179) den anerkannten Altphilologen und Religionshistoriker Professor Wilhelm Nestle, der schreibt:

„,Christentum ist die von Paulus gegründete Religion, die an Stelle des Evangeliums Jesu ein Evangelium von Jesus setzt.' Und ergänzend möchte ich hinzufügen: Nicht nur ein Evangelium, sondern sein Evangelium von Jesus, das sich ja in beträchtlichem Maße von jenem der Evangelisten unterscheidet. Trotzdem wurden in der christlichen Tradition die Lehren Jesu und die des Paulus, den ein Theologe einen ,Klassiker der Intoleranz' nennt, unterschiedslos zum ,Wort Gottes' erklärt und damit einem Pseudochristentum der Weg bereitet, an dem die Kirche bis heute krankt."

Paulus geht davon aus, dass das Christentum dem auserwählten Volk unterstellt ist und er damit das Alte Testament der ganzen Welt öffnet.

Für viele christliche Theologen ist das auch heute noch selbstverständlich, für viele aber ist das der reine Horror. Das Energiespiel, das wir schon aus den Evangelientexten kennen, setzt sich also weiter fort: Jesus kontra Pharisäer und Pharisäer kontra Jesus. Im gesamten 23. Kapitel des Evangeliums nach Matthäus drückt sich Jesus dazu ganz offensichtlich klar aus, und es lohnt sich, das nachzulesen. Sie erleben dabei den gewaltigen Kontrast zwischen dem Alten und dem Neuen Testament.

Paulus hat viele wohlklingende Zitate (anstelle von Gleichnissen wie Jesus) über die Liebe, doch er versteht sie scheinbar nur männlich. Er könnte sonst nicht lehren: *„...da Gott nichts veranlasst, was nicht notwendig ist, muss der Tod Jesu notwendig gewesen sein."* Dass ein *Christ*, wie er Jesus bezeichnet, aus reiner Liebe zu uns auf Erden kam, wurde ihm anscheinend nicht geoffenbart.

Seine Forderung, einfach, aber rückhaltlos zu g l a u b e n, wurde der »Religion der Liebe« somit zum Verhängnis.

Vielleicht gilt das auch noch für die andere seiner ‚eigenen Offenbarungen', welche die Menschen von Jesus wegbrachten. Ich meine seine Erfindung eines **unpersönlichen Christus** – etwas Abstraktes und kein ‚sichtbares Gefäß' für die gläubigen Menschen, wie es Jesus für sie war.

Paulus' großer Kollege der Neuzeit, der New-Age-Vordenker der katholischen Kirche, der französische Jesuit und Professor Pierre Teilhard de Chardin (1881-1955) prägte dann den Begriff **Christus universalis**.

Paulus dagegen konnte als innerlicher Pharisäer nicht anders, als dass er seine ehemalige Messiasvorstellung modernisierte. Der eingedeutschte Titel *Messias* heißt hebräisch *maschiach*, griechisch *chrestos* und latinisiert *christus,* der ‚Gesalbte', ursprünglich der ‚gesalbte König'. Dieser König wurde aber als *Erlöser* erwartet – von den Israeliten als politischer Befreier und zukünftiger König. Von den Urchristen wurde er dagegen als Erlöser ihrer vermeintlichen Sünden erhofft, bevor der gefürchtete Tag des Jüngsten Gerichtes kommen würde, der ‚nahe' erwartet wurde.

So ging dieser Ehrentitel *Christus* einen steinigen Weg durch die Kirchengeschichte, bis er 1920 in Paris durch Teilhard de Chardin in seiner kosmischen Größe erkannt und ausgedrückt wurde.

Die Kirchenlüge ‚Konstantin der Große'

Dieses Thema hat einen sehr wichtigen Bezug zu unserer heutigen ‚Kultur', denn die Christen sind offiziell die größte Glaubensgemeinschaft auf unserem Planeten. Doch wer davon *glaubt* wirklich noch? In unserer Republik gehen keine zehn Prozent mehr sonntags in die Kirchen, und nur noch Taufe, Kommunion/Konfirmation, Hochzeit und Begräbnis verbinden unseren Alltag mit dem Auftrag der christlichen Seelsorge. Freuen sich daher moderne Bibelfundis über die zunehmenden Krisenzustände auf der Welt? Bestätigt sich womöglich der Verdacht, dass sie die ‚apokalyptischen Ausmaße' sogar forcieren? (»secret.TV« vom 10.3.2008) So bekäme man wenigstens wieder angstvolle Gläubige auf die Kirchenbänke und damit gesegnet volle Klingelbeutel.

Für das Entstehen der christlichen Kirchenlehre gibt es eigentlich drei geistige Stammväter: Jesus (die latinisierte Form des aramäischen Vornamens *Yeschua,* Kurzform *Yeschu*, Langform *Yehoschua*), den Pharisäer Saulus alias Paulus, der den Titel *Christus* in die Frohbotschaft Jesu einführte, und den Imperator Constantinus maximus, der Staat und Kirche, Thron und Altar, zu einem einzigen Machtapparat umorganisierte.

Die römisch-katholische Kirche hat in den ersten Jahrhunderten das geprägt, was wir heute noch von unzähligen Kanzeln als ‚christlich' gelehrt bekommen, was aber als proklamierte ‚Religion der Liebe' sehr wenige Früchte der Liebe und des Friedens erntereif werden ließ – fast zwei Jahrtausende lang – vermutlich, weil von Anbeginn an mit zuviel Blut anstelle von Weihwasser gegossen wurde. Eine *positive Beteiligung* des blutrünstigen, heidnischen Imperators an der christlichen Frühgeschichte ist nämlich eine fundamentale Lüge – natürlich gut gefälscht und gern geglaubt.

Dazu erläutere ich hier drei einflussreiche Schwerpunkte, mit denen wir diese antike und konfliktreiche Zeitspanne besser zu verstehen versuchen. Denn die wenigen historischen Berichterstattungen können wir nicht mit dem heutigen Umgang von Informationen vergleichen – fast alle Berichte sind tendenziös und das Meiste nachträglich gefälscht und den jeweiligen Interessen angepasst. Meine drei Einblicke betreffen die wirtschaftlich-politische Situation des damaligen Roms und die Konstantins mit seiner familiären, seiner kaiserlichen und seiner Religionspolitik.

Abb. 46:
Konstantin der Größte

Flavius Valerius Constantinus Maximus ist bekannt als ‚Konstantin I.' oder ‚Konstantin der Große', was schon eine Verharmlosung darstellt, denn der Imperator selbst nannte sich *Constantinus maximus*, ‚Konstantin der Grösste'. Seine Karriere begann 295, als er als Unterkaiser (*caesar*) in die Tetrarchie seines Vorgängers Diokletian aufgenommen wurde. (Tetrarchie war die Regierungsform mit vier Herrschaftsgebieten: Diokletian kümmerte sich um die Aufstände in Ägypten, während Galerius die persische Grenze ‚befriedete', Maximian die afrikanische Provinz sicherte und Constantinus in Britannien ‚für Ordnung sorgte'.) 306 stieg Konstantin durch seinen siegreichen Feldzug in Britannia zum Oberkaiser (*augustus*) auf, und bis 324 hatte er alle seine drei Mitherrscher ausgeschaltet und war bis zu seinem Tod im Jahre 337 Alleinherrscher des römischen Weltreichs ‚imperium romanum'.

Die wirtschaftliche wie politische Situation des Reiches war damals desolat. Rom erlebte 301 den Höhepunkt einer Hyperinflation, die Kaiser Diokletian (284 bis 305) durch Gewalt und Reformen beendete (Münzreform in 301). Doch mit der gleichen Masche, wie viele andere Machthaber von Missständen abzulenken wissen, leitete Diokletian im Jahr 303 die brutalste Welle der römischen Christenverfolgung ein. Der offizielle Vorwand lautete allerdings, der Ausschließlichkeitsanspruch des Christentums wäre nicht zu akzeptieren, während in Rom Staat und Religion nicht zu trennen seien.

Ich fand dazu einen historischen Bericht[(148)] des Diplombetriebswirtes Christian Wolf, der so lebendig die damalige inflationäre Situation recherchiert hat, dass ich sie hier fast ungekürzt wiedergebe. Die Prägung von Gold- und Silbermünzen war ausschließlich kaiserliches Recht und nur die Prägung der Kupfermünzen verblieb dem Senat. Wolf berichtet:

„Folgendes Wertverhältnis der Münzen untereinander ist uns überliefert: 1 Gold-Aureus = 25 Silber-Denare = 100 Messing-Sesterzen = 400 Kupfer-Asse. Kaiser Augustus (63 v. - 14 n.Chr.) wollte mit dem aureus und dem denar Weltmünzen schaffen, die auch außerhalb der römischen Grenzen als Zahlungsmittel umlaufen sollten. Dieses Ziel wurde erreicht, wie aus schriftlichen Quellen überliefert wird. Vor allem Indien und Germanien nahmen in großem Umfang römisches Gold und Silber. Römische Goldmünzen nahmen sogar ihren Weg ins chinesische Reich, nach Sibirien, Skandinavien und bis an die Ostküste Afrikas.

Die römischen Kaiser und die Oberschicht ‚litten' permanent unter chronischem Geldmangel. Dies wurde durch ihren luxuriösen Lebensstil, durch externe und interne kriegerische Konflikte sowie die Aufrechterhaltung einer enormen Bürokratie hervorgerufen. Um der Begrenztheit der finanziellen Mittel Abhilfe zu schaffen, begannen die Cäsaren durch Verwässerung der Reinheit der Münzen neue Geldquellen zu schaffen... Den permanenten Überhang an Einfuhren v.a. von Luxusgütern aus Indien, Arabien und Germanien finanzierten Neros Nachfolger – mit großem Eifer – mit weiteren Entwertungsrunden. Die Folgen des Münzbetruges waren einerseits extreme Preissteigerungsraten im Reich (es sind Raten von ca. 1.900% für die Artrebe Weizen oder ca. 7.000% für Wein (Metretes) in der Zeit von 200 bis 289 überliefert), andererseits die Erfahrungen des ‚Greshamschen Gesetzes', d.h. dass schlechte Münzen gute verdrängten bzw. die reinen Münzen außer Landes gingen oder eingeschmolzen bzw. gehortet wurden. Man hat den Edelmetallabfluss für die Zeit von Augustus bis zur Mitte des 3. Jahrhunderts berechnet und festgestellt, dass er beim Gold – unter Berücksichtigung aller Goldproduktionen – 4/5 und beim Silber 2/3 des ursprünglichen Bestandes betragen haben dürfte.
Die römische Inflation hatte durch die Manipulation der Währung solche dimensionale Auswüchse angenommen, dass von einem Aufstand der Münzer in Rom im Jahre 273 berichtet wird, der nur durch den Einsatz von Truppen niedergeworfen werden konnte. Bei diesen Kämpfen sollen nach Überlieferungen 7.000 reguläre Söldner gefallen sein. Danach hat man berechnet, dass ca. 40.000 Münzer an dem Gemetzel beteiligt gewesen sein müssen. Plötzlich erhellt dieser Bericht, wie ausufernd die Inflation vorangeschritten sein musste, wenn allein in den Münzbetrieben in Rom 40.000 Menschen mit dem Ausprägen neuer Münzen beschäftigt waren. Der Grund für diesen Aufstand war Cäsar Aurelian (Amtszeit: 270-275) zuzuschreiben, der mit energischer Hand in das wirtschaftliche Chaos eingriff und eine durchgreifende Münzreform ankündigte. Wahrscheinlich erwarteten die Münzer daraufhin das Ende der Inflation und damit den Verlust ihrer Stellung. Auch Kaiser Diokletian (284-305) veranlasste weitreichende Refor-

men, die auch heute noch viele Nachahmer praktizieren, um die völlig zerrütteten Geldverhältnisse in den Griff zu bekommen: In einer Verwaltungsreform wurden die Provinzen verkleinert, ein neues Steuersystem wurde eingeführt, und der wuchernden Geldentwertung stellte Diokletian sein Höchstpreisedikt entgegen.
Was waren die Folgen der römischen Inflation? Innerpolitische Krisen mit Zwangswirtschaft bis zur Androhung der Todesstrafe waren die Folge. Spekulationen und der Ankauf von Waren, um die Teuerung auszubeuten, waren die Begleiterscheinungen. Manche Geschichtswissenschaftler behaupten sogar, dass die zunehmenden desolaten Währungsverhältnisse eine der Ursachen für den Zerfall des römischen Weltreiches und Wohlfahrtsstaates waren. Aus einem Papyrus erfährt man, dass bereits um 250 n.Chr. die Städte entvölkert und verarmt waren.“

Der Ex-Pfarrer Dieter Potzel interviewte zu diesem Thema Professor Hubertus Mynarek, der Konstantin als grausamen Tyrann bezeichnet und darauf hinweist, dass

„*...Machtmenschen und Geldmenschen merken, dass eine neue Religion zu etwas gut sei: Man kann nämlich mit ihr unter dem Vorwand der Frömmigkeit und Religiosität viel Geld scheffeln. Selbst der Kaiser im Anfang des vierten Jahrhunderts, Kaiser Konstantin, merkte das. Sein Reich war gespalten, er besaß ja nur noch West-Rom, das heißt den westlichen Teil Europas, und auch in diesem Reich gab es Erschütterungen, und es drohte zu zerfallen.*“

Ähnlich sah es auch Professor Jakob Burckhardt (1818-1897). Der gebürtige Basler, einer der Begründer der Kunst- und Kulturgeschichte, hatte Theologie studiert und war mehrsprachiger Historiker, (dessen Portrait heute auf dem 1000-Franken-Schein abgebildet ist). Er schrieb als sein erstes Werk »Die Zeit Konstantins des Großen« und „*...sieht diesen Kaiser als einen reinen Machtpolitiker, dessen Hinwendung zum Christentum nur politische Überlegungen gewesen wären*“.

Nachdem ich diese Beschreibung der damaligen Finanzsituation gefunden hatte, passte auch ein Satz von Hermann Wieland, der darauf hinweist: „*...dass das jüdische Bankkapital Konstantin zwang, die jüdisch-christliche Anbindung ihres strafenden Gottes mit in die christliche Staatsreligion zu erheben.*“ Historiker belegen, dass Juden schon im ‚Babylonischen Exil' im Hofstaat und im Militär von Nebukadnezar II. (640-562 v.Chr.) Karriere machen konnten. Auch gibt es Berichte über damalige jüdische Bankiersdynastien. (Wikipedia)

Die Christenverfolgungen unter Diokletian scheinen nicht erfolgreich genug gewesen zu sein, und mit seiner staatspolitischen Cleverness erkannte Konstantin, dass das revolutionäre demokratische Gedankengut der aus dem Osten hereindrängenden Christenlehre aufzugreifen und durch sein bewährtes Machtsystem zurechtzubiegen sei. So entstand 313 sein *Toleranzedikt*, das allen Religionen im riesigen Imperium Glaubensfreiheit gewährte, somit auch den Christen.

321 wurde der Sonntag *dies solis* als bürgerlicher und religiöser Feiertag eingeführt. Dieser von den Christen als *Tag des Herrn* gefeierte Tag war auch bei den Anhängern des Mithraskults der heilige Tag. Konstantin konnte mit diesem Edikt also gleich zwei wichtigen Religionen einen Gefallen tun (und offen lassen, welche er besonders meinte). „*Alle Richter und Einwohner der Städte, auch die Arbeiter aller Künste, sollen am ehrwürdigen Tag der Sonne ruhen.*“ (Dringende landwirtschaftliche Arbeit ist bei Konstantin ausgenommen.)

Der *dies solis* der Römer heißt korrekt ‚Tag des Sonnengottes'. Wie bereits erwähnt, haben unser *Sonntag* und der englische *sunday* sprachlich damit jedoch nichts zu tun, denn diese stammen von der nordischen Sonnengöttin *sunna* ab – unser Sonntag ist somit der ‚Tag der Sonnengöttin'. Auch der juristisch gebildete Historiker Zosimos, der Anfang des sechsten Jahrhunderts einen Rückblick auf die bewegte Epoche des vierten und fünften Jahrhunderts in sechs Büchern verfasste, war Konstantin gegenüber extrem feindlich eingestellt. „*Konstantin sei nur deshalb Christ geworden, weil er, besudelt mit dem Blut Unschuldiger, Vergebung gesucht habe: Weil eben nur die Christen bereit gewesen seien, dem verbrecherischen Kaiser mühelose Erlösung zu versprechen...*“

Der mächtigste Mann der Welt

Woher kommt Konstantins schlechter Ruf unter den Fachleuten? Seine Karrieresucht kannte keine Nachsicht. Sein letzter Mitkaiser der Tetrarchie, in die er ja schließlich aufgenommen worden war, war sein Schwager Licinius, den er bekämpfte und 324 besiegte und, obwohl er zuvor geschworen hatte, ihn zu schonen, 325 hinrichten ließ.

Damit, und als einer der militärisch erfolgreichsten römischen Kaiser, war er alleiniger Herrscher des riesigen Reichs, das flächenmäßig der heutigen EU kaum nachsteht, dagegen zahlenmäßig vergleichsweise menschenleer war. Dies betraf den westlichen Teil des Imperiums mehr als den wirtschaftlich weitaus wichtigeren Osten, und 330 feierte er die Einweihung seiner neuen Stadt **Nova Roma** (Neu-Rom), die nach seinem Tode ihm zu Ehren Konstantinopel (gr.: *polis* Stadt) genannt wurde. Seine Hauptresidenz verlegte er hierher und baute sie prächtig aus. Daher wird er in der orthodoxen Kirche, samt seiner Mutter Helena, als Heiliger verehrt. Er hat wahrhaft Großes gegründet, denn das Juwel am Bosporus strahlte über eintausend Jahre lang, bis 1453 die Osmanen die Stadt eroberten und das Imperium Romanum auch hier erlosch.

Privat und familiär war Konstantin auch weit entfernt von christlichem Verhalten. In Naissus geboren wäre er heute ein Serbe. Durch die zweite Heirat seines Vaters kam er in eine kaiserliche Familie, die seines späteren Schwiegervaters Maximian. 307 ließ Konstantin sich von seiner ersten Frau Minervina scheiden, der Mutter seines Sohnes Crispus (305–326), und heiratete Fausta, die Tochter des mit Diokletian zurückgetretenen Kaisers Maximian. Fausta gebar ihm bis zu ihrem Tod im Jahr 326 die drei Söhne Konstantin II., Constantius II. und Constans (die nach Konstantins Tod dessen Nachfolger als Kaiser wurden) sowie die beiden Töchter Constantina und Helena. 310 zwang Konstantin den ehemaligen Mitkaiser und

Abb. 47:
Ikone des Hl. Konstantin

späteren Schwiegervater Maximian, der angeblich gegen ihn intrigiert habe, zum Suizid.

326 kam es zu einem weiteren Skandal: Konstantin ließ seinen ältesten, 21jährigen Sohn Crispus und kurz darauf seine eigene Frau Fausta hinrichten. Die Erklärungen dafür variieren: Nach einer Geschichte soll Fausta den Stiefsohn Crispus beschuldigt haben, ihr nachzustellen, worauf Konstantin seinen Sohn töten ließ. Als er dann feststellte, dass die Anklage falsch war, ließ er auch die Urheberin der Intrige hinrichten. Aber sie war immerhin die Mutter seiner anderen fünf Kinder und keine Sklavin, sondern eine kaiserliche Tochter – für einfache Menschen wie uns ist so etwas unbegreiflich.

Seit ich noch weitere Details dazu gelesen habe, kann ich in meiner Küche kein kochendes Wasser mehr umgießen, ohne an die Kaiserin Fausta denken zu müssen, denn dieser exzentrische Autokrat hat seine Ehefrau in kochendem Wasser umbringen lassen. Wie müssen da die markerschütternden Schreie durch den Palast gehallt haben, um wieder allen zu demonstrieren, wer ‚Herr im Hause' ist.

Seine drei Söhne Konstantin II., Constantius II. und Constans hatte der Familiendespot Konstantin schon früh zu Caesaren ernannt. Diesen Titel erhielt 335 auch sein Neffe Dalmatius. Doch der Ungeist blieb weiter tätig, und das Blutbad innerhalb der kaiserlichen Familie und ein Bruderkrieg unter den Söhnen Konstantins setzten sich nach seinem Tode weiter fort. Und durch die geschickte Namenswahl seiner drei Söhne blieb er von vorneherein *maximus*, der Größte. Immerhin schaffte er 31 Jahre Regierungszeit, was nur Augustus mit 41 Regierungsjahren übertraf. In diesen drei Jahrzehnten erbrachte Kaiser Konstantin eine Leistung, die so beeindruckend war wie seine Statue. (Archäologe Dirk Husemann)

Abb. 48: Konstantin-Denkmal in York

Die Religionspolitik, die Konstantin betrieb, sollten wir uns aus beiden Blickwinkeln getrennt be-

Abb. 49:
Konstantin-Jubiläum in Trier

trachten: dem *staatsmännischen* unter seinem Vorsitz und dem *urchristlichen*, da dieses noch in weiten Gebieten des Imperiums in seiner Ursprünglichkeit selbstbewusst erhalten geblieben war. Wie schon weiter vorn erwähnt, war Konstantin gleichzeitig Eingeweihter des elitären *Mithras-Kults*, war *Pontifex Maximus* (höchster Priester) der Staatsreligion *sol invictus* (unbesiegter Sonnengott) und im römischen Kaiserkult *divus* der *Vergöttlichte* oder »Reichsgott«, wie alle seine Vorgänger nach Caesar auch. Und tatsächlich nahm Konstantin weiterhin sein sakrales Kaisertum in Anspruch.

Versuchen wir uns sein ‚Selbstbildnis' vorzustellen: *Ich bin der mächtigste Herrscher der Welt und gottgleich.* Konstantin lässt sich als Kaiser und Gott in seinem riesigen Reich vom Euphrat bis Britannia, vom Mare Caspicum bis zu den Canaren verehren. Er ist der mächtigste Mann der Welt, und vor seinen Heeren zittern die tributpflichtigen Völker. Auf seinen Münzen hat er sich als Sonnengott abbilden lassen. Und jetzt holt er sich noch einen Titel und bezeichnet sich als *Isapostolos* – als *‚den Aposteln gleich'*.

Hören wir noch einmal Mynarek[151] in seinem Interview zur Macht des Imperators:

„Da erkannte er diese christliche Bewegung und sagte sich: Damit kann ich meine Macht zementieren. Und er kam auf die Idee: Wenn ich diesen Bischöfen, diesen Presbyteroi und den Episkopoi, diesen Verwaltern, Geld, Privilegien, Häuser, Paläste und Vorrechte gebe, dann werden sie mir aus der Hand fressen.
Und tatsächlich, so geschah es. Auf der Synode von Nizäa im Jahre 325 erschien der Kaiser im Sonnenkleid der Mithras-Religion, frenetisch gefeiert von den Bischöfen, und sie – die katholischen Bischöfe – beteten ihn an als den Präsentissimus Deus, als den ‚allgegenwärtigsten Gott'. Das wird leicht vergessen. Das Konzil von Nizäa, das in der Kirchen-

geschichte so gelobt wird, ist nicht etwa von einem Papst – der war ja damals noch nicht mal anerkannt – einberufen worden, sondern von Kaiser Konstantin.
Und nun hören Sie, wie damals einer der berühmtesten Bischöfe, der Bischof Eusebius von Cäsarea, dem Kaiser huldigte: ‚Wie Helios' – also die Sonne – ‚seine Strahlen über die Erde sendet, so der Kaiser die Lichtstrahlen seines edlen Wesens. In Dunkel und finsterer Haft hat Gott ein großes Licht aufleuchten lassen in seinem Diener Konstantin.'
Ja, sie haben ihm, dem Kaiser, sogar die Unfehlbarkeit bescheinigt; die päpstliche entstand erst im 19. Jahrhundert. Damals schon die Unfehlbarkeit – jedoch für den Kaiser, was bedeutet: Du kannst gar nicht irren, weil du vom heiligen Geist getrieben bist. Zugleich erschien er im strahlenden Umhang eines Purpurmantels, er leuchtete im Lichterglanz, die Sonnenkrone als Nimbus, Gloriolen eines Heiligen..."

Dazu passt die Verquickung heidnischer Weisheit mit dem Erfahrungsschatz christlicher Theologie, auf die der Autor und Psychotherapeut Klausbernd Vollmar in seinem Buch »Das Geheimnis der Farbe Schwarz«(149) hinweist: „*Im Mithras-Kult, in den früh- und mittelpersischen Religionen bis hin zu den römischen Sonnenkaisern wurde das Weiße, das Licht angebetet und zum Symbol der guten Herrschaft.*"

Abb. 50:
Büste des Erlösers Mithras aus einem in London ausgegrabenen Mithras-Tempel

Der Mithras-Kult war eine elitäre Einweihungsreligion, und *Mithras* brachte jährlich als *Heliodromus* oder Sonnenläufer, als ‚großer Götterbote' und ‚Vermittler der Religion der Auserwählten', als ‚Freund' und ‚Abgesandter' den Menschen *das Licht*. Die Lehre erfreute sich so großer Beliebtheit, dass in allen Teilen des Reiches Mithräen (unterirdische Kulttempel) entstanden. Das Kultzeichen seiner Priester war die ‚Mitra', die später von den römisch-katholischen Bischöfen übernommen wurde.

Auch der britische Bestsellerautor Laurence Gardner erkennt: „*Konstantin kreuzte ... das Christentum mit dem Sonnenkult und anderen heidnischen Überzeugungen zu einer Hybridform...*“ Ja, die römisch-katholische Kirche hat dabei gleich einige mithräische Riten übernommen wie das Eucharistische Mahl, die Kinds-taufe, die Kommunion, die Reinheitsgebote, das Ausräuchern und Besprengen mit geweihtem Wasser und ländliche Lichtprozessionen. Die Mithrakana, die Geburt des Gottessohnes in einem Stall, wurde jährlich am 25. Dezember gefeiert.

Das Konzil von Nicäa

So wurde zum 14. Juni 325 das wichtige Konzil von Nicäa (Sommersitz des Kaisers im Osten, heute das türkische Iznik) von einem heidnischen Imperator einberufen – wie alles taktisch klug, denn es wurden von den über eintausend möglichen Bischöfen nur dreihundertachtzehn eingeladen. Das Konzil wurde mit großem Zeremoniell eröffnet, und Konstantin führte seine Beratungen nach der Geschäftsordnung der glanzvollsten aller Körperschaften, des Senats von Rom, durch. Ihr Verständnis für diesen selbstherrlichen Auftritt fällt sicherlich leichter, wenn Sie erfahren, dass Konstantin das Konzil auf sein 20. Thronfest gelegt hat. (Uwe Topper)

Das Unabwendliche der Konzilsbeschlüsse betrachten wir uns zuerst aus der frühchristlichen Sichtweise: **Seit dem Konzil gab es eine *christliche Reichskirche*, sie bildete den Start zum *christlichen Großstaat*, die *Beschlüsse des Konzils* wurden vom Kaiser bestätigt und *als Reichsgesetze verkündet.***

Alles war oder wurde danach anders als vorher, und die bisherige urchristliche Unabhängigkeit wurde mit folgenden ‚Zugeständnissen' in der Verwaltung verkauft: Der Militärdienst wurde auch auf die Christen ausgedehnt, anfänglich *nur* gegen die Heiden, doch schon bald auch gegen Glaubensgeschwister; die Priester wurden vom Staat besoldet, vorher war jeder mündige Urchrist *selbst* Priester seiner Seele und Wächter seines Gottesfunkens – ab jetzt aber breitete sich ein bisher im Urchristentum fremder Stand von Priestern rasch aus; der Bau der christlichen Kirchen ging auf Staatskosten; das Entsagen von Besitztümern wurde wieder forciert, was zum maßlosen Besitzergreifen der Kirchen führte (Erbschaftsrecht der Kirche); und die Kirchengemeindestrukturen basieren seitdem auf römischem Recht und wurden hierarchisch gegliedert (Befugnis der Rechtsprechung durch den Bischof). Und als pragmatische ‚Reform' des Urchristlichen: Fleischessen und Alkoholtrinken wurde als ‚zeitgemäß' erlaubt.

Noch weniger glücklich waren die Konzilsbeschlüsse bei den vier Themen einer ab jetzt festgeschriebenen *Gelehrtentheologie*. Diese vier Bereiche sind der Bibel-Kanon, die Gleichstellung Jesu mit dem ‚Vater', die Trinität und die Häretisierung der Weiblichkeit.

Die **Kanonisierung**, also die Zusammenfassung der urchristlichen Evangelientexte, führte zu der ‚Heiligen Schrift' und dem Neuem Testament. Dazu musste aber eine wichtige Auswahl getroffen und reichsweit eingeleitet werden. Der Religionsforscher Rudolf Passian (Pater und Prof. Dr. Dr. Andreas Resch, Lehrstuhlinhaber für Paranormologie am vatikanischen Collegio Alfonsiano, nannte Rudolf Passian „einen der bekanntesten Parapsychologen im deutschen Sprachraum") erklärte es bei einem seiner Vorträge so:

> *„Von den in Nicäa versammelten Gemeindeoberen wollte natürlich jeder seine Schriften als ‚echt' anerkannt wissen, und man einigte sich zuletzt – so berichtet die fromme Legende – auf folgendes Verfahren: Man legte alle Schriftrollen unter einen Altar und bat im Gebet darum, dass die ‚echten' obenauf zu liegen kommen möchten, die anderen aber unten bleiben ... was anderntags wirklich der Fall gewesen sein soll!*
> *Trotz dieses ‚Gottesurteils' (bei dem es wohl recht irdisch zugegangen sein mag) wurde endgültig über den Kirchenkanon erst auf den Synoden zu Hippo-Regius (393) und Karthago (397 und 419) entschieden und zwar auf Betreiben von Augustin. Aber bis heute herrscht unter den christlichen Kirchen keine Einigkeit über die Zusammensetzung des Kanons!*

Ferner ist den wenigsten Christen bekannt, geschweige denn bewusst geworden, dass wir heute kein einziges Original jener Handschriften mehr besitzen, sondern nur Abschriften, von denen nicht zwei miteinander übereinstimmen! Die Originale waren schon im zweiten Jahrhundert verschollen!"

Der französische Philosoph und Theologe Jean-Yves Leloup erkennt, dass der verwaltungsorientierte Konstantin das Konzil auch deshalb einberief, *„...um festzulegen, welche Texte zum Standard der Kirche und welche unterdrückt werden sollten. Diejenigen, die man nicht in den Kanon aufnahm, wurden über viele Jahre hinweg oftmals unter Gewaltanwendung attackiert.* ***Tatsächlich wurden auf dem Konzil diejenigen Bischöfe, die Konstantins Auswahl ablehnten, sofort verbannt***".

Der amerikanische Gehirnforscher, Therapeut und Autor Tom Kenyon ergänzt: *„Es wurden viele heilige Texte jener Zeit aussortiert und nur die behalten, die zu den eigenen Interessen passten. So wurden auch die frühen mystischen Visionen der Christen den territorialen und politischen Bedürfnissen von Staat und Kirche angepasst."*

Noch mehr erschreckt, was ein anderes Zitat erkennen lässt. Der Heilige Optatus (gest. vor 400) war Bischof von Mileve (im heutigen Algerien). Er wird als gewandt schreibender und selbstständig denkender Theologe beurteilt, letzteres, da er wohl sehr von den manichäischen Überlieferungen überzeugt war. Erhalten blieb sein sechsbändiges Werk um 365 in koptischen Abschriften. Er soll erklärt haben:

„Jedermann weiß, dass die Evangelien nicht von Christus und auch nicht von den Aposteln geschrieben sind, sondern lange Zeit nachher von Unbekannten. Diese wussten sehr wohl, dass man ihnen in Dingen, die sie nicht selbst gesehen hatten, keinen Glauben schenken würde, und sie setzten daher vor die Erzählungen die Namen von Aposteln und Jüngern jener Zeit."

Die Kirchenlehre kennt noch andere Aussagen, aber wegen der großen Widersprüchlichkeit möchte ich hier nicht weiter darauf eingehen.

Der Konzilsbeschluss: Jesus hat ausgedient

Auch die **Gleichstellung** Jesu mit dem ,Vater' war und ist ein langer Theologenkrieg in der Kirchengeschichte, auf den ich hier kurz eingehen kann. Damit sich das Christentum leichter verbreiten ließ, konnte natürlich nicht alles des vorhandenen Volksglaubens ausgetilgt werden. Wir würden das heute auf Neudeutsch *Mainstream* nennen. So passte es dem andersgläubigen Konstantin vortrefflich, den Wunsch vieler christlicher Bischöfe zu erfüllen, auch hierbei ,Nägel mit Köpfen' zu machen. Kurzerhand wurde Christus Jesus dem Vater gleich-gestellt, *nicht ähnlich*, um anderen Göttern der damaligen Zeit ebenbürtig zu sein und die neue Religion verständlicher zu machen. Die Bischöfe, die dies nicht anerkannten, traf der Bannfluch.

Laurence Gardner, »UK Author of the Year 1997«, weist in seinem Buch »Hüterin des Heiligen Gral – Maria Magdalena, die Frau Jesu«[(150)] auf eine erschreckende Erkenntnis hin: ***„Da Gott nun Vater und Sohn in einem war, hatte man Jesus als Person jegliche praktische Bedeutung genommen.***" Damit hatte die paulinische Theologie endgültig gesiegt.

Ein weiterer religiöser Grundsatz, über den Uneinigkeit unter den (um die eintausend) Bischöfen im riesigen Reich herrschte, war die Formulierung dieser Jesus-Vater-Gleichstellung zu einem ,Modell', das für die Gläubigen verständlicher sein sollte – die **Trinität** oder *Heilige Dreifaltigkeit*. Wie brachten es denn die Oberhirten ihren Schafen bei, dass das im ganzen Reich verbreitete Götterbild aus dem ägyptischen, dem griechischen und römischen Volksglauben plötzlich überholt sei? Gott und Göttin waren doch bisher immer eine Familie: Die ,heilige Familie' von Babylon und Uruk *Nimrod*, *Ischtar* und *Tammuz*, im Altägyptischen *Osiris, Isis und Horus* oder im Griechischen *Zeus, Hera und viele Kinder* oder im Römischen *Jupiter, Minerva und Juno*. Diese Bilder zu ,aktualisieren' wäre einfach gewesen. Aber durch die Anlehnung an das Alte Testament war das Christentum ein männlicher Eingottglaube, und die Mutterfigur der althergebrachten Vorstellungen entfiel einfach im neuen Bild der Heiligen Dreifaltigkeit. Ironischerweise fasst der Koran die Trinität als Dreiheit von Gott, Jesus und Maria auf. Maria sei demnach Teil der Trinität und werde von den Christen als Gott verehrt (Koran 5:116).

Doch für diesen weiblichen Aspekt zog der Heilige Geist ein, eine un-figürliche und un-persönliche göttliche Kraft. Sie ist nicht wesenhaft, sondern un-irdisch. Was konnten sich ‚einfache', damals noch wesentlich naturverbundenere Menschen darunter vorstellen? Sie kannten bisher eine göttliche Weiblichkeit und Mutter und Liebende. Versuchten die Prediger der neuen Religion, in der Wortverbindung *Christus Jesus* (als Ehrentitel) oder *Jesus Christus* (als Nachname) weiterhin eine irdische Anlehnung an die vor Jahrhunderten *gelebte Person Jesu* anzubieten? Womöglich auch an sein Leid?

Es gab Probleme mit der Einführung der Trinität, und sie musste 675 zu einem Dogma erklärt werden. Trotzdem kamen Gegner dieses Konstruktes noch im Mittelalter lebendig auf den Scheiterhaufen und blieben Thema der Inquisition.

Zuerst und sehr lange gab es die Bezeichnung ‚Geist' als *Chrestos* nur im Griechischen, und da verehrte man immer schon einen weiblichen Geist, der von *Sophia* verkörpert wurde. Sophia, griechisch *Weisheit*, wurde auch im frühchristlichen Gnostizismus hoch verehrt. Damals war Lógos die männliche Ergänzung des ‚Heiligen Geistes', der auf die weibliche Verkörperung der Weisheit als Sophia zurückgeht (nach Professor Dr. Carl Gustav Jung). Teilweise erscheint auch Sophia als Mutter des *Lógos*. Im Frühchristlichen wurde dann diese Mittlerfunktion der Weisheit/Sophia mehr und mehr abgelöst vom männlichen *Logos*, der dann als *spiritus sanctus* seinen weiblichen Charakter ganz verloren hatte.

Werfen wir noch kurz einen Blick auf die **Hagia Sophia**, mit welcher der weibliche Charakter des Christentums im griechischen Osten des Reiches weiterverehrt wurde. 523 wurde die byzantinische Krönungskirche, die abgebrannt war, von Kaiser Justinian wieder neu und viel größer und einmalig schön aufgebaut. Er wollte eine Kirche stiften, *„die seit Adam nicht existierte und auch nicht mehr existieren würde"*, zudem wollte er damit allem Anschein nach den ehemaligen salomonischen Tempel übertrumpfen. Hierbei scheute der Kaiser keine Kosten: 145 Tonnen Gold – nach heutigem Wert rund 2,4 Milliarden Euro – bezahlte Justinian für den großartigen Wiederaufbau. Bedeutete das für ihn ‚Sophia' kontra ‚Jerusalemer Tempel'? Es wurde die größte Kirche der Antike (die größte Kirche der Welt wurde 1626 die Peterskirche in Rom). Vielleicht spielte auch Justinian mit der Weiblichkeit kontra Patriarchat? Immerhin waren unter seinem Regime vierzig Diakoninnen neben einhundert Diakonen fest angestellt. Antike Diakoninnen hatten einen höheren ‚Stellenwert' als die heutigen Diakonissinnen, was nicht verwechselt werden sollte.

Ich schmunzle, wenn ich bei der Bearbeitung dieses Textes lese, dass die Auswertung von einhundertachtzig deutschen Standesämtern im Jahr 2006 zeigte, dass der Name *Sofie/Sophia* nach *Marie* an zweiter Stelle heutiger Mädchennamen lag. *Maria* als dreisilbiger Name wurde extra gezählt und nimmt den dritten Platz ein. Was läuft denn da wieder ab? Mann/frau bedenke: In unseren als materialistisch verrufenen Jahren geben Eltern ihren Töchtern diese großen und edelsten Frauennamen (‚göttliche Macht' und ‚Weisheit') mit auf ihren irdischen Lebensweg. Sind diese Mädchennamen damit ‚energetisch angelegt', später diese alte/neue Weiblichkeit zu beleben?

»Konstantin der Größte« erließ 326 ein allgemeines **Edikt gegen die Häretiker.** (*Häretisch* bedeutet ketzerisch und von der Kirchenlehre abweichend.) Während die großen Religionskulte, die im Heer und in der Reichsverwaltung weiterhin zahlreiche Anhänger hatten, weitgehend unbehelligt blieben, ging Konstantin gegen christliche Häretiker mit Versammlungsverboten und Güterkonfiskationen rigoros vor. Sämtliche ‚heidnischen Werke' über Christus, die Texte der Gnostiker und die von andere urchristlichen Gemeinschaften waren aufzuspüren und zu vernichten. Steht dahinter weniger der Kaiser als die Sucht der Theologen, das Patriarchat zu untermauern und mögliche weibliche Autorität zu untergraben? Verbindet sich hier schon die Gesetzmäßigkeit der maskulinen Macht bei Altar *und* Thron – im antiken Rom eine

Selbstverständlichkeit – auch in der neuen Religion, dem Christentum? Es erstaunt schon, dass gerade unter den als häretisch erklärten Schriften viele das Weibliche ehrten. Begann damit die männliche *Heilige Römische Kirche* ihren langen Feldzug zur Erniedrigung der Frauen?

Jemand meinte einmal:
„Würde Jesus heute leben und seine Lehren von Liebe, Vergebung, Karma und Reinkarnation nach 2.000 Jahren wiederholen, weil Kaiser Konstantin 325 A.D. seine beiden letztgenannten Lehren unter Todesstrafe stellte und damit das politisch korrekte ‚Christentum' samt Jüngstem Gericht schuf – würde Jesus dann den Friedensnobelpreis für diese alle Menschen als Teile ‚Gottes' einende Wahrheit bekommen, oder bekäme er noch ein Kreuz, weil er die ‚Frommen' schon wieder mit einer alle Spaltungen überwindenden Wahrheit nervt!?" (NHEO)

Ich fand noch eine sehr kluge Textstelle, die ich hier als Zugabe weitergebe. Die Autoren Andreas/Davis urteilen in ihrem Buch »Das verheimlichte Wissen – Tempelgeheimnisse, verschollene Evangelien und das unbekannte Leben Jesu«, in dem die ur-christlichen Entwicklungen detailliert untersucht werden:
„Wäre der politisch berechnende Kaiser Konstantin mit der Ausrufung des Christentums zur Staatsreligion nicht den Ptolemäern zuvorgekommen, wer weiß – vielleicht stünde der Vatikan heute nicht in Rom, sondern in Alexandriens Hafen; dort etwa, wo der Leuchtturm von Pharos, der Tempel der Isis oder das Mausoleum der Cleopatra standen."

Zum Abschluss dieses Kapitels fand ich eine Hiobsbotschaft für den mächtigsten Stellvertreter Gottes, der als vatikanischer Aufschrei durch die Pressemedien ging. »Spiegel-online« drückte es am 30.3.2008 so aus:
„Erstmals in der Geschichte gibt es mehr Muslime als Katholiken auf der Welt. Nach Angaben des Vatikans stellen Muslime nun 19,2 Prozent und Katholiken nur noch 17,4 Prozent der Weltbevölkerung dar."

Schon im Jahre 2006 wurde die Überrundung erkannt. Auch heute machen die gesamten Christen immer noch 33 Prozent der Weltbevölkerung aus... *„Die Zahlen zu den Muslimen stammten aus Dokumenten, die islamische Länder zusammengetragen und den Vereinten Nationen zur Verfügung gestellt hatten"*, erklärt der Vatikan.

Steckt darin eine besondere Symbolik? Konstantin hat Rom verlassen, und alle nachfolgenden ‚römischen' Kaiser beherrschten von Byzanz oder Konstantinopel aus ihr Weltreich. Hier stand auch das größte Kirchenbauwerk der damaligen Welt. Doch 1453 kam das christliche Ende durch die osmanische Eroberung im globalen islamischen Machtstreben.

Nach der Besetzung der Ruinenstadt Roma durch die Westgoten im Jahr 410 verkam diese einst blühende Metropole nun völlig und erscheint historisch später als eine Kleinstadt (im heutigen Sinne). Erst im 16. Jahrhundert demonstrierte der Vatikan seine Macht wieder in Rom und ließ hier die noch heute größte Kirche der Welt bauen. Inzwischen werden die römisch-katholischen Kirchengläubigen jedoch erneut vom globalen islamischen Machtstreben betroffen – ein Zweikampf der von mächtigen Männern geprägten Beherrschungssysteme? Lebt der Geist Konstantins weiter?

In einem Punkt bin ich mir sicher. Der musische Zeitkritiker Reinhard Mey singt in seinem bemerkenswerten Lied »Sei wachsam«, was wir seit diesem Konzil in allen Jahrhunderten wiederfinden:

„Der Minister nimmt flüsternd den Bischof beim Arm:
Halt du sie dumm – ich halt' sie arm!"

Die Verbannung der ‚Wiedergeburt'

Am eigentlichen *Sinn des Lebens* gehen mindestens vier Milliarden Menschen ein Leben lang vorbei, auch wenn sie noch so intelligent sind. Sie wissen es nicht oder sie wollen es nicht wissen. Denn was man ein Lebensprinzip nennen kann, hat mit Verantwortung zu tun, mit **Eigenverantwortung.** Sie haben hier im Buch schon viel von dem gehört, was für uns gut und was schädlich sein könnte. Ich habe auf viele verschwiegene, da bewährte oder einfach vergessene Prinzipien hingewiesen, die eine besondere Bedeutung im Alltag haben können. Doch ich komme jetzt zu einem weiteren Grundprinzip, dessen historische Verdrängung die Basis allen heutigen Leides dieser Erde wurde.

Der Grundsatz lautet: Wenn jeder Mensch wüsste, dass er sich durch ‚falsche' Gedanken, Worte und Werke Energien auflädt, die er alle irgendwann wieder s e l b s t richtig-stellen muss, dann würde er grundsätzlich ein anderes Leben führen. Erlöser gibt es nämlich dafür keine.

Wie wir gleich erfahren werden, war eines der Kernpunkte der Lehre Jesu die Seelenwiederverkörperung. Die Kurzbezeichnung **Wiedergeburt** heißt genauer *Re-inkarnation,* was aus dem Lateinischen übertragen *zurück-ins-Fleisch* bedeutet und allgemein *Inkarnation* genannt wird. Die Hindus nennen sie *Samsara* (Geburtenkreislauf), und die Altgriechen nannten sie *Palingenesis,* die Lehre von der Wiederkehr der Seele in die Materie und dem wiederholten Erdenleben als Mensch. Typisch war und ist sie auch für religiöse ‚Gnostische Gruppen'. Pythagoras (570-496 v.Chr.) wird als Vater der abendländischen Wiederverkörperungs-Philosophie angesehen. Im »Bellum Gallicum« berichtet Caesar von der Überzeugung der Germanen, dass *‚die Seelen nicht sterben, sondern nach dem Tode auf einen anderen Menschen übergehen,* ***worin sie einen Hauptantrieb zur Tugend sehen****, während die Todesfurcht in den Hintergrund tritt'.* Dies gilt generell für alle Keltenvölker:

„Die Botschaft der Druiden besagt: Die Materie dient nur als äußere Hülle, als Stütze für die Seele, die von Inkarnation zu Inkarnation ihr wahres Selbst zu befreien sucht, um in Gwenwed, die Weiße Welt, ein-

zutreten. Die Individualseele, Teil der kosmischen oder unerschaffenen Seele, muss alle Bereiche der Schöpfung zuvor kennenlernen." (Bernard Vaillant[153])

Reinkarnation bedeutet somit: Der Ursprung unseres Daseins ist nicht der Körper, sondern die geistige Welt. Die Seele ist unsterblich und wählt den Erdenkörper, um die Erfahrung der Materie zu machen. Man sagt ja auch: „*Das Baby kommt auf die Welt*". Nach dem Tod des Körpers geht die Seele wieder in die feinstoffliche Welt zurück, die wir *Himmel* nennen oder *Jenseits*. Jan drückt das in Kurzform so aus:

„Für die Existenz der unsichtbaren Seele beziehungsweise der unsichtbaren geistigen Welt gibt es zigtausende Beweise, nämlich die sogenannten Nahtoderlebnisse, bei denen Menschen zum Beispiel durch einen Unfall oder bei einer Operation kurzfristig den Körper verlassen. Es wird dann beschrieben, wie die Seele aus dem Körper schlüpft, erst über der jeweiligen Szenerie schwebt, um dann zu einem weißen Licht oder durch einen Tunnel zu ‚fliegen'. Dort wird der Seelenkörper dann von den bereits Verstorbenen (Oma, Opa, Onkel und andere) liebevoll in Empfang genommen.

Oft werden auch Begegnungen mit dem sogenannten ‚Schutzengel' beschrieben, welcher der Seele dann erklärt, dass sie wieder zurück in den Körper könne, da die Lernaufgaben des gewählten Lebens noch nicht vollendet seien – was Jesus meinte mit ‚…wenn ihr nicht vollkommen werdet wie euer Vater'. Und das geht nicht in einem Leben.

Interessant ist vor allem: Es gibt Kinder, die sich in den ersten Lebensjahren oder auch später noch an die schöne Zeit im Jenseits, im Himmel, erinnern können. Und es gibt sogenannte Hellsichtige oder ‚Medien', die mit den Verstorbenen im ‚Himmel', dem Schutzengel oder anderen Wesen in dieser geistigen Welt kommunizieren können."

Die Schweizer Autorin Claudia Zumtaugwald[154] berichtet, dass die Reinkarnationslehre in der Antike stark verbreitet war. Herodot fand sie bei den Ägyptern, und Vergil zitiert sie in seiner berühmten Aeneis. Auch im antiken Nordafrika, Vorder- und Mittelasien, von Anatolien

(Türkei) und Ägypten bis nach Persien war die *Seelenwanderung* allgemeines Gedankengut.

„Der Gedanke der Wiedergeburt ist im Judentum der Zeit Jesu offensichtlicher Volksglaube", schreibt der jüdische Gelehrte Schalom ben Chorin.(155) Und aus dem damaligen Rom weiß man, dass auch dort die ‚Präexistenz der menschlichen Seele' Grundlage des Mithras-Kultes war. Von diesem mystischen Kult wissen Sie schon, dass die Elite Roms zu dessen Eingeweihten zählte. Auf die einzelnen Lehraussagen des Fernen Ostens – wobei der Buddhismus am bekanntesten ist –, gehe ich hier nicht weiter ein, sondern befasse mich lieber mit unserem Abendland.

Machen wir's kurz: Unser Christentum betreffend können wir heute nur staunen, was sich da in der Frühzeit Grundlegendes getan hat. Die Lehren der im ganzen Mittelmeerraum vertretenen *Essäer* oder Essener – und damit auch deren Schüler und späterer Meister Jesus – vertraten damals konsequent dieses Lebensgesetz, und es war somit ebenfalls Glaubensgrundsatz der Frühchristen. Sie hielten die *Präexistenz der Seele* damals noch für ein fundamentales Dogma, das im Konzil von 451 auch weiterhin als solches bekräftigt worden war. Claudia Zumtaugwald:

> *„Am Konzil zu Chalcedon, dem vierten der früheren Konzile, waren ca. 520 Bischöfe oder deren Vertreter anwesend. Zu den wichtigsten Beschlüssen gehörten die Bestätigung des Glaubensbekenntnisses von Nicäa (325) und des Glaubensbekenntnisses von Konstantinopel (381), die Verdammung des Monophysitismus … und die Bekräftigung, dass die christliche Kirche das natürliche Gesetz der Wiederverkörperung anerkennt."*

Auch moderne Forscher der urchristlichen Lehre bestätigen inzwischen – veranlasst durch immer mehr neue Funde ehemaliger und noch unverfälschter Originaltexte –, dass am Anfang der Christenheit die Reinkarnation eine Säule im gesamten Glaubensgebäude war. **Ohne sie hätte das Christentum jeder Logik entbehrt.**

Wie wäre das Erdulden der furchtbaren Martyrien zu erklären, ohne das Wissen über das seelische Weiterleben und ohne den gegenseitigen Trost des Sich-wieder-treffens auf der himmlischen Ebene? Wie könnte ein *gütiger Gott* – im Gegensatz zu den anderen *strafenden* Gottesbildern der Juden und Römer – dem einen Menschen goldene Löffel und dem anderen nur das Hungertuch geben – in einem *angeblich* einzigen Erdenleben? Die Essenz steckt somit in den drei eindeutigen Formeln, die uns der Weisheitslehrer Jesus – quasi als Lebens-Code – mitgegeben hat:

‚*Wie du gesät, so wirst du ernten*',
‚*nach dem Maß, wie du misst und zuteilst, wird dir zugeteilt*' und
‚*...dass alles getilgt werden muss bis zum letzten Heller*'.

Diese Verhaltensregeln ohne Drohungen – sogar ohne: „*...du sollst!*" – haben die vielen Streichungen und Zeitgeistanpassungen in den Evangelien überdauert und sind heute noch genauso logisch wie damals – und lebenswichtiger als andere akademisch-theologische Wortdeutereien.

Was dann noch später bei der Thronbesteigung des Imperators *Justinian I.* geschah, ist historisch belegt und liest sich dabei wie ein Krimi. Ich will hier nur kurz auf das Ergebnis selbst eingehen: Das »5. Heilige und Ökumenische Konzil« in Konstantinopel, das am 5.5.553 begann, entschied auf Druck des Imperators (als Kaiserliches Edikt), dass von nun an **die Lehre von der Präexistenz der Seele endgültig als Ketzerei zu gelten habe** und jeder, der sie vertrete, mit fünfzehn Bannflüchen verdammt sei. Von den zwischenzeitlich nahezu dreitausend Bischöfen des riesigen Imperiums waren ganze einhundertfünfundsechzig ‚Oberhirten' anwesend, und die Wiederverkörperungslehre soll von diesem Gremium mit einer einzigen Stimme Mehrheit ‚verdammt' worden sein (worauf dieser Bischof später ebenso verdammt wurde).

Auch Papst Vigilius weigerte sich, am Konzil teilzunehmen, weil das Konzil nach seinem Dafürhalten eine ureigene Sache des Kaisers Justinian war. Für die Zeit danach lesen wir in der »Zeiten*Schrift*« 9/95:

„Doch Dekrete und Gesetze allein können einen tief verwurzelten Glauben nicht so leicht ausradieren. Deshalb dauerte es einige Jahrhunderte, bis die Kirche endlich alle alten christlichen Schriften konfisziert, zerstört oder so stark verfälscht hatte, dass die Lehre der Wiederverkörperung nach und nach aus dem Bewusstsein der Gläubigen verschwand.“

Das eigentliche »Prinzip der menschlichen Bewusstseins-Evolution« ist grundlegend für die Wiederverkörperung unseres unsterblichen Geistes. Aus dieser Sicht sieht unser Erdenleben dann ganz anders aus. Das zählt heute noch zur Weltanschauung der Theosophen, Anthroposophen und fast aller Neugeist-Bewegungen, der gnostischen Glaubensgemeinschaften wie auch vieler spirituell und mystisch ausgerichteter Gemeinschaften innerhalb der anderen Weltreligionen. Die Liste der berühmten Dichter und Denker, die seit der Aufklärung (wie G. E. Lessing 1729-1781) dieser Logik des Daseins wieder anhingen, ist seitenlang. Die moralbegründende Kraft dieser Weltanschauung kommt immer stärker in den Vordergrund, und der revolutionäre Philosoph Friedrich Nietzsche sah voraus: *„Die Lehre der Wiedergeburt ist die Wende in der Geschichte der Menschheit.“*

Für die dringende Bewusstseinsentfaltung der Erdenmenschen, wie sie unsere Zeitenwende benötigt, ist diese ‚zufallsfreie' Lebenssicht zwar nicht notwendig, aber äußerst hilfreich.

Vor allem, wenn wir kurz zurückdenken, was wir für den langen erneuten Entwicklungszeitabschnitt seit der Sintflut schon erkannt haben – es sind ja inzwischen rund 11.000 Jahre vergangen. Was wäre aus unserer Menschheit bis heute geworden, wenn nicht ein bornierter Kaiser die Religion des Abendlandes bestimmt hätte und die Menschheit in der großen Gemeinschaft, dem WIR, die edlen Werte der großen Klassiker weitergeführt hätte?

Doch vor ihm haben schon andere mächtige Egomanen diese Uhr angehalten und auf dem menschlichen Evolutionszifferblatt die Zeiger zurückgedreht. Der junge und brutale Hitzkopf Alexander der Große war der Erste, der die gesammelte ‚Weisheit des Altertums' im persischen Osten verbrennen ließ. Bis auf ein Exemplar für die heimatlichen Wissenschaftler gingen unzählige Werke in Flammen auf.

Den noch größeren Wissensschatz in Alexandria zündelten dann römische Herrscher – zuerst teilweise Caesar und den wertvollen Rest der noch junge römische Vatikan. In der Millionenstadt Alexandria, der griechischen Metropolis und Universitätsstadt in Altägypten, war eine gigantische ‚Weltbibliothek' als Teil des *Museion* genannten Universitätskomplexes gesammelt und errichtet. Hier arbeiteten einhundertzwanzig Gelehrte und studierten schätzungsweise jährlich 14.000 Studenten. 700.000 Schriftrollen sollen hier gesammelt gewesen sein, das gesamte Wissen des Altertums. Teile dieses Wissensstandes konnten erst im Spätmittelalter wieder erreicht werden.

Dazu informierte mich aber inzwischen ein verlässlicher Bekannter aus einem Geheimorden, dass der Großbrand in Alexandria im Jahr 391 noch einen anderen Hintergrund hatte. Kaiser Theodosius hatte den Bischof Theophilus damit beauftragt, doch der Vatikan war nicht so dumm, die unzähligen Schriftrollen tatsächlich komplett zu verbrennen, sondern die geretteten lagern bis heute gut versteckt in den vatikanischen Archiven unter dem Petersplatz. Das betrifft auch das *urchristliche Wissen*, dessen reichsweite Unterlagen laut kaiserlicher Edikte strafrechtlich vernichtet werden mussten, zuerst durch den römischen Diktator Constantinus maximus und fast zwei Jahrhunderte später aus Konstantinopel durch den Imperator Justinian.

So ging der eigentliche Sinn der Christenlehre, das DU und das WIR, restlos unter, und bis heute feiert das eigensüchtige ICH in milliarden individuellen Varianten weiter seinen weltweiten Siegeszug. Man bildet sich ein, dass man ja nur einmal lebe, auch wenn solches Leben meistens recht sinnlos dahintümpelt, auch wenn man sich fast täglich mit all den unverständlichen Ungerechtigkeiten nervt, die dabei auch das ICH immer wieder aufheizen. Schicksals-Schläge, Gottesstrafen und ‚Zufälle' aller Art werden zu Schuldzuweisungen eines Lebens, das nicht verstanden werden kann und das keinen höheren Sinn in sich birgt.

Haben so viele Menschen Angst davor, vollständig erwachsen zu werden und für sich selbst Verantwortung zu übernehmen? Immerhin sollen doch 44 Prozent der Deutschen an eine Existenz nach dem Tode glauben. (»Focus« 16/2004) Doch scheinbar wissen sie nicht viel darüber.

In allen meinen Büchern finden Sie, verehrte Leserinnen und liebe Leser, verlässliche Hinweise auf das universelle **‚Prinzip von Ursache und Wirkung'**. Da es natürlich auch darüber genügend seriöse wie auch wissenschaftliche Literatur zu einem eigenen und persönlichen ‚Wendepunkt' gibt, lasse ich es in diesem Buch damit gut sein. Doch zögern Sie nicht, sich in stillen Stunden einmal damit zu befassen.

Die Schande des »Hexenhammers«

Das weltweit meistgedruckte Buch ist die Bibel, das Heilige Buch der Christenheit – sicherlich nicht das meistgelesene.

Gibt es auch ein berühmtes Buch, das weltweit an zweiter Stelle liegt? In der westlichen Welt: ja. Das ist Dan Browns »Sakrileg«, das den Zauberlehrling Harry Potter überrundet hat. Das US-Wirtschaftsmagazin »Forbes« berichtet, dass im Jahre 2005 Dan Brown 61,12 Millionen Dollar verdient habe, wogegen die britische Kollegin J. K. Rowling nur 51,13 Millionen erzielte. Na, wer sagt's denn! Und das Schönste dabei ist: Browns Hauptthema ist wie in der Bibel wieder die Person *Jesus* – diesmal aber zusammen mit *Maria Magdalena*. Browns Roman basiert auf den jahrelangen Forschungen, welche die Autoren Lincoln, Baigent und Leigh in ihrem Sachbuch »Der heilige Gral und seine Erben« zusammenfassten. Nach ihrer Theorie symbolisiert der ‚Gral' das Blut Jesu in seinen europäischen Nachkommen. Sie meinen also, dass Jesus mit Maria Magdalena Kinder zeugte.

Man bedenke: In unserer hochtechnisierten Welt eines gnadenlosen Erfolgsstrebens samt spannungsgeladenem Fernsehen und weltweitem Internet verschlingen im Jahr 2006 Millionen von Menschen ein Buch des Krimischriftstellers mit sechshundert Seiten. Brown hat Jesus und geheimgehaltenes Wissen und verheimlichte Tatsachen aus der Kirchengeschichte – natürlich superspannend – mit einer unverhofften Weiblichkeit verbunden. Das ist zwangsläufig *die* Sensation in einer riesigen Kirche, die nur aus männlichen Theologen besteht – geradezu ein Sakrileg.

In einem solchen erfolgreichen Erwachen und Erkennen des jahrtausendelangen religiösen Ungleichgewichts »männlich/weiblich« bekam das weibliche Prinzip eine veränderte neue Beachtung. Das heutige Thema ‚Weiblichkeit' hat kaum mehr etwas mit dem protestierenden Feminismus der Siebzigerjahre zu tun – ‚weibliche Aspekte' werden jetzt *realistischer* betrachtet *und* gelebt. Diese neue Weiblichkeit wird für uns Männer sogar irgendwie selbstverständlich, und wo sie eigentlich schon immer existiert hat, wird sie jetzt auch erkannt und anerkannt.

Bei meiner literarischen Bestseller-Recherche bin ich dabei unerwartet auf einen anderen schrecklichen Superlativ gestoßen. Die Theologin und Friedensforscherin Sabine Lichtenfels schreibt in ihrem Buch »Weiche Macht«:[156]

„Ich möchte darauf hinweisen, dass der alte Geschlechterkampf noch in keiner Weise beendet ist. Die drei Jahrhunderte der Hexenverfolgung liegen noch ganz dicht hinter uns. Theologen und Mönche hatten den »Hexenhammer« geschrieben und verbreitet: Ein Buch, welches zur physischen Ermordung jeder attraktiven Frau aufrief. ***Es wurde im damaligen Europa das meistgelesene Buch nach der Bibel.*** *Frauen, die in offensichtlicher Verbindung mit der Natur standen, die sich den Unterwerfungsregeln der Ehe widersetzten, die eine sinnliche Geistigkeit verkörperten und Eros ausstrahlten, wurden zu Millionen auf bestialische Weise ermordet."*

Was versteht man unter dem Wort »Hexe«? Manchmal die gute und manchmal die böse Frau oder Fee im Märchen – jedenfalls immer eine *mächtige Frau*! Eine Zauberin? Von solchen wird uns aus dem Altertum immer wieder berichtet und logischerweise auch bei allen Völkern und Religionen unseres Planeten. So war es schon bei den Israeliten, deren

Gott YHWH forderte: *„Eine Zauberin darfst du nicht am Leben lassen."* (2.Mose 22,18)

Sind es dagegen Männer, die durch ihre übersinnlichen Veranlagungen in historischer Erinnerung der Kirchen geblieben sind, dann waren es *Wundermänner* oder *Heilige Magier* oder *Propheten* oder *Erlöser*. Für eine Gleichwertigkeit der weiblichen Seite hatte nämlich das Orientalische kein Verständnis – zumindest scheinen die nachfolgenden Chronisten kein Verständnis dafür überliefert zu haben.

Im keltisch-germanischen Lebensraum war die Domäne der Heilkunde stets die Stärke der Mütter und Frauen, und ihre erdmutterbezogene Sensitivität oder Medialität war etwas *Natürliches*. So sind sicher die Zauberinnen und Hexen der Märchen entstanden, geachtete ‚Weise Frauen', welche die Grenze zum *Übernatürlichen* überschreiten konnten. Es waren ja *Begrenzungen* einer damals noch sehr ‚unwirtlichen' Lebensweise. Das althochdeutsche *hag* heißt Zaun, Hecke, Grenze und steckt wohl im Wortstamm *Hexe* – mittelhochdeutsch *hecse*, *hesse*, althochdeutsch *hagzissa*, *hagazussa*.

Den oben erwähnten enormen Erfolg des Buches »Hexenhammer« (*malleus maleficarum* oder übersetzt *Unholdinnen-Hammer*) muss man in Verbindung mit der Hexenbulle (*summis desiderantes*) von Papst Innozenz VIII. vom 5. Dezember 1484 sehen, der sich trotzdem ‚Stellvertreter Jesu Christi' nannte. Die Anfänge der Hexenverfolgungen in Europa gab es damals bereits im Rahmen der «Heiligen Inquisition«, wobei nachzulesen ist, dass diese aber hauptsächlich gegen Häretiker, also Glaubensfeinde gerichtet war.

Die Hexenverfolgungen, die ich meine, erreichten nun mit offizieller Beglaubigung durch das Oberhaupt der römisch-katholischen Kirche eine völlig neue Dimension. Dabei verbreiteten sie sich unabhängig von den durch die Reformation getrennten Konfessionen. So bereicherten sich damit nicht nur die katholischen Bischöfe als ‚Richter', sondern genauso die protestantischen Fürsten. Die Hinrichtung war stets mit der Beschlagnahme des Eigentums der Verurteilten verbunden. Somit waren auch Enteignungen unter dem Deckmantel der »Heiligen Inquisition« an der Tagesordnung.

Der *Hexenhammer* zählt zu den verheerendsten Büchern der Weltliteratur und hatte katastrophale Konsequenzen für die Gesellschaft in Europa; vereinzelt bis hinein ins achtzehnte Jahrhundert. Mit dem Hexenhammer wurden viele ‚Argumente' geliefert, gerade Frauen als ‚Hexen' zu verfolgen. Und es war eine große Lust, nackte Menschen ideenreich und stundenlang zu foltern, zumal es überwiegend Frauen waren (heute noch wird vornehmlich nackt gefoltert). Und man(n) konnte Macht demonstrieren durch das anschließende schaulustige, öffentliche Verbrennen nackter und völlig ruinierter Menschen. Der *Hexenhammer* wurde sogar zum ‚Handbuch für Hexenjäger'.

Ein Beispiel zitiere ich dazu aus dem umfangreichen Forschungswerk »Das ist Christentum«[(157)] des ehemaligen Rundfunk- und Fernsehredakteurs und mehrfachen Autoren Rainer Schepper:

„Der menschliche Körper hat kein Glied, für welches nicht ein besonderes Foltergerät vorhanden gewesen wäre. Und weil nun die Geschlechtsteile der empfindlichste Körperteil sind, so wurden sie, namentlich bei den Hexenprozessen, vor allem angegriffen. Ruten- und Peitschenhiebe auf die Geschlechtsteile zu geben, bis ein Geständnis erfolgte, war sehr gewöhnlich. Ja man hatte sogar eine sogenannte ‚Lichtfolter', welche wahre Wunder wirkte und den kräftigsten Körper brach. Die völlig entkleideten ‚Hexen' wurden an den zusammengebundenen Daumen aufgehängt, dann ihnen zwischen die mit einem Brett auseinander gezwängten Beine ein brennendes Licht gestellt, welches langsam die Schamteile verbrannte. Dadurch war jedes Geständnis zu erpressen."

Genaue Zahlen sind nirgends zu finden, sie schwanken zwischen 100.000 und 3.000.000. Schepper schreibt zu den oft bestrittenen hohen Zahlen damaliger Hexenverurteilungen:

„Denn die Juristen der Fürsten waren noch viel grausamer und blutdürstiger als vorher die Dominikaner, und die fürstlichen Kassen lechzten noch viel hungriger nach Konfiskation des Privateigentums, als vorher die Priester. [...] Hexenbulle und Hexenhammer sind das Schlechteste, was die katholische Priesterschaft der Menschheit lieferte. Und gerade dieses Schlechteste wurde vom Protestantismus am gierig-

sten ausgebeutet, missbraucht und konserviert. In Sachsen, dem damaligen Mittelpunkt der protestantischen Bewegung, konnte ein einziger Richter, Benedikt Carpzow, welcher von 1620 bis 1666 Vorsitzender des Leipziger Schöppenstuhles war, sich rühmen, allein 20.000 Todesurteile gefällt zu haben, und zwar fast ausschließlich in Hexenprozessen. [...] In Quedlinburg wurden 1589 an einem Tag 113 Hexen verbrannt, weil sie zur großen Hexenversammlung auf dem Blocksberge das Getränk geliefert und deshalb den Wein aus vierzehn Kellern der Stadt geholt hätten. Durch die Folter hatte man sie gezwungen, es zu bekennen, und alle wurden verbrannt mit Ausnahme von vier außergewöhnlich schönen Mädchen. Diese schaffte der Henker zur Seite als Konkubinen für den Stadtrichter, indem man dem Volk sagte, der Teufel habe sie durch die Luft entführt.“

So wie Schepper in seinem Buch einzelne Prozeduren beschreibt, erstaunt es immer wieder, was wohl die zu Verurteilenden damals alles aushalten konnten, bis schließlich die gewünschten Geständnisse erpresst waren. Da in den Protokollen manchmal auch Wundersames geschildert wird, ist es durchaus möglich, dass es bei diesen extremen Schmerzzuständen zu außerkörperlichen Erfahrungen kam, also Seelenkörperaustritte, wie ich es auch bei der Kreuzigung Jesu vermute (in meinem Buch »Der Jesus Code«).

Durch solche zeitweilige Schmerzfreiheit dieser starken Frauen wird manche Prozessschilderung etwas verständlicher. Für ein besonderes Beispiel dafür halte ich die Lebensgeschichte der jungen Visionärin Jeanne d'Arc, ihre Verurteilung durch den Bischof von Beauvais und die spätere Heiligsprechung durch den ‚Stellvertreter Jesu Christi', Papst Benedikt XV.!

Und wie erging es *Maria Magdalena*, der Maria aus Magdala, die nach der Meinung der zuvor genannten Autoren die Ehefrau von Jesus war? Sie wurde im Christentum eine herausragende Symbolfigur für die abendländische Diskriminierung der Frauen. Papst Gregor I. bezeichnete sie 591 in einer Predigt sogar als Hure, und Papst Innozenz VIII. dehnte dies 1484 in seiner Hexenbulle auf alle selbstbewussten und intelligenten Frauen der damaligen Welt aus. Auch Professor Dr. Martin Luther, der 1483 geboren wurde, konnte mit seiner ‚Reformation' an dem Frauenhassgehabe nichts verändern, und der inzwischen erwachende Humanismus verpasste ebenfalls eine erneute Gleichstellung der Frauen.

Resümee: Wie kann es abermals zu einer solchen, eigentlich völlig unverständlichen Abartigkeit abendländischer Männerkultur kommen, wenn noch rund vier Jahrhunderte zuvor um Ritterlichkeit gewetteifert wurde? Als noch Minnesänge und Liebeslyrik in ritterlicher Ethik die *frouwa* geehrt haben? **Minnesang** nennt man die schriftlich überlieferte, hoch ritualisierte Form der gesungenen Liebeslyrik, die der westeuropäische Adel im hohen Mittelalter pflegte, den Kaiser selbst eingeschlossen.

Im deutschsprachigen Raum (der Minnesang kam aus Südfrankreich) kann man ab etwa 1150 von einem Minnesang auf *mittelhochdeutsch* sprechen. Die im Minnesang gepflegte Version des Hochdeutschen ist der Versuch einer ersten gesamtdeutschen Literatursprache. Minnesang versteht sich wesentlich als ritterliche Liebhaberei und innerhalb der höfischen Ritterkultur als Konkurrenz hochadeliger Ritter untereinander – analog zu den anderen Formen des Wettkampfes, etwa dem Turnier.

Es war ein hochgeistiger Zeitabschnitt, dessen schönstes Beispiel sicherlich der sogenannte ‚Frauendienst' ist. Dies ist ein mittelhochdeutsches Werk von Ulrich von Liechtenstein, und es entstand im Jahr 1255. Es besteht aus 1850 epischen Strophen, 57 Liedern, drei Büchlein und sieben Briefen. Das Werk gilt als der erste Ich-Roman in deutscher Sprache.

Darf ich noch einmal daran erinnern, was ich zu Beginn dieses Kapitels berichtet habe: Im 15. Jahrhundert wurde die deutschsprachige Bibel der Reformation das meistgelesene ‚Buch', und die Hexenbulle kam danach an zweiter Stelle. Welch ein Kontrast!

Abb. 51: Münze mit dem altrömischen Gott Janus

Möglich wurde beides jedoch erst durch die damals modernisierte und ökonomische Drucktechnik mittels beweglicher metallener Lettern. Zeigt uns dabei die Energie des ‚Fortschritts' wieder einmal ihre zwei Gesichter, ihren Janus-Kopf? Dieser symbolträchtige Gott wurde schon vor über zweitausend Jahren verehrt.

Was wird unsere Neue Zeit bringen? Auch hierbei kommen Veränderungen, sicherlich sogar ganz dringende. Das zeigt schon die kleine Tabelle über die Möglichkeiten, die man bei uns heute den intelligenten Frauen inzwischen lässt, und ich muss feststellen: Wir Deutschen waren schon besser!

Ja, darunter sind viele und immer mehr ‚starke' wundervolle Frauen – inzwischen weltweit. In meinen anderen Büchern gehe auf dieses Thema, das in unserer veränderten Zukunft noch eine entscheidende Rolle spielen wird, näher ein. Im Buch »Bis zum Jahr 2012« erläutere ich die verschiedenen Energien, die heute schon am weltweiten Umbruch der alten Systeme wirksam werden. Eine ‚Neue Weltordnung' wird kommen, doch diese wird anders aussehen, als sie bislang geplant wurde. Der Bestseller-Autor Drunvalo Melchizedek wird dabei in seinem neuen Buch »Schlange des Lichts – jenseits von 2012« noch konkreter. Darin schreibt er ausführlich von der weiblichen Erd-Kundalini (Schlange) und dem Erwachen des weiblichen Lichtes bis 2013.

Abb. 52: Hochqualifizierte Frauen

Die Lüge vom Angsthasen

Immer mehr Menschen sind der Meinung, dass Vieles viel einfacher sein wird. Passend dazu empfinde ich die Geschichte **‚Neulich im Wald'**:

Großer Aufruhr im Wald!

Es geht das Gerücht um, der Bär habe eine Todesliste. Alle fragen sich, wer denn nun da drauf steht. Als Erster nimmt der Hirsch allen Mut zusammen, geht zum Bären und fragt ihn: „Sag mal Bär, steh ich auch auf deiner Liste?"

„Ja" sagt der Bär, „auch dein Name steht auf der Liste."

Voll Angst dreht sich der Hirsch um und geht. Und wirklich, nach zwei Tagen wird der Hirsch tot aufgefunden.

Die Angst bei den Waldbewohnern steigt immer mehr und die Gerüchteküche um die Frage, wer denn nun noch auf der Liste stehe, brodelt. Der Keiler ist der nächste, dem der Geduldsfaden reißt und der den Bär aufsucht, um ihn zu fragen, ob er auch auf der Liste stehen würde.

„Ja" antwortet der Bär, „auch du stehst auf der Liste."

Verängstigt verabschiedet sich der Keiler vom Bären. Und auch ihn fand man nach zwei Tagen tot auf.

Nun bricht die Panik bei den Waldbewohnern aus. Nur der Hase traut sich noch, den Bären aufzusuchen.

„Bär, steh' ich auch auf der Liste?"

„Ja, auch du stehst auf der Liste."

„Kannst du mich da streichen?"

„Ja klar, kein Problem."

TEIL 5

Die Kraft des Geistes

Interessante Erkenntnisse zwischendurch:

Statistische Prognose: Todesfälle heute, am 17.5.2009, in der BRD:
0 Schweinegrippe
14 Straßenverkehr
25 Suizid
170 Herzinfarkt
575 Krebs
1.491 sonstige Todesursachen, somit
2.275 insgesamt heute in Deutschland – und weltweit werden auch am Ende des heutigen Tages wieder ungefähr 24.000 Menschen verhungert sein.
(aus »www.initiative.cc«)

Eine Binsenweisheit:
Wenn Sie sich wegen irgendeiner Information besonders ärgern, deswegen frustriert oder gar wütend werden, dann gilt Folgendes: Mit solchen emotionalen Energieerzeugungen erreichen Sie selten die Person, die es betrifft. Erst bei Gruppenpotenzierungen verstärken sich solche Energieeffekte.
Ihre Wut würde *niemals* den anderen treffen. Einen Mr. Obama zum Beispiel interessiert es herzlich wenig, ob Sie sich über ihn ärgern.
Da wir die Schöpferin oder der Schöpfer der Ereignisse sind, die in unser Leben eintreten, sollten wir damit sehr bewusst umgehen. Meistens schwächen solche Emotionen nur uns selbst und nicht die Zielperson.
Außerdem riet uns Jesus, niemals die Person zu verurteilen, sondern umso mehr die Dinge, um die es geht.

„*Geld regiert die Welt!*", behauptet der Volksmund:
Von Henry Kissinger, dem ehemaligen US-Außenminister und umstrittenen Friedensnobelpreisträger, stammt der Ausspruch der Elite: *„Mit Nahrung beherrscht man Menschen, mit dem Öl die Nationen, mit Geld die Welt."*

Die Lüge der Trennung

Vor sehr langer Zeit schon habe ich die folgende Geschichte gelesen:

„Es war einmal ein weites, weites Meer, das warm und still im Sonnenlicht badete. Das tiefe, dunkle Meer träumte von dem, was wir Luft nennen, von der Leichtigkeit, in die sich immer wieder winzige Teilchen des Meeres erhoben. Sie waren immer noch Wasser und waren es doch auch nicht mehr, und wenn sie sich umarmten und küssten, merkten sie, dass sie ganz anders schmeckten. So wurde das ihr schönstes Spiel in ihrem Leben.

Sie waren dabei ganz stolz, dass sie nun einzelne Tropfen waren, dass sie machen konnten, was sie wollten, und trotzdem waren sie nicht allein. Unzählige schwebten höher und höher, und alles um sie war so leicht und fein und machte schwerelos und glücklich. Trotzdem gab es Tröpfchen, die allmählich Angst bekamen und doch lieber wieder dort sein wollten, wo sie hergekommen waren. Und diese Sehnsucht erfasste viele und verband sie zu immer größeren Freundschaften, in denen sie sich wieder wohlfühlten, und eines Tages wurde es kalt und stürmisch, und alle rutschten und purzelten wieder zurück in die alte Heimat. Sie wurden wieder eins mit dem großen Meer und erzählten den anderen von ihrem luftigen Abenteuer. Das große Meer konnte es gar nicht ernst nehmen, weil die kleinen Ausflügler ja unsichtbar geworden waren, und manche Tropfen glaubten allmählich, was ihnen das große Meer aus der Tiefe zuraunte: Ihr habt doch nur geträumt!

Wie ging es aber den anderen, die sich ohne Angst weiter und immer höher tragen ließen? Da gab es Unzählige von ihnen, die wurden zu wunderschönen Kristallen und Flocken und waren überglücklich darüber, wie schön sie sich dabei verwandelt hatten. Andere wurden vor Kälte ganz starr und schwer und waren stolz, dass sie eine dauerhafte Stabilität bekommen hatten und nicht immer dem Wechsel, den Veränderungen und laufenden Anpassungen ausgesetzt waren.

Da gab es auch Unzählige von ihnen, die plötzlich ihre Leichtigkeit und Durchsichtigkeit verloren und sich in einer unbekannten erstarrten, dunklen Welt wiederfanden. Dabei waren welche, die das schon kann-

ten und klug erklärten: ‚Das ist die Erde, die auf uns gewartet hat, damit sie weiterleben kann. Weiter oben, da wo es das Licht gibt, wachsen wunderschöne Wesen, die uns brauchen, damit sie leben können.' Die Tröpfchen lächelten und verwandelten sich mit der Zeit in richtige Geschöpfe.

Da gab es auch Unzählige von ihnen, die sich in der schweren und tiefen Dunkelheit wieder zusammenfanden und zu einer Einheit wurden, die sie wieder glücklich machte und die Sehnsucht entstehen ließ, zurück ans Licht zu kommen. Und irgendwann erfüllte sich ihr Wunsch, und sie purzelten und sprudelten auf einmal wieder hinaus in die Leichtigkeit und ins Licht. Die stille Sehnsucht, die in ihnen auf dem langen Weg von zu Hause aufgekommen war, konnten sie sich immer öfter erfüllen, solange sie auf diesem Weg bergab mitflossen – sie waren einfach nicht mehr allein. Mehr und mehr wurden sie zu richtigem Wasser, mächtig wurden sie, und man konnte sie nicht mehr aufhalten.

Viele von ihnen, die solche Reisen schon oft mitgespielt hatten, wussten, dass sie jetzt auf dem Weg nach Hause waren. Aber das muss ja gar nicht so schnell gehen, denn es gab unzählige Möglichkeiten, noch weitere Ausflüge und Erlebnisse mitzumachen: als Trinkwasser, als Reiniger, als Stromerzeuger, als künstlicher Regen, als Fischweiher, als Vergnügen für laute Ausflügler und unzählige andere Wirkungsweisen auf dem festen Lande – sogar als Blut im Menschen. Fast jeder Tropfen konnte ein anderes Abenteuer erzählen, als er irgendwann wieder in die immer größer werdende Einheit des Flusses zurückkehrte.

Und dann war es auf einmal wieder da, bei all dem Geschnatter und Erzählen der großen Erlebnisse und Taten: Es schmeckte wieder nach Heimat. Es schmeckte wieder wie damals vor dem Ausflug. Es schmeckte wieder wie bei Muttern, wie einst in der großen Einheit, im großen Ganzen – im Meer. Die Umarmungen nahmen kein Ende, die Trennung, die ja keine wirkliche war, hatte ein Ende, und die Freude war so groß, wie im berühmten Gleichnis vom verlorenen Sohn. Was die Menschen dabei empfinden, empfinden alle anderen Formen der Natur auch.

So kehrte Ruhe ein und tiefgründige Stille und Besinnung, um nachzudenken über all die schönen Dinge, die es geben kann, wenn man den Mut hat, als Teil der großen Einheit eigene Wege zu gehen.“

Trennung ist der schmerzlichste Anteil der Liebe. Das weiß jedes Kind, und in uns sind reichlich Trennungsängste aus unserer Kindheit abgespeichert. Angst ist in seiner Urschwingung stets eine Trennungsangst – unsere ersten Ängste im Leben waren die Trennung vom Mutterleib, der Muttermilch, der Mutterstimme, der Mutterliebe. Diese und andere Trennungsängste liegen zersplittert auf irgendeinem Segment unserer Unterbewusstseinsfestplatte und gehören dringend defragmentiert, also wieder zusammengeführt oder gelöscht. Wie so etwas geht? Dazu später mehr.

Kommen wir nun zurück zum Thema Reinkarnation und unsere eigentliche Heimat – die Heimat der Seele – die geistige Welt. Wenn diese Seelenheimat vergleichbar wäre mit dem Meer der Tröpfchen, dann könnten wir im übertragenen Sinne auch göttliche **Ureinheit** dazu sagen – um die oft missbrauchte Bezeichnung *Gott* zu vermeiden. Die übermütigen Tröpfchen oder auch Lichtfunken sind dabei natürlich wir. Und die abenteuerlichen Erfahrungswege sind unsere Erdenleben. Allerdings haben sie sich ganz bestimmte Erfahrungswege auf unserer Seelenwanderschaft ausgesucht, die in manchen Religionen als *Karma* bezeichnet werden. Ich sehe es philosophisch mehr als ein ‚*Spiel des Lebens*' und spirituell als einen von uns selbst ‚ausgearbeiteten' *Lebensplan*, über den ich in Band 2 ausführlich berichten werde.

Wie unsere Tröpfchenwanderschaft auch zeigt, steckt in jedem von uns auf unseren Alleingängen eine stille Zentralenergie, die man Einheitskraft nennen kann. Es ist eine tief in uns angelegte Urkraft und ein unlöschbares feingeistiges Wissen, ständig mit unserer Ureinheit verbunden zu sein – *seelisch-geistig online* könnte man auch dazu sagen. Es ist eine subtile Kraft unseres Geistes, die uns miteinander und mit der Ureinheit verbindet. Es ist eine überirdische (und daher göttliche) Geistenergie, die jedoch mit dem irdischen ‚Geist' unseres Verstandes nichts zu tun hat.

Kann man eine solche Urkraft zwischen Schöpfung und Geschöpf, eine solche unbewusste Heimatverbindung und seelisch-geistige Vernetzung unterbrechen? Und wenn, wer sollte daran Interesse haben? Das käme doch einer Trennung gleich, und Trennungsängste sind bei uns allen aus biologischem Bewusstwerden meistens ausreichend angelegt. Ich meine allerdings, sie sind *nur* angelegt und in unserer linken Hirnhälfte als Erinnerung gespeichert. Sie sind aber nie wirklich vorhanden und sind somit *Illusionen*. Kann es sein, dass man schon von alters her versucht hat, uns Menschen als Geschöpfe von den jeweiligen fernen Gottheiten dieser Schöpfungen zu trennen, nur weil sich unsere Sinne nicht mehr entsinnen können an den gemeinsamen Urzustand, weil unser Verstand alles vergessen hat beim Eintritt in die materiellverdichtete Erfahrungsebene?

Ja, man redet uns die **Illusion der Trennung** ein und zwar gründlich. Um Macht über die Menschen zu bekommen, haben in allen Kulturen männliche Priestersysteme ‚die Macht ergriffen'. Alle Religionen sind im Prinzip organisierte Machtergreifungen. Früher war das besonders leicht, weil diese Herren auch Schriftgelehrte waren im Gegensatz zum Gros der Analphabeten.

Dabei ist ein besonders wichtiger Grund der, dass aus den sogenannten abrahamistischen Religionen (Judentum, Christentum und Islam) der Glaube an die Wiedergeburt verbannt wurde. Damit ging eine wesentliche positive Geistesverbindung verloren und wurde dafür durch angsterzeugende Sündenregister ersetzt.

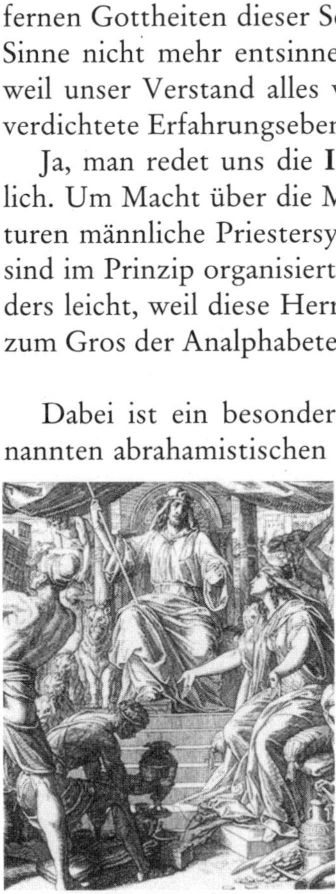

Abb. 53: Oberpriester

Interessant ist, dass es sogenannte ‚Mystische Religionsgemeinschaften' waren und sind, die einfach wissen, dass Gott beziehungsweise das Göttliche in uns selbst zu finden und damit **von uns untrennbar ist** – Minderheiten natürlich. In meinem Buch »Alles ist Gott« habe ich über zwanzig Zitate berühmter Männer und weltweiter Religionsstifter präsentiert – mit Echnaton beginnend und natürlich auch von Jesus –, die versichern: *„Gott oder das Göttliche ist in uns!"* Für sie gab oder gibt es keine Trennung, dafür aber Verfolgung bis hin zur Ausrottung.

Wenn ich in diesem Buch der vielen Lügen, Verdrehungen und Unwahrheiten auch auf solche religiösen Grundsätze hinweise, dann will ich den Verdacht nähren, dass genau damit unsere heutige einseitige Menschheitsentwicklung auf den Weg gebracht worden ist. Trennt die Menschen von ihren Familien, trennt die Menschen von ihrem Heim, trennt die Menschen von ihrer Heimat, und trennt die Menschen von ihrem Gott – und ihr habt sie eingesackt. ‚Schafe' oder gar ‚Lemminge' werden dabei als vergleichende Bilder erkannt.

„Reicht's jetzt?" Nein, eines will ich dabei noch klären:

Die geistlose Trennung

Der parapsychologische Forscher, Journalist und Sachbuchautor Ernst Meckelburg (1927-2008) erklärte in seinem Vortrag (Kissleg 21. bis 24.9.2006):

> *„Missverständnisse in der Interpretation anormal erscheinender Ereignisse beruhen vorwiegend darauf, dass seit René Descartes' unglückseliger Trennung von Geist und Stoff – res cogitans, res extensa – konservative Naturwissenschaftler physikalisches Geschehen und das des Geistes, das heißt Bewusstseinsprozesse, auseinander halten, obwohl doch Werner Heisenbergs Quantenphilosophie gerade Gegenteiliges besagt. Und genau mit dieser Haltung verbauen sich die Anhänger der ‚unverfälschten wissenschaftlichen Lehre', die Engdenker von heute, den Zugang zu einer tieferen, umfassenderen Erkenntnis."*

Wie konnte so etwas geschehen? Im siebzehnten Jahrhundert, dem Beginn der ‚Neuzeit', des Rationalismus und der Aufklärung bewirkten ihre philosophischen Vordenker, der Italiener Galileo Galilei, der Brite Francis Bacon und der Franzose René Descartes (1596-1650), dass die

Denkweise der ‚Aufklärung' nicht nur die radikale Beschränkung aller Erkenntnis auf *reine Vernunft* erzwang. **Die sogenannte Aufklärung verbannte auch die Seele gleichsam aus dem Leibe und machte Spiritualität zum reinen Spuk.**

Abb. 54: René Descartes

Diese verlorengegangene Spiritualität und Religiosität wurde allmählich durch **Wissenschaftsgläubigkeit** ersetzt. Aus den kirchlichen Dogmen wurden Absolutheitsansprüche einer einseitig ausgerichteten Wissenschaftlichkeit, die nur experimentell erforschte und nur *nachweisbare Materie* anerkannte und geradezu zu einer hochintelligenten Materialismusgläubigkeit ausartete. ‚Visionärer Fortschrittsglaube' nannte es ein Bekannter und stellte die Frage, ob es überhaupt jemanden geben könne, der nicht in die Falle trete, ‚an etwas glauben zu müssen'. Immer mehr Mitmenschen glauben inzwischen, dass das Materialistische, das jetzt seit rund vier Jahrhunderten ‚funktioniert', das Nonplusultra der menschlichen Evolution sei.

Zweifelsohne war es für das Menschenkollektiv fällig, dass die Wissenschaften den Klöstern entzogen wurden und eine große Freiheit des Denkens und Forschens in ungeahntem Maße entstand. Es war der Wandel vom Kirchengesangbuch zum Lehrbuch. Es war ein nötiger, längst fälliger und gewaltiger Pendelausschlag zur Gegenseite – doch immer stärker ufert der Materialismus aus, weil wir ‚glauben', wir hätten keine Geistanbindung und wir bräuchten auch keine solche mehr.

Aber wir haben es bloß vergessen! Zumindest die meisten von uns. Wir, die Alltagsmenschen, die es in sich fühlen; wir, die Spezialistinnen und Spezialisten aller Branchen, welche die Ruhelosigkeit des Suchens kennen; wir, die herrschenden und beherrschten Plutokraten, die glauben, die Herren der Welt zu sein; wir alle haben es vergessen oder verdrängen es bewusst, dass es nichts auf unserem Planeten gibt, das ohne Geist existieren kann.

Materie ohne Geist kann nicht existieren und ist geistlos! Ein genialer Kopf wie Professor Albert Einstein drückte das so aus:

„Der intuitive Geist ist ein heiliges Geschenk und der rationale Verstand sein treuer Diener. Wir haben eine Gesellschaft geschaffen, die den Diener verehrt und das Geschenk vergessen hat.“

Die anderen Wissenden wissen und verschweigen es. Denn diese ‚geistlose Materie' *hat Geist* und besteht aus den gleichen menschlichen Schöpferkräften, über die ich immer wieder schreibe. Von alters her sprechen die Philosophen vom Dualismus, den beiden Ebenen, der materiellen und der geistigen.

Das Wirken der ‚großen Aufklärer' – der Beginn der Aufklärung und des Rationalismus – war damals sehr sinnvoll, und ihr Erbe ist inzwischen so vielfältig wie noch nie auf unserem Planeten. Aber es wird missbraucht und jeweils vorteilsorientiert ausgelegt.

Es liegt daher nur an uns, welches Erbe *wir* antreten beziehungsweise *ob* wir dieses Erbe annehmen oder ausschlagen, denn auch dazu haben wir unseren freien Willen.

Was wir im Zeitalter des Materialismus als ‚geistig' zu verstehen versuchen, drückte schon vor rund sieben Jahrzehnten der Nobelpreisträger Professor Max Planck in seiner berühmt gewordenen Rede folgendermaßen aus:

„Als Physiker, also als Mann, der sein ganzes Leben der nüchternen Wissenschaft, nämlich der Erforschung der Materie diente, bin ich sicher frei davon, für einen Schwarmgeist gehalten zu werden. Und so sage ich Ihnen nach meiner Erforschung des Atoms dieses: Es gibt keine Materie an sich! Alle Materie entsteht und besteht nur durch eine Kraft, welche die Atomteilchen in Schwingung bringt und sie zum winzigsten Sonnensystem des Atoms zusammenhält. Da es aber im ganzen Weltall weder eine intelligente noch eine ewige Kraft gibt, so müssen wir hinter dieser Kraft einen bewussten, intelligenten Geist annehmen.
Dieser Geist ist der Urgrund der Materie! Nicht die sichtbare, aber vergängliche Materie ist das Reale, Wahre, Wirkliche, sondern der unsichtbare, unsterbliche Geist ist das Wahre! [...] So sehen Sie, meine verehr-

ten Freunde, wie in unseren Tagen, in denen man nicht mehr an den Geist als den Urgrund aller Schöpfung glaubt und darum in bitterer Gottesferne steht, gerade das Winzigste und Unsichtbare es ist, das die Wahrheit wieder aus dem Grabe materialistischen Stoffwahnes herausführt und die Tür öffnet in die verlorene und die vergessene Welt des Geistes."

Wenn die Welt von René Descartes ausgedient hat, erklärt Meckelburg, dann vor allem deshalb, weil das eigentliche Substrat der Welt sich nicht aus Objekten bestehend erweist (wie klein sie auch immer sein mögen) und auch nicht aus Raum, **sondern aus untereinander in Beziehung stehenden Feldern**, die sich in ständiger Bewegung befinden. Das hat Descartes damals noch nicht wissen können.

,Wissenschaftlich' weiß es aber noch jemand ganz genau: Dr. Matthew Fox, theologischer Rebell im Sinne des Urchristlichen, Leiter der privaten »Universität für Schöpfungsspiritualität« in Kalifornien und Autor von vierundzwanzig Büchern, darunter »Mitfühlen, Mitdenken, Mitfreuen«. Er erklärt in seinem Interview in dem Buch »Politik des Herzens«:

„*Wissenschaft und Spiritualität kommen zusammen. Sie trennten sich im 17. Jahrhundert, und das Ergebnis war katastrophal. Wissenschaft erkundete die Kräfte des Universums – atomare Energie und chemische Prozesse – und verkaufte ihre Seele an das Militär, nationale Ideologien und Chemiefirmen, die allesamt die Welt zerstörten. Währenddessen gab die Religion das Universum auf, wurde immer introvertierter und brachte den Leuten bei, dass es nur im Körper eine Seele gibt.*

Das Universum aber ist das eigentliche Sakrament, heilig und geheimnisvoll. *Das ist verloren gegangen, als die Religion die Beziehung zum Kosmos aufkündigte. Jetzt haben wir eine pathologische Situation: Wir haben Religion trivialisiert und die Formen der Verehrung geschwächt, und wir haben eine Wissenschaft ohne Verantwortung. Das ändert sich jetzt, weil sich die Wissenschaft ändert. Heute gibt es mehr Mystiker in der Wissenschaft als unter den Bischöfen dieser Welt.*"(160)

Geist vereint sich mit Materie

Unser *Körper* ist das Zuhause unseres Geistes. Er ist zugleich ein phänomenales Wunderwerk mit seinen bewährten Mechanismen, so wie wir bisher einen Teil wieder kennengelernt haben. Schwieriger ist es schon mit dem anderen Part unserer Persönlichkeit, den wir *Geist* nennen, denn der ist für uns unsichtbar und ungreifbar. Zu den bewährten fünf Sinnen unseres Körpers haben wir eben auch fünf übersinnliche Wahrnehmungen, über die man kaum spricht und über die man wenig lernt. Wir leben immer mehr in der Zeit der dominanten Köpfe und der linken Hirnhälften und die wollen ausschließlich Greifbares. Für mich ist das schon lange unbegreiflich! Natürlich lieben wir Persönlichkeiten, die ‚geistreich' sind und durch ihr Wissen imponieren. Doch sind nicht die ‚weisen' Menschen eigentlich geist-reicher?

Professor Dr. Hans-Peter Dürr, der mit dem »Alternativen Nobelpreis« ausgezeichnete Quantenphysiker, drückt das zeitgemäß aus:

„*Im Grunde gibt es Materie gar nicht. Jedenfalls nicht im geläufigen Sinne. Es gibt nur ein Beziehungsgefüge, ständigen Wandel, Lebendigkeit. Wir tun uns schwer, uns dies vorzustellen. Primär existiert nur Zusammenhang, das Verbindende ohne materielle Grundlage.* ***Wir könnten es auch Geist nennen*** *– etwas, was wir nur spontan erleben und nicht greifen können. Materie und Energie treten erst sekundär in Erscheinung – gewissermaßen als geronnener, erstarrter Geist. Nach Albert Einstein ist Materie nur eine verdünnte Form der Energie. Ihr Untergrund jedoch ist nicht eine noch verfeinerte Energie, sondern etwas ganz Andersartiges, eben* ***Lebendigkeit****. Wir können sie etwa mit der Software in einem Computer vergleichen. [...] In der subatomaren Quantenwelt gibt es keine Gegenstände, keine Materie, keine Substantive, also Dinge, die wir anfassen und begreifen können. Es gibt nur Bewegungen, Prozesse, Verbindungen, Informationen. Auch diese genannten Substantive müssten wir übersetzen in: Es bewegt sich, es läuft ab, es hängt miteinander zusammen, es weiß voneinander. So bekommen wir eine Ahnung von diesem Urgrund der Lebendigkeit. Besser gesagt: Wir ahnen und erleben.*"

Geist können wir also nicht sehen, sondern nur erleben. Damit komme ich zur Gretchenfrage, was man nämlich mit diesem viel zitierten und uneinheitlichen Begriff *Geist* alles meinen kann. Von den Naturwissenschaftlern bekommen wir selten eine Erklärung dafür. Man staunt, welche unsichtbare *metaphysische Realität* sich *hinter* (gr.: *meta*) oder über unserer sichtbaren physischen Realität befindet. Aufgrund der Komplexität sprechen heute auch immer mehr Interessierte gleich von *Bewusstsein*. **Denn immer haben solche Erkenntnisbereiche des Geistes mit uns selbst etwas zu tun – sogar unsere Ablehnungen.**

„Was auch immer ihr (für die jeweilige Phase eurer spirituellen Entwicklung) benötigt, tragt ihr ständig verfügbar tief in euch selbst – denn dort, im Herzen eurer eigenen Göttlichen Perfektion, enthüllt euch die Universale Wahrheit das Wunder allen Lebens. Dieser Göttliche Funke – die Bewusstheit aller Schöpfung – nährt euer ewiges Werden und stellt eure Verbindung dar zur absoluten Weisheit von Allem, Was Ist, Was Jemals War und Was Ewig Sein Wird."

Diese Zusicherung aus der *Welt des Geistes* veröffentlichte Patricia Cori in ihrem Buch »Keine Lügen, keine Geheimnisse mehr«.(7) Und der große katholische New-Age-Vordenker Teilhard de Chardin hatte es schon früher definiert:

„Wir sind nicht Menschenwesen, die spirituelle Erfahrungen machen, wir sind spirituelle Wesen, die menschliche Erfahrungen machen."

Auf das, was ich hier als Bezeichnung *Geist* andeute, sind wir schon im Kapitel über die Krebsursachen (Grundkonflikte statt Skalpell) gestoßen. Wir erkannten dabei, dass fast alle alternativen Heilungswege damit verbunden sind, dass der/die Erkrankte erfolgreich den vernachlässigten *Selbstwert* wieder neu bewertet.

Was verstehe ich unter Selbstwert? Wir sprechen so locker über Körper-Seele-Geist, als wäre es ein perfektes Lebensprogramm. Doch all unsere Krankheiten und Leiden zeigen uns, dass in unserem Leben oder in seinem Programm oder in beidem Disharmonien entstanden sind. Wenn unsere Quantenphysiker feststellen, dass es in der Natur nichts ohne Übernatürliches gibt, dann ist das Übernatürliche für unseren Körper der ‚Geist'. Dabei finden die einen den Gegensatz zum Materiellen heute immer zeitgemäßer in der Definition *Spirituelles*, während andere ohne religiöse Anbindungen von altersher von unserem SELBST sprechen.

Um das Zusammenleben in den Partnerschaften jahrzehntelang harmonisch zu erleben oder im Berufsleben erfolgreich zu sein, müssen oft viele individuelle und persönliche *Eigenarten* oder Veranlagungen angepasst, gemäßigt oder verdrängt werden. Wohin? In der Wirtschaft spricht man vom ‚auslagern', in unserem menschlichen Miteinander schlüpfen die vielen Eigenarten, die wir nicht leben können, stets in unsere innere Welt, in unser Unbewusstes. Das meiste davon trägt dabei den Stempel ‚unerledigt'. Meinen Sie nicht, dass bei vielen von uns dieses Depot irgendwann randvoll ist? Irgendwann überläuft? Dass wir unser verdrängtes Selbst damit abwerten und es immer schwächer wird?

Um äußere Konflikte langfristig zu auszuhalten, können allmählich innere Konflikte entstehen. Und das hat dann mit unserem Selbst, unserem Selbstwert und unserer Selbstliebe (die Liebe zum Selbst) zu tun – zusammengefasst unter dem geläufigen Überbegriff *Geist*. Da unsere innere *Geistigkeit* auch alles weiß und kennt, was unserem Körper guttut, was er braucht und was er nicht will, ist es sowohl sinnvoll als auch nützlich, mehr Wert auf diese innere Verbindung mit unserer Geistigkeit und unser Selbst zu legen – auf unseren **Selbstwert.** Wenn sich dazu noch durch Krankheitsbilder verschieden intensive Ängste einschleichen, wird es immer schwerer mit unserem Gesundbleiben, Wohlbefinden und Erfolgen.

Oder sollten wir da schnell umdenken: Sind nicht die Krankheitsbilder dringende Signale des Geistes, der Seele und unseres Selbstes, das in solchen Fällen am ‚Zusammenbrechen', am Verlorengehen ist – eben dem *Selbstwertverlust*? Es sind wertvolle Signale für unser Gesundbleiben, Signale für unser Freiwerden von Falschem und Nebensächlichem, Signale zur Rückkehr zu unserer Natürlichkeit (das, was unsere Natur ist) und Signale zu neuer Stärke für unsere wiederkehrende Erfolge – eben für unser *Selbstbewusstsein*.

Wie leicht würde sich so vieles in Harmonie und Wohlgefühle verwandeln, wenn dieses »Prinzip des Selbstwertes« besser verstanden und öfter angewendet werden würde. Vielleicht sollten wir uns auch schnellstens darauf einrichten, dass ‚reine-Liebe-strömen-lassen' und ‚ich-liebe-mich-so-wie-ich-bin' wieder zu einem *erfüllten Selbstwertgefühl* führen.

Wir leben in Zeiten der äußeren Freiheiten, wie es sie wohl noch nie gab. Zugleich sind aber auch die inneren Einschränkungen mitgewachsen, die als Kritik in jeder Form unser eigenes Wachsen, vor allem unser inneres, einschränken – und das von kleinauf. Daher gilt: Die **eigene Wertschätzung** bietet uns neben dem Gesundsein zugleich wirkliche Lebensfreude – und allen Menschen (und Haustieren), die mit uns in Resonanz sind.

„Es funktioniert!"

Nach dieser kurzen Theorie schildere ich nun zwei Beispiele, die ‚wissenschaftlich' wieder einmal unverständlich sind, die aber zeigen, dass sich durch die Vernetzung unserer Körperebene mit unseren Geistebenen Unerklärliches manifestieren kann. Ich will jetzt die Überschrift dieses letzten Buchteils ‚Geist vereint sich mit Materie' belegen. Dazu gibt es viele authentische Berichte aus dem ‚magischen' Bereich der indischen Yogis.

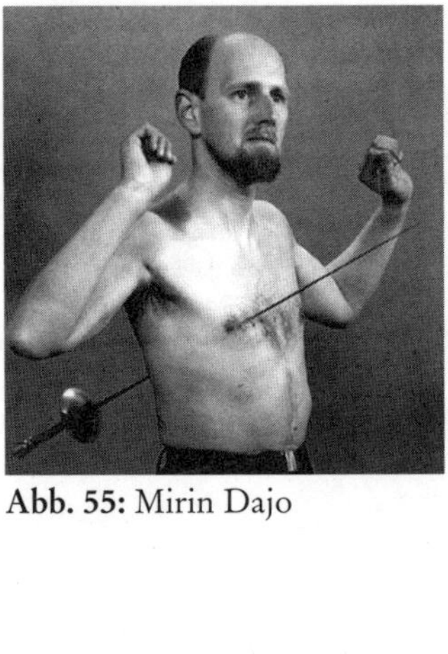
Abb. 55: Mirin Dajo

Oder über die Aufhebung der Gravitation, des Erdmagnetfeldes, durch tibetanische Mönche berichten Jan und Stefan in ihrem Buch »Die Jahrtausendlüge«.

Oder über den niederländischen Propheten Arnold Henske (1912-48) alias Mirin Dajo, dessen Unverletzlichkeit die Fachwelt vor ein Rätsel stellt. Ausführlich berichtet darüber Luc Bürgin, Herausgeber des Schweizer Magazins »mysteries«, in seinem

Buch »Das Wunder Mirin Dajo: Der unverletzbare Prophet und seine paranormalen Kräfte«. Inzwischen hat Bürgin sogar einen sensationellen Originalfilm von 1947 in der Schweiz gefunden, den sich jeder unter »www.mysteries-magazin.com/mirindajo« oder auf »YouTube« ansehen kann.

Doch auch eigene Erfahrungen kann ich beitragen. Ich hatte im Jahr 2000 eine bewusstseinserweiternde Übung gemacht, die nur durch den Verbund des eigenen Geistes mit der körperlichen Materie möglich ist. Es ist die **Lichtnahrung**, wie man diese belächelte Herausforderung auch bezeichnet. Unter Anleitung einer Therapeutin habe ich den zentralen Prozess, wie ihn die weltberühmte Autorin Jasmuheen in ihrem Buch schildert, durchgeführt: sieben Tage ohne zu essen und ohne zu trinken. Fasten, also ohne zu essen, kannte ich schon immer wieder einmal in meinem Leben (das sogenannte Heilfasten kann man in Fastenkliniken bis zu 40 Tage durchführen). Aber sieben Tage ohne einen Tropfen Flüssigkeit ist normalerweise tödlich, erklären auch Ärzte. Doch ich lebe noch und habe es wie viele andere auch geschafft. Hierbei ist es genauso das *mentale Geschehen*, das die lebensnotwendigen körperlichen Funktionen übernimmt.

Ich habe mir während der sieben Tage vorgestellt, dass ein Schläuchlein vom Himmel in meinen linken Schlüsselbeinbereich mündet, in dem meine feste Nahrung mental zu mir komme. Und die geistigen Getränke kamen auch mental durch ein Schläuchlein in meine rechte Schlüsselbeinregion – unsere Lymphe lässt grüßen! So war ich *geistig versorgt*, wie manche ernährungsfreie Kirchenleute auch.

Fälle von Heiligen und anderen tiefreligiösen Persönlichkeiten (u.a. auch Lamas und Yogis) hat es immer gegeben, die jahrzehntelang ohne Essen und Trinken gelebt haben (die bei uns bekanntesten sind *Therese Neumann von Konnersreuth, Katharina von Siena* und der Schweizer Nationalheilige *Nikolaus von der Flüe*). Mit Recht heißt es, sie habe Gott ernährt. Doch heute wird es schon sehr vielen von uns Menschen möglich, diese höchste Hürde der *sichtbaren Vergeistigung* zu meistern. Ich kenne persönlich mehrere Nutznießer dieser ‚günstigen' Energie (*ungeformte göttliche Raumkraft*, die auch als Äther, Fluid, Od, Orgon, Vril, Prana der Hindus und anderes[(164)] bekannt ist). Die meisten nehmen aber aus sozialen Gefühlen heraus wieder materielle Nahrung auf.

Doch noch ausführlicher spricht über diesen inneren Prozess Dr. Michael Werner bei »secret.TV«. Seit acht Jahren ernährt sich der promovierte Chemiker nach eigenen Angaben von kosmischer Energie. So lange schon nehme er keine feste Nahrung mehr zu sich und erfreue sich bester Gesundheit. Außer mal hier und da ein Getränk aus sozialen Gründen enthalte er sich jeder Nahrung. Dr. Werners Lebensweise wurde ärztlich überprüft und ist als glaubhaft bestätigt worden.

Nun, was können Sie von all diesen geistigen Zuständen ernsthaft akzeptieren? Habe ich Sie auch auf dieses Gebiet neugierig gemacht? Der Büchermarkt, Fachzeitschriften und das Internet können dazu noch viel Sachwissen liefern – offizielles und alternatives. Denn auf unserer irdischen Ebene ist eben alles dual und zweigeteilt und ‚zwiespältig' – auch unsere Erfahrungen. Janus, der römische ‚Gott der zwei Gesichter' lässt grüßen!

Diese Vereinigung geistiger Energien mit einer lebendigen Materie nennt sich dann Bewusstseinserweiterung.

Die Weisheit unseres Körpers

Unser Körper ist nicht nur ein Wunderwerk, das auf eine Betriebsdauer von annähernd einhundert Jahren angelegt ist, sondern er ist auch ein System, mit dem man seine Wunder erleben kann. Und wundern Sie sich nicht, dass unsere sichtbare körperliche Substanz ein mit Wasser gefüllter Habitus ist?

Wäre es da nicht ganz toll, wir könnten mit unserem Körper richtiggehend *wasser-kommunizieren*? So wie es uns Emoto vormacht? Könnten zum Beispiel dabei spüren und erspüren, was unserer Körpersubstanz gut tut und was nicht?

Über unsere fünf Sinne können wir da schon sehr viel erfahren, wenn wir sie aus dieser Sichtweise achtsam *be*-achten. Unser Körper gibt uns da sehr wohl klare Signale, wie es ihm und somit uns besser geht. Doch können wir uns dafür auch *übersinnliche* Körperreaktionen erschließen, die uns etwas mitteilen? Solche gibt es ‚natürlich' auch – und meiner Erfahrung nach geradezu ziemlich unfehlbare. Ich sagte ja schon: Unser Körper ist ein Wunderwerk.

Und jetzt darf ich Ihnen berichten, was wie ein Geheimnis klingt, aber längst keines mehr ist – aber wer weiß das schon? Diese Mentaltechnik nennt sich **Kinesiologischer Muskeltest**. Das hat nichts mit chinesischer Weisheit zu tun, sondern kommt vom griechischen *kinesis* (Bewegung) und *logos* (Wort, Lehre). Ein bisschen wird es doch fernöstlich, denn der Begriff *Energie* wird hierbei in Anlehnung an das daoistische *Qi* (im Sinne von ‚Lebensenergie') benutzt. **Die Kinesiologie sieht sich selbst als eine Methode, die den Menschen in seiner Ganzheitlichkeit wahrnimmt und somit bestimmte Zustände oder Schwingungen anzeigt.**

Uns interessiert hier der einfache Muskeltest. Er soll zum Auffinden von Ungleichgewichten und Dysfunktionen im körperlichen und emotionalen Bereich dienen, indem damit Substanzen, Informationen, Therapien und anderes für jeden Menschen *individuell* ausgetestet werden können. Der Muskeltest dient daher als *Biofeedback-System* und zeigt an, ob unser Körper in Sympathie oder Harmonie zu einem Gegenstand, einem Nahrungsmittel, einem Getränk oder Medikament steht.

Als ich vor langer Zeit in meinem Gebiss einige schädliche Amalgamplomben durch Gold ersetzen ließ (eine ‚Technik', die man schon in Zähnen von Pharaonen fand), galt es zwischen zwei Goldqualitäten zu unterscheiden, und mein Körper zeigte per Muskeltest ganz klar an, was er für richtig hielt.

Was passiert denn da? Jan schreibt dazu in seinem Bestseller »Das Eine Million Euro Buch«:

„Kinesiologie beruht darauf, dass sich emotionale, mentale, spirituelle sowie gesundheitliche Störungen in Form einer Schwäche bestimmter

Muskelgruppen zeigen. Zentrales Werkzeug der Kinesiologie ist der sogenannte ‚Muskeltest'. Der Sinn dieses Muskeltests ist, dass ein Muskel auf Stress oder eine Information mit einem kurzen ‚Abschalten' oder Nachgeben reagiert. Diese kurze Erstreaktion des Muskels wir vom automatischen Nervensystem gesteuert und kann nicht willkürlich vom Verstand kontrolliert werden."

Ist zum Beispiel der Armmuskel (Deltamuskel) bei diesem Test der Indikator-Muskel, übt der Kinesiologe für einen Moment einen bestimmten Druck auf den ausgestreckten Arm des Klienten aus. Entweder bleibt der Arm im kinesiologischen Sinne stark und ‚eingerastet' oder er wird für einen Moment weich und nachgiebig. So gibt die jeweilige Muskelreaktion eine Antwort auf die vorher festgelegte Frage.

Natürlich können es auch Gegenstände oder Präparate sein, deren Kontakt oder deren Einnahme damit beurteilt werden können. **So** informiert uns unsere Körpereinheit durch den Muskeltest über alle Unklarheiten zu all den erwähnten Problemsituationen. Richtig abgefragt, erhalten wir alles Wichtige über den jeweiligen Ist-Zustand unseres inneren und äußeren ‚Bedürfnisses': „*...es soll mir besser gehen.*"

Der Muskeltest bietet diese einfachste und verlässlichste Möglichkeit, durch das direkte ‚Gespräch' mit dem Körper alles Störende aufzuspüren, zu identifizieren, aufzulösen und Energien wieder fließen zu lassen.

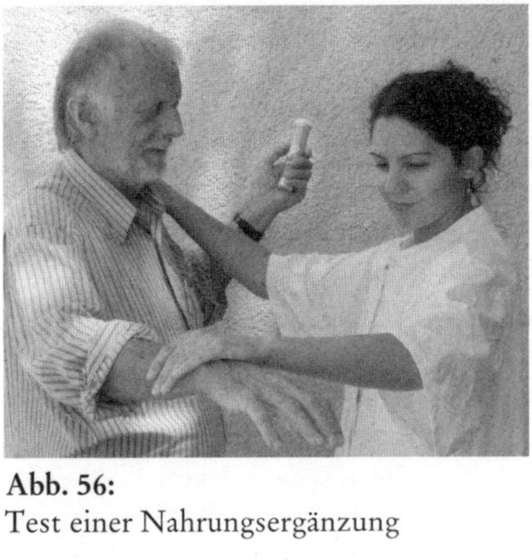

Abb. 56:
Test einer Nahrungsergänzung

Wie das geht? Ein Beispiel: Sie strecken einen Arm horizontal aus. Der Kinesiologe versucht nun, diesen Arm nach unten zu drücken, wobei Sie sehr gut gegenhalten können. Wenn Sie eine Antwort Ihres Körpers haben wollen bezüglich eines Produktes, dann halten Sie es anschließend in der anderen freien Hand – einen Gegenstand, ein Medikament, ein Getränk oder einen zusammengefalteten Zettel, auf dem das Wort steht, um das es Ihnen geht. Oder Sie denken beispielsweise an das Thema *„...habe ich davor Angst?“* oder an Ihre Arbeit oder etwas, das Ihnen – eventuell auch nur unterbewusst – Sorgen bereitet.

Dabei versucht der Kinesiologe erneut, Ihren ausgestreckten Arm nach unten zu drücken. Können sie nun nicht mehr standhalten, bedeutet dies, dass auf bewussten oder unbewussten Ebenen **Stress** vorliegt. Die jeweilige Muskelreaktion ergibt so eine ‚Antwort'. Die Übung darf natürlich kein Kräftewettkampf werden zwischen Ihnen und ihrem Therapeuten, sondern eine sensible und dankbare Beobachtung der eigenen Reaktion.

Es gibt darüber längst Sachbücher. Mehr halte ich vom praktischen Erlernen in Tagesseminaren (es geht ja um das richtige ‚Gefühl' dabei), denn ich empfehle Ihnen hiermit, baldmöglichst selbst (Freizeit)-Kinesiologe zu werden – es ist ganz leicht. Einen schnellen Einblick bietet Klaus Wienert, 1. Vorsitzender der »Deutschen Gesellschaft für angewandte Kinesiologie« in »secret.TV«.[(170)] (Dies stellt jedoch kein Endziel dar, denn die optimalen ‚Gespräche' mit uns selbst sind *die eigenen Intuitionen*.)

Eine spezialisierte Kinesiologie berührt auch die tiefste Ebene des Menschen, die Zellerinnerungen, wo alle Erlebnisse aller Inkarnationen aufgezeichnet sind. Mit sanften Muskeltests wird dieses Zellbewusstsein direkt abgefragt. Dabei gibt es Aufschluss über körperliche Beschwerden, Verhaltensmuster, Emotionen und Stressverhalten. Und gleichzeitig zeigt es den am besten geeigneten Lösungsweg dieser Themen für den Einzelnen.

Die größten Überraschungen werden bei kinesiologischen Tests die Getränke und unsere Nahrungsmittel verursachen, allerdings sind diese Körperreaktionen stets Momentaufnahmen. Manchen guten Schluck Alkohol steckt unser Körper in besonderen Momenten oder im Rahmen einer Gemeinsamkeit oder wenn ich mit meinem jenseitigen Partner Franz ein Achtele Rotwein genieße, ganz sicher locker weg.

Im Vordergrund sollte jedoch die Achtung vor diesem inneren Wissen stehen. Der Körper lügt nicht, und wir vertrauen ihm als der zuverlässigsten Quelle für unser Wohlbefinden. Es geht nicht darum, zu raten, zu vermuten oder aus ‚Erfahrung' zu empfehlen, sondern sich über den persönlichen Muskeltest **Gewissheit** zu verschaffen. Dieses Höchstmaß an Respekt und Objektivität gewährleistet, dass das eigene Tun wirklich auf die persönlichen Bedürfnisse abgestimmt ist, zum Erfolg führt und es uns immer besser gehen kann.

Die schönste Überraschung

kommt jetzt am Ende des Buches. Sie haben nun schon mehrfach gelesen – und sicherlich auch über die erwähnten Zahlen gestaunt – was als vollautomatische **Zellerneuerung** in unserem Körper abläuft. Es spielt sich alles in Millionengrößen und in Sekunden ab – und das jahrzehntelang. Was für ein Wunderwerk ist doch unser wertvoller Körper!

Nun fand ich dazu weitere Angaben und Zahlen in einem entscheidenden Bericht im April 2009[(206)]. Der Internist Dr. Deepak Chopra, Sohn eines prominenten Kardiologen in Neu-Delhi, ist heute Leiter seines bekannten Gesundheitszentrums in San Diego, Kalifornien. Er ist außerdem ein populärer zeitgenössischer Autor von Büchern über Spiritualität, alternative Medizin und Ayurveda. Sein medizinisches Verständnis ist stark beeinflusst durch den heimatlichen Hinduismus (die Veden und die Bhagavad Gita). Seine zahlreichen Gesundheits- und Lebenshilfebücher erreichen weltweit Millionen-Auflagen und wurden in mehr als zwei Dutzend Sprachen übersetzt. Chopra versteht es, drei wertvolle Wissensgebiete zusammenzubringen: das heilige Wissen der Hindus, die Praxis als Internist und die visionäre Größenordnung der Quantenphysik, wofür er 1998 den satirischen Ig-Nobelpreis der Harvard-Universität für Physik erhielt.

Dr. Chopra erklärt, dass wir alle sechs Wochen eine neue Leber, alle drei Monate ein neues Skelett, obwohl es so hart und solid erscheint, monatlich eine neue Haut, alle fünf Tage neue Magenwände besitzen. Sogar unsere heutigen Gehirnzellen aus Kohlenstoff, Wasserstoff und Sauerstoff gab es vor einem Jahr noch nicht. Die ebenfalls auf den Rohstoffen Kohlenstoff, Wasserstoff und Sauerstoff basierende DNS, welche die Erinnerungen von Jahrmillionen menschlicher Evolution speichert, entsteht und vergeht alle sechs Wochen. Die Hochrechnung dieser Vorgänge bringt uns zu dem Ergebnis, dass in weniger als zweieinhalb Jahren unser gesamter Körper, jeder Teil davon, bis zum letzten Atom ersetzt wurde und wird.

Wenn ich manchmal den lustigen Spruch loslasse, mein Körper sei Baujahr 35, noch Vorkriegsqualität, so stimmt das also nur bedingt. Das diesjährige ‚Modell' ist nicht dasselbe wie das letztjährige und auch nicht wie das vom letzten Monat, erklärt Chopra.

Wie kann es nun sein, dass mein ‚neuer' Körper – also dessen Atome, Moleküle und meine Gehirnzellen, Herzzellen, Nierenzellen und so weiter – weiß, wie Johannes Holey ist? Auch das ist geordnet. Das stabile und steuernde Wissensprogramm können wir getrost ‚Geist' nennen. Diese Geistenergie muss geradezu göttlich sein, denn sie kennt den *Zuletzt-Zustand* (vielleicht irgendeine Organschwäche), kennt über die Vernetzung mit Stammzellen den genetischen *Geburtszustand* und trägt sogar ungelöschte Abspeicherungen aus *früheren Leben* mit. Es verblüfft sehr, was Dr. Chopra schreibt:

„Meine Hautzellen erneuern sich jeden Monat, aber sie vergessen den Unterschied zwischen heiss und kalt nicht; ich habe neue Magenzellen alle fünf Tage, und sie sind in der Lage, Hydrochloridsäure zu produzieren; meine Geschmacksknospen werden alle fünf Wochen ausgetauscht, ohne dass sie den Geschmack von Erdbeereis vergessen. Und auch meine DNS, alle sechs Wochen neu, behält die Erinnerung an die ganze evolutionäre Entwicklung der Menschheit. Also ist mein Körper nur der Ort, den meine Erinnerungen jetzt gerade als ‚mein Zuhause' bezeichnen. Vielleicht ist DNS überhaupt nicht ein Ding, sondern Le-

ben schlechthin, ein abstraktes Bewusstseinsfeld, das als Materie in Erscheinung tritt, das sozusagen die Materie als Maske trägt."

Somit schlussfolgert Dr. Chopra das, was ich mehrfach anderweitig schon zitiert habe und für mich selbst versinnbildliche: Ich, der Geist oder meine Seele, bin der Fahrer meines Körperautos, und nicht umgekehrt. Jeder von uns *ist* Intelligenz, Impulse und Gedanken, die gelernt haben, einen physischen Körper zu bilden. Doch trotz des perfekten Zellerneuerungsprogramms schreibt Chopra:

„Etwas davon hat sich anscheinend nicht verändert, nämlich meine Hoffnungen, Erwartungen, Träume, Ideen, Konzepte, Meinungen, meine Philosophie und Ideologie, meine Überzeugungen. Diese hängen hier etwas länger herum als mein physischer Körper, meine Gedanken haben offenbar eine etwas größere Lebenserwartung als meine Moleküle. Aber auch sie ändern sich natürlich, meine Gedanken wie auch meine Gefühle, sie kommen und gehen von Augenblick zu Augenblick; sie scheinen jedoch die physische Form meines Körpers zu überleben. Vielleicht kann man sagen, dass meine Gedanken und Gefühle sich fortwährend reinkarnieren als mein physischer Körper, im Hier und Jetzt, gerade jetzt."

Das gibt nun mir und uns die großartige Möglichkeit, mit unserer geistigen Energie, unserem Bewusstsein und unserem Selbst, geistig einzugreifen in unsere Körperzellenerneuerung – jeder für sich und individuell und selbst-bewusst.

Können wir bislang Unwissenden dieses neue Spezialwissen über unsere bewährten Zellerneuerungen dazu nutzen, um uns selbst zu heilen, unser Wohlbefinden aufzubessern und unsere Lebensqualität zu optimieren? **Hier scheint sich ein fantastischer neuer Weg zu öffnen.** Kommen diese Erkenntnisse von Dr. Chopra genau zur richtigen Zeit der vielfältigen Veränderungen? Jetzt, wo beispielsweise sogar unsere Autoindustrie ihre Geheimtresore öffnet und Hybridautos anbietet? Jetzt, wo weltweit Alternatives in allen Lebensbereichen zum Umdenken und zur Realisierung verlockt?

Verehrte Leserinnen, liebe Leser, hier spüre ich, dass uns ein Denkansatz geboten wird, der in seiner Bedeutung den *irdischen Impuls* liefert für eine neuzeitliche Vereinigung mit den veränderten *kosmischen Schwingungen* der nächsten Jahre und uns damit auch neue Möglichkeiten bereithält. Kündigt sich eine große und wichtige Trendwende an?

Das ist nicht mein letztes Wort

Was ist Ihnen Ihre Gesundheit wert? Vielleicht sind Sie am Ende dieses Buches betroffen über alles, was Sie jetzt wissen? Was davon können Sie ändern, dass Sie und Ihre Familie in unserer industrialisierten Umwelt noch besser leben können? Einiges können Sie sicherlich sofort und leicht ändern, anderes braucht seine Zeit, und manches wird schwierig werden oder sehr tiefgreifend. Da wir aber einiges in unserem äußeren Umfeld überhaupt nicht ändern können, weise ich darauf hin, dass wir dann dafür unser eigenes körperliches Energie- und Lebensfeld schützend verändern können, wenn wir es wollen.

Sie ahnen dabei sicherlich schon, dass Sie sich ein besonderes Erdenleben in einem entscheidenden Zeitabschnitt der Menschheitsevolution ausgesucht haben? Wir alle haben heute Möglichkeiten, von denen wir in früheren Leben nur geträumt haben. Doch das scheint uns eben auch verführen zu können, in manchen Bereichen unkritisch in einem relativ bequemen Zeitgeist drauflos zu leben.

Da ich schnelle Autos geliebt habe, weiß ich, welche Vorteile die Autobahn bietet, und ich habe sie genossen (was früher auch noch möglich war). Dabei kann man auch manches verpassen, was viel, viel schöner, aber in solchen Momenten nebensächlich ist. Ich hatte dabei ganz selten Schwierigkeiten auf meiner Lebensautobahn – mein Fahrzeug und mein Leben funktionierten problemlos, so wie bei Millionen anderen auch. Doch die Welt um uns ist trotzdem viel größer und vielfältiger, und sowie wir von der Schnellstraße abbiegen, wissen wir, dass wir jetzt auf die Verkehrszeichen und die Schilder aller Art aufmerksam achten müssen, um ans Ziel zu kommen.

Natürlich haben wir dabei schon wieder die Wahl zwischen einem preiswerten Navigationssystem, durch das wir uns zielgerecht führen lassen können, oder einer liebevollen Beifahrerin, die uns dann schon sagt, wo es langgeht. Oder wir studieren im Vorfeld, was uns auf der Fahrt erwarten könnte. Und das kann dabei wirklich das Interessanteste sein auf unserer Fahrt durchs Leben – manchmal sogar das Notwendige, wenn Fahrzeug und Fahrer noch länger beisammen bleiben wollen. Als Wahlschwabe weiß ich bestens, was mir mein ‚Heiligsblechle' wert ist, und dabei sehe ich mich ‚Fahrer' als die Seele, die im Fahrzeug Körper das Steuer in der Hand hält.

Da Sie durch Ihr Interesse an den Themen dieses Buches gleichfalls spüren, dass es da wohl auch einen Änderungsbedarf geben dürfte, könnten Sie sich ja dafür möglicherweise ein praktischeres Fahrzeug aussuchen statt des schnellen. Und schon sieht aus einem VW-Bus alles ganz anders aus. Der Komfort ist dann nicht mehr die Schnelligkeit, sondern die vielen Sachen, die man jetzt mitnehmen kann – im Leben.

Doch da ist noch etwas: Welches Verhältnis haben wir zu solchem Wissen, wie ich es gefunden habe und wie ich es bei Ihnen, verehrte Leserinnen, liebe Leser, inzwischen voraussetze? Ein erheblich anderes als bei den meisten Mitbürgern, die diesbezüglich oft noch als schlafend bezeichnet werden. Denn bei **solchem Wissen** gibt es eine ‚Holschuld', hinter der man her sein muss und keine ‚Bringschuld', wie in der Schule oder im entspannten Lesen der halbseidenen Presse. Diese Holschuld ist Resonanz unserer Lebendigkeit und Erkenntnisfähigkeit und – bitte Vorsicht! – zugleich ein neues Suchtmittel, wenn Sie die Internetsuchmaschine »google« ernsthaft entdeckt haben.

So kommen wir auch auf dem schnellsten Weg in unsere Verantwortung. Es muss jetzt nicht gleich das superdeutsche Wort *Pflicht* sein. Trotzdem sind wir unserem eigenen Wohlergehen und dem unserer Familien gegenüber irgendwie verpflichtet. Pflicht ist eine WIR-Energie, keine ICH-Energie. Das Pflicht-WIR beinhaltet zwar nicht mehr das Vaterland, wie einstmals, aber eben doch ‚die Gemeinschaft' – die der notorischen Querdenker, der ungläubigen Kritiker, der bewussten Veränderer, der mutigen Dirigenten, der pfiffigen ‚Lokführer' oder selbstlosen Aufklärer.

Zu gerne würde ich auch schreiben, einen ‚charismatischen Obama deines Hauses'. Aber wir wissen ja noch nicht, was bei ihm ehrlicher Veränderungs- und Verbesserungswille und was gekonnte Show ist, die einfach gut ankommt. Seine Wirkung ist allerdings ansteckend, und er repräsentiert schon ganz offensichtlich einen *Geist der Neuen Zeit*. Auch Altbundespräsident Richard von Weizsäcker meinte dazu: *„Die Botschaft Obamas enthält viel auf einmal und die Richtung stimmt.“*

Abb. 57: Ein charismatisches Paar in Prag

Was mich dabei erstaunt: Obama zeigt in seinem neuen Stil auch ein neues präsidiales Verhältnis zur Weiblichkeit – er teilt seine Erfolge mit seiner Michelle und spielt in der Öffentlichkeit nicht nur seinen männlichen Solopart. Dass er zur Zeit der ‚stärkste' Mann der Welt ist, wissen wir auch so – aber er scheint seine attraktive Gattin, Mutter der beiden gemeinsamen Töchter, geschickt in den Vordergrund zu schieben.

Ich betone das deshalb, weil ich im Buch weiter vorne schon einmal von einem ‚stärksten Mann der Welt' geschrieben habe, von ‚Konstantin dem Größten'. Er hat die Mutter seiner fünf Kinder bestialisch hinrichten lassen. Sie war auch First Lady und Tochter eines Kaisers. Wie haben sich doch bis ‚Barack dem Größten' die Zeiten geändert!

Es gibt noch andere First-Ladys, die tatsächlich ‚auf den Thron' gehoben wurde. So ging es durch die Weltpresse, dass der japanische Kaiser Akihito (75) bei der Goldenen Hochzeit zu Tränen gerührt seiner einst bürgerlichen Ehefrau für ihre Unterstützung während der vergangenen Jahre öffentlich dankte.

Als ich das hier gerade geschrieben habe, war Frühstückszeit. Ich hatte mich nämlich in ein kleines Hotel an der Meersburger Seepromenade zurückgezogen, denn der offene, weite Blick direkt über Bodensee und Berge macht mich immer etwas geistreicher. Und beim morgendlichen Blättern in »Die Welt« (vom 7.4.2009) fand ich folgende Zeitungsnotiz: Ein Leser, Jahrgang 40, schreibt vom Gruppenfoto seiner Abiturklasse 1959. *„Darauf sind 30 Schüler und eine Schülerin. Heute sagt man, dass weibliche Abiturientinnen bereits über 50 Prozent ausmachen."* So war es noch vor 50 Jahren!

Wir sehen: Die Welt verändert sich!

Ich bedanke mich, verehrte Leserinnen, liebe Leser, dass Sie bis hierher mitgemacht haben. Wir fühlen und erkennen dabei: Nur zusammen sind wir wirklich stark, und wenn wir uns geistig umarmen, dann kommen wir uns nicht nur geistreicher vor, sondern auch in unseren Herzen näher und klinken uns automatisch ein in das weltweite *Lichtnetz* oder mein privates *Feelnet* – erinnern Sie sich noch, was die Princeton Universität herausfand?

Vielleicht schaffe ich es auch noch wie mein Sohnemann Jan, der seine Idee eines Internet-Fernsehsenders für unzensierte Meinungsbildung tatsächlich realisiert hat. Mut machen uns die Worte des französischen politischen Publizisten Victor Hugo, der meinte:

„Nichts auf der Welt ist so mächtig,
wie eine Idee, deren Zeit gekommen ist!"

Ich möchte Ihnen versichern, dass das Sich-näher-kommen und ein feingeistiges Gemeinschaftsgefühl etwas Wunderschönes sein wird. Mir fällt dabei immer der griechische Volkstanz Sirtaki ein. Sie kennen ihn auch? Eine Gruppe von Menschen, die ihre Arme über die Schultern des Nächsten gelegt haben, eng miteinander verbunden – Männlein und Weiblein –, die tanzen und singen und lachen und glücklich sind. Dieser Tanz wurde durch Anthony Quinns große Schauspielkunst berühmt, und ein kluger Physiker unserer Tage, Ernst Meckelburg, erklärt es in seiner anderen ‚Romantik' als *„elektromagnetisch untereinander in Beziehung stehende Felder"*.

So oder so… **so wird einmal unsere Zukunft aussehen** – die Gleichheit aller Menschen im Verbund, die heilende Energie der Gruppe und die offenherzige Energie der Gleichgesinnten. Da kann Wunderbares geschehen, wenn WIR das neue Gefühl für Gemeinsamkeiten wertschätzen lernen.

Gleichgesinnung, Zielorientiertheit und Erfolgserleben zusammen machen stark und führen in eine veränderte Zukunft.

Schon zwei Grad mehr Wärme soll uns dem Paradies näher bringen, erinnern Sie sich?
Doch das kann noch dauern, und wir programmieren diese Entwicklung vorerst mit unserer Herzenswärme.

Ich bedanke mich ganz herzlich!

Euer Johannes

Der Autor über sich

Es war ein erfolgreiches Leben als Industrieller mit einem reizvollen Produkt – festliche Mode – und der Möglichkeit, überwiegend Mädchen und Frauen angenehme Arbeitsplätze zu bieten. Auch bei allen Ehrenämtern war ich lieber auf der Seite der Schwächeren und Hilfsbedürftigen, denn, im Sternzeichen Waage geboren, plagt mich ein sensibles Gespür für Gerechtigkeit. Die Zeitschrift »Esotera« hatte einstmals über unseren Betrieb als einen der fünf esoterisch geführten Unternehmen berichtet, und der Leiter des Arbeitsamtes Crailsheim nannte uns seinen Vorzeigebetrieb. Neun prächtige Enkelkinder scharen sich heute in dem ehemals geschaffenen Familienhort.

Mit 63 kam für mich endlich die große Freiheit und es entstanden die Bücher

1997 »Jesus 2000 – das Friedensreich naht«,
2000 »Bis zum Jahr 2012 – der Aufstieg der Menschheit«
2002 »Alles ist Gott – Anleitung für das Spiel des Lebens« und
2007 »Der Jesus Code – lieben statt leiden«.

Vorträge und verschiedene DVDs begleiteten meinen Weg. Durch die jahrelange Zusammenarbeit mit Brigitte Jost erkenne ich inzwischen immer stärker die weltweite Problematik der systematischen Unterdrückung des weiblichen Prinzips – in uns selbst, in allen Religionen, in der Gesellschaft und im weltweiten Menschheitskollektiv. In meiner Solidarisierung mit dem sogenannten ‚schwachen Geschlecht' drängt es mich genauso nach mehr Gerechtigkeit.

Ich lebe (ohne Fleisch, fast ohne Alkohol und Fernsehen – außer www.secret.TV natürlich ☺) überwiegend auf der wunderschönen Atlantikinsel La Palma, pflege aber unverändert meine herzliche Anbindung an Deutschland.

Über meine weiteren Arbeiten klärt meine Internetseite auf:
www.johannes-holey.de

Es geht weiter im Band 2

(Erscheint im Frühjahr 2010)

Ernährung und Medizin
Das Spiel der Krankenkassen – Die Ernährungspyramide – Stammzellen, die Gesundheit der Elite – Was wir unfreiwillig mitessen – Die Hepatitis-C-Lüge – Der Glutamat-Trick – Der Zink-Mangel – Der Magnesium-Mangel – Der Kalium-Mangel – Der Vitamin-D-Mangel – Noch besser entgiften – *„Ich brauche keine Milch mehr!“* – Die gezüchtete Borreliose – Die Pseudo-Viren (Vogel- und Schweinegrippe) usw.

Technik
Elektrosmog – Flachbildmonitore – unbegrenzte Ölförderung auf abiotisch – Die Energiebox als Stromzähler – Warum die Wunderpflanze Hanf verboten wurde – Computerspiele usw.

Psychologie
Der Wert der Familie – Unsere beiden Hirn-Hemisphären – Das Druckmittel der Ängste – Keine Prophezeiungen stimmen mehr – Unser Lebensplan – Immer sind die anderen schuld – Die Botschaft des Gleichnisses vom ‚verlorenen Sohn' usw.

und viele aktuelle und überraschende Themen

Das Leben
besteht nicht darin zu warten,
dass das Gewitter vorübergeht,
sondern zu lernen,
unter seinem Regen zu tanzen.

(Autor unbekannt)

Alternative Fachzeitschriften und Magazine

»**KOPP-exklusiv**« Pfeiferstr. 52, 72108 Rottenburg
www.kopp-exklusiv.de

»**La Vista!**« Lange Str. 60, 76530 Baden-Baden
www.la-vista-magazin.de

»**Lebens|t|räume**« Stumpenstr. 1, 78052 Villingen-Schwenningen
www.johanniterhof.de

»**Lichtfokus**« Baderpoint 3a, 83370 Seeon
www.elraanis.de

»**Magazin2000plus**« Sternstr. 3, 87616 Marktoberdorf(36)
www.magazin2000plus.de

»**mehr wissen – besser leben**« Alleenstr. 85, 73230 Kirchheim(71)
www.kent-depesche.com

»**mysteries**« Postfach, CH-4002 Basel
www.mysteries-magazin.com

»**Natur & Gesundheit**« Koblenzer Str. 99, 53177 Bonn
www.fid-gesundheitswissen.de

»**Nexus**« Paul-Neumann-Str. 57, 14482 Potsdam(30)
www.nexus-magazin.de

»**raum & zeit**« Geltinger Str. 14e, 82515 Wolfratshausen(35)
www.raum-und-zeit.com

»**Visionen**« Sägestr. 37, 79737 Herrischried
www.visionen.com

»**Wege**« Rankar 12, A-4692 Niederthalheim
www.wege.at

»**Zeiten*Schrift***« Pofa 12 69 11, 10609 Berlin
www.zeitenschrift.com

Zitierte Wissenschaftler

Namenregister

Sachregister

Internet-Links

(Verlag und Autor sind nicht verantwortlich für die Inhalte externer Internet-Seiten)

2 www.wege-zur-ganzheit.de
5 aus »Das Edelmetall & Rohstoff Magazin 2007/2008« und »www.value-stocks.de«
6 »www.kopp-verlag.de« bei »www.das-gibts-doch-nicht.info/seite5272.php«
7 2002 im NEUE ERDE Verlag GmbH Saarbrücken
8 www.goldseiten.de
9 www.euobserver.com/9/26973
12 kompletter Text bei: »www.euractiv.com/de/finanzdienstleistungen/interviewerster-richtiger-schritt-regulierung-hedgefonds/article-175462«
13 www.das-gibts-doch-nicht.info/seite 5347.php
14 www.mmnews.de/index.php/200903182540/MM-News/Weltpanik-Weltmanipulation-und-Weltwahrung.html
15 www.gartenheim.de
16 www.johanniterhof.de
17 www.peter-kummer.de
18 http://209.85.129.132/search?q=cache:nPNkPcg4Z3oJ:www.hannover-zeitung.net/aktuell/vermischtes/113574-die-luege-von-mittweida-rebecca-k-schuldig-gesprochen+rebecca+K.+Mittweida+verurteilt&cd=7&hl=de&ct=clnk&gl=de&client=firefox-a
19 www.amanita.at/d/lesen/d-0512-juplu-depression.htm
21 www.alles-schallundrauch.blogspot.com/2008/12/interview-mit-gerald-celente.html
22 Zeit-Online: www.zeit.de/1961/43/Leben-wir-am-Ende-der-Eiszeit
23 CFP: www.canadafreepress.com/index.php/article/908
24 www.bueso.de/news/britischer-umweltminister-bezeichnet-global-warming-kampagne-als-hysterische-pseudoreligion
25 www.dasgelbeforum.net/forum_entry.php?id=37133
26 www.astronews.com/news/artikel/2004/11/0411-001.shtml
27 www.deutschlandnetz.de/modules/news/article.php?storyid=41
28 www.timesonline.co.uk/tol/news/uk/article1720024.ece
29 www.space.com/scienceastronomy/060504_red_jr.html
31 www.ufophysics.com/russisun.htm
32 www.nasa.gov/mission_pages/themis/main/index.html und http://beyondmainstream.de.tl/Biophotonen-und-Photonen.htm
33 www.chemtrails-info.de/chemtrails/wetterkriegsfuehrung.htm
34 www.zeitenschrift.com/news/short-haarp.ihtml
37 Quelle und gesamter Text: http://alles-schallundrauch.blogspot.com/2008/09/die-beichte-eines-klimawissenschaftlers.html
40 www.welt.de/politik/article1262062/Al_Gore_ein_Roboter_mit_hohem_Stro mver-brauch.html
41 www.berlinerumschau.com/index.php?set_language=de&cccpage=29122008 ArtikelWirt-schaftMueller1
42 www.frontal21.zdf.de/ZDFde/inhalt/0/0,1872,7488768,00.html
44 www.zeit.de/2002/06/Handel_mit_Hautgout?page=1

45 www.freenet-homepage.de/SweetGizmo/page112b608558e.html (Amalienstr. 49A in 80799 München, Tel.: 089-2730354)
46 www.ruckriegel.org
47 www.nzz.ch/nachrichten/panorama/ungereimtheiten_um_die_nobelstiftung_ 1.1396331.html
48 www.dr-rath-gesundheitsallianz.org
49 www.dasgelbeforum.de.org/forum_entry.php?id=28973
50 www.shortnews.de/start.cfm?id=618303
51 www.kent-depesche.com/archiv/erfundene_krankheiten.html
52 www.welt.de/wissenschaft/medizin/article3273000/Depression-bald-Volkskrankheit-Nummer-eins.html
53 Beitrag ‚Die Kraft der Sonne' von *Christine Stecher* in der Zeitschrift ‚Mensch&Sein' 2/99
55 www.gesundheit-fuer-frauen.de
57 www.zeit-fragen.ch/ausgaben/2009/nr4-vom-2612009/metallische-nanopartikel-in-sonnenschutzcremes-und-kosmetika/
58 http://74.125.39.104/search?q=cache:NhpFYIgMFMQJ:www.initiative.cc/Artikel/2007_09_29_sonnenlicht%2520hautkrebs.htm+Hautkrebs+ohne+Sonne&hl=de&ct=clnk&cd=49&gl=de« und »www.initiative.cc/Artikel/2007_09_29%20IMPULS%20Sonnenlicht.pdf« und »www.medimar-uv.de/01934f95240b6c901.html#« und »http://74.125.39.104/search?q=cache:LGICtpj6-yYJ:www.medimar-uv.de/01934f95240b6c901.html+Hautkrebs+ohne+Sonne&hl=de&ct=clnk&cd=18&gl=de«
61 zitiert nach ‚The American Mercury', undatierte Ausgabe und nachgedruckt in ‚Contact', 31.1.1995
61a http://logr.org/nachttraeumer/2008/04/28/fluor-gift-bei-uns-im-trinkwasser-und-in-der-nahrung
66 www.dgk.de/e-shop/broschueren/homocystein.html
69 www.4ger.dr-rath-foundation.org/DIE_FOUNDATION/codex.html
70 www.nam.de/themen.htm
72 www.bio-medizin.de
74 www.zentrum-der-gesundheit.de/genmanipulation.html
77 www.spitzbarts-gesundheitspraxis.de
80 http://wissen.spiegel.de/wissen/resultset.html?clsuchbegriff=%23sig_id_liste%3D7010009&clfilter=&quellen=&fo=SPIEGEL&vl=0&cl=0&cllabel=%22Das+war+der+Tod+pers%C3%B6nlich%22
81 www.khd-research.net/Food/LM_Skandale_1.html
82 www.christus-kommt-bald.de/01987092ba0ceba01/020f6796da10bdc03.html
83 www.oekotest.de/cgi/ot/otgp.cgi?doc=28344
84 www.onlinereports.ch/Kultur.111+M54fa73a8a5a.0.html
85 www.vegetarismus.ch/info/oeko.htm#antibiotics
86 www.mitglied.lycos.de/sonjaliebe/vegeta.htm
87 www.mitglied.lycos.de/sonjaliebe/vegeta.htm
88 www.cancerdecisions.com/030506_page.html, aus dem Artikel »The Contribution of Cytotoxic Chemotherapyto 5-year Survival in Adult Malignancies«
90 www.krebsforum.org
94 www.melhorn.de/Schlaganfall/index.htm
95 www.nam.de/sportler.htm
97 www.coaching-for-health.net/eisenzentrum/ars_medici_2.pdf
98 www.bleib-jung.net/zuckerverbrauch.html

99 www.bleib-jung.net/kohlenhydratarme-ernaehrung.html
100 www.zeitenschrift.com/news/sn-50204-lightprodukte.ihtml
102 www.buchinger.de/forum?func=view&catid=2&id=116
103 www.zentrum-der-gesundheit.de/ia-aspartam-suessstoff.html
104 bcag.twoday.net/stories/3949644/
105 www.transgen.de/anbau/eu_international/201.doku.html
106 www.animal-health-online.de/drms/soja-welt.gif&imgrefurl=http« und www.animal-health-online.de/lme/?s=Soja&x=0&y=0)
107 www.animal-health-online.de/lme/2008/10/09/gewinn-verdoppelt-monsanto-profitiert-von-hohen-lebensmittelpreisen/3013/#more-3013
108 www.greenpeace.de/themen/waelder/presseerklaerungen/artikel/amazonien_schutz_des_regenwaldes_statt_sojaanbau/
109 www.biothemen.de und »www.das-gibts-doch-nicht.info/seite5341.php«
110 www.planet-diversity.org
112 www.db-alp.admin.ch/de/publikationen/docs/pub_GallmannP_2001_15992.pdf
113 www.j-lorber.de/gesund/wasser/wasser-zus.htm# (Ist unser Leitungswasser noch gesund?)
114 www.bunkahle.com/Aktuelles/Gesundheit/Effektive_Mikroorganismen_EM.html
121 www.zentrum-der-gesundheit.de/dehydrierung.htm
122 www.optikur.de/wellness/trendgetraenk-wasser/ionisiertes-wasser
125 www.laenger-und-gesuender-leben.de
126 www.zentrum-der-gesundheit.de/bisphenol-a-ia.html
127 www.epochtimes.de/articles/2008/09/19/340951.html
128 www.tagesschau.de/inland/wasserflaschen100.html
129 www.bewusstsein.net/news.php?ind=87
130 www.semmelweis.de/sanumpost/19/wasser.pdf
131 www.gegendarstellung.wordpress.com/tag/unwissen
132 www.klimaforschung.net/hochfrequenzwaffen.htm
133 www.mikrowellenterror.de
134 www.poolalarm.de/Klima/mikrowellen/index.htm
136 www.buergerwelle.de/cms
137 www.diagnose-funk.org/technik/000000966a071bd0b/033ea29a600acb803.html
138 www.buergerwelle.de/pdf/dect.pdf
139 www.strahlung-gratis.de/Kinder-Handy.htm
140 www.celestrak.com/satcat/boxscore.asp
141 www.br-onlibe.de und Süddeutsche Zeitung
142 www.hetbitje.nl/bitjeD2712e.pdf
143 www.kogs-www.informatik.uni-hamburg.de/~meine/markennamen?print=t
144 www.zentrum-der-gesundheit.de/teflon-ia.html
145 www.alles-schallundrauch.blogspot.com/2007/08/teflon-warum-man-es-vermeiden-soll.html
148 www.goldseiten.de/modules/news/print.php?storyid=952&seite=0
151 www.kirchen-einsparen.de/jesusvonnazareth/index.php)
152 www.alles-schallundrauch.blogspot.com/2007/12/der-zyklus-der-sonne-steuert-das-klima.html
154 www.puramaryam.de/reinkarnationsbann.html
161 www.gesundheit.de/krankheiten/druesen-hormone/thymus-immunschutz/index.html
162 »http://euro-med.dk/?p=6946« und »http://euro-med.dk/?p=2901« und www.ibtimes.com/articles/20090403/fed-balance-sheet-attrillion-set-grow-larger-bernanke.htm
169 www.das-gibts-doch-nicht.info/seite5373.php

170 www.secret.tv/artikel5002921/Kinesiologie

171 www.orthomolekularia.info/psychosomatik.html

173 www.zeitgeist-online.de/online.html

175 www.hr-onlinne.de/website/fernsehen/sendungen/index.jsp?key=standard_document_36647346&jmpage=1&type=v&rubrik=6096&jm=1&mediakey=fs/allgemein/20070104_heilung

183 www.gender-in-balance.com

186 www.spatzseite.de/20040229.htm

187 www.zeitenschrift.com/magazin/57-wetter.ihtml

191 www.strophanthin.de

192 www.ganzheits-medizin.de/vitamin-d

194 www.vegetarismus.ch/info/oeko.htm

197 »www.home.arcor.de/die.solinger/aspartam.html« und »www.das-gibts-doch-nicht.info/frame1.php« in der Rubrik ‚Medizin' und www.gameax.de/aspartam-zucker«

198 www.melhorn.de/wasser

199 www.uran-im-wasser.de und www.foodwatch.de/kampagnen__themen/mineralwasser/index_ger.html

200 http://de.wikipedia.org/wiki/Metabolisches_Syndrom

201 www.nrhz.de/flyer/index.php

202 http://mindcontrol.twoday.net/topics/Non-lethal%20weapons

204 www.alles-schallundrauch.blogspot.com/2009/05/energiesparlampen-sparen-gar-nichts-und.html

205 www.office-glasses.de

206 www.das-gibts-doch-nicht.info/seite5375.php

207 www.nworesist.de und www.zentrum-der-gesundheit.de/codex-alimentarius-ia.html

food-detektiv.de H.-U. GRIMM

Quellverzeichnis und Anmerkungen

1 Brigitte Jost ist Engelmedium, Seelensängerin, Kunstmalerin und Autorin »www.brigitte-jost.de«

3 Buch »Wasser – die gesunde Lösung« von Fereydoon Batmanghelidj, VAK-Verlag 2007

4 Buch »NATO Geheimarmeen in Europa – inszenierter Terror und verdeckte Kriegsführung« von Daniele Ganser, Verlag Orell Fuessli, 2009

11 »Amanita Market Forecasting« von Manfred Zimmel ist ein innovativer Börsenbrief mit Prognosen höchster Genauigkeit und Zuverlässigkeit für mittelfristige (1-6 Monate) und langfristige Trends. Die amerikanische Ratingagentur »Timer Digest« reihte im Vergleich der führenden Markttimer weltweit die Performance von »Amanita Market Forecasting« ganz vorne ein

20 83370 Seeon, Baderpoint 3a, www.elraanis.de

30 Magazin »Nexus« im Mosquito Verlag, Paul-Neumann-Str. 57 in 14482 Potsdam, »www.nexus-magazin.de«

35 raum&zeit, Ehlers-Verlag GmbH, 82515 Wolfratshausen, Geltinger Str. 14e

36 Magazin2000plus-Verlag, 87616 Marktoberdorf, Sternstr. 3

37 Buch »Zeitenwende 2012 – der Kalender und die Prophezeiungen der Mayas« von Tibor Zelikovics, Nietsch-Verlag, 2008

43 Buch »Das neue Schwarzbuch Firmennamen« von Klaus Werner und Hans Weiss, Ullstein, 2008

54 Monatszeitschrift »Natur&Heilen« 80802 München, Nikolaistr. 5 »www.naturundheilen.de«

56 in »raum&zeit« Nr. 149 Okt.2007

59 Buch »Sonnenlicht« von Thomas Klein bei Hygeia 2006

60 Buch »Biophotonen – das Licht in unseren Zellen« von Marco Bischoff, 2005, bei Zweitausendeins, 60381 Frankfurt, Postfach zu beziehen
Buch »Die Botschaft der Sonne« von Christine Stecher, Lüchow 2006
Buch »Die heilende Kraft des Lichts« von Dr. Jakob Libermann, Piper 1996
Buch »Sonnenheilmittel, Medizin der Zukunft« von Yves Kraushaar, Zluhan-Verlag, Bietigheim

63 aus »Die Lichtkörper-Ernährung« von *zho-de-Rah/Zon-O-Ray* in Edition Sternenprinz, 1999

64 Buch »Volkskrankheit Vitamin-B_{12}-Mangel« von Thomas Klein im Hygeia-Verlag Dresden 2008

65 Buch »Das Dreieck des Lebens« von Uwe Karstädt im Titan Verlag, München 2005

67 Was Homocystein ist und was man dagegen tun kann, darüber gibt unsere Broschüre »Risiko Homocystein« umfassend Auskunft. Sie erhalten sie gegen Zusendung eines mit € 1,45 frankierten DIN-A5-Rückumschlages an: Deutsches Grünes Kreuz, Stichwort: Homocystein, Schuhmarkt 4, 35037 Marburg

68 Präparat Synergit

71 Sabine Hinz Verlag, Dreikönigstr. 11a, 73230 Kirchheim, »www.kent-depesche.com«

73 Buch »Das neue Schwarzbuch Markenfirmen – die Machenschaften der Weltkonzerne« von Klaus Werner und Hans Weiss, Ullstein Taschenbuch 2008

75 Buch »Die Megabolic-Diät – automatisch schlank mit dem Power-Stoffwechsel« von Dr. Mark Hyman, Goldmann, München 2008

76 Buchdienst Oettinger, Ruckhardtshauser Str. 7, 74613 Öhringen, Fax: 07948-2446, »base-ist-leben@web.de«

78 Buch »Das Imperium der Schande« von Jean Ziegler, Goldmann 2008

79 „Verschweigen, abwiegeln und dementieren sind die gängigen Verben im Umgang mit dem tödlichen Gift **Dioxin** seit es 1957 erstmals wissenschaftlich beschrieben wurde. Kleinlicher Streit über Grenzwerte und hilflose Schuldzuweisung kennzeichnen bis heute die Politiker-Reaktionen auf Dioxinfunde. Nach dem Unfall von Seveso hat sich der SPIEGEL immer wieder in Reportagen und Serien mit den Leidensgeschichten, die das tödliche Gift Dioxin auslöste, beschäftigt. SPIEGEL-Reporter Cordt Schnibben rekonstruierte 1991 die Geschichte des Ultragiftes bei den Firmen Boehringer und Dow Chemical, dessen Anwendung als Waffe in Vietnam und die Vertuschung ihrer Folgen. Heute ist das Gift überall: im Tierfutter und damit in Eiern und Fleisch, der Muttermilch und in Böden auf Spiel- und Sportplätzen."

89 In Deutschland erkranken jährlich rund 32.000 bis 38.000 Männer neu an Prostatakrebs (2007). Damit ist der Krebs der Vorsteherdrüse in Deutschland die häufigste Krebserkrankung des Mannes.

91 in der Zeitschrift »raum&zeit« (6/2008)

93 Viele Apotheken versuchen, den Kunden Miroton, Strophativ, Stropantab oder Strophantur zu empfehlen, wenn diese kein Rezept haben. Diese 4 Medikamente sind nicht rezeptpflichtig, enthalten aber nur eine sehr geringe Menge (homöopathisch kleine Dosen, D4 oder D6) Strophantin. (Quelle: PHI-Sonderheft) Empfehlung:
»http://herzinfarkt.twoday.net/?day=20050128«

96 Buch »Lebendige Frauen – Hundert Jahre Irrtum« von D. Beat Schaub, Verlag aude curare, Binningen/Schweiz 2007

101 Margarine-Institut für gesunde Ernährung e.V.

111 »Foodwatch« in 10119 Berlin, Brunnenstraße 181, Tel.: +49(0)30-28 09 39 95, »www.foodwatch.de«

115 Lebensenergie wird in Bovis-Einheiten (BE) nach dem System des französischen Forschers Antoine Bovis (1871-1947) gemessen. Bisher ist das nur von sensitiven Pendlern oder Rutengängern möglich und wird als Grenzwissenschaft angesehen. Einige Energiebeispiele: der menschliche Neutralwert liegt bei rund 6.500 BE, Himalaya-Salz bei rund 18.000 BE, die Cheops-Pyramide rund 170.000 BE und höchste globale Kraftorte bis 750.000 BE. Bei über 10.000 BE komme der *ätherische Bereich* in Bewegung, noch stärkere Werte wirken auf das höhere Bewusstsein. (Wikipedia)

116 49143 Bissendorf, Am Eistruper Berg 1

117 Ing. John Rabitsch, St. Urban – Oberdorf 2 in A-9560 Feldkirchen

118 aus der Zeitschrift »raum&zeit« Nr. 119/2002

119 Buch »Wasserkristalle« von Dr. Masaru Emoto im Koha-Verlag, Almstr. 4, 84424 Burgrain 2002

120 Buch »Bleib nicht sauer – Trink dich gesund und basisch« von Inge Frantzen im RiWei-Verlag, Regensburg 2009 »www.riwei-verlag.de«

123 Buch »Der Weg zurück in die Jugend« von Sang Whang 2006

124 »wu-wei« Auslieferung GmbH in 93055 Regensburg, Liebig-Str. 4, Tel.: 0941-793842 (www.wu-wei.de) Gerät: »Urteilchen-Wasserteiler« (1,6-Liter-Tisch-gerät) zur Herstellung von ionisiertem Basenwasser

135 Nexus Heft Nr. 18, sowie »www.csat.au.af.mil/2025/index.htm« und
»www.ExoticWarfare.org«

147 Buch »Erwachen in Liebe« von Kornelia Wöllner im Smaragd Verlag in 57614 Woldert 2009

149 Buch »Das Geheimnis der Farbe Schwarz« von Klausbernd Vollmar im Fischer-Verlag Münsingen 2001

150 Buch »Hüterin des Heiligen Gral – Maria Magdalena, die Frau Jesu« von Lorenz Gardner, Bastei Lübbe 2006

153 Buch »Westliche Einweihungslehren« von Bernard Vaillant, Hugendubel München 1986

155 Buch »Bruder Jesus – Der Nazarener aus jüdischer Sicht« von *Schalom ben Chorin,* dtv, München 1977

156 Buch »Weiche Macht« von Sabine Lichtenfels im Verlag meiga, 1997

157 Buch »Das ist Christentum« von Rainer Schepper im Angelika Lenz Verlag, 1999

158 Buch »Misogynie – die Geschichte des Frauenhasses« von Jack Holland im Verlag 2001, Frankfurt 2007

160 Buch »Politik des Herzens« von Dr. Geseko von Lüpke, Arun-Verlag, 2003

162 »ursula.kreft@kabelbw.de« vom 8.3.2009

163 Im *Alpha-Zustand* erzeugt das Gehirn Ströme im Frequenzbereich von etwa 7-14 Hertz. Der Mensch ist dabei geistig wach, befindet sich aber in einem Entspannungszustand, der von Ruhe und Harmonie geprägt ist. Problemlösungen fallen hier leicht. Beide Gehirnhälften sind aktiv. Erst bei dem Wert um 10 sind die beiden Hirnhälften in ihrer Aktivität entspannt und ausgewogen. Wirken beide harmonisch zusammen, wird unser Denken kreativ und erfolgreich sein.
Dafür gibt es verschiedene Trainigsmethoden, die bekannteste ist die Silva-Mind-Control-Methode. Kontaktadresse: The Silva Method, A-4400 Steyr, Neubaustr. 26, Tel.: 0043-07252-45136, Fax: 451364, www.silva-meth.at

164 bekannt auch als Ka (Altägypten), Ch'i (China), Ki (Japan), Mana (Hawaii), Archaeus (Paracelsus), Vis medicatrix naturae (Hippokrates), Urlicht (Essener), heute auch als Bioplasma, Vitalenergie, Nullpunktenergie und unter weiteren Bezeichnungen

165 Der deutsche Physiker Burkhard Heim (1925-2001) führte die Theorien Einsteins weiter und entwickelte eine einheitliche Feldtheorie, die »Heimsche Quantenfeldtheorie«, die revolutionär ist und leider in ihrer Tragweite überhaupt nicht erkannt wird. Siehe dazu folgende Seite: (http://de.wikipedia.org/wiki/Burkhard_Heim). Ein wesentlicher Grund dürfte sein, dass Heims Werk kaum in andere Sprachen übersetzt wurde und so kompliziert ist, dass nur ganz wenige Menschen auf dem Planeten es wirklich verstehen. Heim war ein Genie mit einem absoluten Gedächtnis, und er konnte Fremdsprachen binnen Wochen lernen. Nach seinen Berechnungen besteht die Welt aus 12 Dimensionen (deckt sich mit den 12 Archetypen der Astrologie), und das Universum entstand nicht mit einem Urknall, sondern entwickelte sich – in Übereinstimmung mit Weisheitslehrern wie Drunvalo Melchizedek – ‚sanft' aus reiner Geometrie (!) heraus. Aus diesem Grund ist die Heilige Geometrie so wichtig und die Grundlage für Astrologie und Numerologie. (www.amanita.at/d/d-neu.htm)

166 Das menschliche Körperenergiefeld, die Aura, besteht aus verschiedenen feinstofflichen Feldern, die ineinander fließen, aber für medial Veranlagte spürbar oder sichtbar sind. Diese verschiedenen Energiefelder unterscheiden sich durch ihre Schwingungsfrequenzen, die in dieser Reihenfolge frequenzmäßig ansteigen: sichtbarer Körper mit dem gleichgroßen unsichtbaren Ätherkörper, der energetisch größere Astral- oder Emotionalkörper (auch Empfindungsleib), der noch größere Geist- oder Mentalkörper und der sehr große spirituelle oder Lichtkörper. Darüber hinaus sind noch weitere und viel höher schwingende Geistkörper möglich.

167 Buch »Saat der Zerstörung – die dunkle Seite der Gen-Manipulation« von F. William Engdahl im Kopp-Verlag, Rottenburg 2006

168 EM-Keramik-Ring für Getränke bei Mikro Veda GmbH, Im Kuckucksfeld 1, 47624 Kevelaer, Tel.: 02832-9727810 »www.mikroveda.de« oder anderswo

Nach Erkenntnis von Prof. Higa besitzt EM-a Keramik die außergewöhnliche Fähigkeit, jede Art von negativer Information z.B. aus Wasser zu entfernen. Sie bewirkt einen Ionenaustausch und sendet langwellige Infrarotstrahlung aus, die negative Informationen aus den Wassermolekülen tilgt und den reinen Zustand wieder herstellt. Dazu kommt die außergewöhnliche Fähigkeit, Oxidationen rückgängig zu machen. Gleichzeitig kann sie Zellen regenerieren. EM-Keramik ist in der Lage, die in den Ton eingebrannten, positiven Informationen auf Wasser und den Körper zu übertragen. Durch das Einbrennen wird die Information dauerhaft fixiert.

172 Deutscher Bundestag (Plenarprotokoll 13/85 vom 7.2.1996 Seite 7449):
Die Behandlung von Trinkwasser oder von Brunnen mit Strahlungsquellen ist in der Bundesrepublik Deutschland nicht üblich und nicht gestattet.

174 »Abendzeitung« vom 25.4.2009

176 DSM bedeutet »Diagnostic and Statistical Manual of Mental Disorders« (Diagnostisches und Statistisches Handbuch Psychischer Störungen)

177 *„Mehr als 3.300 Tonnen deutsches Gold wurden so seit den Sechzigerjahren treuhänderisch etwa bei der ‚Fed' in New York, bei der ‚Bank of England' in London – und zum geringen Teil auch bei der ‚Banque de France – eingelagert. Und faktisch bleiben seither nur noch wenige Prozent des Goldes in den Tresoren der Bundesbank zurück."* (Udo Ulfkotte)

178 Buch »Jesus überlebte die Kreuzigung« von Soami Divyamand, Sandila-Verlag, 2002

179 Buch »Jesus – der Gesalbte der Frauen« von Christa Mulack, Kreuz-Verlag, 1997

180 Der Spiegel, Nr. 52/1999, S. 136

181 Der Begriff Hochfinanz umschreibt eine Gruppe von Bankiers im Establish-ment, die dank ihres wirtschaftlichen Einflusses politische Macht angehäuft hat. (Wikipedia)

182 Das Jahr-2000-Problem oder *Y2K-Bug* (‚Year 2 Kilo' = Jahr 2000) bezeichnet, war ein angebliches Computerproblem der zweistelligen Jahreszahlen

185 HAARP ist ein riesiges und spezielles Antennenfeld in Alaska und steht unter strengster militärischer Geheimhaltung. Näheres siehe www.science-explorer.de/reports/haarpprojekt.htm

188 Magazin2000plus« 5/262

189 NWO: Darunter versteht man die ‚Neue Weltordnung', engl.: *New World Order*, das langfristige Ziel, der ganzen Welt eine neue ‚Ordnung' zu verpassen, damit endlich ein globaler Frieden herrsche – doch mit welchen Mittel und wer wird der ‚Hüter' dieses erzwungenen Friedens sein?

190 Der »Club of Rome« wurde schon 1953 in der römischen Villa von David Rockefeller gegründet, 1968 Neugründung als *think tank* (Denkfabrik) der NWO, speziell der EU. Besteht z.Zt. aus 66 internationalen Mitgliedern. Ausführlich unter »www.euro-med.dk/?p=1045«

193 aus der Zeitschrift Hildegard Nr. 1 »www.hildegard.de«

195 »GMM Gesundheits-Management-Munz« Albert-Schweitzer-Str. 11, 71364 Winnenden »www.gesundheit-natur-munz.de«

196 Buch »Die Lösung des Herzinfarkt-Problems durch Strophanthin« von Rolf-Jürgen Petry, Verlag Florilegium, 2006) und/oder die Internetseite »www.strophanthin.de« des Heilpraktikers und Dipl. rer. pol. Wolf-Alexander Melhorn

203 Hilfe für Mobilfunkopfer: Markus Kern, Tel. 0831-5208266

Bildquellen

(1) www.musikzimmer.ch
(2) Quellverz. 78
(3) Wikipedia
(4) www.martinweiss.com
(5) www.lenagames.com
(6) Wikipedia
(7) Wikipedia
(8) Quellverz. 11
(9) Wikipedia
(10) Spiegel-online
(11) www.wetter24.de
(12) Max-Plank-Institut
(13) »The Mayan Prophecies« Adria G. Gilbert & Mauride Cotterell, Element Books, 1994
(14) www.wer-ist-billiger.de
(15) Spiegel-online
(16) DAK
(17) Kent-Depesche
(18) www.piqs.de/fotos/43383.html
(19) Privatarchiv
(20) Privatarchiv
(21) Privatarchiv
(22) Privatarchiv
(23) Privatarchiv
(24) www.vegetarismus.ch
(25) Privatarchiv
(26) Privatarchiv
(27) Ars Medici 9/2008
(28) www.bleib-jung.net
(29) www.transgen.de
(30) www.transgen.de
(31) Privatarchiv
(32) Wikipedia
(33) Koha-Verlag, Burgrain
(34) Privatarchiv
(35) Privatarchiv
(36) Internet-Links 132
(37) Internet-Links 132
(38) Internet-Links 134
(39) Privatarchiv
(40) Wikipedia
(41) Privatarchiv
(42) Privatarchiv
(43) Lockheed Martin
(44) Privatarchiv
(45) Brockhaus
(46) Wikipedia
(47) Wikipedia
(48) Wikipedia
(49) Festschrift
(50) Weltbildverlag
(51) Wikipedia
(52) DIW, OECD
(53) Magazin2000plus Nr. 262
(54) Wikipedia
(55) Kopp-Verlag
(56) Privatarchiv
(57) Zeit-online

Bis zum Jahr 2012 – Der Aufstieg der Menschheit

Johannes Holey

Die Zeit drängt...
wenn die Voraussagen stimmen,
daß wir bis Ende 2012 wieder
paradiesische Zustände haben werden –
auf unserer Mamma Erde und
ihrer zukünftigen Menschheit

Planet und Menschheit stehen heute am Beginn eines neuen Zeitalters, dem Wassermann-Zeitalter. Damit wird zugleich der Beginn einer neuen, höheren Schöpfung eingeleitet. Einer Schöpfung auf der Basis einer feineren Schwingungsfrequenz und der dabei entstehende Prozeß der Transformation ist bereits voll im Gange. Diese Schwingungserhöhungen werden in den Jahren bis 2012 stetig ansteigen und die Geschwindigkeit des Ablaufs der Umwandlung wird weiter rapide zunehmen.

Dieses Buch klärt auf:

- Warum trafen viele Prophezeiungen bisher nicht ein?
- Was könnte aber davon bis 2012 doch noch auf uns zukommen?
- Was können wir und die Menschheit dabei noch verbessernd beeinflussen?
- Der Planet Erde hält den Dichterekord (den höchsten Grad der materiellen Dichte) und wird bis 2012 einen Bewußtseins-Doppelsprung durch die vierte in die fünfte Dimension bewältigen,
- dazu stehen der Menschheit neues kosmisches und göttliches Licht an dieser Multi-Schnittstelle kosmischer Zyklen-Enden zur Verfügung und
- das Wissen, das wir dafür benötigen, trägt jeder in sich.
- Praktische Anleitungen führen in eine neue zeitgemäße Lebensweise.

„Jeder, der dieses zusammenfassende Buch gelesen hat, bekommt einen top-aktuellen Überblick, der sich aus etwa achtzig Werken anderer Autoren und etwa gleichviele Berichte alternativer Forscher zur gleichen Thematik zusammensetzt. Und für jeden, der dieses aufklärende Buch gelesen hat, wird verständlich sein, was sich bei seinem seelischen Aufstieg in den höheren Schwingungsbereich vollziehen wird – in seinem Leben und in seiner Zukunft – und in welcher Form er mitwirken kann und muß, damit die kommenden Ereignisse anstelle von Ängsten Grund zur Lebensfreude bieten werden."

Jan Udo Holey alias Jan van Helsing

ISBN 3-9805733-7-0 • 20,30 Euro

ALDEBARAN-Versand
50670 Köln • Weißenburgstr. 10 a
Telefon 02 21 - 737 000 •Telefax 02 21 - 737 001

ALLES IST GOTT

Johannes Holey
mit Hannelore H. Dietrich

...die empfehlenswerte Weiterführung zu Jan's Werk „Hände weg von diesem Buch"

In 130 kurzen Kapiteln führt das Buch schrittweise in eine noch klarere mutige Individualisierung der Leserinnen und Leser und wird zum allmählichen Werkzeug der eigenen und ganz persönlichen Selbstfindung. Und damit auch des Findens beglückender Lebensziele.
Die in uns angelegten Schöpferkräfte – unsere göttliche Matrix – werden einfach erklärt und praktisch dargestellt. Mit Erstaunen erkennen wir neue Möglichkeiten und den Reichtum verdrängter Gefühle, die bald schon unseren eigentlichen Selbst-Wert erahnen lassen.
Das tägliche Machtspiel zwischen unserem Kopf und unserem Herzzentrum wird schrittweise zu einem göttlichen Lebensspiel – denn unser Kopf ist entweder eigensinnig oder überbeschäftigt oder angstkonfrontiert und daher manipulierbar, wogegen die reinen und meist noch ursprünglichen Kräfte unseres Herzzentrums uns neue, eigene, kraftvolle und zukunftsweisende Lebensqualitäten offen legen.

Spielregel: Jeder Mensch ist Schöpfer seines Lebens, seines Alltags und seiner Gesundheit durch seine Gedankenkräfte – nach der Regel „der Gedanke lenkt die Kraft"

Spielregel: Gott/Göttin sind in jedem von uns selbst. Daher ‚erschaffen' wir unser Leben allmählich ohne die versteckten inneren Ängste – Tag für Tag *mit unseren eigenen unerschöpflichen Herzenskräften*

Spielregel: Sind unsere bewußten Gedankenkräfte mit unseren reinen Herzenskräften im Gleichgewicht, kann keine andere ‚Energie' oder Macht uns bremsen oder manipulieren
und viele andere Spielregeln mehr...

Es ist ein „Energie-Buch des Fühlens" und wer dabei ‚kopflos' versucht, es aufzunehmen, ist von Anfang an *in Resonanz mit seiner vergessenen Göttlichkeit.*

ISBN 3-9805733-4-6 • 19,70 Euro

ALDEBARAN-Versand
50670 Köln • Weißenburgstr. 10 a
Telefon 02 21 - 737 000 •Telefax 02 21 - 737 001

DVDs von Johannes Holey

Jesus ohne Kreuz' - der Film zum Buch ‚Der JESUS CODE'

Jesus sitzt nicht nur zur Rechten seines Vaters, sondern ist bei uns und in uns und will gelebt werden. Auch in modernen Botschaften bestätigt er, dass der Sinn seiner Inkarnation (zusammen mit Maria Magdalena) seine Auferstehung war und es weder seine Kreuzigung noch die Verehrung des Kruzifixes mit seinem tot geglaubten Korpus sind. Ein Vortrag voller Überraschungen.

64 Min. - 14,90 EUR

Geistige Führung in der Zeit des Übergangs bis 2012

Man sagt, wir würden in der sog. ‚Endzeit' leben und der wirtschaftliche Niedergang, die auffallende Zunahme der Naturkatastrophen und das weltweite Grassieren alter und neuer Ängste können ja tatsächlich dafür passen.

Johannes Holey erklärt, was sich hier vollzieht und wie wir damit umgehen können.

57 Min – 13,30 Euro

Gott ist in Dir und will gelebt werden

Wir müssen nicht ein Leben lang Gott im Außen suchen, sondern wir brauchen uns nur zu ‚erinnern'. Wer sich darauf einlässt und mutig immer besser damit ‚umgeht', **wird zu einem neuen Menschen.**

Es ist die leichteste und schnellste Form, mit sich selbst und seinem Umfeld und seinem Alltag in Harmonie, in Gleichgewicht und inneren Frieden zu kommen.

65 Min – 13,30 Euro

Laß dich einfach führen

Die Gaben der inneren Signale wie des Spürens, der Intuition, des ersten Gedankens, Impulse, Träume und Visionen, Herzensgefühle wie z.B. das Gewissen, Ahnungen (im Herzen, im Magen, im Bauch, im ‚Urin') und vieles mehr helfen uns auf dem Weg unserer Selbst-Findung. Wir haben alles, was wir brauchen, in uns – wir müssen es nur geschehen lassen. Johannes Holey erklärt Ihnen wie!

57 Min – 13,30 Euro

Bezugsquelle: Aldebaran-Versand, Köln

AQUARIA – Die Göttin kehrt zurück

Brigitte Jost

Neue Botschaften von Engeln und Sternenmenschen über eine ganz andere Zukunft

Dieses Herzensbuch über die kosmosweite Macht und Schönheit gelebter Liebe schenkt neue Hoffnung und Freude. Es bringt ein Stück Himmel auf die Erde und trägt somit zum Frieden bei. Eine neue intensive Lebensqualität kann erwachen. Die hierfür notwendige Integration der Göttin, der Weiblichkeit, zieht sich wie ein goldener Faden durch alle in diesem Buch behandelten Themenkreise hindurch. Texte, Botschaften in feiner und verständlicher Sprache und Zeichnungen wie auch farbige Gemälde mit großer Ausstrahlungskraft führen Leserinnen und Leser in den faszinierenden Zauber überirdischen Lebens hinein; etwa in unsere mögliche Zukunft?

Mediale Gespräche mit der Göttin *Aquaria*, den Engeln, einer Jupiteranerin und einem Marsianer schenken wertvolle Einblicke in kosmische Zusammenhänge. Verblüffend neue Sichtweisen tun sich auf, zum Beispiel über das sogenannte Jenseits, über die weltweit verschwiegene heilige körperliche Liebe, über Naturkatastrophen und über die Abwendung eines Dritten Weltkriegs. Brigittes atemberaubende außerkörperliche Erlebnisse in einer hochentwickelten ätherischen Sternenzivilisation, in der so himmlisch gelebt und geliebt wird wie es auch für uns Menschen möglich ist, verleihen dem Buch eine tief berührende Krönung. Aus dem Inhalt:

- Das Geheimnis des Herzzentrums
- Unsere wahre Größe
- Das Geheimnis der *kosmischen Engel*
- Der Bewusstseins-Aufstieg im Astralen
- Das Wunder der körperlichen Liebe
- Einblicke in ätherische Sternenwelten
- Die Wiederkehr des *Göttlich-Weiblichen*
- Unterstützung durch Sternenmenschen
- Wir sind nicht allein beim Liebesspiel

…und vieles mehr

„Dieses Buch verströmt mit jeder Seite, mit jedem seiner schönen Bilder eine so strahlende und lichtvolle Herzenergie, dass man alleine schon dadurch ganz tief berührt wird. Beginnt man dann einzutauchen in die herrlichen Welten, die darin geschildert werden, wird man zunehmend zuversichtlicher, dass auch wir unseren Planeten zu solch einem Paradies formen können. Dieses Buch ist ganz offensichtlich ein ganz wertvolles Liebes-Geschenk des Himmels! Es motiviert, inspiriert und öffnet Herzen. So erschaffen wir gemeinsam die schönste Vision einer Neuen Erde – des Himmels auf Erden! Tiefsten Dank an alle, die dieses göttliche Werk geschaffen haben.“ (Claudia Stury, CH)

ISBN 3-938656-88-3 • 19,70 Euro

ALDEBARAN-Versand
50670 Köln • Weißenburgstr. 10 a
Telefon 02 21 - 737 000 •Telefax 02 21 - 737 001

MEDITATIONS- und MUSIK-CDs

Seelensängerin Brigitte Jost (www.brigitte-jost.de)

„Gesang und Klang wie im Himmel – Heavenly Harmonies"

Brigitte Josts herzvoller Engelgesang mit hoher Intensität, begleitet von obertonreicher Musik in vollem Klangvolumen, öffnet und berührt tief die Herzen. Brigitte singt mit gefühlvoller Hingabe und ohne viele Worte, die von ihr empfangenen Melodien der Engel. Vier Musikstücke mit melodischen, meditativen, sphärischen, ekstatischen wie auch leicht rhythmischen und tranceartigen Passagen nehmen Sie auf eine außergewöhnliche Klangreise mit.

„...Selten eine so berührende, schöne Stimme gehört!" (Amazon-Rez.)

ISBN: 3-938656-33-6 € 19,80

„Sternen – Engel – Liebe 1"

Meditation und Engel-Botschaft ...hol Dir den Himmel auf die Erde!

Das erste Album von Brigitte aus der Reihe "Sternen-Engel-Liebe" mit Musik von Elodin enthält eine geführte Herz-Meditation, eine Engel-Botschaft und zwei Musikstücke. Wir verbinden uns bewusst mit unserem heiligen Herzzentrum, wodurch sich Ängste und Sorgen auflösen können. Ein Kanal in höhere Licht-Dimensionen befähigt uns, eigene Botschaften zu empfangen und mehr Himmel in unseren Alltag zu holen.

„Für mich ist sie die Nummer 1!" (Amazon Rez.)

ISBN 3-9807106-7-X € 18,90

„Sternen – Engel – Liebe 2"

Meditationen in Lebenskrisen

Zwei geführte Meditationen, ein Engel-Heil-Mantra wie auch Herzensgebete hüllen uns in heilsame Liebesschwingungen ein. Schwebende Sphärenklänge und die von Brigitte gesungene Heilmelodie der Engel schenken tiefe Ruhe und Geborgenheit. Wir erleben hautnah, wie es ist, von der mitfühlenden Liebe der Engel gehalten zu werden.

„Etwas ganz Besonderes!" (Amazon Rez.)

ISBN 3-9807106-9-6 € 18,90

„Sternen – Engel – Liebe 3"

Die Göttin kehrt zurück – Himmlischer Gesang und Musik

Dieses Album ist eine Inspiration von Mahoa – einem Engel der Liebe – um die Göttin zu integrieren, Liebe für die Erde zu verstärken, persönliche Liebesfähigkeit zu wecken wie auch Beziehungen zu heilen und zu erneuern. Zwei geführte herzöffnende Heil-Meditationen, Engelbotschaften und Brigittes Musik mit Engels-Gesang heben uns in lichte Dimensionen der Liebe, Göttlichkeit und des inneren Gleichgewichts.

„Eine Wohltat und ein Hochgenuss für die Sinne!" (Amazon Rez.)

ISBN 3-938656-72-7 € 18,90

DAS EINE MILLION EURO BUCH

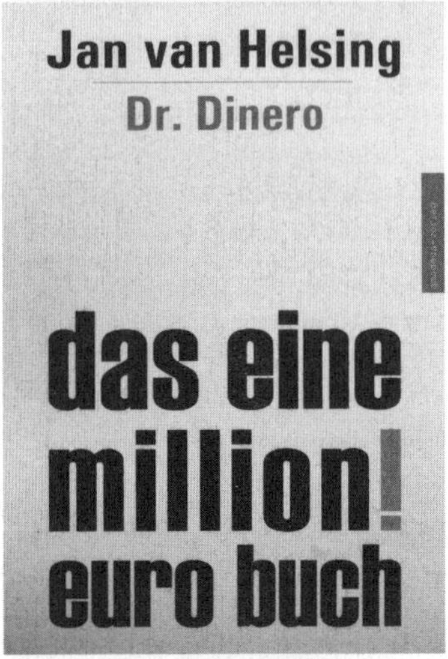

Jan van Helsing & Dr. Dinero

Erkennen Sie die Zeichen?

Glauben Sie an Zufälle? Denken Sie, es ist reiner Zufall, dass ein paar hundert Familien mehr besitzen als der Rest der gesamten Menschheit? Meinen Sie, es ist Zufall, dass sich genau diese Menschen immer unter ihresgleichen treffen, unter Ausschluss der Öffentlichkeit? Was wissen diese über Geld, was der Rest der Menschheit nicht weiß? Glauben Sie, dass Glück, Reichtum, Geld und Besitz ganz zufällig bei bestimmten Personen landet?
Es ist kein Zufall, sondern es gibt ein besonderes Wissen über den Umgang mit Geld und Erfolg, das man der Masse vorenthält. Jeder kennt den Begriff 'Erfolgsrezept'. Gibt es denn so etwas wirklich, ein Rezept für Erfolg? Ja, das gibt es tatsächlich! Es gibt ein paar Mechanismen, die man sehr nutzbringend für sich selbst einsetzen kann, wenn man sie beachtet. Wir alle wissen, dass Mais, den man im Winter aussät, nicht aufgeht oder Kiwis nicht in Finnland wachsen. Sei es die Saat von Kartoffeln oder die Ernte des Spargels – erntet man zu früh, taugt es nichts, erntet man zu spät, ist die Frucht verdorben. Es gibt für alles einen 'richtigen Zeitpunkt' und einen 'richtigen Ort', den man erkennen muss. Dies gibt es auch im Bereich des Geldes. Vereinfacht könnte man sagen, dass es bestimmte Zeiten gibt, um Geldangelegenheiten abzuwickeln, damit sie größere Früchte bringen. Es gibt klare Momente, an denen man eine berufliche Entscheidung treffen, sich selbständig machen, eine Firma abgeben oder eine Erfindung mit anderen teilen muss, um großen Erfolg zu haben. Und jeder Mensch erhält mehrmals in seinem Leben die Chance dazu. Die meisten verpassen jedoch solche Chancen, weil sie diese nicht erkennen, nicht erkennen können, da sie nicht in der Lage sind, die Zeichen zu deuten und über die Mechanismen des Lebens nie aufgeklärt wurden.
Sie haben noch nie von so etwas gehört? Natürlich nicht! Was glauben Sie denn, wieso sich diverse Männerbünde im Geheimen treffen und an strenge Schweigegelübde halten? Aus Spaß an der Freud'? Es gibt ein paar kleine Geheimnisse, die nur wenige kennen, die man dem profanen Menschen vorenthält – den Schlüssel zu wahrem Erfolg. Und diese Geheimnisse werden auch Ihnen weiterhin verborgen bleiben, es sei denn, Sie öffnen dieses Buch...

ISBN 978-3-938656-99-0 • 21,00 Euro

ALDEBARAN-Versand
50670 Köln • Weißenburgstr. 10 a
Telefon 02 21 - 737 000 •Telefax 02 21 - 737 001

DIE JAHRTAUSENDLÜGE

Jan van Helsing & Stefan Erdmann

Seit Jahrtausenden sind die Menschen von den Pyramiden von Gizeh fasziniert, dem letzten der sieben Weltwunder der Antike. Sie strahlen etwas Mystisches, etwas Magisches und Geheimnisvolles aus, und viele haben sich – so wie Stefan und Jan – in der Großen Pyramide aufgehalten, dort gar die eine oder andere Nacht verbracht und können von eigenartigen Erlebnissen, Visionen oder ganz besonderen Eindrücken berichten. Wie passt das zur gängigen Theorie, dass die Große Pyramide von Gizeh ein Grabmal gewesen sein soll? Oder war sie eine Einweihungsstätte, wie manch Esoteriker es annimmt? Was ist denn an solchen Behauptungen dran, was davon ist bewiesen? Oder war die Große Pyramide etwas ganz anderes? Vor allem Stefan Erdmann, der seit 18 Jahren auf dem Gizeh-Plateau forscht, beschäftigten immer wieder folgende Fragen:

1. Wieso standen diese Pyramiden ursprünglich in einem ummauerten Wasserbekken?
2. Weshalb finden sich in verschiedenen Kammern der Großen Pyramide Wasserstandslinien?
3. Warum hatte diese Pyramide gar keinen Eingang?
4. Wie kommt Nilschlamm in die Entlastungskammern?
5. Wieso finden sich im sogenannten ‚Gantenbrink-Schacht' Kupfer-Elektroden?
6. Aus welchem Grund werden neue Entdeckungen – ein unterirdisches Labyrinth, Wasserkanäle und verborgene Kammern – geheim gehalten?
7. Was hat es mit den nach hinten verlängerten Totenschädeln auf sich, die gefunden wurden?
8. Wieso waren manche Pharaonen blond?

Durch ein geheimes Zusammentreffen mit einem hochrangigen ägyptischen Diplomaten, erfuhren Stefan und Jan von neuen, geheimen Grabungen und einer Entdekkung, welche den Sinn und Zweck der Erbauung der Großen Pyramide in ein ganz neues und gänzlich unerwartetes Licht rückt. In diesem Buch präsentieren die beiden ihre Erkenntnisse und vor allem auch Beweise einer abenteuerlichen Recherche – die moderne Wissenschaft macht's möglich...

ISBN-10: 3-938656-30-1 • ISBN-13: 978-3-938656-30-3 • 21,00 Euro

ALDEBARAN-Versand
50670 Köln • Weißenburgstr. 10 a
Telefon 02 21 - 737 000 •Telefax 02 21 - 737 001

BUCH 3 – Der Dritte Weltkrieg - NEUAUFLAGE

Jan van Helsing

Ist das Schicksal der Menschheit vorherbestimmt...?

Im Jahre 1871 erstellten die Führer einer Geheimloge einen Plan, wie sie über drei Weltkriege die Welt – sprich die Zentralbanken, das Öl, die Energie- sowie die Wasserversorgung und die Medien – in ihre Gewalt bringen können. Auf dem Weg zur *Neuen Weltordnung* – einer Weltregierung kontrolliert von diesen Schattenmännern – sollte der Erste Weltkrieg inszeniert werden, um das zaristische Rußland in ihre Hände zu bringen. Der Zweite Weltkrieg sollte über die Manipulation der zwischen den deutschen Nationalisten und den politischen Zionisten herrschenden Meinungsverschiedenheiten fabriziert werden, und der Dritte Weltkrieg sollte sich, diesem Plan zufolge, aus den Meinungsverschiedenheiten ergeben, die man zwischen den Zionisten und den Arabern hervorrufen würde. Es wurde die weltweite Ausdehnung des Konfliktes geplant.

Spätestens jetzt sollten Sie hellhörig geworden sein, denn die Verwirklichung des letzten Abschnitts können wir gerade live in den Medien miterleben – die Inszenierung eines Weltkriegs! Der Anschlag auf das WTC in New York war nur eine weitere Etappe auf dem Weg zur Weltregierung, wobei die Angst vor (selbst inszenierten) Terroranschlägen dazu genutzt wird, die Freiheit des Einzelnen scheibchenweise einzuschränken – Aufhebung des Bankgeheimnisses, Überwachung der Bürger, Einführung des bargeldlosen Zahlungsverkehrs bis hin zur Implantierung von Mikrochips unter die Haut.

Interessiert es Sie, ob es tatsächlich dazu kommt, und wenn ja, wie dieser Krieg ausgehen wird? Die in diesem Buch aufgeführten Prophezeiungen von über einhundert verschiedenen Sehern haben alle genau diesen Dritten Weltkrieg vorausgesehen und die weitere Entwicklung der irdischen Menschheit im Detail beschrieben.

Jan van Helsing als Profi auf diesem Gebiet lässt Sie jedoch nicht mit diesen Informationen im Regen stehen, sondern nimmt Sie bei der Hand und zeigt Ihnen auch die positiven Aspekte der prophezeiten Ereignisse, beschreibt ausführlich, wie der Einzelne mit dieser Situation umgehen kann, wie er durch eine bewusste Umkehr im Denken wie auch im Handeln nicht nur dem Sog der Negativität des Alltags entrinnt, sondern mit den hier präsentierten Werkzeugen sein Leben auch bewusst neu gestalten kann.

ISBN 3-9805733-5-4 • 25,50 Euro

ALDEBARAN-Versand
50670 Köln • Weißenburgstr. 10 a
Telefon 02 21 - 737 000 •Telefax 02 21 - 737 001

GEHEIMAKTE BUNDESLADE

Stefan Erdmann

Was wissen Sie über die Bundeslade? War Ihnen bekannt, daß es sich hierbei um den bedeutendsten Kultgegenstand der Juden und Christen handelt? Doch was verbirgt sich in ihr, was genau ist sie? Waren die zehn Gebote darin aufbewahrt? War es eine technische Apparatur oder gar ein Gerät zur Kommunikation mit den Göttern?
Offiziell ist sie nie gefunden worden. Einige Quellen behaupten, sie sei spurlos verschwunden. Andere glauben, sie wird in Äthiopien aufbewahrt. Sogar in Jordanien, Südfrankreich und im Himalaja wurde sie bereits vermutet. Wieder andere behaupten, sie sei im Besitz einer geheimen Gesellschaft und wechselt seit Jahrhunderten regelmäßig ihren Ort.

Stefan Erdmann enthüllt in diesem Buch erstmals Details über einen geheimnisvollen Fund der Tempelritter im Jahre 1118, den diese aus Jerusalem nach Frankreich brachten und der die Grundlage für ihren unermeßlichen Reichtum wurde. Auf seiner Spurensuche traf er sich unter anderem auch mit Vertretern verschiedener Logengemeinschaften und fand erstmals Verbindungen zwischen den Templern, den Freimaurern, den Zisterziensern und der Thule-Gesellschaft. Diese Verknüpfungen waren die Grundlage für geheime militärische als auch wissenschaftliche Operationen und es wurde offenbar, daß das Grundlagenwissen für den Bau deutscher Flugscheiben während des Zweiten Weltkriegs, wie auch für das US-amerikanische Philadelphia Experiment im Jahre 1943 zum Teil aus Geheimarchiven der Zisterzienser stammte.

Auf seiner Suche nach der Bundeslade und ihren Hütern fand Stefan Erdmann neue, bisher unveröffentlichte und hochbrisante Informationen, die nicht nur weitere Hinweise für das sagenumwobene Atlantis und die weltumspannende Pyramidenkultur liefern, sondern die Spur führt direkt in die gegenwärtige Weltpolitik…